NORTH CAROLINA EASTERN CHEROKEE INDIAN CENSUS 1898-1899, 1904, 1906 1909-1912, 1914

Revised and Expanded Edition

TRANSCRIBED BY
JEFF BOWEN
NATIVE STUDY
Gallipolis, Ohio
USA

Copyright © 2016
by Jeff Bowen

ALL RIGHTS RESERVED
No part of this publication may be reproduced
or used in any form or manner whatsoever
without previous written permission from the
copyright holder or publisher.

Originally published:
Baltimore, Maryland
2016

Reprinted by:

Native Study LLC
Gallipolis, OH
www.nativestudy.com
2020

Library of Congress Control Number: 2020916648

ISBN: 978-1-64968-054-9

Front Cover, picture of John Goins Welch
Principal Chief Eastern Band of Cherokee, 1907 - 1911
Picture donated by his great granddaughter, Joyce Welch Tranter, Eastern Cherokee.

Made in the United States of America.

Other Books and Series by Jeff Bowen

1901-1907 Native American Census Seneca, Eastern Shawnee, Miami, Modoc, Ottawa, Peoria, Quapaw, and Wyandotte Indians (Under Seneca School, Indian Territory)

1932 Census of The Standing Rock Sioux Reservation with Births And Deaths 1924-1932

Census of The Blackfeet, Montana, 1897- 1901 Expanded Edition

Eastern Cherokee by Blood, 1906-1910, Volumes I thru XIII

Choctaw of Mississippi Indian Census 1929-1932 with Births and Deaths 1924-1931 Volume I
Choctaw of Mississippi Indian Census 1933, 1934 & 1937, Supplemental Rolls to 1934 & 1935 with Births and Deaths 1932-1938, and Marriages 1936-1938 Volume II

Eastern Cherokee Census Cherokee, North Carolina 1930-1939 Census 1930-1931 with Births And Deaths 1924-1931 Taken By Agent L. W. Page Volume I
Eastern Cherokee Census Cherokee, North Carolina 1930-1939 Census 1932-1933 with Births And Deaths 1930-1932 Taken By Agent R. L. Spalsbury Volume II
Eastern Cherokee Census Cherokee, North Carolina 1930-1939 Census 1934-1937 with Births and Deaths 1925-1938 and Marriages 1936 & 1938 Taken by Agents R. L. Spalsbury And Harold W. Foght Volume III

Seminole of Florida Indian Census, 1930-1940 with Birth and Death Records, 1930-1938

Texas Cherokees 1820-1839 A Document For Litigation 1921

Choctaw By Blood Enrollment Cards 1898-1914 Volumes I thru XVII

Starr Roll 1894 (Cherokee Payment Rolls) Districts: Canadian, Cooweescoowee, and Delaware Volume One
Starr Roll 1894 (Cherokee Payment Rolls) Districts: Flint, Going Snake, and Illinois Volume Two
Starr Roll 1894 (Cherokee Payment Rolls) Districts: Saline, Sequoyah, and Tahlequah; Including Orphan Roll Volume Three

Cherokee Intruder Cases Dockets of Hearings 1901-1909 Volumes I & II

Indian Wills, 1911-1921 Records of the Bureau of Indian Affairs Books One thru Seven;
Native American Wills & Probate Records 1911-1921

Other Books and Series by Jeff Bowen

Turtle Mountain Reservation Chippewa Indians 1932 Census with Births & Deaths, 1924-1932

Chickasaw By Blood Enrollment Cards 1898-1914 Volume I thru V

Cherokee Descendants East An Index to the Guion Miller Applications Volume I
Cherokee Descendants West An Index to the Guion Miller Applications Volume II (A-M)
Cherokee Descendants West An Index to the Guion Miller Applications Volume III (N-Z)

Applications for Enrollment of Seminole Newborn Freedmen, Act of 1905

Eastern Cherokee Census, Cherokee, North Carolina, 1915-1922, Taken by Agent James E. Henderson   Volume I (1915-1916)
Volume II (1917-1918)
Volume III (1919-1920)
Volume IV (1921-1922)

Complete Delaware Roll of 1898

Eastern Cherokee Census, Cherokee, North Carolina, 1923-1929, Taken by Agent James E. Henderson   Volume I (1923-1924)
Volume II (1925-1926)
Volume III (1927-1929)

Applications for Enrollment of Seminole Newborn Act of 1905 Volumes I & II

1932 Hopi and Navajo Native American Census with Birth & Death Rolls (1925-1931) Volume 1 - Hopi
1932 Hopi and Navajo Native American Census with Birth & Death Rolls (1930-1932) Volume 2 - Navajo

Western Navajo Reservation Navajo, Hopi and Paiute 1933 Census with Birth & Death Rolls 1925-1933

Cherokee Citizenship Commission Dockets 1880-1884 and 1887-1889 Volumes I thru V

Applications for Enrollment of Chickasaw Newborn Act of 1905 Volumes I thru VII

Cherokee Intermarried White 1906 Volume I & II

Visit our website at **www.nativestudy.com** to learn more about these and other books and series by Jeff Bowen

The book is dedicated to a young, Cherokee descendant
fighting the good fight against Cystic Fibrosis.
Dominick Lane Dugan.
Born: September 11, 1996
Remember, Isaiah 40:31

Table of Contents

John Goins Welch Application	vii
Minor Children Application	xiv
Introduction	xvii

CENSUS

1898	1
1899	21
1904	43
1906 Department of the Interior Letter	67
1906	68
1909 Letter	91
1909	92
1910	129
1911 Department of the Interior Letter	168
1911	169
1912	210
1912 Recapitulation Chart	249
1914 Department of the Interior Letter	250
1914	251

INDEX 289

Guion Miller Cherokee Applications 1906 - 1910 Application #6636 (Nat'l. Arc. Film M-1104 Roll #68) for John Goins Welch *(whose picture is on this bookcover).*

Name John G. Welch   No. 6636   Action: admit
and x children. Residence: Cherokee N.C.
Reasons:

Half brother on mother's side of #6632.

No. 6636

EASTERN CHEROKEES.

APPLICATION

OF

John G. Welch.

For share of fund appropriated for the Eastern Cherokee Indians by the Act of Congress approved June 30, 1906, in accordance with the decrees of the Court of Claims of May 18, 1905, and May 28, 1906.

INDIAN OFFICE
EASTERN CHEROKEES
Rec DEC 24 1906
No.

Commissioner of Indian Affairs,
Washington, D. C.

SIR:

I hereby make application for such share as may be due me of the fund appropriated by the Act of Congress approved June 30, 1906, in accordance with the decrees of the Court of Claims of May 18, 1905, and May 28, 1906, in favor of the Eastern Cherokees. The evidence of identity is herewith subjoined.

1. State full name—
   English name: John G. Welch. C 1376
   Indian name: John Oocummer
2. Residence: Jackson Co NC.
3. Town and post office: Cherokee
4. County: Swain Co
5. State: North Carolina
6. Date and place of birth: Cherokee Co. About 1844.
7. By what right do you claim to share? If you claim through more than one relative living in 1851, set forth each claim separately: through father & Mother both of whom are enrolled in 1851.

8. Are you married? Yes.
9. Name and age of wife or husband: Dead
10. Give names of your father and mother, and your mother's name before marriage.
    Father—English name: James Welch
    Indian name: James Oocummer
    Mother—English name: Nancy Downing.
    Indian name: Cha-Ca-hee.
    Maiden name: Cha. Ca-hee.
11. Where were they born?
    Father: Cherokee Co NC.
    Mother: " "
12. Where did they reside in 1851, if living at that time?
    Father: Cherokee Co NC.
    Mother: "
13. Date of death of your father and mother—
    Father: 1888.   Mother: 1899

14. Were they ever enrolled for annuities, land, or other benefits? If so, state when and where: Both drew payment in 1851

15. Name all your brothers and sisters, giving ages, and if not living, the date of death:

Name	Born	Died
(1) David Downing		1869
(2) Sally Downing		living
(3) Enoch Downing		1890
(4)		
(5)		
(6)		

16. State English and Indian names of your grandparents on both father's and mother's side, if possible:

FATHER'S SIDE: John Welch / Betsey Welch

MOTHER'S SIDE: Jack Downing

17. Where were they born?

18. Where did they reside in 1851, if living at that time?

19. Give names of all their children, and residence, if living; if not living, give dates of deaths:

(1) English name: Dakey
Indian name: Donny
Residence:

(2) English name: Nancy Downing
Indian name:
Residence:

(3) English name: Jennie Downing
Indian name:
Residence:

(4) English name: Elsie Downing
Indian name:
Residence:

(5) English name: Aaron Downing
Indian name:
Residence:

(6) Sam Downing

20. Have you ever been enrolled for annuities, land, or other benefits? If so, state when and where: I drew payment in 1851

21. To expedite identification, claimants should give the full English and Indian names, if possible, of their paternal and maternal ancestors back to 1835:

My Mother No 1070, My Mothers father No. 992. My Mother grandfather No. 991. My great grandmother on my Mothers Side No 1013. My Mother sister "Elsie" Number 995 - Jennie No 1217. - All these are the numbers on the Roll of 1851.
My half sister - Sally Downing's father no is 1069 on roll of 1851.

REMARKS.
(Under this head the applicant may give additional information that he believes will assist in proving his claims.)

Nancy Downing is Mother of John Gore Welch and first wife of Jack Downing, on roll of 1835.

NOTE.—Answers should be brief but explicit; the words "Yes," "No," "Unknown," etc., may be used in cases where applicable. Read the questions carefully.

I solemnly swear that the foregoing statements made by me are true to the best of my knowledge and belief.

Witness D.C. Harris
         P. A. Holt   (Signature.) John G. Welch

Subscribed and sworn to before me this 8th day of September, 1906.

My commission expires _____, 190_   De Witt S. Harris
                                              Notary Public.

AFFIDAVIT.
(The following affidavit must be sworn to by two or more witnesses who are well acquainted with the applicant.)

Personally appeared before me John Sneed and Twister Little John, who, being duly sworn, on oath depose and say that they are well acquainted with John G. Welch, who makes the foregoing application and statements, and have known him for 25 years and 25 years, respectively, and know him to be the identical person he represents himself to be, and that the statements made by him are true, to the best of their knowledge and belief, and they have no interest whatever in his claim.

Witness to mark.   Signatures of witnesses.
                                      John Sneed
                                      Twister Little John

Subscribed and sworn to before me this 8th day of September, 1906.

My commission expires _____, 190_   De Witt S. Harris
                                              Notary Public.

NOTE.—Affidavits should be made, whenever practicable, before a notary public, clerk of the court, or before a person having a seal. If sworn to before an Indian agent or disbursing agent of the Indian service, it need not be executed before a notary, etc.

(Over)

Guion Miller Cherokee Applications 1906 - 1910 Application #11117 (Nat'l. Arc. Film M-1104 Roll #113) for Charlotte, James, William, and Lucinda Welch by John Goins Welch, Gdn-*(Guardian)*

1910.

Received of GUION MILLER, Special Commissioner of the Court of Claims, Treasury Warrant No. 11898 each for the sum of $133.19 in full settlement of amount due the beneficiary or beneficiaries enrolled opposite Roll Number 2911 on the final Roll of the Eastern Cherokees entitled to share in the fund arising from the judgment of the Court of Claims of May 28, 1906, as approved by said Court March 15, 1910.

Charlotte Welch

Received of GUION MILLER, Special Commissioner of the Court of Claims, Treasury Warrant No. 11898 each for the sum of $133.19 in full settlement of amount due the beneficiary or beneficiaries enrolled opposite Roll Number 2911 on the final Roll of the Eastern Cherokees entitled to share in the fund arising from the judgment of the Court of Claims of May 28, 1906, as approved by said Court March 15, 1910.

1910.

Received of GUION MILLER, Special Commissioner of the Court of Claims, Treasury Warrant No. 11899 each for the sum of $133.19 in full settlement of amount due the beneficiary or beneficiaries enrolled opposite Roll Number 2912 on the final Roll of the Eastern Cherokees entitled to share in the fund arising from the judgment of the Court of Claims of May 28, 1906, as approved by said Court March 15, 1910.

Carlisle, Pa.

Fallsington, Pa.   July 7, 1910.

Received of GUION MILLER, Special Commissioner of the Court of Claims, Treasury Warrant No. 11899 each for the sum of $133.19 in full settlement of amount due the beneficiary or beneficiaries enrolled opposite Roll Number 2912 on the final Roll of the Eastern Cherokees entitled to share in the fund arising from the judgment of the Court of Claims of May 28, 1906, as approved by said Court March 15, 1910.

William H. Welch

No. 11117
Name: John G. Welch, Sr.
With No. 613
Remarks:

No. 11117

EASTERN CHEROKEES.

APPLICATION

John Going Welch
for minor heirs of
James Welch — deceased

For share of money appropriated for the Eastern Cherokee Indians by the Act of Congress approved June 30, 1906, in accordance with the decrees of the Court of Claims of May 18, 1905, and May 28, 1906.

INDIAN OFFICE
EASTERN CHEROKEES.
Rec. JAN 19 1907
No.

11117

Commissioner of Indian Affairs,
Washington, D. C.

SIR:

I hereby make application for such share as may be due me of the fund appropriated by the Act of Congress approved June 30, 1906, in accordance with the decrees of the Court of Claims of May 18, 1905, and May 28, 1906, in favor of the Eastern Cherokees. The evidence of identity is herewith subjoined.

1. State full name—
   English name: Charlotte; William; James and Lucindy Welch;
   Indian name: Minor heirs of Jane Welch, (deceased)
2. Residence: Soco, Jackson County;
3. Town and post office: Cherokee,
4. County: Swain;
5. State: North Carolina
6. Date and place of birth:
7. By what right do you claim to share? If you claim through more than one relative living in 1851, set forth each claim separately: 1, George L. Smith; 2, Henry Smith; (Sr.) 3, Charlotte Smith; 4, Joe Smith; 5, Sally Smith; 6, James Hawkins; 7, Joe Hawkins; 8, Nancy Hawkins; 9, Rosa Hawkins; 10, Hatty Hawkins; 11, Tak-wa-yu-ya; 12, Tev-ne-wa
8. Are you married?
9. Name and age of wife or husband:
10. Give names of your father and mother, and your mother's name before marriage.
    Father—English name: John G. Welch;
    Indian name:
    Mother—English name: B. Jane Welch.
    Indian name:
    Maiden name: Betty Jane Smith
11. Where were they born?
    Father: Cherokee County
    Mother: "   "
12. Where did they reside in 1851, if living at that time?
    Father: Cherokee County;
    Mother: Not born
13. Date of death of your father and mother—
    Father: Living   Mother: January 8, 1901.

14. Were they ever enrolled for annuities, land, or other benefits? If so, state when and where: Enrolled on Hester Roll

15. Name all your brothers and sisters, giving ages, and if not living, the date of death:

Name	Born	Died
(1) Charlotte Welch	June 12, 1887	minor heirs
(2) William "	July 4, 1889	now living
(3) James "	May 25, 1891	
(4) Lucindy "	August 6, 1893	
(5)		
(6)		

16. State English and Indian names of your grandparents on both father's and mother's side, if possible:

Father's Side: James Welch
Mother's Side: George L. Smith, Anna Smith (white)

17. Where were they born? Cherokee County

18. Where did they reside in 1851, if living at that time? Cherokee County

19. Give names of all their children, and residence, if living; if not living, give dates of deaths:
(1) English name: Mrs. Texanna Arch
   Indian name:
   Residence: March 14, 1899
(2) English name: Mrs. Bettey Jane Welch
   Indian name:
   Residence: January 8, 1901
(3) English name: John D. A. Smith
   Indian name:
   Residence: Mira, Cherokee County
(4) English name:
   Indian name:
   Residence:
(5) English name:
   Indian name:
   Residence:

20. Have you ever been enrolled for annuities, land, or other benefits? If so, state when and where: No

21. To expedite identification, claimants should give the full English and Indian names, if possible, of their paternal and maternal ancestors back to 1835: _____

_____
_____
_____

REMARKS.

(Under this head the applicant may give any additional information that he believes will assist in proving his claims.)

 I, John Goins Welch, the father of Charlotte, William, James and Lucinda Welch who are minor heirs of B. Jane Welch, (deceased) make this application in their behalf who has der the charge of Par said minors.

NOTE.—Answers should be brief but explicit; the words "Yes," "No," "Unknown," etc., may be used in cases where applicable. Read the questions carefully.

I solemnly swear that the foregoing statements made by me are true to the best of my knowledge and belief.

(Signature.) Ch A Fr (John Goins Welch)

Subscribed and sworn to before me this 9th day of Jan, 1907.

My commission expires _____, 190__

Dennis Harris
Notary Public

AFFIDAVIT.

(The following affidavit must be sworn to by two or more witnesses who are well acquainted with the applicant.)

Personally appeared before me W L French and Wm Henry Blythe, who, being duly sworn, on oath depose and say that they are well acquainted with John Goins Welch who makes the foregoing application and statements, and have known him for 12 years and 14 years, respectively, and know him to be the identical person he represents himself to be, and that the statements made by him are true, to the best of their knowledge and belief, and they have no interest whatever in his claim.

Witness to mark. _____ Signatures of witnesses.

W L French
Wm Henry Blythe

Subscribed and sworn to before me this 9th day of Jan, 1907.

My commission expires _____, 190__

Dennis Harris
Notary Public

NOTE.—Affidavits should be made, whenever practicable, before a notary public, clerk of the court, or before a person having a seal. If sworn to before an Indian agent or disbursing agent of the Indian service, it need not be executed before a notary, etc.

INTRODUCTION

The Cherokees in these pages lived free and had very little difficulty in their lives until the political decision was made that they needed to do things according to the white world. Accordingly, they have lived between two fires their whole lives, the Native American way and the white way. Yet the Cherokee have assimilated into the U.S. population better than any other tribe known. According to the politicians they needed to give up their culture and beliefs and do things the U.S.-government prescribed way. Author John R. Finger mentions in *Cherokee Americans*, that the soon-to-be eminent ethnologist from the Smithsonian Institute, James Mooney, during the 1880's and 1890's, had made comment on one of the very last Cherokee traditionalists, Swimmer. Mooney "saw the death of [Cherokee Medicine Man] Swimmer in 1899 as symbolizing the passage of cultural traditionalism and the advent of modernity." He also quoted Mooney as saying, "'Peace to his ashes and sorrow for his going,'" he wrote, "'for with him perished half the tradition of a people.'"[1]

It wasn't just the Cherokee culture and traditions that were being threatened years previous, but also their home, and their land. The Cherokee living on Qualla Boundary in North Carolina during this census no doubt wouldn't be within these pages if it weren't for William Holland Thomas, Cherokee chief, business man, adopted son of Yonaguska (Drowning Bear). Authors, E. Stanly Godbold, Jr. and Mattie U. Russell state in their book, "Buying land for himself and for the Cherokees was one of Thomas's major endeavors. The amount of land he finally came to own personally is not known, but it was in excess of 150,000 acres. In 1840 he paid the heirs of William Cathcart $1,200 for 33,000 acres, and in 1841 he paid $7,500 for 55,000 acres adjoining Quallatown. He bought 35,000 acres in Tennessee and 25,000 more in Jackson County, North Carolina, both at low cost. He added more and more acres until the beginning of the Civil War. The land adjacent to Quallatown, known as the Qualla Boundary, he gave to the Indians, although he held the title in his own name. Much of the property was rough, isolated, or unusable, but Thomas became one of the largest landowners in western North Carolina."[2] Thomas' plan, should he become mentally incompetent, was actually for the Cherokees to sue him for these lands—lands that were rightfully theirs. After two lawsuits and during arbitration the United States Department of the Interior sent a man by the name of Francis N. Dony to speak with Thomas. After listening to Thomas during one of his focused moments rather than the ranting's he often had from the mental illness that plagued him in his later years, Dony was convinced that Thomas wanted the Indians to sue him for their lands. The Cherokees won but not without a fight.

Every step of the way the Cherokee found problems. If it wasn't for the right to own their own land, it was a fight for enrollment, or problems with their per capita payments. Nobody in the white political world intended to make it easy for the

---

[1] Finger, *Cherokee Americans*, p. 16, para. 3
[2] Godbold and Russell, *Confederate Colonel and Cherokee Chief The Life of William Holland Thomas*, p. 47, para. 2

Cherokee. Next they were to be thrown into a paradoxical dilemma. Finger mentions The Boyd Decision of 1897 and had concerns of what had haunted them as early as the nineteenth century. He states, "The Boyd decision of 1897 firmly upheld their lack of citizenship and their status as Federal wards, but the old system of mixed state and federal jurisdiction continued without definitive resolution."[3] They lived in limbo. The Secretary of the Interior was able to make it difficult for the Cherokee to make certain types of land transactions because they weren't living under an allotment system, but on a reservation owned by the Eastern Band of Cherokee under a state chartered corporation. Federal agents were confused because of their lack of control or power, but as Finger again states, "Whatever their true status, the Cherokees were consistently denied the right to vote after 1900 as local white politicians, especially Democrats, used the Boyd Decision to disfranchise the Indians because of their alleged lack of citizenship. In truth, it was mostly because the Democrats realized the Cherokees were overwhelmingly Republican in sentiment."[4]

No matter what their standing was, they were there before the very politicians that denied them their natural God-given rights as Americans. Just previously to the same period the Native American out west had faced dissolution as far as their reservations were concerned because of the Dawes Act of 1890, or allotment by severalty. As Castile and Bee pointed out in *State and Reservation*, "Allotment was a radical departure from the Indian concept of land tenure. To Indians the land was a whole; individual parcels were unknown. The allotments were supposed to be sufficient to allow a family to make a living by farming, but in reality little attention was given to the quality of the land or the interest and abilities of the families. "'The real aim of the bill is to get at the Indian lands and open them up to settlement,'" stated a House committee minority report. "'The provisions for the apparent benefit of the Indians are but the pretext to get at his lands to occupy them. . . . If this were done in the name of greed, it would be bad enough, but to do it in the name of humanity, and under the cloak of an ardent desire to promote the Indian's welfare by making him like ourselves, whether he will or not, is infinitely worse.'"[5]

By contrast, the Eastern Cherokees were being held hostage to a cultural and political entanglement. The Cherokees had their own land, they weren't living under an allotment system, but the picture had been conveniently confused: They were citizens and they weren't citizens, at least that is what the local white politicians wanted. If the men running the political machine couldn't have their way they would make it difficult for the Cherokee in other ways. Being they weren't able touch Cherokee lands they were determined to interfere with the simplest of civic duties like voting. The Cherokees felt they had as much right to enter the polls as anyone since they were citizens of North Carolina. So, the politicians decided they could deny a people their chance to vote. The Cherokee people of North Carolina would not even get the chance to approach the polls unchallenged until June 19, 1930, when Congress finally reconfirmed for the second time

---

[3] Finger, *Cherokee Americans*, p. 23, para. 2
[4] Finger, *Cherokee Americans*, p. 23, para. 4
[5] Castile & Bee, *State And Reservation*, p. 115, para. 2

the Cherokee had full rights as citizens. Still as Finger points out, "Despite Congress's explicit and repeated directives, county registrars continued to deny Cherokees the vote until after World War II."[6] Talk about adding insult to injury!

    The work at hand is a recasting and expansion of my 1998 publication by the same name. I should emphasize here that it contains eighty-four pages of text that were almost totally indecipherable on microfilm but were able to be retrieved thanks to the wonderful help of Archivist Mary Francis Morrow in Washington, D.C. By photocopying the missing pages from the original we were able to complete this census. It was found that the missing pages were originally printed in blue ink and the filming process at the time didn't pick up blue ink as well as it did the black.

    This census derives from microfilm series M-595, Roll #22. We hope you will find this book enjoyable and something that will help you find your Native heritage.

Jeff Bowen
Gallipolis, Ohio
NativeStudy.com

---

[6] Finger, *Cherokee Americans,* p. 50, para. 2

Census of the **Eastern Band** *of* **Cherokee** *Indians of* **Eastern Cherokee** *Agency,* **North Carolina** *taken by* **Joseph C. Hart**, *United States Indian Agent,* **June 30 1898**.

KEY: Number *(if given)*, English Name, *Indian Name (if given)*, Sex, Relation, Age.

LEE, Laura, f, mother, 35
Alonzo, m, stp-son, 24
Julia, f, stp-dau, 22
Nancy, f, stp-dau, 20
Nora, f, stp-dau, f, 18
Lula, f, stp-dau, 14
Samuel, m, son, 8
Oberlander, m, son, 6
Oriole, f, dau, 4
Debrader, f, dau, 1

BEAR DEVIL, *Yona Skina*, m, father, 47
Nancy, f, wife, 30
Judas, m, son, 19
Jordan, m, son, 12
Martha, f, dau, 9
Mark, m, son, 7
Annie, f, dau, 3
Mollie, f, dau, ½

BEARMEAT, Mary, f, mother, 51
Loyd, m, son, 18
Alsie, f, dau, 15
Ben, m, son, 12

TADIGESKY, *Oo-ha-de-gis-ki*, m, father, 70
Nancy, f, wife, 50
Sarah, f, dau, 18

LONG, *Sha-chi-los-ki*, Scott, m, father, 47
Mary, f, wife, 35
Emma, f, dau, 10
[Wolf], Elkana, f, stp-dau, 19

FEATHERHEAD, Wilson, m, husband, 21
Gudayi, f, wife, 37
[Quain], Tyhaw, m, stp-son, 20
[Quain], Rachel, f, grnd-dau, 2

NITONUI, m, husband, 65
Ah-gi-da, f, wife, 63

RATLEY, James, m, father, 52
Rosey, f, daughter, 18
Etta, f, daughter, 15

BROWN, Nancy, *Sah-da-yih*, f, ?, 76

RATLEY, Loy, m, ?, 22 Testie, f, ?, 18

PARTRIDGE, David, *Da-wi-coo-qua*, m, father, 80
Nellie, f, mother, 46
Maggie, f, daughter, 19
Bud, m, son, 18
Moses, m, son, 14
Winnie, f, daughter, 4

WELCH, Simpson, m, father, 37
Ollie, f, wife, 35
Epps, m, son, 15
Edward, m, son, 13
Ayinny, f, daughter, 10
Jayanny, f, daughter, 6
Nannie, f, daughter, 3

WALKINGSTICK, John, m, father, 44
Wolsy, f, wife, 25
Owen, m, son, 9
Martha, f, daughter, 8
Lasareth, m, son, 6
Walker, m, son, 3
Celie, f, daughter, 3 mo

JUNALUSKA, Wattie, m, husband, 20
Ollie, f, wife, 30

WENN, John, m, father, 42
Jennie, f, wife, 40
Mary, f, daughter, 18
Cordelia, f, daughter, 14
Sallie, f, daughter, 10

Census of the **Eastern Band of Cherokee** *Indians of* **Eastern Cherokee Agency,** **North Carolina** *taken by* **Joseph C. Hart***, United States Indian Agent,* **June 30 1898.**

KEY: Number *(if given)*, English Name, *Indian Name (if given)*, Sex, Relation, Age.

Nye, m, son, 7
Yonagusky, m, son, 10 mo
Caroline, f, daughter, 10 mo

STONE, Joe, m, father, 45
Lizzie, f, wife, 40
Abraham, m, son, 18
Ciny, f, daughter, 16
Cowanny, m, son, 14
Lindy, f, daughter, 12
Eliza, f, dau, 8
Jacob, m, son, 2
Celie, f, daughter, ½

MARTIN, Suate, m, father, 55
De-gin-ny, f, wife, 40
Deleski, m, son, 18
Tom, m, son, 12

MARTIN, George, *Ska-qua*, m, father, 38
Lucindy, f, wife, 26
Maggie, f, daughter, 8
Lasareth, m, son, 4
Jefferson, m, son, 1½

LAMBERT, Loyd, m, orphan, 14

WEST, Migillie, m, husband, 24
Elkinny, f, wife, 15

LONG, John, Jr, m, husband, 22
Eve, f, wife, 30

SI-LO-LI, George, m, father, 34
Quaty, f, wife, 24
Awee, f, daughter, 8
Sarah, f, daughter, 4
Nora, f, daughter, 1½

LONG, John, Sr, m, ?, 75
[Taylor], Rachel, f, grnd-daughter, 25

TAYLOR, John, m, husband, 55
Sallie, f, wife, 40
Lizzie, f, daughter, 18

NED, Segali, m, husband, 36
Susan, f, wife, 39

DAVIS, Willie, m, father, 52
Alsie, f, wife, 38
Jogohi, f, daughter, 16

WOLF, Joe, m, ?, 60

ALLEN, Will, m, father, 47
Can Out-run, *Di-da-ki-yos-ki*, f, wife, 40
Junaluski, m, son, 7

ALLEN, Ski-ki, m, father, 23
Nanny, f, wife, 25
Rebecca, f, daughter, 4
Otters at Home, *Chi-ya-ah-ni-nah*, m, son, 7 mo

WOLF, John, *Ku-na-go-to-ka*, m, husband, 29
Colleily, f, wife, 21

WATSUTTA, Davis, m, husband, 30
Nuicy, f, wife, 18

LOWEN, Joe, *Oo-la-sta-ah*, m, father, 55
Jenny, *Jen-na-yah*, f, wife, 40
Nelon, m, son, 2

WALLACE, James, m, husband, 24
Mary, f, wife, 23
[Cat], Annie, mother-in-law, 55

WILD CAT, *Kun-he*, m, father, 50
Quaty, f, wife, 40
Dah-noli, m, son, 18
Ollie, f, daughter, 16
Testie, f, daughter, 2

Census of the **Eastern Band of Cherokee** *Indians of* **Eastern Cherokee Agency,** **North Carolina** *taken by* **Joseph C. Hart**, *United States Indian Agent,* **June 30 1898**.

KEY: Number *(if given)*, English Name, *Indian Name (if given)*, Sex, Relation, Age.

QUAIN, Susie, f, ?, 22

SMITH, Angeline, f, mother, 32
Susan, f, daughter, 11
Blaine, m, son, 9
Joseph, m, son, 7
Belva, f, daughter, 5
John, m, son, 3
Goldman, m, son, 1½

KEGG, James, m, father, 54
Katie, f, wife, 45
Mathew, m, son, 30

TAYLOR, David, m, father, 47
Eliza, f, wife, 36
Sallie, f, daughter, 19
Thompson, m, son, 9
La Ha, m, son, 7
Rebecca, f, daughter, 2
John O, m, son, ½

DAVIS, Joe, m, father, 24
Katie, f, wife, 40
[Junaluska], Sarah, f, stp-daughter, 10
[Junaluska], June, m, stp-son, 5

DUNLAP, Mary, f, wife, 42
Stella, f, daughter, 17
Alice, f, daughter, 14
Berry, m, son, 11
Robert, m, son, 8

DOCKINS, Tabitha, f, wife, 38

QUEEN, Media, f, wife, 21

BEN, Che-che, m, husband, 33
Walsie, f, wife, 45
[Talala], Martha, f, niece, 12

OWL, Soloman, m, father, 35
Theodore, m, son, 12

Callie, f, daughter, 10
Dora, f, daughter, 8
Mark, m, son, 6
Jane, f, daughter, 4
Alfred A, m, son, 1

OWL, David, m, husband, 68
William, m, grnd-son, 13

FRENCH, George, m, father, 28
Wallie, f, wife, 19
Charlotte, f, daughter, 4
Ella, f, daughter, 1½

WOLFE, David, m, father, 53
Mark R, m, son, 25
George A, m, son, 22
Mary E, f, daughter, 20
[Welch], Jackson, m, nephew, 29
[Welch], Mary, f, niece, 7
[Welch], John, m, nephew, 5

ROGERS, Maggie, f, ?, 4

JACKSON, John, *Oo-wa-hun-ti*, m, widower, 68

SQUIRREL, Davis, m, father, 24
Nancy, f, wife, 24
Jesse, m, son, 4
Kimsey, m, son, 2

TALALA, John, m, husband, 51
Rebecca, f, wife, 40
[French], Ross, m, grnd-son, 7

YOUNG WOLF, John, *Wah-ha-nu-ta*, m, father, 55
Caroline, f, wife, 48
Samson, m, son, 15

YOUNG WOLF, Allen, m, husband, 25
Nancy, f, wife, 19

Census of the **Eastern Band of Cherokee** *Indians of* **Eastern Cherokee Agency,** **North Carolina** *taken by* **Joseph C. Hart**, *United States Indian Agent,* **June 30 1898**.

KEY: Number *(if given)*, English Name, *Indian Name (if given)*, Sex, Relation, Age.

OWL, Blue, *So-co-ni-ga Oo-goo-coo*, m, father, 45
Quaty, f, wife, 39
James, m, son, 12
Allen, m, son, 10
Stacy, f, daughter, 9
Sogini, f, daughter, 6
Youngbird, m, son, ½
[Skitty], Winnie, f, mother-in-law, 60
[Sounooke], Jackson, m, nephew, 15

SHERRELL, John, m, husband, 23
Ollie, f, wife, 19

SHERRELL, Andy, *Oo-ha-si*, m, husband, 50
Mary, *Oo-li-skos-ti*, f, wife, 45

WILLNOTE, Ned, m, husband, 45
Sega wi, f, wife, 55
[Squirrel], Donny, f, stp-daughter, 14

OWL, Adam, m, father, 39
Polly, f, wife, 33
Thomas, m, son, 10
Moses, m, son, 8
John, m, son, 6
Winnie, f, daughter, 4
David, m, son, 20 mo
Samuel, m, son, 20 mo

YONCE, N. S, f, mother, 43
George, m, son, 21
Seymore, m, son, 20
Roxie, f, daughter, 12
Nannie, f, daughter, 9
Daisy, f, daughter, 7

JOHNSON, Steve, *Echu-la-ha*, m, father, 57
Jennie, f, wife, 40
Cider, m, son, 26
Tuskeeke, m, son, 23

Bear, m, son, 14
Kate, f, daughter, 10

FRENCH, W. L, m, father, 32
Awee, f, wife, 23
Maud, f, daughter, 4
Marony McKinley, m, son, 1½

BURGESS, Georgia A, f, mother, 27
Mary, f, daughter, 5
Bessie, f, daughter, 3

QUAIN, Watsutta, m, husband, 33
Sallie, f, wife, 33

WILL, John, m, father, 43
Jane, f, wife, 28
Thomas, m, son, 9
Mooney, m, son, 4
Nancy, f, daughter, 2

CONSEEN, Organiah, m, father, 56
Junaluska, m, son, 18
Jackson, m, son, 13
Thompson, m, son, 8

SMITH, M. T, m, father, 44
Mary, f, wife, 44
James D, m, son, 18
Duffy, m, son, 16
Noah, m, son, 14
Elwood, m, son, 12
Charity, f, daughter, 7
Olliver, m, son, 2

SMITH, Reney, f, ?, 34

CONTESKA, m, husband, 57
Caroline, f, wife, 49

HORNBUCKLE, Henry, m, bachelor, 38

Census of the **Eastern Band of Cherokee** *Indians of* **Eastern Cherokee Agency,** **North Carolina** *taken by* **Joseph C. Hart***, United States Indian Agent,* **June 30 1898**.

KEY: Number *(if given)*, English Name, *Indian Name (if given)*, Sex, Relation, Age.

MURPHY, David, m, stp-father, 65
[**Lambert**], Celia, f, stp-daughter, 18

MURPHY, Jesse, m, father, 31
Minnie, f, daughter, 10
Willie, m, son, 8

TALALA, Will, m, father, 58
Lucy, f, wife, 38
Sallie, f, daughter, 17
Thomas, m, son, 8
Jackson, m, son, 5

WALKINGSTICK, James, m, husband, 60
Arlikee, f, wife, 35
[**Wesley**], Judus, m, grnd-son, 23
[**Wesley**], Peter, m, grnd-son, 10

CRAIG, Sarah, f, mother, 47
Mary J, f, daughter, 19
Wid, f, daughter, 14
Will, m, son, 12
John, m, son, 10
Frank, m, son, 4

DONLY, Robert, m, son, 26

BIRD, Steve, m, father, 48
Rosy, f, wife, 44
Quaty, f, daughter, 17
Loyd, m, son, 13

OTTER, Ollie, f, mother, 50
Allen, m, son, 20
Wilson, m, son, 18
Daniel, m, nephew, 19

HORNBUCKLE, Davis, m, father, 36
Polly, f, wife, 30
Jefferson D, m, son, 7
Daniel, m, son, 10 mo

BIRD, Jake, m, father, 78
Jennie, f, wife, 55
[**Fodder**], Annie, f, stp-daughter, 18
[**Fodder**], Timson, m, stp-son, 14

WALKINGSTICK, Mike, m, father, 47
Caroline, f, wife, 36
Jasper, m, son, 22
Susie, f, daughter, 18
Jim, m, son, 15
Bascon, m, son, 12

BIRD, John E, m, father, 45
Sarah, f, wife, 25
David, m, son, 4
Dinah, f, daughter, 1½

SMOKE, Loyd, m, husband, 28
Nancy, f, wife, 47

BROWN, John, m, father, 58
Liddie, f, wife, 48
Jones, m, son, 18
Eve, f, daughter, 15
Allie, f, daughter, 12
Peter, m, son, 9

A-QUA-DE-GI, m, father, 99
Lizzie, f, wife, 68
Jefferson, m, son, 22
[**Long**], Johnson, m, nephew, 30

TAYLOR, Jesse, m, husband, 37
Stacy, f, wife, 40
[**Canot**], Abel, m, stp-son, 18
[**Canot**], Columbus, m, stp-son, 14
[**Ledford**], Jack, m, brother, 24
[**Ledford**], Riley, m, brother, 19
[**Ledford**], Annie, f, mother, 50

ARNEACH, Will W, m, father, 49
Susie, f, wife, 37
Mary, f, daughter, 10

Census of the **Eastern Band of Cherokee** *Indians of* **Eastern Cherokee Agency,** **North Carolina** *taken by* **Joseph C. Hart**, *United States Indian Agent,* **June 30 1898.**

KEY: Number *(if given)*, English Name, *Indian Name (if given)*, Sex, Relation, Age.

Maggie, f, daughter, 7
James, m, son, 4
Nellie, f, daughter, 1½

OTTER, Andrew, m, father, 31
Sarah, f, wife, 30
Jackson, m, son, 8
Lindsy, f, daughter, 5
[Graybeard], Polly, f, stp-daughter, 17
[Goins], Nancy, f, stp-daughter, 12

CAT, Johnson, m, father, 43
Sallie, f, wife, 41
Willie, m, son, 12
Betty, f, daughter, 10
Margarette, f, daughter, 6
Jesse, m, son, 3
[Mumblehead], Nancy, f, mother-in-law, 60

SOUNOOKE, John, m, father, 43
Lucindy, f, wife, 47
Nancy, f, daughter, 22
Samuel, m, son, 20
Nora, f, daughter, 16
Rachel, f, daughter, 11
Stilwell, m, son, 7
[Reed], Jennie, f, mother, 70

MUMBLEHEAD, John, m, father, 35
Cindy, f, wife, 25
James, m, son, 9
Will, m, son, 7
Rogers, m, son, 3
Charles, m, son, 1 mo
Lucy, f, mother, 60
Willie, m, brother, 18

WASHINGTON, George, m, husband, 80
Bettie, f, wife, 75

HORNBUCKLE, George, m, father, 21

Lillie, f, wife, 20
Malissie, f, daughter, 1
Alice M, f, daughter, 10 da

OOSOWIE, John, Jr, m, father, 21
Annie, f, wife, 21
Gail, m, son, 4
Davis, m, son, 4 da

SCREAMER, James, m, father, 38
Cindy, f, wife, 26
Cain, m, son, 7
Soggy, m, son, 4

SANDERS, Caidjo, m, father, 38
Polly, f, wife, 38
[Wahoo], Lista, f, stp-daughter, 9
Julia, f, daughter, 6
Moses P, m, son, 1

BLYTHE, Jackson, m, father, 80
Elizabeth, f, wife, 66
Henry, m, son, 24

SMITH, Henry, m, father, 48
Jackson, m, son, 22
Mary, f, daughter, 20
Jake, m, son, 18
Roxie, f, daughter, 16
Thomas, m, son, 14

SOUNOOKE, Polk, m, father, 24
Annie, f, wife, 20
Nannie, f, daughter, ½

AXE, John, m, uncle, 93
David, m, nephew, 45

SOUNOOKE, Stilwell, m, father, 58
Stacy, f, wife, 30
Nanny, f, dau, 21
Sarah, f, dau, 15
Malinda, f, daughter, 13

Census of the **Eastern Band** *of* **Cherokee** *Indians of* **Eastern Cherokee** *Agency,* **North Carolina** *taken by* **Joseph C. Hart**, *United States Indian Agent,* **June 30 1898**.

KEY: Number *(if given)*, English Name, *Indian Name (if given)*, Sex, Relation, Age.

Dahgy, f, daughter, 10
Kate, f, daughter, 7
Amaneita, m, son, 3
[Littlejohn], Windy, f, stp-daughter, 10
[Littlejohn], Dawson, m, stp-son, 7

LOWEN, Darcus, f, mother, 92
Mink, m, son, 58

LOCUST, John, m, father, 48
Polly, f, wife, 40
Lucy Ann, f, daughter, 8

TOE, Betty, f, ?, 50

ARMACHANE, Davis, m, father, 46
Annie, f, wife, 27
Bettie, f, daughter, 7
Jesse, m, son, 1

STANDING DEER, Wesley, m, father, 46
Nancy, f, wife, 38
Simon, m, son, 18
Junaluska, m, son, 17
Coluska, m, son, 17
Stacy, f, daughter, 8
[Watsutta], Bird, m, nephew, 18

OOSOWI, Sam, m, father, 28
Susie, f, wife, 24
Olsie, f, daughter, 3
Nessie, f, daughter, 1

OOSOWI, Shell, m, father, 23
Sallie, f, wife, 21
Rachel, f, daughter, 8 mo

OOSOWI, John, Sr, m, husband, 63
Jennie, f, wife, 50
Willie, m, grnd-son, 10

TOONI, Mike, m, husband, 24

Annie, f, wife, 18

ARCH, Jennie, f, mother, 61
Irene, f, daughter, 24
Noah, m, grnd-son, 2

GOINS, Bird, m, husband, 28
Ollie, f, wife, 20
[Sounooke], Nannie, f, stp-daughter, 7

TOONI, Spencer, m, father, 39
Lydia, f, wife, 36
Aggie, f, daughter, 18
Moses, m, son, 6

JOHNSON, James, m, brother, 38
[Sawyer], Charlotte, f, sister, 48

BLACKFOX, Sallie, f, ?, 39

TOONI, Polly, f, mother, 86
Will, m, son, 54
Callie, f, grnd-daughter, 18

GOINS, Ben, m, father, 34
Conelia, f, wife, 39
Callie, f, daughter, 4 mo

LITTLEJOHN, Will, m, father, 28
Sallie, f, wife, 20
Kiney, f, daughter, 2
Kate, f, daughter, 5 mo

GOINS, John, m, father, 52
Jane, f, wife, 31
Mark, m, son, 21
Mollie, f, daughter, 19
Lottie, f, daughter, 9
Willie, m, son, 8
James, m, son, 6
Lucinda, f, daughter, 4

Census of the **Eastern Band of Cherokee** *Indians of* **Eastern Cherokee Agency, North Carolina** *taken by* **Joseph C. Hart**, *United States Indian Agent,* **June 30 1898**.

KEY: Number *(if given)*, English Name, *Indian Name (if given)*, Sex, Relation, Age.

FOX, Swimmer, m, father, 75
Oosqueney, f, daughter, 40
Owata, m, grnd-son, 17
Nannie, f, grnd-daughter, 9
Maggie, f, grnd-daughter, 2
Charlotte, f, grnd-daughter, 3 mo

HORNBUCKLE, Rebecca, f, mother, 52
Maggie, f, daughter, 20
Willie, m, son, 17
Isreal, m, son, 11
[Washington], Key, m, brother, 41

TOINEETA, Nick, m, father, 30
Bettie, f, wife, 32
S, m, son, 9
Arneach, m, son, 4
Eliza, f, daughter, 1

BRADLEY, Lucindy, f, mother, 35
Henry, m, son, 14
Lizzie, f, daughter, 11
Mindy, f, daughter, 10
Morgan, m, son, 6
Nick, m, son, 3
George, m, stp-son, 20
Johnson, m, stp-son, 18
Joe, m, stp-son, 16

DOBSON, John, m, husband, 69
Mary, f, wife, 43
[George], Elijah, m, stp-son, 25
[George], *Ga-ta-ya*, f, stp-daughter, 18
[George], Cain, m, grnd-son, 2

DICKEY, Will, m, father, 24
Eliza, f, wife, 27
Morgan, m, son, 7
Moses, m, son, 2
[Jake], Nancy, f, aunt, 58

GOINGSNAKE, Sam I, m, father, 48
Nancy, f, wife, 48

[Welch], Eva, f, stp-daughter, 19
Steve, m, son, 9

HORNBUCKLE, Will, m, father, 26
Taeasy, f, wife, 22
Artie, f, daughter, 8
Addie, f, daughter, 4
Freddie, m, son, 1

STANDING DEER, Andy, m, husband, 47
Margarette, f, wife, 40
[Sherrill], Wille, m, nephew, 20
Sparrow, m, nephew, 18

LOWEN, John, m, father, 87
John B, m, son, 39

LONG, John, m, father, 65
Olsie, f, wife, 55
Joe, m, son, 26
Mary, f, daughter, 15
Charley, m, son, 11

LARCH, Daniel, m, father, 60
Willie, m, son, 25
Ollie, f, daughter, 22
David, m, son, 20
Yetsy, f, daughter, 17

TURN-IT-OVER, *Si-ca-loo-qua-de-gi*, m, husband, 75
Ollie Ann, f, wife, 65

HORNBUCKLE, John, m, husband, 28
Watter, f, wife, 30
[Sounooke], Ola, f, stp-daughter, 15
[Sounooke], Maggie, f, stp-daughter, 9

JOHNSON, Junsey, m, husband, 25
Ella, f, wife, 45
[Lowen], Lucy, f, stp-daughter, 17

Census of the **Eastern Band** *of* **Cherokee** *Indians of* **Eastern Cherokee** *Agency,* **North Carolina** *taken by* **Joseph C. Hart**, *United States Indian Agent,* **June 30 1898.**

KEY: Number *(if given)*, English Name, *Indian Name (if given)*, Sex, Relation, Age.

REID, Peter, m, father, 47
Susan, f, wife, 45
Luisa, f, daughter, 27
Ollie, f, daughter, 24
Adam, m, son, 21
Deweese, m, son, 18
Willie, m, son, 15
James, m, son, 10
Loyd, m, grnd-son, 10
Cinda, f, grnd-daughter, 2
Lizzie, f, grnd-daughter, 2
Lucine, f, grnd-daughter, 3 mo

GEORGE, Davis, m, husband, 48
Sallie, f, wife, 30

THOMPSON, Enos, m, father, 37
Amanda, f, wife, 36
Lydia Ann, f, daughter, 8
Wilson, m, son, 6

REED, Rachel, f, mother, 50
[**Willnote**], Annie, f, daughter, 22
[**Crow**], John, m, son, 17
[**Crow**], Maggie, f, daughter, 14
[**Willnote**], Joe, m, grnd-son, 4
[**Willnote**], Ned, m, grnd-son, 1

JOHNSON, Caroline, f, mother, 53
Stacy, f, daughter, 21
Will, m, nephew, 24
[**Greybeard**], Simon, m, nephew, 15
Addison, m, nephew, 14
[**Sawyer**], Allen, m, nephew, 26

WILLNOTY, Lot, m, father, 49
[**Smith**], Loyd, m, stp-son, 22
Moses, m, son, 15
Eve, f, daughter, 13
Nicy, f, daughter, 11
Simeon, m, son, 5

TRAMPER, Robert, m, father, 65

Mollie, f, daughter, 18
Chiltoske, m, son, 16
Winnie, f, daughter, 13
Olney, f, daughter, 11
Aminetta, m, son, 10
Charlotte, f, daughter, 6

CROW, Sevier, m, father, 37
Etta, f, daughter, 11
Wesley, m, son, 7
Robert, m, son, 4
Dora, f, daughter, 3
Arthur, m, son, 2 mo
Luther, m, son, 2 mo

REED. Fidell, m, husband, 26
Lucy Ann, f, wife, 24

BLACKFOX, Cindy, f, mother, 47
Charley, m, son, 18

COCKRAN, Ross, m, father, 48
Darcus, f, wife, 47
Moses, m, son, 22
Will, m, son, 21
Keener, m, son, 18
Arch, m, son, 9
Standing, m, son, 7
George, m, son, 1
Casey, f, sister, 60

HORNBUCKLE, Lewis, m, father, 45
Caroline, f, wife, 39
John, m, son, 15
[**Oocumma**], Elick, m, brother-in-law, 33

PANTHER, John, m, father, 48
Nancy, f, wife, 46
Joe, m, son, 13

OOCUMMA, James, m, father, 45
Esther, f, wife, 43
Wilson, m, son, 22

Census of the **Eastern Band of Cherokee** *Indians of* **Eastern Cherokee** *Agency,* **North Carolina** *taken by* **Joseph C. Hart**, *United States Indian Agent,* **June 30 1898.**

KEY: Number *(if given)*, English Name, *Indian Name (if given)*, Sex, Relation, Age.

Nannie, f, daughter, 15
Jennie, f, daughter, 12
Enoch, m, son, 7
Annie, f, daughter, 4

TAYLOR, John, m, father, 43
Lucinda, f, wife, 55
Julius, m, son, 20
Simeon, m, son, 17
Olkanie, f, daughter, 15
Lydia, f, daughter, 14

SMOKE, Donehola, m, son, 46
Rebecca, f, mother, 65

SIMPSON, Jim, m, husband, 45
Sallie, f, wife, 45
[Calonuhesky], Lillie, f, niece, 16
[Calonuhesky], Oney, f, niece, 14

LONG, Charley, m, father, 26
Georgia, f, wife, 20
Longber, m, son, 1

PHEASANT, m, grnd-father, 80
Jennie, f, grnd-mother, 75

JUMPER, Ute, m, husband, 27
Bettie, f, wife, 27

WASHINGTON, Lizzie, f, mother, 56
Jesse, m, son, 23
Joseph C, m, son, 18
Rachel, f, daughter, 13

YOUNGBIRD, John, m, father, 37
Dahiny, f, wife, 28
Ruben, m, son, 11
Soggy, m, son, 8
Yohney, f, daughter, 6
Wesley, m, son, 4
Jackson, m, son, 1

QUEEN, Levi, m, father, 28
Mary, f, wife, 18
Mindy, f, daughter, 2

YOUNGDEER, Jacob, m, husband, 28
Luncha, f, wife, 46
[Johnson], Sallie, f, stp-daughter, 16
[Saddle], Sallie, f, stp-daughter, 11

YOUNGDEER, John, m, father, 46
Bettie, f, wife, 46
Elias, m, son, 21
Jonah, m, son, 17
Jesse, m, son, 14
Steve, m, son, 11
Owen, m, son, 9
Martha, f, daughter, 5
Moody, m, son, 1

LOWEN, John, Jr, m, father, 33
Annie, f, wife, 22
Mike, m, son, 4

QUEEN, Simson, m, father, 26
Sallamn, f, wife, 16
Jasper, m, son, 4
[Lowen], Dek, m, stp-son, 2

BIGMEAT, Annie, f, mother, 40
Isaiah, m, son, 20
Piler, m, son, 10

BIGMEAT, Ezekiel, m, husband, 52
Diana, f, wife, 50
Yona, m, son, 22
[Calonuhesky], Charley, m, nephew, 10

GEORGE, Nancy, f, mother, 60
Shell, m, son, 39
[Long], Peter, m, nephew, 17
[Long], Rachel, f, niece, 15
[Bigwitch], Elsie, f, sister, 80
[Reed], Maggie, f, grnd-niece, 10

Census of the **Eastern Band of Cherokee** *Indians of* **Eastern Cherokee Agency, North Carolina** *taken by* **Joseph C. Hart**, *United States Indian Agent,* **June 30 1898**.

KEY: Number *(if given)*, English Name, *Indian Name (if given)*, Sex, Relation, Age.

CALONUHESKY, Kate, f, orphan, 8

TAHLESKI, Ezekiel, m, husband, 51
Elsie, f, wife, 34

CALONUHESKI, Jesse, m, orphan, 7

LARCH, Tooni, f, mother, 90

STAMPER, Ned, m, father, 29
Sallie, f, wife, 25
Ettie, f, daughter, 1

GREYBEARD, John, m, brother, 45
Stacy, f, sister, 49

JACKSON, Jack, m, orphan, 6

CLOUD, Rose, f, mother, 59
Sallie, f, sister, 75
Luciney, f, daughter, 24

WILSON, Josiah, m, father, 31
Sarah, f, wife, 20
Walkini, f, daughter, 1
Sallie, f, mother, 65

LONG, Adam, m, father, 40
Polly, f, wife, 39
Joah, m, son, 15
Eve, f, daughter, 11

LONG, Joe, m, father, 39
Josie, f, daughter, 14
Charley, m, son, 4

GEORGE, Suttyway, m, father, 58
Esther, f, wife, 45
Elijah, m, son, 21

LITTLEJOHN, Sonooke, m, father, 34
Anna E, f, wife, 28
Wiggins, m, son, 6

Mindy, f, daughter, 5
Anson, m, son, 3

REED, Jesse, m, husband, 50
Maggie, f, wife, 47

LOCUST, Will, m, father, 40
Nellie, f, wife, 37
James B, m, son, 11
Peter, m, son, 8
Tiney, f, daughter, 4
[Blythe], David, m, nephew, 35

CROW, Wesley, m, father, 52
Caroline, f, wife, 57
Robert E, m, son, 25
Westley R, m, son, 21
[Thompson], Elsie, f, stp-daughter, 39
[Crow], Sallie, f, grnd-daughter, 21
[Crow], Alice, f, grnd-daughter, 7 da
[Crow], Ossie, m, nephew, 17
[Whippoorwill], Allen, m, nephew, 19
[Whippoorwill], Manley, m, nephew, 16
[Calonuheski], Ehguish, m, nephew, 6

GEORGE, Dawson, m, father, 38
Mary, f, wife, 38
Annie, f, daughter, 14
Manly, m, son, 8
Martha, f, daughter, 7
Mandy, f, daughter, 4
Ola, f, daughter, 2

STANDINGWATER, Eleck, m, father, 44
Mandy, f, wife, 35
Polly Ann, f, daughter, 14
Walney, f, daughter, 10
Elsie, f, daughter, 2

HORNBUCKLE, Wesley, m, husband, 44
Lucy, f, wife, 49

Census of the **Eastern Band of Cherokee** *Indians of* **Eastern Cherokee Agency, North Carolina** *taken by* **Joseph C. Hart**, *United States Indian Agent*, **June 30 1898.**

KEY: Number *(if given)*, English Name, *Indian Name (if given)*, Sex, Relation, Age.

CROW, Jose, m, father, 30
Annie, f, wife, 34
Minnie, f, daughter, 5
Boyd, m, son, 4

TOE, Johnson, m, father, 38
Nancy, f, wife, 35
Lucy, f, daughter, 10
[Sorti], Lewie, f, stp-daughter, 7
[Sorti], Tom, m, stp-son, 5
[Sah-da-yih], *Sah-da-yih*, f, mother-in-law, 75

PIGEON, Jim, *Di-sey-ski*, m, husband, 52
Ollie, f, wife, 34
[Cluetoski], Jennie, f, mother-in-law, 56

ARMACHAIN, Lacy, m, father, 21
Annie, f, wife, 23
Awee, f, daughter, 1

GEORGE, Dahney, f, ?, 23

GEORGE, Logan, m, orphan, 7

GEORGE, Annie S, f, ?, 22

HORNBUCKLE, Ross, m, ?, 25

CALONUHESKI, Sissie, f, mother, 35
Abraham, m, son, 16

CALHOUN, Lawyer, m, hus, 36
Awee, f, wife, 56
Ollie, f, niece, 29

CALONUHESKI, Joe, m, orphan, 9

WELCH, Davis, m, father, 31
Eve, f, wife, 25
John, m, son, 9
James, m, son, 7

Jesse, m, son, 4

WELCH, Joe, m, father, 85
[Hill], Annie, f, daughter, 27
[Hill], Nancy, f, grnd-daughter, 6
[Hill], Jacob, m, grnd-son, 1

BRADLEY, Nancy, f, , 25

LOSSIE, Lee, m, husband, 30
Rachel, f, wife, 23
[Mumblehead], Mandy, f, stp-daughter, 9

BIRD, Spencer, m, husband, 54
Eliza, f, wife, 57
[Littlejohn], Twister, m, stp-son, 31

BLACKFOX, Josiah, m, ?, 40

SHAKEAR, Fidell, m, husband, 27
Lizzie, f, wife, 26

DRIVER, Dickey, m, father, 50
Abraham D, m, son, 22
John, m, son, 17
Rachel, f, daughter, 14

SWAYNEY, Laura, f, mother, 40
Arizonia, f, daughter, 21
Lorango, m, son, 19
John, m, son, 15
Jesse, m, son, 10
Callie, f, daughter, 5
Lurra, f, daughter, 3
Luzenie, f, daughter, 1 da

SEQUOYA, Jake, m, father, 43
Luzene, f, daughter, 16
Noah, m, son, 14
Lizzie, f, daughter, 12
Tahquitte, m, son, 0
Bird, m, son, 7
Richard, m, son, 2

Census of the **Eastern Band of Cherokee** *Indians of* **Eastern Cherokee Agency, North Carolina** *taken by* **Joseph C. Hart**, *United States Indian Agent,* **June 30 1898**.

KEY: Number *(if given)*, English Name, *Indiar. Name (if given)*, Sex, Relation, Age.

SEQUOYA, m, husband, 55
Nellie, f, wife, 37

WELCH, Nancy, f, mother, 33
Cindy, f, daughter, 15
Moses, m, son, 13

CORNSILK, York, m, father, 31
Eyaney, f, wife, 40
Will, m, son, 2
[Screamer], Irene, f, stp-daughter, 9
[Screamer], David, m, stp-son, 7

BRADLEY, Eliza, f, mother, 26
Jas. W, m, son, 4
W. Amos, m, son, 2
Roy, m, son, 4 mo

WOLF, John, m, father, 40
Linda, f, wife, 16
Comeback, m, son, 4 mo
Sallie, f, aunt, 80
Enos, m, nephew, 33

MAULE, William, m, father, 51
Luiza, f, wife, 38
Running W, m, son, 20
Soggy, m, son, 18
Blaine, m, son, 13
Ned N, m, son, 11
Levi, m, son, 7
Caroline, f, daughter, 4

WOLF, Susan, f, mother, 45
Johnson, m, son, 21
Abel, m, son, 18
Thomas, m, son, 15
Ward, m, son, 8

HILL, Abraham, m, ?, 35

DAVIS, Charley, m, father, 26
Annie, f, wife, 34

Isreal, m, son, 3

POWELL, John, m, father, 31
Dooka, f, wife, 28
Stansill, m, son, 7
Moses, m, son, 9
Anna E, f, daughter, 6

WOLF, Joe, m, father, 27
Jennie, f, wife, 27
Carrie, f, daughter, ¾

WOLF, Jowany, m, father, 49
Enoch, m, son, 5

TOONI, Joe, m, father, 46
Angeline, f, wife, 42
Nicy, f, daughter, 25
Juke, m, son, 20
Peter, m, son, 18
Martha, f, daughter, 15
Andy, m, son, 6
[Wolf], Sam, *Ga-ni-ju-wa-yi*, m, uncle, 81
[Axe], *Ga-loo-yo-sti*, m, father-in-law, 79

WOLFE, Moses, m, father, 52
Jennie, f, wife, 40
Kimsey, m, son, 12
Martha, f, daughter, 9
Jonah, m, son, 5
Morgan, m, son, 2
[Lambert], Charley, m, stp-son, 12
[Welch], Young Turkey, m, stp-son, 17

CLIMBING BEAR, m, father, 45
Olney, f, wife, 45
Daleska, m, son, 22
Daking, f, daughter, 20
Gudakey, f, daughter, 14
Katherine, f, daughter, 9

Census of the **Eastern Band of Cherokee** *Indians of* **Eastern Cherokee Agency, North Carolina** *taken by* **Joseph C. Hart**, *United States Indian Agent,* **June 30 1898**.

KEY: Number *(if given)*, English Name, *Indian Name (if given)*, Sex, Relation, Age.

DAVIS, John, m, father, 38
Gah-na-yi, f, wife, 40
Mollie, f, daughter, 18
Liddy, f, daughter, 13
Sallie A, f, daughter, 8
Lizzie, f, daughter, 6

LOSSIE, John, m, father, 38
Nancy, f, wife, 40
Dobson, m, son, 13
Lawyer, m, son, 7
[**Wolfe**], Nancy, f grnd-mother, 70

ARMACHAIN, Conseen, m, husband, 45
Susie, f, wife, 43

CHILTOSKI, m, husband, 60
Bettie, f, wife, 60

ARMACHAIN, Sevier, m, father, 46
Annie, f, wife, 36
Lydia Ann, f, daughter, 6
Jonah, m, son, 3
[**Tooni**], Nick, m, stp-son, 18

WOLF, Jacob, m, father, 27
Nancy, f, wife, 25
Eliza Jane, f, daughter, 8
Rachel, f, daughter, 5
Joe J, m, son, ½

SWIMMER, Thomas, m, father, 46
Annie, f, wife, 38
Runaway, m, son, 19
[**Tahquitte**], Mandy L, f, stp-daughter, 14
Eliza J, f, daughter, 8
Mary, f, daughter, 6

DICKENS, Watson, m, son, 54
Donih, f, mother, 80

WATSUTTA, m, husband, 56

Annie, f, wife, 45

WOLF, Annie, f, mother, 45
Nancy, f, daughter, 16
Owen, m, son, 15
Junaluska, m, son, 14
Tahquitte, m, son, 13

TOHEESKI, m, father, 55
Ceily, f, wife, 40
Nancy, f, daughter, 17
Elsie, f, daughter, 13
Olley Ann, f, daughter, 11
Rebecca, f, daughter, 9

PHEASANT, John, m, father, 49
Rebecca, f, wife, 45
Will Thomas, m, son, 16
Kate, f, daughter, 8

WATTIE, Ute, m, father, 34
Che-coowi, f, wife, 26
John D, m, son, 8
Rachel, f, daughter, 10

LOSSEN, Charley, m, father, 42
Jennie, f, wife, 35
Callie, f, daughter, 18
Leander, m, son, 13
Maggie, f, daughter, 9
Dave, m, son, 6
Thompson, m, son, 2
Armstrong, m, son, ½
Annie, f, mother, 65

WATTIE, Coolige, m, father, 22
Nessie, f, wife, 23
Steve, m, son, ½

BIGJIM, Judus, m, husband, 30
Eliza, f, wife, 25

HILL, John, m, father, 47

Census of the **Eastern Band** *of* **Cherokee** *Indians of* **Eastern Cherokee** *Agency,* **North Carolina** *taken by* **Joseph C. Hart**, *United States Indian Agent,* **June 30 1898**.

KEY: Number *(if given)*, English Name, *Indian Name (if given)*, Sex, Relation, Age.

Sallie, f, wife, 70
[Calhoun], Dinah, f, stp-daughter, 42
[Long], Will West, m, stp-son, 29
[Calhoun], Lucy, f, grnd-child, 13
[Calhoun], Joe, Sr, m, grnd-son, 3

CONLY, John, m, father, 32
Jennie, f, wife, 40
John, Jr, m, son, 7
Luke, m, son, 6
Elias, m, son, 2
[Going Bird], m, nephew, 32

BIG JIM, m, father, 60
Bettie, f, wife, 52
Lossil, m, son, 24
Gillow, m, son, 22
Chickallili, m, son, 17
Nickadiya, f, daughter, 10

BIGJIM, Wesley, m, father, 26
Agnes, f, wife, 20
John, m, son, ½

WATTIE, m, husband, 62
Annie, f, wife, 50

CALHOUN, Morgan, m, father, 34
Sallie, f, wife, 21
Polly, f, daughter, 4
Loyd, m, son, 2
Eve, f, daughter, ½

DRIVER, Nancy, f, grnd-mother, 55
Irene, f, grnd-daughter, 15

CAMPBELL, Wilburn, m, ?, 26 [idiot]

DAVIS, Sallie, f, mother, 33
Angeline, f, daughter, 19
Collonusku, f, daughter, 1
Lucy Ann, f, daughter, 7

WELCH, Elijah, m, father, 45
Sallie, f, wife, 37
Ollie, f, daughter, 14
Adam, m, son, 12
James, m, son, 9
Ann E, f, daughter, 6
Maggie, f, daughter, 1

THOMPSON, Johnson, m, father, 34
Nancy, f, wife, 34
Ahseen, m, son, 14
Nannie, f, daughter, 12
Will, m, son, 10
George, m, son, 7
Simeon, m, son, 4
David, m, son, 1

WOLF, Comeback, m, father, 60
Lizzie, f, daughter, 15
James T, m, son, 11
Pearly, f, daughter, 9
Mandy W, f, daughter, 8
Charley, m, son, 5

DEWATLEY, James, m, father, 50
Winnie, f, wife, 38
Adam, m, son, 15
Sam, m, son, 13
Cain, m, son, 10
William, m, son, 8
Adison, m, son, 2
[Wolf], Polly, f, sister-in-law, 56

SOUNOOKE, John, m, father, 38
Mary, f, wife, 38
[Wolf], Kate, f, stp-daughter, 11
[Wolf], Ned, m, stp-son, 8
James, m, son, 1/12

CHILTOSKI, Will, m, father, 48
Charlotte, f, wife, 30
Ute, m, son, 10
Caroline, f, daughter, 9

Census of the **Eastern Band of Cherokee** *Indians of* **Eastern Cherokee Agency, North Carolina** *taken by* **Joseph C. Hart**, *United States Indian Agent,* **June 30 1898**.

KEY: Number *(if given)*, English Name, *Indian Name (if given)*, Sex, Relation, Age.

Wattie, m, son, 1

OWL, Suate, m, father, 68
Dina, f, wife, 39
[Blythe], Arch, m, stp-son, 22
Jonah, m, son, 16
Ammons, m, son, 9
Owen, m, son, 5

ARCH, Dave, m, father, 38
Texie, f, wife, 36
Johnson, m, son, 14
Jennie, f, daughter, 13
Mary, f, daughter, 9
Bessie, f, daughter, 7
Olive Ann, f, daughter, 5
Ross, m, son, 1
[Smith], Joseph, m, uncle, 60

PANTHER, Mark, m, husband, 24
Elsie, f, wife, 36

LITTLEJOHN, Gillow, m, father, 28
Annie, f, wife, 26
Agnese, f, daughter, 2
[Wenn], Will, m, cousin, 23
Elowi, m, cousin, 22

TOINEETA, Loney, m, father, 38
Sallie, f, wife, 38
West, m, son, 16
George, m, son, 14
Charlotte, f, daughter, 11
Martha, f, daughter, 9
Caroline, f, daughter, 4

SUTAGA, m, father, 58
Mary, f, wife, 39
Luke, m, son, 24

SOUNOOKE, Ollie, m, father, 45
Dora, f, daughter, 14
[Screamer], Manus, m, nephew, 15

SMITH, Sibbald, m, father, 20
Hartman, m, son, 8 mo

SOUNOOKE, Will, m, brother, 25
Joseph, m, brother, 24

STANDING DEER, Nancy, f, mother, 49
Lowen, m, son, 15

SALOLANEETA, Bird, m, husband, 55
Lucy, f, wife, 45
[Owl], Johnson, m, nephew, 18

OWL, John, m, father, 38
Annie, f, wife, 39
Dahney, f, daughter, 17

OWL, Lewis, m, father, 77

SHELL, John, m, father, 48
Sallie, f, wife, 40
Ute, m, son, 21
Mattie, f, daughter, 12
[Owl], Martha, f, stp-daughter, 23
[Tell], William, m, brother-in-law, 52

OWL, Loyd, m, father, 24
Nettie, f, wife, 24
Lula L, f, daughter, 7
David, m, son, 5
George, m, son, 3
McClain, m, son, 1

SKITTY, Sevier, m, ?, 52

FEATHER, Lawyer, m, father, 26
Mary, f, wife, 35
Johnson, m, son, 13
Sallie, f, daughter, 7
Yona-gushi, m, son, 6
Yuwensty, m, son, 6
Callie, f, daughter, 1

Census of the **Eastern Band of Cherokee** *Indians of* **Eastern Cherokee Agency, North Carolina** *taken by* **Joseph C. Hart**, *United States Indian Agent,* **June 30 1898**.

KEY: Number *(if given)*, English Name, *Indian Name (if given)*, Sex, Relation, Age.

Lucy, f, daughter, 3 da

OWL, Sampson, m, father, 44
Susan, f, wife, 50
Ramie, f, daughter, 20
Ida, f, daughter, 17
[Harris], Lottie, f, niece, 21
[Harris], Rosa, f, niece, 19

SMITH, Rose, f, ?, 14

LOSSIE, John, m, father, 62
Mary, f, wife, 59
Lindy, f, daughter, 31
Henry, m, son, 27
Jones, m, son, 23
Kiney, f, daughter, 19
Lizzie, f, grnd-daughter, 5

LOSSIE, John D, m, father, 28
Laura, f, wife, 27
[Crow], David, m, stp-son, 14
[Crow], Margaret, f, stp-daughter, 10
[Crow], Nanny, f, stp-daughter, 7
John L, m, son, 2 mo

KATOLSTER, f, mother, 90
Nancy, f, daughter, 48
[Reed], James, m, nephew, 45
[Squirrel], Fox, m, grnd-son, 33
Elsie, f, grnd-daughter, 12

FEATHER, Joe, m, father, 71
Wesley, m, son, 18

CATOLST, Charley, m, father, 53
Eva, f, wife, 55
Tanur, m, son, 23
Etta, f, daughter, 21
Wallace, m, son, 20
William, m, son, 18
Colsowi, m, son, 16

SOUNOOKE, Timpson, m, father, 53
Nancy, f, wife, 50
James, m, son, 10
Joseph, m, son, 5
Sallie, f, mother, 108

JESSAN, m, father, 60
Lydia, f, wife, 38
Rogers, m, son, 22
John, m, son, 19
Tinola, m, son, 17
Josie, f, daughter, 15
Jones, m, son, 2

LONG, Jackson, m, father, 46
Ella, f, daughter, 9

BLYTHE, James, m, father, 37
Josephine, f, wife, 35
Stella, f, daughter, 14
Jarrett, m, son, 12
[Bauer], Fred Blythe, m, nephew, 1½

ARNEACH, Nancy, f, mother, 62
[Shell], Amy, f, daughter, 41
[Sounooke], Adam, m, grnd-son, 19
[Armachain], Kate, f, grnd-daughter, 15
[Goins], Corintha, f, grnd-daughter, 6

JACKSON, Nancy, f, sister, 26
Sarah, f, sister, 18
Jones, m, brother, 16
Fanny, f, sister, 8

LAMBERT, John, m, ?, 36

WAHHANEETA, William, m, brother, 23
Stacy, f, sister, 21

RATLEY, William, m, ?, 26

KNOTTYTOM, Annie, f, mother, 72

Census of the **Eastern Band of Cherokee** *Indians of* **Eastern Cherokee Agency, North Carolina** *taken by* **Joseph C. Hart**, *United States Indian Agent,* **June 30 1898**.

KEY: Number *(if given)*, English Name, *Indian Name (if given)*, Sex, Relation, Age.

Peter, m, son, 28
[Clay], Timson, m, nephew, 19
[Sounooke], Sallie, f, daughter, 37
[Sounooke], Mattie, f, grnd-daughter, 14
[Sounooke], Soggy, m, grnd-son, 6
[Sounooke], Steve, m, grnd-son, ½

YOUNGDEER, Margaret, f, mother, 37
[Standing Deer], Caroline, f, daughter, 9

REED, James, m, father, 31
Mary, f, daughter, 6

LAMBERT, Sam, m, father, 38
Cloud, m, son, 7
Nanny, f, daughter, 5
Verdie, f, daughter, 3
Corbet, m, son, 1

LAMBERT, Albert, m, father, 44
James, m, son, 22
Jesse, m, son, 21
Thomas, m, son, 19
Hugh, m, son, 17
Nanny, f, daughter, 15
Jack, m, son, 13

WELCH, Betty, f, ?, 17

SMITH, Lottie, f, ?, 20

NICK, Minnie, f, sister, 16
Chiltoski, m, brother, 14
Bessie, f, sister, 12

GEORGE, Shon, m, ?, 25

SNEED, Peco, m, ?, 25

CONSEEN, Ropetwister, m, father, 72
Manly, m, son, 37
Annie, f, daughter, 33

BIGFAT, Sallie, f, mother, 70
Kate, f, daughter, 34
Martha, f, grnd-daughter, 1

WA-CHA-CHA, Will, m, father, 43
Roxy, f, wife, 40
Nacy, f, daughter, 16
Jarrett, m, son, 15
James, m, son, 13
Sarah, f, daughter, 11
Charley, m, son, 9
Jack, m, son, 7 [twin]
Nancy, f, daughter, 7 [twin]
Posey, m, son, 5
Susie, f, daughter, 3
John, m, son, 1

RATLER, George, m, father, 25
Polly, f, wife, 23
[Chickalili], Elsie, f, stp-daughter, 5
Ducy, m, son, 3
Rachel, f, daughter, 1

CHICKALILI, Stone, m, father, 26
Mary, f, wife, 35
Jacob, m, son, 6
[Graybeard], Dillard, m, stp-son, 6
Jeptha, m, son, 2

CHICKALILI, John, m, husband, 76
Annie, f, wife, 67
[Ootalky], Nancy, f, niece, 18
Tom, m, son, 35

LONGBEAR, Dobson, m, father, 36
Susan, f, wife, 17
John, m, son, 1

CONSEEN, Jake, m, father, 58
Aggie, f, wife, 50
Peter, m, son, 20

JACKSON, Lawyer, m, father, 27

Census of the **Eastern Band of Cherokee** *Indians of* **Eastern Cherokee Agency, North Carolina** *taken by* **Joseph C. Hart**, *United States Indian Agent,* **June 30 1898**.

KEY: Number *(if given)*, English Name, *Indian Name (if given)*, Sex, Relation, Age.

Dakey, f, wife, 26
Ella, f, daughter, 3

AXE, Willie, m, husband, 30
Caroline, f, wife, 27
Annie, f, sister, 40
Maggie, f, niece, 3

TESATESKI, John, m, father, 46
Eve, f, wife, 22
Illnois, f, sister, 21
Sampson, m, son, 6
[Bigmeat], Larky, m, stp-son, 6
Mandy, f, daughter, 2

CONSEEN, Breast, m, father, 35
Sallie, f, wife, 40
Nancy, f, daughter, 15
Janus, m, son, 10
John, m, son, 6
Mary, f, daughter, 3
Tiney, f, daughter, 1
[Saka], Annie, f, aunt, 52

TESATESKI, Will, m, father, 40
Nancy, f, wife, 38
[Ledford], Charley, m, stp-son, 15
[Ledford], Sampson, m, stp-son, 13
[Ledford], Eve, f, stp-daughter, 11
Mollie, f, daughter, 15
Noah, m, son, 10
Mandy, f, daughter, 3

TESATESKI, Timpson, m, father, 38
Sallie, f, wife, 37
Stacy, f, daughter, 15
Jesse, m, son, 13
Arch, m, son, 2

JACKSON, Fox S, m, father, 45
Mollie, f, wife, 30
Moses, m, son, 7
Jacob, m, son, 5

Rebecca, f, daughter, 1
[Saka], Nellie, f, sister, 50
[Saka], Alsie, f, sister, 60
[Saka], Darcus, f, niece, 20
[Saka], Malindy, f, grnd-niece, 1 mo

SMOKER, Will, m, father, 25
Ollie, f, wife, 18
Sam, m, brother, 19
Massie, m, son, 1

COOPER, Stacy, f, mother, 26
Arnold, m, son, 6

ROSE, Florence, f, mother, 23
Bonnie, f, daughter, 8
Bill, m, son, 6
Jake, m, son, 3

SNEED, Sam, m, father, 38
Mary C, f, daughter, 4
Annie L, f, daughter, 2

ROPETWISTER, John, m, father, 49
Annie, f, wife, 56
Jesse, m, son, 5

CALONUHESKI, Tom, m, orphan, 11

DI-GI-GISKI, *Oo-tolki*, m, father, 78
Rebecca, f, wife, 69
Kanawili, f, daughter, 24
[Graybeard], Stacy, m, grnd-daughter, 8

CANNOT, John, m, husband, 81
Eliza, f, wife, 54

JACKSON, Ollie, f, ?, 80

AXE, John D, m, father, 44
Eve, f, wife, 44
Stacy, f, sister, 41
Annie Lee, f, mother, 68

Census of the **Eastern Band of Cherokee** *Indians of* **Eastern Cherokee Agency, North Carolina** *taken by* **Joseph C. Hart**, *United States Indian Agent,* **June 30 1898**.

KEY: Number *(if given)*, English Name, *Indian Name (if given)*, Sex, Relation, Age.

Sallie, f, aunt, 80
Annie, f, daughter, 17

SMOKER, John, m, father, 31
Aggie, f, wife, 28
Cindy, f, daughter, 10
James, m, son, 8
Allen, m, son, 6

TAHQUITTE, Susan, f, mother, 70
Martha, f, daughter, 40
[Conseen], Dina, f, daughter, 76[sic]

JACKSON, Bob, m, father, 27
Caroline, f, wife, 20
Soggy, m, son, 1

TEOTLA, Nancy, f, ?, 64

REED, Dave, m, ?, 39

SMITH, L. H, m, father, 52
Nancy, f, wife, 47
Judge Ha, m, son, 16

AXE, J. Davis, m, father, 46
Jennie, f, wife, 38
Polly, f, daughter, 15
Margaret, f, daughter, 1

CAT, Saken, f, mother, 70
Sally, f, daughter, 55

CAT, Jackson, m, orphan, 1/12

AXE, Joe, m, father, 39
Mary, f, wife, 30
Andy, m, son, 13
Peter, m, son, 10
Cindy, f, daughter, 8
Mandy, f, daughter, ½

CORNSILK, Armstrong, m, father, 54

Colludayi, f, wife, 39
Dow, m, son, 18
Martha, f, daughter, 15
Emaline, f, daughter, 12
Jonah, m, son, 8
Howart[sic], m, son, 5 mo

RATLER, Washington, m, father, 50
Nancy, f, wife, 47
Eliza, f, daughter, 17
John, m, son, 14
Jones, m, son, 10

GREYBEARD, Johnson, m, father, 79
Katy, f, wife, 77
Ezekiel, m, son, 62
Maggie, f, daughter, 50

OWL, Winney, f, ?, 69

AXE, Morgan, m, ?, 33

McLEYMORE, J. L, m, ?, 44

McLEYMORE, S. H, m, ?, 40

SMITH, R. B, m, husband, 59
Cinthy, f, wife, 56

SNEED, Bill, m, ?, 39

SMITH, John A, m, ?, 26

Census of the **Eastern Band of Cherokee** *Indians of* **Eastern Cherokee Agency, North Carolina** *taken by* **Henry W. Spray, Supt. & Sp'l. Disb. Agt. June 30, 1899.**

KEY: Number; English Name, *Indian Name (if given)*, Sex, Relation, Age.

1; **ARCH**, David, m, father, 39
2; Johnson, m, son, 15
3; Sarah Jane, f, daughter, 14
4; Mary, f, daughter, 10
5; Bessie, f, daughter, 8
6; Olive Ann, f, daughter, 6
7; Ross, m, son, 2

8; **ARMACHAIN**, Ann, *Ah-a-k-ga*, f, mother, 42
9; Katy, f, daughter, 16

10; **ARMACHAIN**, Sevier, m, father, 58
11; Annie, f, mother, 37
12; Nick, m, son, 18
13; Lydia, f, daughter, 7
14; Jonah, m, son, 5
15; Emma, f, daughter, 1/12

16; **ARMACHAIN**, Conseen, m, father, 46
17; Susie, f, mother, 44

18; **ARMACHAIN**, *Che-wa-ha*, f, mother, 52
19; Lacy, m, son, 22
20; Anna, f, wife, 23

21; **ARMACHAIN**, Davis, m, father, 48
22; Anna, f, mother, 30
23; Bettie, f, daughter, 7
24; (Unknown), m, son, 2
25; (Unknown), f, daughter, 1/12

26; **ALLEN**, Will, m, father, 42
27; Sallie, *Di-da-ki-jor-ki*, f, mother, 40
28; Junaluska, m, son, 10

29; **ALLEN**, *Sku-kee*, m, father, 24
30; Nannie, f, mother, 28
31; Rebecca, f, daughter, 4

32; **ARNEACH**, Will W, m, father, 50
33; Susan, f, mother, 33
34; Mary, f, daughter, 10
35; Maggie, f, daughter, 7
36; James R, m, son, 6
37; Nellie, f, daughter, 3
38; Buck, m, son, 2/12
39; Mike W, m, son, 26

40; **ARNEACH**, Nancy, *Un-yun-li*, f, ?, 63

41; **AXE**, John, *I-di-gu-na-hih*, m, uncle, ?
42; David, *Tsu-sah-kau*, m, nephew, ?

43; **AXE**, John D, m, ?, 49

44; **AXE**, Jennie, f, ?, 35

45; **AXE**, Morgan, m, ?, 39

46; **AXE**, Will, m, ?, 30
47; Caroline, f, ?, 25
48; Maggie, f, ?, 4
49; Annie, f, ?, 34

50; **AXE**, John D, m, ?, 44

51; **AXE**, Eva, f, ?, 43

52; **AXE**, Sallie, f, ?, 100

53; **AXE**, Mary, f, ?, 26

54; **AXE**, Cindy, f, ?, 12

55; **AXE**, Peter, m, ?, 10

56; **AXE**, Mandy, f, ?, 3

57; **ARNEACH**, *Ah-qua-da-ga*, m, father, 100

Census of the **Eastern Band of Cherokee** *Indians of* **Eastern Cherokee Agency,** **North Carolina** *taken by* **Henry W. Spray, Supt. & Sp'l. Disb. Agt. June 30, 1899.**

KEY: Number; English Name, *Indian Name (if given)*, Sex, Relation, Age.

58; Lizzie, f, mother, 60
59; Jefferson A, m, son, 24

60; **ARMACHAIN**, Elsie, f, ?, 36

61; **BEARMEAT**, Mary, f, mother, 52
62; Elsie, f, daughter, 16
63; Ben, m, son, 12

64; **BEN**, *Che-che*, m, husband, 30
65; Nancy, f, wife, 50

66; **BIGMEAT**, Annie, f, mother, 59
67; Isaiah, m, son, 22
68; Adam, m, son, 13

69; **BIGMEAT**, Ezekiel, m, father, 53
70; Nancy, f, mother, 55
71; Bear, m, son, 22
72; Robert, m, ?, 7

73; **BIGMEAT**, Lacy, m, father, 60
74; Martha, f, wife, ?
75; Abel, m, son, 30
76; Nickademus, m, son, 21

77; **BIRD**, Squincy, m, husband, 55
78; Eliza, f, wife, 58

79; **BIRD**, Steve, m, father, 49
80; Annie, f, mother, 42
81; Billie, f, daughter, 22
82; Loyd, m, son, 12

83; **BIRD**, Dan, m, father, 20
84; Polly, f, mother, 20
85; Margaret, f, daughter, 2

86; **BIRD**, John E, m, father, 42
87; Sarah, f, mother, 24
88; David, m, son, 6
89; Dinah, f, daughter, 3
90; Ollie, f, daughter, 6/12

91; **BIRD**, Jake, m, ?, 76

92; **BIRD**, Tohiskih, *Tohie-shih*[sic], m, father, 56
93; Ceily, f, mother, 41
94; Nancy, f, daughter, 18
95; Ollie Ann, f, daughter, 14
96; Rebecca, f, daughter, 10
97; Elsie, f, daughter, 12
98; Mary T, f, daughter, 6/12

99; **BIRD**, Going, *Che-sa-wa-nah-ih*, m, father, 33
100; Eli, m, son, 6

101; **BLACKFOX**, Josiah, m, ?, 46

102; **BLACKFOX**, Cindy, f, mother, 50
103; Charley, m, son, 19

104; **BLACKFOX**, Sally, f, ?, 55

105; **BLYTHE**, Jackson, m, father, ?
106; Elizabeth, f, mother, ?
107; Henry, m, son, 24

108; **BLYTHE**, Arch, m, ?, 24

109; **BLYTHE**, David, m, husband, 36
110; Nannie, f, wife, 24

111; **BLYTHE**, James, m, father, 38
112; Josie, f, mother, 35
113; Stella, f, daughter, 15
114; Jarriet, m, son, 13

115; **BAUR**, Fred B, m, brother, 2
116; Owena, f, sister, 4

117; **BRADLEY**, Nancy, f, mother, 26
118; Mabel, f, daughter, 1/12

119; **BRADLEY**, Eliza Jane, f, mother,

Census of the **Eastern Band of Cherokee** *Indians of* **Eastern Cherokee Agency, North Carolina** *taken by* **Henry W. Spray,** **Supt. & Sp'l. Disb. Agt. June 30, 1899.**

KEY: Number; English Name, *Indian Name (if given)*, Sex, Relation, Age.

120; James W, m, son, 5
121; Amos W, m, son, 3
122; Ray D, m, son, 1

123; **BRADLEY**, Lucinda, f, mother, 39
124; George, m, stp-son, 21
125; Johnson, m, stp-son, 18
126; Couah, m, stp-son, 16
127; Henry, m, son, 15
128; Suzzie, f, daughter, 12
129; Mindy, f, daughter, 10
130; Morgan, m, son, 7
131; Nick, m, son, 4
132; McKinley, m, son, 1

133; **BIRD**, Sallie, f, ?, 45

134; **BROWN**, John, m, father, 60
135; Lydia, f, mother, 48
136; Jonah, m, son, 17
137; Eva, f, daughter, 16
138; Alice, f, daughter, 13
139; Peter, m, son, 11

140; **BURGISS**, Georgia A, f, mother, 28
141; Mary Myslle[sic], f, daughter, 7
142; Bessie, f, daughter, 4
143; Rob Floy, f, daughter, 1

144; **BIGWITCH**, John Long, *Ti-coo-gis-kih*, m, father, 67
145; Olsie, *Ah-li-sah*, f, mother, 55
146; Joe L, m, son, 27
147; Mary L, f, daughter, 14
148; Charley L, m, son, 13

149; **BIGWITCH**, John Dobson, *Oo-u-stoo-hih*, m, husband, 70
150; Mary, f, wife, 41

151; **BROWN**, Ollie, f, ?, 57

152; **CALHOUN**, Sawyer, *Si-ti-yo-hi-hi*, m, husband, 40
153; Ollie, f, wife, 30
154; Joe, m, son, 10 [adopted]

155; **CALHOUN**, Morgan, *Aw-gon-slo-la*, m, father, 35
156; Sallie Ann, f, mother, 22
157; Pollie, f, daughter, 5
158; Loyd, m, son, 3
159; Eva, f, daughter, 1

160; **CALHOUN**, Dinah, f, mother, 43
161; Lucy, f, daughter, ?
162; Joe W, m, son, 4

163; **CALHOUN**, Climbing Bear, *Yona-kala-ka*, m, father, 46
164; Ollie, f, mother, 46
165; *Dah-li-skih*, m, son, 23
166; *Dah-kin*, f, daughter, 21
167; *Gun-ta-gi*, f, daughter, 15
168; *Kahi-lah*, f, daughter, 10

169; **CALONOOHISKI**,Sissie, *Di-gaw-his-diski*, f, mother, 30
170; Abraham, m, son, 18
171; Charley, m, son, 13
172; Katy, f, daughter, 9
173; Nannie, f, daughter, 1

174; **CANOTTE**, Abel, m, brother, 20
175; Columbus, *Ki-lan-cega*, m, brother, 14

176; **CAT**, Johnson, m, father, 43
177; Sallie, f, mother, 38
178; Willie, m, son, 14
179; Bettie, f, daughter, 10
180; Margaret, f, daughter, 7
181; Jessie, m, son, 5
182; Mandy, f, daughter, 6/12

183; **CANOTTE**, Eliza, f, ?, 53

Census of the **Eastern Band of Cherokee** *Indians of* **Eastern Cherokee Agency, North Carolina** *taken by* **Henry W. Spray, Supt. & Sp'l. Disb. Agt. June 30, 1899.**

KEY: Number; English Name, *Indian Name (if given)*, Sex, Relation, Age.

184; **CAT**, Sallie, f, ?, 88

185; **CATOLST**, *Ga-tol-sta*, f, mother, 91
186; Nancy, f, daughter, 49
187; *Sa-lo-la-nu-ta*, m, son, 34

188; **CATOLST**, Elsie, f, ?, 13

189; **CATOLST**, Charley, m, father, 54
190; Eve, f, mother, 60
191; Ettie, f, daughter, 22
192; *Uah-lus-ki*, m, son, 21
193; Malkam, m, son, 19
194; *Ca-li-son-ee*, m, son, 17

195; **CATOLST**, Tamar, m, husband, 27
196; Nancy, f, wife, 21

197; **CHICKALILI**, John, m, father, 76
198; Annie, f, mother, 64

199; **CHICKALILI**, Stone, m, father, 25
200; Mary, f, mother, 30
201; Jeff, m, son, 3
202; Simon, m, son, 1

203; **CHICKALILI**, Nancy, f, mother, 25
204; Jacob, m, son, 8

205; **CHICKALILI**, Tom, m, ?, 30

206; **COCKRAN**, Ross, m, father, 50
207; Darcus, f, mother, 40
208; Moses, m, son, 23
209; Will, m, son, 21
210; Keener, m, son, 18
211; Arch, m, son, 9
212; *De ga do ga*, m, son, 6

213; *I yun to g*, f, daughter, 2
214; Kasy, f, sister, 66

215; **CONLEY**, John, m, father, 33
216; Jennie, *Che ki ah*, f, mother, 41
217; John, m, son, 8
218; Luke, m, son, 3

219; **CONSEEN**, John, m, husband, 50
220; Annie, f, wife, 52

221; **CONSEEN**, Oluganiah, m, father, 57
222; Sallie, f, daughter, 20
223; Junaluskee, m, son, 18
224; Jack, m, son, 14
225; Thompson, m, son, 12

226; **CONSEEN**, Jake, *Ah-li-tis-hi*, m, husband, 59
227; Aggie, f, mother, 58
228; Peter, m, son, 21

229; **CONSEEN**, *Gaw-che-che*, m, father, 38
230; Kalotti, *Ka-luh-di*, f, mother, 39
231; Nancy, f, daughter, 16
232; King, m, son, 12
233; John, m, son, 9
234; Mary, f, daughter, 5
235; Tiney, f, daughter, 3

236; **ROPE TWISTER**, *Di-ga-metoy-ohi*, m, ?, 69

237; **ROPE TWISTER**, Manly, m, husband, 38
238; Roxie, *Ah-go-ga*, f, wife, 36

239; **CONSEEN**, Sallie Bigfat, f, ?, 69

240; **CONSEEN**, Kate, f, mother, 30
241; Martha, f, daughter, 2

Census of the **Eastern Band of Cherokee** *Indians of* **Eastern Cherokee Agency, North Carolina** *taken by* **Henry W. Spray, Supt. & Sp'l. Disb. Agt. June 30, 1899.**

KEY: Number; English Name, *Indian Name (if given)*, Sex, Relation, Age.

242; **CONSEEN**, Dinah, f, ?, 55

243; **COLONOOHISKEH**, Tom, m, ?, 11

244; **COOPER**, Stacy, f, mother, 30
245; Arnold, m, son, 6
246; Curtis, m, son, 4
247; Frankie, f, daughter, 2

248; **COOTAGUSKI**, Timson, *Soo gee-ta*, m, ?, 20

249; **CHILTOSKIH**, *Chiltoskih*, m, husband, 61
250; Bettie, f, wife, 61

251; **CHILTOSKIH**, Will, m, father, 49
252; Charlotte, f, mother, 31
253; Ute, m, son, 11
254; Caroline, f, daughter, 10
255; Walter, m, son, 2

256; **CORNSILK**, York, m, father, 32
257; Will, m, son, 3
258; Stephen, m, son, 6/12

259; **CORNSILK**, Armstrong, m, father, 56
260; Annie, f, mother, 36
261; Dow, m, son, 19
262; *(Illegible)*, f, daughter, 15
263; Emeline, f, daughter, 13
264; John, m, son, 8
265; Hattie, f, daughter, 1

266; **CLOUD**, Rose, f, mother, 55
267; Lusene, f, daughter, 23

268; **CROW**, Sevier, m, father, 27
269; Etta, f, daughter, 13
270; Easley, m, son, 9

271; **CROW**, Martin, m, father, 52
272; Olsie, f, mother, 55
273; Elige, m, son, 24
274; Wesley R, m, son, 22

275; **CROW**, Alsie, f, mother, 38
276; Sallie, f, aunt, 21
277; Ella, f, ?, 1

278; **CROW**, Osi, m, brother, 18
279; Aguish, m, brother, 7
280; David, m, brother, 15
281; Nannie, f, sister, 8

282; **CHICKALILI**, Andy, m, ?, 16

283; **CRAIG**, Sarah, f, mother, 48
284; Mary J, f, daughter, 20
285; Georgia, f, daughter, 15
286; William, m, son, 13
287; John K, m, son, 10
288; Frank, m, son, 5

289; **COLONOOHESKIB**, Isaiah, m, ?, 48

290; **COLONOOHESKIB**, Lillie, f, ?, 14

291; **DAVIS**, Charley, m, father, 26
292; *(Illegible)*, f, mother, 24
293; Isreal, m, son, 4
294; Isaac, m, son, 1

295; **DAVIS**, Nancy, f, ?, 56

296; **DAVIS**, Irene, f, ?, 16

297; **DAVIS**, Sallie, f, mother, 34
298; Lucy Ann, f, daughter, 8
299; Annie, f, daughter, 2

300; **DAVIS**, John, m, father, 39
301; Nancy, f, mother, 44

Census of the **Eastern Band** *of* **Cherokee** *Indians of* **Eastern Cherokee Agency,** **North Carolina** *taken by* **Henry W. Spray***,* **Supt. & Sp'l. Disb. Agt.** **June 30, 1899.**

KEY: Number; English Name, *Indian Name (if given)*, Sex, Relation, Age.

302; Lydia, f, daughter, 14
303; Sallie, f, daughter, 9
304; Lizzie, f, daughter, 7

305; **DAVIS**, *(Illegible)*, m, ?, 28

306; **DRIVER**, Bigman, m, father, 61
307; Bettie, f, mother, 53
308; Sorrel, m, son, 25
309; Goliath, m, son, 23
310; Chickalili, m, son, 18

311; **DRIVER**, Wesley, m, father, 27
312; Agnes, f, mother, 21
313; John, m, son, 1

314; **DRIVER**, Judas B, m, father, 31
315; Eliza, f, mother, 32

316; **DRIVER**, John Hill, *Googita*, m, husband, 47
317; Sallie, *Ahejostie*, f, wife, 71

318; **DRIVER**, Amka, f, ?, 66

319; **DRIVER**, Dickey, m, father, 51
320; Abraham, m, son, 25
321; Rachel, f, daughter, 15

322; **DRIVER**, Will D, m, husband, ?
323; Eliza L, f, wife, ?

324; **DICKEY**, Doonib, f, ?, 81

325; **DICKEY**, Watson, m, ?, 51

326; **DEQUSKIH**, Jim, m, husband, 76
327; Ceily, f, wife, 50

328; **DAVIS**, Joe, m, husband, 25
329; Katy, f, wife, 47
330; Sarah, f, daughter, 10
331; Junulaska[sic], m, son, 8

332; **DAVIS**, Wilste, m, father, 56
333; Alsie, f, mother, ?
334; Stacy, f, daughter, 17

335; **FEATHER**, m, father, 72
336; Wesley, m, son, 19

337; **FEATHERHEAD**, Annie, f, ?, 19

338; **FEATHERHEAD**, Wilson, m, ?, 26

339; **FRENCH**, Wallie, f, mother, 19
340; Charlotte, f, daughter, 5
341; Ella, f, daughter, 2
342; Ned, m, son, 6/12

343; **FRENCH**, Awee, f, mother, 21
344; Maud, f, daughter, 5
345; McKinley, m, son, 2

346; **GEORGE**, Elijah, *Oo la wa di*, m, father, 25
347; *Coo ta yih*, f, sister, 18
348; Cain, m, son, 3

349; **GEORGE**, Nancy, f, mother, 66
350; Shell, m, son, 39

351; **GEORGE**, Dawson, m, father, 38
352; Mary, f, mother, 40
353; Annie, f, daughter, 16
354; Manly, m, son, 10
355; Martha, f, daughter, 8
356; Manila, f, daughter, 5
357; Alice, f, daughter, 3

358; **GEORGE**, Davis, m, father, 48
359; Alogista, f, mother [wife], 30
360; Shon, m, son, 27

361; **GEORGE**, *Suttawaga*, m, father, 59
362; Esther, f, mother, 55

Census of the **Eastern Band of Cherokee** *Indians of* **Eastern Cherokee Agency, North Carolina** *taken by* **Henry W. Spray, Supt. & Sp'l. Disb. Agt. June 30, 1899.**

KEY: Number; English Name, *Indian Name (if given)*, Sex, Relation, Age.

363; Elijah S, m, don, 33

364; **GEORGE**, Joe Stone, m, father, 52
365; Lizzie, f, mother, 55
366; Abraham, m, son, 19
367; Annie, f, daughter, 17
368; Cowany, m, son, 15
369; Lindy, f, daughter, 13
370; Jacob, m, son, 4
371; Celia, f, daughter, 2

372; **GEORGE**, Bear Devil, *Yona Skana*, m, father, 48
373; *(Illegible)*, f, mother, 24
374; *(Illegible)* B, m, son, 19
375; Jordan B, m, son, 13
376; Mark, m, son, 7
377; Annie, f, daughter, 4
378; Wallie, f, daughter, 1

379; **GOLEACH**, Alsie, f, ?l, 72

380; **GOINS**, Mandy, f, ?, 9

381; **GOINS**, Bird, m, father, 31
382; Ollie, f, mother, 27
383; Nannie, f, daughter, 9
384; Dan, m, son, 6/12

385; **GOINS**, Ben, m, husband, 40
386; Corvillia[sic], f, wife, 40

387; **GOINS**, James, m, husband, 85
388; Sallie, f, wife, 45

389; **GOINS**, Nancy, f, ?, 14

390; **GOLEACH**, Maggie, f, ?, 12

391; **GRAYBEARD**, Johnson, m, father, 90
392; *Ga-da-yo-ah*, f, mother, 84
393; Ezakiel, m, son, 43

394; Aggie, f, daughter, 45
395; Stacy, f, daughter, 42
396; John, m, son, 40
397; Stacy, f, grnd-daughter, 9
398; Julie, f, grnd-daughter, 7
399; Polly, f, grnd-daughter, 19

400; **HILL**, Abraham, m, ?, 35

401; **HILL**, Maul, *Te squala di ga*, m, father, 52
402; Louisa, f, mother, 39
403; Soggie, m, son, 19
404; Blain M, m, son, 14
405; Nathaniel M, m, son, 12
406; Levi M, m, son, 8
407; Caroline M, f, daughter, 5
408; *(Illegible)* M, f, daughter, 6/12

409; **HORNBUCKLE**, Davis, m, father, 35
410; Martha, f, mother, 27
411; Jeff P, m, son, 9
412; Daniel, m, son, 2

413; **HORNBUCKLE**, Rebecca, f, mother, 51
414; Maggie, f, daughter, 20
415; Willie, m, son, 18
416; Isreal, m, son, 13

417; **HORNBUCKLE**, John, m, husband, 29
418; Mattie, f, wife, 38

419; **HORNBUCKLE**, Henry, m, ?, 39

420; **HORNBUCKLE**, Wesley, m, ?, 40

421; **HORNBUCKLE**, Lewis, m, father, ?
422; Caroline, f, mother, ?
423; John, m, son, 15

Census of the **Eastern Band of Cherokee** *Indians of* **Eastern Cherokee Agency, North Carolina** *taken by* **Henry W. Spray, Supt. & Sp'l. Disb. Agt. June 30, 1899.**

KEY: Number; English Name, *Indian Name (if given)*, Sex, Relation, Age.

424; **HORNBUCKLE**, Will, m, father, ?
425; Artie, f, daughter, ?

426; **HORNBUCKLE**, George, m, father, 22
427; Malissa, f, daughter, 2
428; Alice W, f, daughter, 1

429; **JOHNSON**, Margret, f, ?, 11

430; **JOHNSON**, James, m, ?, 39

431; **JOHNSON**, Caroline, f, mother, 56
432; Stacy, f, daughter, 22
433; Addison, m, son, 11
434; Will, m, son, 25

435; **JOHNSON**, Jimpsie, m, husband, 25
436; Mahalie, f, wife, 47

437; **JOHNSON**, Simon, m, ?, 13

438; **JOHNSON**, Luncha, f, mother, 47
439; Sallie, f, daughter, 13

440; **JOHNSON**, Steve, m, father, 57
441; Jennie, f, mother, 41
442; Cider, m, son, 27
443; Luskie kee, m, son, 24
444; Bear, *Yona*, m, son, 15
445; Katy, f, daughter, 11

446; **JUMPER**, Ute, m, father, 28
447; Betsy, f, mother, 27
448; Stansil, m, son, 6/12

449; **JUNALUSKA**, Wattie, m, ?, 21

450; **JACKSON**, John, m, father, 67
451; Stacy, f, stp-mother, 39

452; Sarah, f, daughter, 19
453; Jonah, m, son, 14

454; **KEG**, James, m, husband, ?
455; Katy, f, wife, 45

456; **KEG**, Matthew, m, father, 31
457; Eve, f, daughter, 9

458; **KEG**, Nancy, mother, 44
459; Goin, m, son, 5

460; **LAMBERT**, John, m, ?, 38

461; **LAMBERT**, Sam, m, father, 39
462; Cloud, m, son, 8
463; Nannie, f, daughter, 6
464; Viddie, f, daughter, 4
465; Carlos, m, son, 2
466; Cora Lee, f, daughter, 1/12

467; **LAMBERT**, Albert, m, father, 45
468; James, m, son, 24
469; Jesse, m, son, 22
470; Thomas, m, son, 20
471; Hugh, m, son, 18
472; *(Illegible)*, f, daughter, 16
473; Jack, m, son, 14

474; **LAMBERT**, *(Illegible)*, m, father,
475; Cordelia, f, daughter, 21
476; Lillie, f, daughter, 19
477; Thomas R, m, son, 16
478; Moses C, m, son, 14
479; Hester, f, daughter, 12
480; Charley, m, son, 10
481; Freddie, m, son, 4
482; Jesse, m, son, 4
483; Fibs Simmons, m, son, 1

484; **LAMBERT**, Columbus, m, father, 27
485; Harvey J, m, son, 3

Census of the **Eastern Band of Cherokee** *Indians of* **Eastern Cherokee Agency, North Carolina** *taken by* **Henry W. Spray, Supt. & Sp'l. Disb. Agt. June 30, 1899.**

KEY: Number; English Name, *Indian Name (if given)*, Sex, Relation, Age.

486; **LAMBERT**, Hugh, m, father, 23
487; Pearly E, f, daughter, 612
488; Celia, f, sister, 20

489; **LARCH**, Daniel, m, father, 70
490; Willie, m, son, 27
491; Olive, f, daughter, 25
492; David, m, son, 20
493; Yetsie, f, daughter, 18

494; **LEE**, Laura, f, mother, 36
495; *(Illegible)*, m, stp-son, 25
496; Julia, f, stp-daughter, 23
497; Nancy, f, stp-daughter, 21
498; *(Illegible)*, f, stp-daughter, 18
499; Lula, f, stp-daughter, 16
500; Samuel, m, son, 9
501; Oberlana, m, son, 7
502; Ividi, f, dau, 4
503; Debrader, f, daughter, 2

504; **LITTLEJOHN**, Saunooke, m, father, 35
505; Annie Eliza, f, mother, 26
506; Wiggins, m, son, 7
507; Linda, f, daughter, 6
508; Hanson, m, son, 1

509; **LITTLEJOHN**, Windy, f, ?, 9

510; **LITTLEJOHN**, Thomason, m, ?, 7

511; **LITTLEJOHN**, Twister, m, ?, 32

512; **LITTLEJOHN**, Goliath, m, father, 29
513; Bettie, f, mother, 27
514; Agnes, f, daughter, 3
515; John, m, son, 1/12
516; Elowee, m, brother, 23

517; **LITTLEJOHN**, Will, m, father, 28

518; Sallie, f, mother, ?
519; *(Illegible)*, m, son, 3
520; *(Illegible)*, f, daughter, 1

521; **LOCUST**, Will, m, father, 42
522; Nellie, f, mother, 38
523; Peter, m, son, 8
524; Tiney, f, daughter, 4

525; **LOCUST**, John, m, father, 49
526; Polly, f, mother, 44
527; Lucy, f, daughter, 9

528; **LONG**, Jonah, m, father, 33
529; Sallie, f, mother, 22
530; Polly, f, daughter, 2
531; Nickademus, m, son, 2/12

532; **LONG**, Joseph, m, father, 40
533; Jessie, f, daughter, 15
534; Charley, m, son, 4

535; **LONG**, Adam, m, father, 44
536; Polly, f, mother, 38
537; Job, m, son, 17
538; Lewee, f, daughter, 2

539; **LONG**, Peter, m, brother, 18
540; Rachel, f, sister, 16

541; **LONG**, Charley, m, father, 28
542; Sallie, f, mother, 25
543; Bear, m, son, 2
544; Lucy, f, daughter, 1/12

545; **LONG**, John, Sr, m, grnd-father, 70

546; **LONG**, Scott, m, father, 47
547; Emma, f, daughter, 11

548; **LONG**, John, m, brother, 25
549; Eve, f, sister, 38

Census of the **Eastern Band of Cherokee** *Indians of* **Eastern Cherokee Agency, North Carolina** *taken by* **Henry W. Spray, Supt. & Sp'l. Disb. Agt. June 30, 1899.**

KEY: Number; English Name, *Indian Name (if given)*, Sex, Relation, Age.

550; **LONG**, Jackson, m, father, 47
551; Ella, f, daughter, 10

552; **LONG**, Dobson, m, father, 37
553; Susie, f, mother, 19
554; John G, m, son, 2

555; **LEDFORD**, Onie, f, mother, 55
556; Jake, m, son, 23
557; Raleigh, m, son, 19
558; Chaney, m, stp-son, 16
559; Sampson, m, stp-son, 14
560; Eva, f, stp-daughter, 12

561; **LOSSIE**, Lee, m, ?, 36

562; **LOSSIE**, Johnson, m, father, 31
563; Laura, f, mother, 28
564; John L, m, son, 1

565; **LOSSIE**, Henry, M, husband, 29
566; Onnie, f, wife, 28

567; **LOSSIE**, John, m, father, 64
568; Mary, f, mother, 62
569; Lindy, f, daughter, 33
570; Jonas, m, son, 24
571; Kiney, f, daughter, 20
572; Lizzie, f, grnd-daughter, 6

573; **LAWSON**, John, m, father, 39
574; Nancy, f, mother, 41
575; Dawson, m, son, 14
576; Loyd, m, son, 8

577; **LARCH**, Dooneb, f, ?, 95

578; **LOWEN**, John, m, ?, 70

579; **LOWEN**, Bushybead, m, ?, 39

580; **LOWEN**, Lucy, f, ?, 15

581; **LOWEN**, John, Jr, m, ?, 35

582; **LOWEN**, Joe, m, father, 59
583; Jennie, f, mother, 39
584; Neelon, m, son, 3

585; **LAST LONG**, Will, m, ?, 29

586; **MUMBLEHEAD**, J. D, m, father, 35
587; Lucindy, f, mother, 27
588; Jas. B, m, son, 10
589; M. M, m, son, 8
590; R. L, m, son, 3
591; Charley B, m, son, 1

592; **MARTIN**, Suate, m, father, 58
593; Dakin, *Da kin ni*, f, mother, 48
594; Daliskih, *Da lis kih*, m, son, 18
595; Thomas, m, son, 14

596; **MARTIN**, George, *Ska qua*, m, father, 46
597; Luzene, f, mother, 26
598; Maggie, f, daughter, 9
599; Sorrel, m, son, 4
600; Catharine f, daughter, 2/12
601; Loyd L, m, son, 12

602; **MINK**, *Sun kee*, m, husband, 51
603; Bettie, f, wife, 34

604; **MERONY**, John S, m, father, 34
605; Lula, f, daughter, 8
606; Sallie Bell, f, daughter, 5
607; *(Illegible)*, f, daughter, 3

608; **MERONY**, Martha A, f, mother, 64
609; William H, m, son, 22
610; Bessie, f, daughter, 18
611; B. B, m, son, 33
612; Margaret A, f, ?, 1

613; **MURPHY**, David, m, ?, 66

Census of the **Eastern Band of Cherokee** *Indians of* **Eastern Cherokee Agency, North Carolina** *taken by* **Henry W. Spray, Supt. & Sp'l. Disb. Agt. June 30, 1899.**

KEY: Number; English Name, *Indian Name (if given)*, Sex, Relation, Age.

614; **MURPHY**, Jesse, m, father, 38
615; Minnie, f, daughter, 12
616; Willie, m, son, 10

617; **MUMBLEHEAD**, Lucy, f, mother, 56
618; Willie, m, son, 20

619; **NOTTY TOM**, Peter, m, husband, 29
620; Margaret, f, wife, 38

621; **NELORNE**[sic], Charley, father, 43
622; Jennie, f, mother, 36
623; Callie, *Callunday*, f, daughter, 19
624; Leander, m, son, 14
625; Maggie, f, daughter, 10
626; Dave, m, son, 7
627; Thompson, m, son, 3
628; Armstrong, m, son, 1

629; **OOTALKI**, Nancy, f, ?, 20

630; **OWL**, David, m, ?, 68
631; William, m, grnd-son, 15

632; **OWL**, Adam, m, father, 39
633; Polly, f, mother, 30
634; Thomas, m, son, 12
635; Moses, m, son, 10
636; John, m, son, 8
637; Annie, f, daughter, 5
638; Samuel, m, son, 2
639; David, m, son, 2
640; Martha, f, daughter, 1/12

641; **OWL**, Solomon, m, father, 36
642; Theodore, m, son, 14
643; Callie, f, daughter, 12
644; Dora, f, daughter, 9
645; Mark, m, son, 7
646; Jane, f, daughter, 5
647; Alfred B, m, son, 2

648; **OWL**, Blue, m, father, 46
649; Quaty, f, mother, 40
650; James, m, son, 13
651; Allen, m, son, 9
652; Stacy, f, daughter, 7

653; **OWL**, Loyd, m, father, 25
654; Lula L, f, daughter, 8
655; David, m, son, 6
656; George A, m, son, 4
657; Henry M, m, son, 2
658; Fred M, m, son, 2l2

659; **OWL**, Johnson, m, ?, 21
660; Martha, f, sister, 24
661; Mattie, f, sister, 13

662; **OWL**, Quate, m, father, 69
663; **OWL**, Dinah, f, mother, 40
664; Jonah, m, son, 18
665; Amons, m, son, 10
666; William, m, son, 6
667; Enoch, m, son, 2/12

668; **OWL**, John, m, father, 39
669; Ollie, f, mother, 38
670; Lawney, f, daughter, 18
671; Lewis, m, grnd-father, 78

672; **OWL**, Sampson, m, father, 45
673; Ida, f, daughter, 18
674; Agnes, f, adopted, 5
675; Winnie, f, adopted, 4

676; **OOCUMMA**, James, *Sa lo la wote*, m, father, 46
677; Esther, f, mother, 44
678; Wilson, m, son, 22
679; *(Illegible)*, f, daughter, 16
680; Jennie, f, daughter, 13
681; Enoch, m, son, 8
682; Annie, f, daughter, 5
683; Elick, m, brother, 30

Census of the **Eastern Band of Cherokee** *Indians of* **Eastern Cherokee Agency, North Carolina** *taken by* **Henry W. Spray, Supt. & Sp'l. Disb. Agt. June 30, 1899.**

KEY: Number; English Name, *Indian Name (if given)*, Sex, Relation, Age.

684; **OOSOWI**, John, Sr, m, grnd-father, 65
685; Jennie, f, grnd-mother, 55
686; Willie, m, grnd-son, 10
687; Gallaquasi, m, grnd-son, 3

688; **OOSOWI**, Sam, m, father, 29
689; Susie, f, mother, 26
690; Alsie, f, daughter, 4
691; Vacie, f, daughter, 2

692; **OOSOWI**, John, Jr, m, father, 22
693; *(Illegible)*, f, mother, 18
694; Caroline, f, daughter, 1

695; **OOSOWI**, Shell, m, father, 24
696; Sallie, f, mother, 22
697; Rachel, f, daughter, 2
698; Tahquitte, m, son, 6/12

699; **OTTER**, Andrew, m, father, 31
700; Sarah, f, mother, 31
701; Lindy, f, daughter, 6
702; Jackson, m, son, 2

703; **OTTER**, Ollie, f, mother, 60
704; Nancy, f, daughter, 20
705; Allen, m, son, 22
706; Wilson, m, son, 17
707; Minnie, f, stp-daughter, 26
708; Sampson, m, ?, 6/12

709; **PANTHER**, John, *Oa ga su da na*, m, father, 49
710; Nancy, *Chi yan sta*, f, mother, 47
711; Job, m, son, 14
712; Mark, m, son, 26

713; **PIGEON**, John, m, husband, 56
714; Ollie, f, wife, 34

715; **PARTRIDGE**, David, m, father, 81
716; Nellie, f, mother, 96

717; Maggie, f, daughter, 23
718; Bird, m, son, 18
719; Moses, m, son, 15
720; Winnie, f, daughter, 12

721; **POWELL**, John, m, father, 32
722; Lookie, m, mother, 28
723; Moses, m, son, 10
724; Stansil, m, son, 8
725; Annie, f, daughter, 7
726; Sarah, f, daughter, 3/12

727; **PHEASANT**, John, m, father, 50
728; Rebecca, f, mother, 46
729; Will F, m, son, 17
730; *Ga dau gun*, f, daughter, 7

731; **PHEASANT**, m, husband, 88
732; Callie, *Ka lim da yih*, f, wife, 75

733; **POWELL**, J. A, m, ?, 54

734; **PORTER**, Florence, f, ?, 36

735; **QUAIN**, Wodasutta, m, husband, 33
736; Sallie, f, wife, 34
737; *Tah ya ha*, m, brother, 23

738; **RATTLEY**, Johnnie, m, father, ?
739; Rose, f, daughter, ?
740; Ella, f, daughter, 14
741; Willie, m, brother, 24
742; Lawer, m, brother, 22
743; *(Illegible)*, f, sister, 20

744; **REED**, Jesse, m, husband, 51
745; Maggie, f, wife, 48

746; **REID**, James Hunter, m, father, 32
747; Mary, f, dau, 6

748; **REID**, Peter, m, father, 47

Census of the **Eastern Band of Cherokee** *Indians of* **Eastern Cherokee Agency,** **North Carolina** *taken by* **Henry W. Spray, Supt. & Sp'l. Disb. Agt. June 30, 1899.**

KEY: Number; English Name, *Indian Name (if given)*, Sex, Relation, Age.

749; **QUEEN**, Goodayih, f, mother, 38
750; Albany, f, daughter, 17
751; Rachel, f, daughter, 2

752; **QUEEN**, Sampson, m, father, 27
753; Sallie, f, mother, 17
754; Jasper, m, stp-son, 5
755; Ollie, f, daughter, 2/12

756; **QUEEN**, Levi, m, father, 28
757; Mary, f, mother, 19
758; Mandy, f, daughter, 3
759; *(blank)*, m, son, 3/12

760; **QUEEN**, Media, f, mother, 22
761; Edna Jane, f, daughter, 5/12

762; **REED**, Louisa, f, sister, 29
763; Ollie, f, sister, 27
764; Adam, m, brother, 23
765; Deweese, m, brother, 19
766; Will, m, brother, 17
767; Jimmie, m, brother, 11
768; Loyd, m, ?, 11
769; Cindy, f, ?, 4
770; Lizzie, f, ?, 4
771; Lizene, f, ?, 1

772; **REED**, Rachel, f, mother, 54
773; Fidell, m, son, 28
774; John, m, son, 19
775; Maggie, f, daughter, 15

776; **REED**, James W, m, bachelor, 42

777; **RATLER**, Wash, m, father, 61
778; Nancy, f, mother, 43
779; Lizzie, f, daughter, 18
780; John, m, son, 14
781; Jonah, m, son, 11

782; **RATLER**, Geo W, m, father, 27
783; Polly, f, mother, 22
784; Elsie, f, daughter, 6
785; Lucy, f, daughter, 3
786; Rachel, f, daughter, 2

787; **RATLER**, Annie Lee, f, ?, 64

788; **ROSE**, Jonah, m, brother, 22
789; Aggie, f, sister, 19

790; **ROSE**, Florence, f, mother, 27
791; Bonnie, f, daughter, 10
792; Bill, m, son, 8
793; Jake, m, son, 6
794; Gracie B, f, daughter, 4/12

795; **SALOLANEETA**, Bird, *Chee squah*, m, husband, 55
796; Lucy, f, wife, 46

797; **SEQUOYAH**, m, husband, 56
798; Nellie, f, wife, 38

799; **SEQUOYAH**, Jake, m, father, 40
800; Luzene, f, daughter, 18
801; Noah, m, son, 16
802; Lizzie, f, daughter, 14
803; Tahquitto, m, son, 11
804; Bird, m, son, 9
805; Richard, m, son, 4

806; **SCREAMER**, James, m, father, 40
807; Cindy, f, mother, 26
808; Irene, f, stp-daughter, 10
809; Manus, m, stp-son, 16
810; David, m, stp-son, 8
811; Cain, m, son, 9
812; Soggie, m, son, 5

813; **SMITH**, Gibbald, m, father, 21
814; Hartman, m, son, 2
815; Rosa, f, sister, 15

816; **SMITH**, M. T, m, father, 45
817; Mary, f, mother, 45

Census of the **Eastern Band of Cherokee** *Indians of* **Eastern Cherokee Agency, North Carolina** *taken by* **Henry W. Spray, Supt. & Sp'l. Disb. Agt. June 30, 1899.**

KEY: Number; English Name, *Indian Name (if given)*, Sex, Relation, Age.

818; James D, m, son, 21
819; Duffy, m, son, 18
820; Noah, m, son, 16
821; Elwood, m, son, 13
822; Charity, f, daughter, 9
823; Oliver, m, son, 2

824; **SMITH**, Rosana, f, ?, 40

825; **SMITH**, Angeline, f, mother, 33
826; Susan, f, daughter, 12
827; Blain, m, son, 10
828; Joseph, m, son, 8
829; Belva, f, daughter, 6
830; John, m, son, 4
831; Goldman, m, son, 2
832; David, m, son, 1/12

833; **SMITH**, L. H, m, father, 53
834; Nancy, f, mother, 42
835; Judge H. A, m, son, 17

836; **SMITH**, Joseph, m, ?, 51

837; **SMITH**, Loyd, m, ?, 24

838; **SMITH**, Henry, m, father, 48
839; Jackson, m, son, 22
840; Jake, m, son, 20
841; Mary, f, daughter, 18
842; Roxie, f, daughter, 6
843; Tom, m, son, 3

844; **SMITH**, Ross B, m, husband, 59
845; Cynthia, f, wife, 47

846; **SAUNOOKE**, Timpson, m, father, 54
847; Nancy, f, mother, 42
848; James, m, son, 17
849; Josephine, f, daughter, 7
850; Will, m, nephew, 26
851; Joseph, m, nephew, 25

852; **SAUNOOKE**, John, m, father, 39
853; Sallie A, f, mother, 38
854; Mattie, f, daughter, 15
855; Sallie, f, daughter, 12
856; Soggy, m, son, 7
857; Steve, m, son, 1

858; **SAUNOOKE**, Ollie, f, mother, 48
859; Dora, f, daughter, 15

860; **SAUNOOKE**, Adam, m, ?, 19

861; **SAUNOOKE**, John, *Ka na noolus kib*, m, father, 44
862; Cindy, f, mother, 49
863; Nancy, f, daughter, 23
864; Sam, m, son, 21
865; Nola, f, daughter, 17
866; Rachel, f, daughter, 12
867; Stilwell, m, son, 8

868; **SAUNOOKE**, Polk, *Cha ga di hi*, m, father, 24
869; Annie, f, mother, 20
870; Nannie, f, daughter, 1

871; **SAUNOOKE**, Stilwell, *Choo-saw-hi*, m, father, 58
872; Stacy, f, mother, 42
873; *(Illegible)*, f, daughter, 21
874; Sarah, f, daughter, 13
875; Malinda, f, daughter, 10
876; Parker, f, daughter, 7
877; Kate, f, daughter, 6
878; Emmaneeta, f, daughter, 4
879; Sarah, f, ?, 4/12

880; **SAUNOOKE**, Olla, f, ?, 15
881; Maggie, f, ?, 11

882; **GOING SNAKE**, *Ena da nah ih*, m, father, 50
883; Nancy, f, mother, 60
884; Steve, m, son, 9

Census of the **Eastern Band of Cherokee** *Indians of* **Eastern Cherokee Agency, North Carolina** *taken by* **Henry W. Spray**, **Supt. & Sp'l. Disb. Agt. June 30, 1899.**

KEY: Number; English Name, *Indian Name (if given)*, Sex, Relation, Age.

885; **SALOLI**, Davis, m, father, 26
886; Nancy, f, mother, 22
887; Timson, m, son, 4
888; Nora, f, daughter, 7/12

889; **SALOLI**, George, m, father, 31
890; Bettie, f, mother, 25
891; Awee, f, daughter, 10
892; Sara, f, daughter, 5
893; Nola, f, daughter, 3
894; Dabney, f, sister, 13

895; **SKITTY**, Winnie, *Ah-nu-yo-ah*, f, ?, 62

896; **SKITTY**, Sevier, ?, ?, 54

897; **SAMPSON**, James, *Di-ki-gis-kee*, m, husband, 45
898; Sallie, f, wife, 45

899; **SMOKER**, Robert, m, ?, ?

900; **STANDING IN WATER**, Abe, m, father, 45
901; Mandy, f, mother, 36
902; Sallie, f, daughter, 15
903; Pollie, f, daughter, 12
904; Alsiny, f, daughter, 5

905; **STANDINGDEER**, Harley, m, father, 46
906; Nancy, f, stp-mother, 38
907; Junulaluska[sic], m, son, 18
908; *Got Go Ca hoskib*[sic], m, son, 18
909; Stacy, f, daughter, 9

910; **STANDINGDEER**, Andy, m, husband, 49
911; Margaret, f, wife, 39
912; Caroline, f, niece, 10

913; **SMITH**, John Q. A, m, father, 27
914; James G, m, son, 7

915; Cosie[sic], f, daughter, 5
916; Rose A, f, daughter, 1

917; **SNEED**, William, m, ?, 35

918; **SUTAKE**, Luke, m, husband, 24
919; Angeline, f, wife, 20

920; **SUTAKE**, m, husband, 52
921; Mary, f, wife, 40

922; **SNEED**, Sam, m, father, 42
923; Mary K, f, daughter, 4

924; Annie, f, daughter, 1

925; **SNEED**, John, m, father, 50
926; Peco, m, son, 22
927; Osco, m, son, 20
928; Manco, m, son, 14
929; Campbell, m, son, 12

930; **SMOKER**, Loyd, m, husband, 26
931; Nancy, f, wife, 46
932; Annie, f, sister, 31
933; Bettie, f, ?, 6

934; **SAWYER**, Charlotte, f, mother, 56
935; Allen, m, son,

936; **SWIMMER**, Tom, *Oo cho sto sib*, m, father, 46
937; Runaway, *Ah li tu s kib*, m, son, 21

938; **SWIMMER**, *Oo squin nie*, f, mother, 40
939; *Oo wa tih*, m, son, 20

940; **SWIMMER**, Gertie, *Gah daw hun nals*, f, ?, 9
941; Maggie, f, ?, 3

35

Census of the **Eastern Band of Cherokee** *Indians of* **Eastern Cherokee Agency, North Carolina** *taken by* **Henry W. Spray, Supt. & Sp'l. Disb. Agt. June 30, 1899.**

KEY: Number; English Name, *Indian Name (if given)*, Sex, Relation, Age.

942; **SHAKEEAR**, Fidell, m, ?, 29

943; **STANDINGDEER**, Nancy, f, mother, 56
944; Lowen, m, son, 10

945; **SHELL**, John, m, father, 49
946; Sallie, f, mother, 41
947; Ute, m, son, 22

948; **SMOKER**, John, m, father, 33
949; Aggie, f, mother, 27
950; Cindy, f, daughter, 11
951; James, m, son, 9
952; Allen, m, son, 7
*952; Will, m, son, 1
  (*NOTE: #952 given twice.)

953; **SAKE**, Nellie, f, ?, 54

954; **SAKE**, Jewana, f, ?, 56

955; **SAKE**, Alsie, f, ?, 60

956; **SMOKER**, Will Sawyer, m, father, 25
957; Olkinny, f, mother, 19
958; Moris, m, son, 6
959; Awee, f, daughter, 6/12

960; **SMOKER**, Sam, m, ?, 20

961; **SHERRELL**, Andy, m, father, 44
962; Mary, f, mother, 47
963; John, m, son, 26
964; Will, m, son, 21

965; *SAW WAH*, Saw wah, f, ?, 96

966; **DEWATLEY**, James, m, father, 51
967; Winnie, f, mother, 59
968; Adam, m, son, 16
969; Sam, m, son, 14

970; Cain, m, son, 11
971; Will, m, son, 9
972; Addison, m, son, 3
973; Ben, m, son, 6/12

974; **TAHQUETTE**, John A, m, husband, 29
975; Dora, f, wife, 25

976; **TAHQUETTE**, Martha, f, ?, 38

977; **TAHQUETTE**, Mandy, f, ?, 15

978; **THOMPSON**, Johnson, m, father, 35
979; Nancy, f, mother, 35
980; Ahsien, m, son, 16
981; Wilson, m, son, 11
982; Simon, m, son, 5
983; David, m, son, 2
984; Welch, m, son, 6/12

985; **THOMPSON**, Enos, m, ?, 37
986; Mandy, f, mother, 35
987; Peter, m, son, 9
988; Lydia, f, daughter, 8
989; Wilson, m, son, 7
990; *(Illegible)*, m, son, 8/12

991; **TALALA**, Will, m, father, 60
992; Lucy Ann, f, mother, 58
993; Sallie, f, daughter, 18
994; Martha, f, daughter, 12
995; Thos. R, m, son, 9
996; Jackson, m, son, 6

997; **TALALA**, John, m, husband, 52
998; Rebecca, f, wife, 40

999; **TRAMPER**, Robert, m, father, 70
1000; Mollie, f, daughter, 21
1001; Chilloski, m, son, 19
1002; Winnie, f, daughter, 17
1003; Ammons, m, son, 14

Census of the **Eastern Band of Cherokee** *Indians of* **Eastern Cherokee Agency, North Carolina** *taken by* **Henry W. Spray, Supt. & Sp'l. Disb. Agt. June 30, 1899.**

KEY: Number; English Name, *Indian Name (if given)*, Sex, Relation, Age.

1004; Sotta, f, daughter, 12
1005; Sallie, f, daughter, 10
1006; Mary, f, daughter, 7/12

1007; **TOONI**, Spencer, m, father, 47
1008; Lydia, f, mother, 46
1009; *Ah ca ti gih*, f, daughter, 18
1010; Moses, m, son, 8
1011; *Goo larch*, m, son, 6/12

1012; **TOONI**, Mike, m, father, 26
1013; Annie, f, mother, 22
1014; Larch, m, son, 4/12

1015; **TOONI**, Will, m, father, 59
1016; Callie, *Galelohih*, f, daughter, 18

1017; **TOONI**, Jennie, *Ge-lah-wi-say*, f, grnd-mother, 87
1018; Diana, f, grnd-daughter, 1

1019; **TOONI**, Joseph, m, father,
1020; Angeline, f, mother, 43
1021; Nicie, f, daughter, 26
1022; Jukins, m, son, 21
1023; Peter, m, son, 19
1024; Mattie, f, daughter, 16
1025; Andy, m, son, 7

1026; **THOMPSON**, Annie, f, ?, 40

1027; **TOINEETA**, Loney, m, father, 39
1028; Sallie, *Cho-gan-luh*, f, mother, 39
1029; West, m, son, 19
1030; George, m, son, 17
1031; Charlotte, f, daughter, 12
1032; Mattie, f, daughter, 10
1033; Caroline, f, daughter, 5

1034; **TOINEETA**, m, husband, 60
1035; Gunlake, *Gunluka*, f, wife, 35

1036; **TOINEETA**, Nick, m, father, 32
1037; Betty, f, mother, 35

1038; Sewaga, m, son, 10
1039; Arneach, m, son, 5

1040; **TOE**, Johnson, m, father, 43
1041; Lucy Ann, f, daughter, 10

1042; **TELL**, Jim, *Oo da nee da di*, m, ?, 52

1043; **TESATASKI**, Will, m, father, 41
1044; Nersu, f, mother, ?
1045; Mollie, f, daughter, 15
1046; Noah, m, son, 12
1047; Mandy, f, daughter, 5

1048; **TESATASKI**, Timpson, m, father, 45
1049; Sallie, f, mother, 37
1050; Stacy, f, daughter, 16
1051; Jessee, m, son, 12
1052; Arch, m, son, 4

1053; **TALUSKI**, Lake, m, husband, 50
1054; Elsie, f, wife, 39

1055; **TAYLOR**, John, *Kawawa*, m, father, 45
1056; Lucinda, f, mother, 42
1057; Julius, m, son, 21
1058; Simon, m, son, 18
1059; Olkaney, f, daughter, 17
1060; Lydia, f, daughter, 15

1061; **TAYLOR**, John, *Oo sten aka*, m, father, 62
1062; Sallie, f, mother, 50
1063; Lizzie, f, daughter, 22

1064; **TAYLOR**, Jesse, m, husband, 36
1065; Stacy, f, wife, 41

1066; **TAYLOR**, David, m, father, 47
1067; Eliza, f, mother, 38
1068; Sallie, f, daughter, 20

Census of the **Eastern Band of Cherokee** *Indians of* **Eastern Cherokee Agency, North Carolina** *taken by* **Henry W. Spray, Supt. & Sp'l. Disb. Agt. June 30, 1899.**

KEY: Number; English Name, *Indian Name (if given)*, Sex, Relation, Age.

1069; Thompson, m, son, 10
1070; John, Jr, m, son, 8
1071; Becca, f, daughter, 5
1072; Oolagasab, *Oo lay ga-ah*, m, son, 1

1073; **TUDDAGEESKI**, Nancy, f, mother, 51
1074; Sarah, f, daughter, 19

1075; **TURNOVER**, F, ?, 80

1076; **TURNOVER**, Ollie, f, ?, 70

1077; **TOO NA NIH**, Jim, m, ?, 50

1078; **TEYOTTLE**, Nancy, f, ?, 68

1079; **TUSEELASKIH**, John, m, father, 47
1080; Eve R, f, mother, 23
1081; Alanwal[sic], m, son, 22
1082; Sampson, m, son, 7
1083; Mindy, f, daughter, 4
1084; Welch, m, son, 5/12

1085; **WALKINGSTICK**, Mike, m, father, 49
1086; Caroline, f, mother, 49
1087; Jasper, m, son, 22
1088; Susie, f, daughter, 18
1089; Jim, m, son, 16
1090; Bascom, m, son, 13

1091; **WALKINGSTICK**, John, m, father, 44
1092; Walsie, f, mother, 25
1093; Owen, m, son, 10
1094; Maggie, f, daughter, 9
1095; *(Illegible)*, m, son, 6
1096; Walker, m, son, 4
1097; Ceily, f, daughter, 1

1098; **WALKINGSTICK**, James, *Ah wa neeta*, m, husband, 66
1099; Tildy, *Ah li ga*, f, wife, 45

1100; **WALKINGSTICK**, Nicy, f, ?, 19

1101; *WA CHA CHA*, Willie, m, father, 40
1102; Roxie, f, mother, 38
1103; Nessie, f, daughter, 20
1104; Jarret, m, son, 18
1105; James, m, son, 16
1106; Sarah, f, daughter, 14
1107; Charley, m, son, 12
1108; Jack C, m, son, 10
1109; Nancy, f, daughter, 10
1110; Susie, f, daughter, 8
1111; Johnson, m, son, 4

1112; **WALLIS**, m, husband, 63
1113; *Qu na gih*, f, wife, 51

1114; **WALLIS**, Ute, m, father, 35
1115; *Che coo wi*, f, mother, 30
1116; Rachel, f, daughter, 11
1117; John D, m, son, 9

1118; **WALLIS**, Goolarch, m, father, 23
1119; Nessie, f, mother, 26
1120; Sevier, m, son, 1

1121; **WELCH**, Davis, m, father, 31
1122; Eve, f, mother, 26
1123; John, m, son, 10
1124; James D, m, son, 8
1125; Jesse, m, son, 5
1126; Joe, Jr, m, son, 3/12

1127; **WELCH**, Joe, Sr, m, father, 67
1128; Annie, f, daughter, 28
1129; Nancy H, f, grnd-daughter, 7
1130; Hannie, m, grnd-son, 1/12

1131; **WELCH**, Nancy, f, mother, 34

Census of the **Eastern Band of Cherokee** *Indians of* **Eastern Cherokee Agency, North Carolina** *taken by* **Henry W. Spray, Supt. & Sp'l. Disb. Agt. June 30, 1899.**

KEY: Number; English Name, *Indian Name (if given)*, Sex, Relation, Age.

1132; Cindy, f, daughter, 16
1133; Moses, m, son, 14

1134; **WELCH**, Eva, f, ?, 17

1135; **WELCH**, Elijah, m, father, 46
1136; Sallie, f, mother, 38
1137; Adam, m, son, 13
1138; James E, m, son, 11
1139; Ann E, f, daughter, 7
1140; Maggie, f, daughter, 2

1141; **WELCH**, James B, m, father, 26
1142; Mary E, f, mother, 25
1143; Loyd, m, son, 4
1144; Jas. B, Jr, m, son, 2

1145; **WELCH**, Sampson, m, father, 38
1146; Ollie, f, mother, 32
1147; Epps, m, son, 16
1148; Ed, m, son, 14
1149; Irene, f, daughter, ?
1150; Janet, f, daughter, 9
1151; Nannie, f, daughter, 4

1152; **WELCH**, John, m, father, 52
1153; Jane, f, mother, 31
1154; *(Illegible)*, m, son, 21
1155; *(Illegible)*, f, daughter, 20
1156; Lotta, f, daughter, 12
1157; Willie, m, son, 10
1158; Jimmie, m, son, 8
1159; Wendy, f, daughter, 6

1160; **WELCH**, Jackson, m, father, 30
1161; Mary J, f, daughter, 9
1162; John A, m, son, 6

1163; **WAHHANEETA**, John, m, father, 56
1164; Caroline, f, mother, 48
1165; Allen, m, son, 22
1166; Stacy, f, daughter, 19
1167; Sampson, m, son, 16

1168; **WAHHANEETA**, Will, m, husband, 25
1169; Karrie C, f, wife, 21

1170; **WAHHANEETA**, Susie, f, ?, 29

1171; **WADASUTTA**, m, husband, 51
1172; Annie, f, wife, 46

1173; **WOLFE**, Joe W, m, father, 28
1174; Annie, f, mother, 28
1175; Callie, f, daughter, 2

1176; **WOLFE**, Jowany, m, ?, 49
1177; Susan, f, mother, 46
1178; Johnson, son, 22
1179; Abel, m, son, 19
1180; Thomas, m, son, 16
1181; Ward, m, son, 9

1182; **WOLFE**, Annie, f, mother, 39
1183; Eliza J, f, daughter, ?
1184; Mary, f, daughter, 7

1185; **WOLFE**, Moses, m, father, 57
1186; Jennie, f, mother, 41
1187; Kimsey, m, son, 14
1188; Jonah, m, son, 6
1189; Mattie, f, daughter, 10
1190; Morgan, m, son, 3
1191; Dawson, m, son, 3/12

1192; **WOLFE**, Joe T, *Tica loo qua day*, m, father, 55
1193; Annie Joe, f, mother, 46
1194; Owen, m, son, 16
1195; Junuluskih, m, son, 15
1196; Tahquette, m, son, 14

1197; **WOLFE**, Nancy, *Ga di lo eh*, f, ?, 71

1198; **WOLFE**, Jacob, m, father, 25
1199; Nancy, f, mother, 26

Census of the **Eastern Band of Cherokee** *Indians of* **Eastern Cherokee Agency,** **North Carolina** *taken by* **Henry W. Spray, Supt. & Sp'l. Disb. Agt. June 30, 1899.**

KEY: Number; English Name, *Indian Name (if given)*, Sex, Relation, Age.

1200; Laura J, f, daughter, 9
1201; Rachel E, f, daughter, 6
1202; Joe Jackson, m, son, 1

1203; **WOLFE**, Come Back, m, father, 60
1204; Lizzie, f, daughter, 15
1205; James L, m, son, 12
1206; Pearly, f, daughter, 10
1207; Mandy W, f, daughter, 9
1208; Charley, m, son, 6

1209; **WOLFE**, Enos, m, son, 34

1210; **WOLFE**, John C, m, father, 31
1211; Linda, f, mother, 21
1212; Come Back, m, son, 1

1213; **WOLFE**, Polly, f, ?, 57

1214; **WOLFE**, Sallie, f, ?, 81

1215; **WOLFE**, Running, m, husband, 21
1216; Mollie, f, wife, 17

1217; **WOLFE**, Margaret, f, mother, 39
1218; Katy, f, daughter, 12
1219; Ned, m, son, 9
1220; Henry, m, son, 1

1221; **WOLFE**, David, m, father, 58
1222; Mark K, m, son, 25
1223; George L, m, son, 21
1224; Mary, f, daughter, 19
1225; Elkenny, f, daughter, 13

1226; **WHIPPERWILL**, Allen, m, brother, 20
1227; Manly, m, brother, 16

1228; **WILL**, Notony, m, husband, 61
1229; Ah ye da, f, wife, 55

1230; **WILL**, John, m, husband, 40
1231; Jane, f, wife, 31
1232; Thomas, m, son, 10
1233; Marony, m, son, 5
1234; Walkinny, f, daughter, 6/12

1235; **WAYNE**, John, m, father, 43
1236; Jenne, *Gin-ni-lun-ka*, f, mother, 40
1237; Cornelia, f, daughter, 15
1238; Sallie, f, daughter, 11
1239; Nye, m, son, 8
1240; *Yona skih*, m, son, 2

1241; **WALLACE**, James, m, husband, 27
1242; Mary, f, wife, 25

1243; **WILLNOTY**, Ned, m, husband, 46
1244; *Sig ar wee*, f, wife, 57

1245; **WILLNOTY**, Annie, f, mother, 22
1246; Joe, m, son, 5
1247; Ned, m, son, 2

1248; **WILNOTY**, Lanty, *Landih*, m, father, 50
1249; Mose, m, son, 16
1250; Eve, f, daughter, 14
1251; Nicie, f, daughter, 10
1252; Simon, m, son, 7

1253; **WILD CAT**, m, father, 55
1254; Rebecca, f, mother, 48
1255; Asline, f, daughter, 28
1256; Dalneola, m, son, 1
1257; Stetsey, f, daughter, 4

1258; **WASHINGTON**, George, m, husband, 85
1259; *Oo da jih*, f, wife, 82

Census of the **Eastern Band of Cherokee** *Indians of* **Eastern Cherokee Agency, North Carolina** *taken by* **Henry W. Spray, Supt. & Sp'l. Disb. Agt. June 30, 1899.**

KEY: Number; English Name, *Indian Name (if given)*, Sex, Relation, Age.

1260; **WASHINGTON**, Key, m, husband, 40
1261; Lizzie, f, mother, 48
1262; Jesse, m, son, 24
1263; Joseph, m, son, 17
1264; Rachel, f, daughter, 14

1265; **WATSUTTA**, Davis, m, ?, 26

1266; **WATSUTTA**, Bird, m, ?, 22

1267; **YOUNG BIRD**, John, *Chu li yo hih dah*, m, father, 38
1268; Ollie, f, mother, 30
1269; Rufus H, m, son, 12
1270; Soggie, m, son, 10
1271; Yohn, f, daughter, 6
1272; Wesley, m, son, 4
1273; Jackson, m, son, 2

1274; **YOUNGDEER**, John, *Ahwee nula*, m, father, 46
1275; Betsey, f, mother, 42
1276; Elias, m, son, 20
1277; Jonah, ?, ?, 17
1278; Jesse, ?, ?, 15
1279; Steven, m, son, 11
1280; Onnie, f, daughter, 8
1281; Mattie, f, daughter, 5
1282; Moody, m, son, 3

1283; **YONCE**, N. S, f, mother, 42
1284; M. K, m, son, 20
1285; Geo, m, son, 18
1286; R. A, f, daughter, 12
1287; N. E, f, daughter, 10
1288; D. M, f, daughter, 7

1289; **YOUNG DEER**, Jacob, m, ?, 29

1290; **ARCH**, Jennie, F, Mother, 55
1291; Irene, f, daughter, 24
1292; Noah, m, grnd-son, 3

1293; **ARMACHAIN**, Olsie, f, ?, 1/12

1294; **NAGA**, Annie, f, ?, 67

1295; **BROWN**, Annie, f, sister, 20
1296; Tinison, m, brother, 14

1297; **CAMPBELL**, *(blank)*, m, ?, 30

1298; **CHILTOSKE**, Betsey, *Go yee-nee*, f, ?, 36

1299; **COOPER**, Lelia, f, ?, 8/12

1300; **CROW**, Robert, m, ?, 6

1301; **CROW**, Dora, f, ?, 4

1302; **CROW**, Arthur, m, ?, 1

1303; **CROW**, Luther, m, ?, 1

1304; **DEEKEQUSKI**, Dodanlki, m, father, 68
1305; Quaker, f, mother, 29
1306; Sallie, f, daughter, 25

1307; **DUNLAP**, Mollie, f, mother, 44
1308; Stella, f, daughter, 18
1309; Celia, f, daughter, 15
1310; Berry, m, son, 12
1311; Robert, m, son, 9

1312; **DOCKINS**, Tabitha, f, ?, 40

1313; **FRENCH**, Ron, m, ?, 7

1314; **GOINS**, Corintha, f, ?, 7

1315; **GEORGE**, Dabney, f, sister, 21
1316; Logan, m, brother, 7

1317; **GEORGE**, Emma E, f, ?, 25

Census of the **Eastern Band of Cherokee** *Indians of* **Eastern Cherokee Agency, North Carolina** *taken by* **Henry W. Spray,** **Supt. & Sp'l. Disb. Agt. June 30, 1899.**

KEY: Number; English Name, *Indian Name (if given)*, Sex, Relation, Age.

1318; **HORNBUCKLE**, Lorenzo, m, ?, 30

1319; **JACKSON**, Ollie, f, ?, 75

1320; **JACKSON**, Bob, m, ?, 23
1321; **JACKSON**, Caroline, f, ?, 21

1322; **JACKSON**, Lawyer, m, father, 28
1323; Dakie, f, mother, 27
1324; Ella, f, daughter, 4

1325; **JACKSON**, Fox Squirrel, m, father, 46
1326; Mollie, f, mother, 35
1327; Moses, m, son, 7
1328; Jacob, m, son, 5
1329; Rebecca, f, daughter, 1

1330; **JESSEAN**, *(blank)*, m, father, 62
1331; Lydia, f, mother, 49
1332; John, m, son, 25
1333; Dahnola, m, son, 24
1334; Josephine, f, daughter, 16
1335; Joseph, m, son, 3

1336; **LOWEN**, Tucaneskih, m, orphan, 2

1337; **LAMBERT**, Charley, m, ?, 13

1338; **LITTLEJOHN**, Jennie Reed, f, , 71

1339; **JACKSON**, J, m, ?, 7

1340; **McLEYMORE**, John, m, ?, 46

1341; **McLEYMORE**, Sam, m, ?, 44

1342; **NED**, Segoli, m, husband, 37
1343; Susan, f, wife, 40

1344; **OOLAYOHA**, Contiska, m, husband, 57
1345; Caroline, f, wife, 50

1346; **REED**, David, m, ?, 30

1347; **STAMPER**, Ned, m, father, 31
1348; Sallie Ann, f, mother, 25
1349; Eddie, m, son, 3
1350; Caroline, f, daughter, 6/12
1351; **WELCH**, Ellie, f, ?, 15

1352; **WELCH**, Bettie, f, ?, 17

1353; **WALLANEEGA**, Rachel, F, ?, 40

1354; **WERLEY**, Judas, m, ?, 23

1355; **WOLFE**, N. T, f, sister, 28
1356; Louis, m, brother, 27
1357; Saphronia C, f, sister, 25
1358; Cindy N, f, sister, 23

1359; **TAHLEESKIH**, ?, F, ?, 7

1360; **WAH HA HOO**, Polly, f, mother, ?
1361; Lista, f, daughter, 10
1362; Julia, f, daughter, 6
1363; Moses, m, son, 4

Census of the **Eastern Band of Cherokee** *Indians of* **Eastern Cherokee** *Agency,* **North Carolina** *taken by* **Willard S. Campbell, Supt. & S. D. A.,** *United States Indian Agent,* **July 31, 1904.**

KEY: Number; English Name, *Indian Name (if given)*, Sex, Relation, Age.

1; **ALLEN**, Will, m, father, 51
2; Sallie, f, mother, 42
3; Junaluskie, m, son, 14
4; John, m, son, 28
5; Eve, f, dau.-in-law, 27

6; **ANDERSON**, J. M, m, father, 28
7; Georgia, f, mother, 23
8; Pearly, f, daughter, 4
9; Annual, m, son, 2

10; **ANNEKGI**, A, f, mother, 62
11; Adam, m, son, 17

12; **ARCH**, Annie, f, mother, 31
13; Noah, m, son, 8
14; Shade, m, son, 4

15; **ARCH**, David, m, father, 45
16; Johnson, m, son, 20
17; Jennie, f, daughter, 18
18; Mary, f, daughter, 16
19; Bessie, f, daughter, 12
20; Oliveann, f, daughter, 10
21; Moss, m, son, 8

22; **ARNEECH**, Will, m, father, 56
23; Mary, f, daughter, 15
24; Maggie, f, daughter, 13
25; James, m, son, 11
26; Nellie, f, daughter, 8
27; Buck, m, son, 6

28; **ARNEECH**, Nancy, f, mother, 62
29; Mary, f, sister, 62

30; **ARMACHAIN**, Davis, m, father, 50
31; Gigai, f, mother, 33
32; Phillip, m, son, 16
33; Jesse, m, son, 8
34; Lewis, m, son, 4
35; Agin, m, son, 2

36; **ARMACHAIN**, Ahlana, f, ?, 47

37; **ARMACHAIN**, Lesley, m, husband, 27
38; Annie, f, wife, 28

39; **ARMACHAIN**, Sevier, m, husband, 62
40; Annie L, f, wife, 50
41; Jonah, m, son, 10

42; **ARMACHAIN**, Conseen, m, husband, 51
43; Susie, f, wife, 42
44; Ollie, f, daughter, 5

45; **AXE**, John, m, father, 100
46; David, m, son, 50
47; Lucindy, f, daughter, 15
48; Peter, m, son, 10
49; Mandy, f, daughter, 7

50; **AXE**, Morgan, m, ?, 43

51; **AXE**, John Davis, m, husband, 57
52; Jennie, f, wife, 44

53; **AXE**, John, m, husband, 49
54; Eve, f, wife, 48
55; Andy, m, son, 16

56; **BEN**, Cheek, m, ?, 38

57; **BIDDIX**, Nute, m, husband, 25
58; Rosa, f, wife, 25
59; Jane, f, daughter, 1

60; **BIGJIM**, m, father, 65
61; Quatie, f, mother, 54
62; Larsil, m, son, 28
63; Goliath, m, son, 24

64; **BIGJIM**, Judas, m, husband, 37

Census of the **Eastern Band of Cherokee** *Indians of* **Eastern Cherokee Agency,** **North Carolina** *taken by* **Willard S. Campbell, Supt. & S. D. A.,** *United States Indian Agent,* **July 31,** *1904.*

KEY: Number; English Name, *Indian Name (if given)*, Sex, Relation, Age.

65; Lillie, f, wife, 38

66; **BIGJIM**, Chickakaela, m, husband, 22
67; Lydia, f, wife, 21
68; Rosa, f, daughter, 3
69; George, m, son, 1

70; **BIGJIM**, Wesley, m, father, 34
71; Aggie, f, mother, 34
72; John, m, son, 6
73; Lucindy, f, daughter, 3
74; Josie, f, daughter, 1 mo

75; **BIGMEAT**, Yona, m, ?, 28

76; **BIGMEAT**, Isiah, m, husband, 28
77; Sarah, f, wife, 24

78; **BIGMEAT**, Sampson, m, ?, 17

79; **BIGMEAT**, Robert, m, ?, 10

80; **BIRD**, Steve, m, husband, 57
81; Annie, f, wife, 53
82; Jacob, m, father, 88

83; **BIRD**, Dan, m, husband, 24
84; Colley, f, wife, 21
85; Bettie, f, daughter, 4
86; Solomon, m, son, 2

87; **BIRD**, Lloyd, m, husband, 21
88; Ollie, f, wife, 24

89; **BIRD**, Spencer, m, husband, 59
90; Lizzie, f, wife, 60

91; **BIRD**, Alfred, m, ?, 10

92; **BIRD**, Eli, m, ?, 11

93; **BIRD**, John, m, father, 48

94; Sarah, f, mother, 31
95; David, m, son, 11
96; Colinda, f, daughter, 13
97; Dinah, f, daughter, 7
98; Lizzie, f, daughter, 5
99; Bessie, f, daughter, 3

100; **BLACKFOX**, Cindy, f, mother, 30

101; **BLACKFOX**, Charley, m, husband, 24
102; Galurdagi, f, wife, 22
103; Lloyd, m, son, 2

104; **BLACKFOX**, Josiah, m, husband, 50
105; Nannie, f, wife, 42

106; **BLYTHE**, Josie, f, mother, 40
107; Estella, f, daughter, 20
108; Jarett, m, son, 18
109; Fred, m, son, 7

110; **BLYTHE**, Arch, m, husband, 26
111; Ida, f, wife, 24
112; Campson, m, son, 1

113; **BLYTHE**, David, m, husband, 41
114; Nannie, f, wife, 32
115; **[Jackson]**, Jack, m, stp-son, 11

116; **BLYTHE**, Lizzie, f, mother, 73
117; Henry, m, son, 30

118; **BRADLEY**, George, m, husband, 26
119; Julia, f, wife, 24
120; Anna R, f, daughter, 2
121; Dinah, f, daughter, 1

122; **BRADLEY**, Vandala, m, husband, 56

Census of the **Eastern Band of Cherokee** *Indians of* **Eastern Cherokee Agency,** **North Carolina** *taken by* **Willard S. Campbell, Supt. & S. D. A.,** *United States Indian Agent,* **July 31, 1904.**

KEY: Number; English Name, *Indian Name (if given)*, Sex, Relation, Age.

123; Lucinda, f, wife, 36
124; Johnson, m, son, 23
125; Joseph, m, son, 22
126; Henry, m, son, 21
127; Lizzie, f, daughter, 17
128; Minda, f, daughter,, 15
129; Morgan, m, son, 12
130; Nick, m, son, 9
131; Sarah, f, daughter, 3

132; **BRADLEY**, Nancy, f, mother, 29
133; May Bell, f, daughter, 5
134; Roy, m, son, 1

135; **BRADLEY**, Eliza Jane, f, mother, 33
136; James, m, son, 10
137; William A, m, son, 8
138; Henry, m, son, 4
139; Judson, m, son, 2

140; **BROWN**, Lydia, f, mother, 60
141; Ella, f, daughter, 18
142; Peter, m, son, 15

143; **BROWN**, Jonas, m, husband, 24
144; Aginia, f, wife, 21
145; John, m, son, 2

146; **BURGESS**, Georgia, f, mother, 34
147; Mary, f, daughter, 11
148; Bessie, f, daughter, 9
149; Floy, f, daughter, 6
150; Willie, f, daughter, 2

151; **BURGESS**, Lizzie, f, ?, 26

152; **BUSHYHEAD**, Ben, m, ?, 19

153; **BUSHYHEAD**, John, m, ?, 37

154; **CALHOUN**, Morgan, m, husband, 41
155; Sallie, f, wife, 24
156; Willie, m, son, 10
157; Lloyd, m, son, 8
158; Eve, f, daughter, 6
159; Yakkinnie, f, daughter, 4
160; Lowen, m, son, 2
161; Smith, m, son, 3 mo
162; Flostawa, f, niece, 9

163; **CALHOUN**, Lawyer, m, husband, 47
164; Olnegi, f, wife, 37
165; Able, m, son, 25

166; **CALHOUN**, Eliza, f, mother, 52

167; **CAT**, Sallie, f, mother, 91

168; **CAT**, Johnson, m, husband, 49
169; Sallie, f, wife, 55
170; Willie, m, son, 18
171; Bette, f, daughter, 15
172; Margeret, f, daughter, 11
173; Jesse, m, son, 9
174; Manda, f, daughter, 6

175; **CAT**, Ben, m, ?, 40

176; **CATOLSTER**, f, mother, 103
177; Nancy, f, daughter, 59
178; Foxsquirrel, m, son, 45
179; Alseny, f, daughter, 18

180; **CATOLSTER**, Charley, m, father, 62
181; Eve, f, mother, 64
182; Tarliskie, m, son, 30
183; William, m, son, 26
184; Colsarwee, m, son, 23

Census of the **Eastern Band of Cherokee** *Indians of* **Eastern Cherokee Agency,** **North Carolina** *taken by* **Willard S. Campbell, Supt. & S. D. A.,** *United States Indian Agent,* **July 31, 1904.**

KEY: Number; English Name, *Indian Name (if given),* Sex, Relation, Age.

185; **CATOLSTER**, Tamar, m, husband, 33
186; Sallie, f, wife, 18
187; Eliza Jane, f, daughter, 1

188; **CHICKALEELA**, Andy, m, ?, 20

189; **CHICKALEELA**, Stone, m, husband, 33
190; Mary, f, wife, 38
191; Jacob, m, son, 12
192; Simon, m, son, 10
*192; Rosa, f, daughter, 1
(*Number given twice)

193; **CHICKALEELA**, John, m, husband, 45
194; Annie, f, wife, 37

195; **CHILDERS**, Lula, f, mother, 21
196; Walter, m, son, 1

197; **CHILTOSKI**, Will, m, husband, 32
198; Sallie, f, wife, 32
199; Sarah, f, daughter, 14
200; Walter, m, son, 7
201; Quatie, f, daughter, 8
202; Ute, m, son in law, 16

203; *(Number omitted on original)*

204; **CHILTOSKI**, David, m, husband, 57
205; Quatie, f, wife, 67

206; **CLOUD**, Sallie, f, mother, 83
207; Rosa, f, daughter, 60

208; **CLIMBINGBEAR**, m, father, 51
209; Ollie, f, mother, 51
210; Daliskee, m, son, 29
211; Daginnie, f, daughter, 26

212; Cudagee, f, daughter, 20
213; Katy, f, daughter, 15

214; **COLONHESKI**, Isiah, m, husband, 46
215; Martha, f, daughter, 2
216; Mark, m, son, 1
217; Joe, m, son, 16
218; Charley, m, son, 25

219; **CONLEY**, John, m, father, 45
220; Geegeea, f, mother, 50
221; Cosagogeeda, m, son, 13
222; Luke, m, son, 7
223; Dakie, f, daughter, 1

224; **CONSEEN**, Auganigh, m, father, 66
225; Junaluska, m, son, 24
226; Sallie, f, daughter, 28
227; Jack, m, son, 20
228; Thompson, m, son, 16
229; Lloyd, m, son, 1

230; **CONSEEN**, Breast, m, husband, 43
231; Nancy, f, daughter, 21
232; James, m, son, 17
233; John, m, son, 14
234; Mary, f, daughter, 10
235; Dahney, f, daughter, 8
236; William, m, son, 5
237; Jake, m, brother, 64
238; Tahyandai, f, sister, 59

239; **CONSEEN**, Peter, m, husband, 25
240; Nancy, f, wife, 27
241; James, m, son, 3
242; Molly, f, daughter, 1

243; **CONSEEN**, Sallie, f, mother, 99
244; Katie, f, daughter, 57

Census of the **Eastern Band of Cherokee** *Indians of* **Eastern Cherokee** *Agency,* **North Carolina** *taken by* **Willard S. Campbell, Supt. & S. D. A.,** *United States Indian Agent,* **July 31,** *1904.*

KEY: Number; English Name, *Indian Name (if given)*, Sex, Relation, Age.

245; Martha, f, grnd-daughter, 7

246; **CONSEEN**, Ropetwister, m, father, 76
247; Manley, m, son, 42
248; Ayangah, f, daughter, 40

249; **CONTESKIE**, m, husband, 58
250; Caroline, f, wife, 52

251; **COOPER**, Stacy J, f, mother, 35
252; Arnold, m, son, 10
253; Curtis, m, son, 9
254; Frankie, f, daughter, 8
255; Celia, f, daughter, 7
256; Fannie, f, daughter, 4
257; Myrtle, f, daughter, 2

258; **CORNSILK**, York, m, husband, 37
259; Eyahni, f, wife, 45

260; **CORNSILK**, Armstrong, m, husband, 63
261; Annie, f, wife, 44
262; Martha, f, daughter, 20
263; Maline, f, daughter, 17
264; John, m, son, 13
265; Hattie, f, daughter, 7
266; Howard, m, son, 4

267; **CRAIG**, Sarah, f, mother, 53
268; Mary, f, daughter, 25
269; Georgie, f, daughter, 21
270; John, m, son, 13
271; Frank, m, son, 10
272; William, m, son, 19

273; **CROW**, John, m, husband, 24
274; Mary, f, wife, 20
275; Robert, m, son, 11
276; Mindy, f, daughter, 7
277; Sallie, f, daughter, 6 wks

278; **CROW**, Joe, m, husband, 40
279; Annie, f, wife, 42
280; Boyd, m, son, 10
281; Minnie, f, daughter, 11

282; **CROW**, Wesley, m, husband, 60
283; Alika, f, wife, 63
284; Wesley, m, son, 23
285; Sarah, f, daughter-in-law, 31
286; Wiley, m, son, 4

287; **CROW**, Epps, m, ?, 14

288; **CROW**, Colarch, m, ?, 3

289; **CROW**, David, m, husband, 20
290; Minnie, f, wife, 21

291; **CROW**, Rachel, f, ?, 53

292; **CROW**, Ossie, m, ?, 21

293; **CUCUMBER**, Dagi, f, mother, 1 53
294; Moses, m, son, 28
295; Will, m, son, 27
296; Gena, m, son, 23
297; Arch, m, son, 15
298; James, m, son, 13
299; Daggi, f, daughter, 8

300; **CUCUMBER**, Gassey, f, ?, 73

301; **DAVIS**, Nancy, f, mother, 67

302; **DAVIS**, John, m, husband, 43
303; Nancy, f, wife, 45
304; Lizzie, f, daughter, 13

305; **DAVIS**, Charlie, m, husband, 34
306; Annie, f, wife, 28
307; Isreal, m, son, 6
308; Isaac, m, son, 6

Census of the **Eastern Band of Cherokee** *Indians of* **Eastern Cherokee Agency, North Carolina** *taken by* **Willard S. Campbell, Supt. & S. D. A.,** *United States Indian Agent,* **July 31,** *1904.*

KEY: Number; English Name, *Indian Name (if given)*, Sex, Relation, Age.

309; David, m, son, 3

310; **DAVIS**, Joe, m, husband, 29
311; Katy, f, wife, 53

312; **DAVIS**, Will Ste, m, husband, 65
313; Alsie, f, wife, 50
314; Lucy Ann, f, daughter, 13
315; Garlonuskee, f, daughter, 5
316; Emmerline, f, daughter, 3

317; **DICKEY**, John, m, husband, 56
318; Etta, f, wife, 22

319; **DICKEY**, Will, m, husband, 30
320; Louisa, f, wife, 34
321; Nat, m, son, 5
322; Adam, m, son, 3
323; Abraham, m, brother, 26

324; **DIGEESKEE**, Jesse, m, husband, 69
325; Celie, f, wife, 50
326; McKinley, m, son, 4

327; **DOBSON**, John, m, husband, 80
328; Mary, f, wife, 53

329; **ENLOE**, Alice, f, mother, 20
330; Annie, f, daughter, 4
331; Grover, m, son, 2
332; Gracie, f, daughter, 3 mo

333; **FEATHER**, Loy, m, husband, 43
334; Sallie, f, wife, 43
335; Ancy, f, daughter, 10
336; Gartaga, f, daughter, 6
337; Aggie, f, daughter, 8
338; Wesley, m, brother, 27

339; **FODDER**, Jinnie, f, mother, 50
340; Timson, m, son, 21

341; **FRENCH**, George, m, husband, 35
342; Walli, f, wife, 25
343; Charlotte, f, daughter, 10
344; Ella D., f, daughter, 8
345; Ned, m, son, 6
346; Maggie, f, daughter, 4
347; Marian, f, daughter, 2

348; **FRENCH**, William L, m, husband, 38
349; Awee M, f, wife, 26
350; Ross, m, son, 12
351; Maud, f, daughter, 10
352; Maroney, m, son, 7
353; Morgan, m, son, 4
354; George B, m, son, 3 mo

355; **GEORGE**, Yahnaskin, m, husband, 62
356; Nancy, f, wife, 33
357; Mark, m, son, 22
358; Annie, f, daughter, 8
359; Wallie, f, daughter, 6
360; Sarah, f, daughter, 3
361; Dinah, f, daughter, 1

362; **GEORGE**, Charleston, m, husband, 59
363; Lizzie, f, wife, 46
364; Kinner, f, daughter, 22
365; Carwana, m, son, 20
366; Lindy, f, daughter, 18
367; Eliza, f, daughter, 14
368; Jacob, m, son, 10
369; Celie, f, daughter, 8
370; Jackson, m, son, 2

371; **GEORGE**, Judas, m, husband, 25
372; Alsie, f, wife, 21
373; Elemand, m, son, 1

374; *(Number omitted on original)*

Census of the **Eastern Band of Cherokee** *Indians of* **Eastern Cherokee Agency, North Carolina** *taken by* **Willard S. Campbell, Supt. & S. D. A.,** *United States Indian Agent,* **July 31,** *1904*.

KEY: Number; English Name, *Indian Name (if given)*, Sex, Relation, Age.

375; **GEORGE**, Suttawagi, m, husband, 63
376; Esther, f, wife, 47
377; Elijah, m, son, 26

378; **GEORGE**, Shell, m, ?, 47

379; **GEORGE**, Davis, m, father, 53
380; Shon, m, son, 34

381; **GEORGE**, Dawson, m, husband, 44
382; Mary, f, wife, 44
383; Annie, f, daughter, 20
384; Martha, f, daughter, 11
385; Olive, f, daughter, 8

386; **GEORGE**, Anna, f, ?, 30

387; *GEWANNA*, f, ?, 60

388; *GODAWYAHI*, f, ?, 65

389; **GOINS**, Bird, m, husband, 34
390; Olive, f, wife, 32
391; Nanny, f, stp-daughter, 14
392; Dan, m, son, 5

393; **GOINS**, John, m, husband, 58
394; Sallie, f, sister, 51
395; Charlotte, f, daughter, 47
(NOTE: "1" marked out on original.)
396; Willie, m, son, 15
397; James, m, son, 13
398; Lucinda, f, daughter, 11

399; **GRAYBEARD**, Zeke, m, brother, 67
400; Aggie, f, sister, 59

401; **GRAYBEARD**, Lilie[sic], f, ?, 12

402; **GRAYBEARD**, Stacy, f, ?, 14

403; **HILL**, Soggie, m, husband, 23
404; Henrietta, f, wife, 29
405; Maul, m, brother, 56[sic]
406; Blaine, m, brother, 18
407; Ned, m, brother, 16
408; Levi, m, brother, 14
409; Caroline, f, sister, 10
410; John, m, brother, 52[sic]
411; Sallie, f, grnd-mother, 70

412; **HILL**, Abraham, m, ?, 41

413; **HILL**, Lucy, f, ?, 19

414; **HORNBUCKLE**, David, m, father, 46
415; Jeff, m, son, 12

416; **HORNBUCKLE**, Louis, m, husband, 51
417; Caroline, f, wife, 49
418; John, m, son, 21

419; **HORNBUCKLE**, John Y, m, husband, 34
420; Watie, f, wife, 43
421; Ollie, daughter, 2

422; **HORNBUCKLE**, Will, m, husband, 31
423; Tracy, f, wife, 28
424; Artie, f, daughter, 14
425; Addie, f, daughter, 10
426; Fred, m, son, 9
427; Dora, f, daughter, 6
428; Wilson, m, son, 4

429; **HORNBUCKLE**, Wesley, m, father, 30
430; Lucy, f, daughter, 4
431; Jacob, m, son, 1

Census of the **Eastern Band of Cherokee** *Indians of* **Eastern Cherokee Agency, North Carolina** *taken by* **Willard S. Campbell, Supt. & S. D. A.,** *United States Indian Agent,* **July 31,** *1904.*

KEY: Number; English Name, *Indian Name (if given),* Sex, Relation, Age.

432; **HORNBUCKLE**, George, m, husband, 27
433; Lilly, f, wife, 27
434; Malissa, f, daughter, 8
435; Alice, f, daughter, 6
436; Hartmann, m, son, 3
437; Alvan, f, daughter, 2
438; Minda, f, mother of husband, 51

439; **HORNBUCKLE**, Rebecca, f, mother, 66
440; Maggie, f, daughter, 25
441; Will, m, son, 22
442; Isreal, m, son, 18

443; **HORNBUCKLE**, Daniel, m, ?, 5

444; **HORNBUCKLE**, Henry, m, ?, 47

445; **IKE**, Sam, m, husband, 55
446; Nancy, f, wife, 54
447; Steve, m, son, 15

448; **JACKSON**, Nickodemus, m, husband, 29
449; Quadia, f, wife, 31

450; **JACKSON**, Bob, m, husband, 28
451; Caroline, f, wife, 26
452; Wesley, m, son, 5
453; David, m, son, 2
454; Addison, m, son, 1

455; **JACKSON**, Foxsquirrel, m, father, 49
456; Jacob, m, son, 10

457; **JACKSON**, Lloyd, m, husband, 32
458; Takey, f, wife, 32
459; Ellie, f, daughter, 9
460; Florence, f, daughter, 4

461; **JACKSON**, John, m, husband, 71
462; Stacy, f, wife, 49
463; Sarah, f, daughter, 22
464; Jonah, m, son, 20

465; **JACKSON**, Ollie, f, mother, 50
466; Tarquette, m, son, 3

467; **JESSAN**, *Jessan,* m, husband, 63
468; Liddy, f, wife, 49
469; John, m, son, 30
470; Josie, f, daughter, 22
471; Joe R, m, son, 12

472; **JESSAN**, Dahnola, m, husband, 25
473; Katy, f, wife, 19
474; DeHart, m, son, 2

475; **JOHNSON**, Jimpsie, m, husband, 32
476; Ella, f, wife, 53

477; **JOHNSON**, James, m, brother, 32
478; Caroline, f, sister, 58
479; Edison, m, brother, 17
480; Simon, m, brother, 19
481; Lucy, f, sister, 19

482; **JOHNSON**, Steve, m, husband, 59
483; Jennie, f, wife, 53
484; Cider, m, son, 30
485; Tosklgee, m, son, 28

486; **JOHNSON**, Yahna, m, husband, 21
487; Dora, f, wife, 20

488; **JOHNSON**, Margrette, f, ?, 16

489; **JOHNSON**, Nannie, f, ?, 12

Census of the **Eastern Band of Cherokee** *Indians of* **Eastern Cherokee Agency,** **North Carolina** *taken by* **Willard S. Campbell, Supt. & S. D. A.,** *United States Indian Agent,* **July 31,** *1904.*

KEY: Number; English Name, *Indian Name (if given)*, Sex, Relation, Age.

490; **JUMPER**, Nute, m, husband, 33
491; Quatie, f, wife, 32
492; Stancil, m, son, 6
493; Julodartake, m, son, 3
494; Ahwaneeta, m, son, 2

495; **JUNULUSKIE**, Sarah, f, sister, 17
496; William, m, brother, 13

497; **KALUGATAKE**, *(No name given)*, m, ?, 81

498; **KANOTT**, Annie, f, ?, 20

499; **KANOTT**, Columbus, m, ?, 21

500; **KEGG**, Jim, m, husband, 61
501; Katy, f, wife, 54
502; Matthew, m, son, 39

503; **LAMBERT**, Samuel, m, husband, 47
504; Claude, m, son, 13
505; Nannie, f, daughter, 11
506; Birdie, f, daughter, 10
507; Corbet, m, son, 7
508; Cora Lee, f, daughter, 5
509; Frances J., f, daughter, 3
510; Theodore, m, son, 1

511; **LAMBERT**, Albert, m, father, 50
512; Jim, m, son, 29
513; Jesse, m, son, 27
514; Nannie, f, daughter, 21
515; Jackson, m, son, 19
516; Bessie, f, daughter, 6
517; Hartman, m, son, 3

518; **LAMBERT**, Thomas, m, father, 23
519; Joe, m, son, 2
520; Herman, m, son, 1

521; **LAMBERT**, Hughnola, m, husband, 23
522; Rosa, f, wife, 20
523; Roy, m, son, 1

524; **LAMBERT**, John, m, husband, 41
525; Harley, m, son, 19

526; **LAMBERT**, Loyd, m, husband, 20
527; Sallie, f, wife, 25
528; Olive Ann, f, daughter, 1

529; **LAMBERT**, Hugh, m, father, 30
530; Pearly, f, daughter, 5
531; Jack, m, son, 3
532; Isaac, m, son, 1
533; Pearson, m, son, 4

534; **LARCH**, Daniel, m, father, 76
535; William, m, son, 27
536; Olive, f, daughter, 25
537; David, m, son, 22
538; Doni, f, mother of father, 91

539; **LEDFORD**, Riley, m, husband, 24
540; Polly, f, wife, 22
541; Joe, m, son, 4
542; Annie, f, daughter, 2

543; **LEDFORD**, Jake, m, husband, 28
544; Mary, f, wife, 28
545; Moses, m, son, 2
546; John, m, son, 4 mo

547; **LEDFORD**, Charlie, m, brother, 21
548; Sampson, m, brother, 20
549; Eve, f, sister, 17

550; **LEE**, J.M, m, husband, 52

Census of the **Eastern Band of Cherokee** *Indians of* **Eastern Cherokee Agency, North Carolina** *taken by* **Willard S. Campbell, Supt. & S. D. A., United States Indian Agent, July 31, 1904.**

KEY: Number; English Name, *Indian Name (if given)*, Sex, Relation, Age.

551; L.A, f, wife, 42
552; Sam, m, son, 14
553; Oberlander, m, son, 11
554; Edith, f, daughter, 10
555; Debrador, f, daughter, 7

556; **LITTLEJOHN**, Saunooke, m, husband, 42
557; Annie, f, wife, 32
558; William, m, son, 13
559; Minda, f, daughter, 11
560; Henson, m, son, 6
561; John H, m, son, 3

562; **LITTLEJOHN**, Will, m, husband, 36
563; Sallie, f, wife, 29
564; Giyibu, f, daughter, 8
565; Katie, f, daughter, 6
566; Isaac, m, son, 4

567; **LITTLEJOHN**, Twister, m, husband, 37
568; Annie, f, wife, 27
569; Sallie, f, daughter, 2

570; **LITTLEJOHN**, Elaway, m, husband, 28
571; Akgatiyah, f, wife, 21
572; Sallie Ann, f, daughter, 2
573; Golarch, m, son, 5
574; Simon, m, son, 3

575; **LITTLEJOHN**, Colawee, m, ?, 35

576; **LOCUST**, Noah, m, father, 28
577; Lewis, m, son, 4
578; Beasley, f, daughter, 1

579; **LOCUST**, Will, m, husband, 49
580; Nellie, f, wife, 43
581; Peter, m, son, 14

582; Tina, f, daughter, 10

583; **LOCUST**, John, m, husband, 60
584; Polly, f, wife, 46
585; Lucy, f, daughter, 15

586; **LONG**, Johnson, m, ?, 41
587; **LONG**, Dobson, m, 25

588; **LONG**, John, m, father, 23
589; Martha, f, daughter, 3
590; Toilson, m, son, 1

591; **LONG**, Josiah, m, husband, 43
592; Sallie, f, wife, 25
593; Amos, m, son, 4
594; Nancy, f, daughter, 2

595; **LONG**, Lucy, f, ?, 91

596; **LONG**, Segela, m, husband, 48
597; Elsie, f, wife, 51

598; **LONG**, Jesse, m, orphan, 10

599; **LONG**, Charles, m, husband, 34
600; Sallie, f, wife, 29
601; Lone Bear, m, son, 7
602; Lucy, f, daughter, 5
603; Eggimi, f, daughter, 3
604; Betty, f, daughter, 1

605; **LONG**, John, m, husband, 71
606; Ahlisa, f, wife, ?
607; Ahyohster, f, daughter, 33
608; Charles, m, son, 18

609; **LONG**, Joe, m, husband, 47
610; Ahgooye, f, wife, 44
611; Charles m, son, 9
612; Peter, m, son, 4

Census of the **Eastern Band of Cherokee** *Indians of* **Eastern Cherokee Agency, North Carolina** *taken by* **Willard S. Campbell, Supt. & S. D. A.,** *United States Indian Agent,* **July 31, 1904.**

KEY: Number; English Name, *Indian Name (if given)*, Sex, Relation, Age.

613; **LONG**, Joe, m, Husband, 33
614; Sallie, f, wife, 26
615; Alice, f, daughter, 6

616; **LONG,** Adam, m, husband, 46
617; Polly, f, wife, 37
618; Lena, f, dau, 7
619; Nollie, f, daughter, 5

620; **LONG**, Scott, m, husband, 51
621; Sallie, f, wife, 35
622; Peggie, f, daughter, 1

623; **LONG,** John, m, husband, 34
624; Eve, f, wife, 43

625; **LONG**, Jackson, m, father, 52
626; Ella, f, daughter, 13

627; **LOSSIE**, John D., m, husband, 36
628; Laura, f, wife, 35
629; Little John, m, son, 4

630; **LOSSIE**, Henry, m, husband, 31
631; Aggie, f, wife, 35
632; Coleman, m, son, 5

633; **LOSSIE**, John, m, father, 74
634; Lindy, f, daughter, 37
635; Lizzie, f, grnd-daughter, 12

636; **LOSSIE**, Jones, m, husband, 30
637; Nicer, f, wife, 22

638; **LOSSIE**, John, m, husband, 44
639; Nancy, f, wife, 56
640; Dobson, m, son, 16
641; Loy, m, son, 12

642; **LOSSIE**, Charley, m, husband, 46
643; Jessie, f, wife, 36
644; Leander, f, daughter, 19
645; David, m, son, 11

646; Candy, m, son, 7
647; Thomas, m, son, 9
648; John, m, son, 1
649; Annekie, f, mother, 60
650; Lee, m, brother, 37
651; Annie, f, sister, 25
652; Mary, f, niece, 5

653; **LOWEN**, John, m, husband, 41
654; Susie, f, wife, 46
655; Katie, f, daughter, 13
656; Nanie, f, daughter, 7

657; **LOWEN**, John, m, husband, 95
658; Wakey, f, wife, 80

659; **LOWEN**, Nelon, m, ?, 7

660; **MANEY**, John, m, husband, 54
661; Mary Ann, f, wife, 56
662; Sam, m, son, 17
663; James, m, son, 13

664; **MANEY**, Hazel T, f,mother, 28
665; Annie, f, daughter, 11
666; Pearly, f, daughter, 8
667; Sallie, f, daughter, 6
668; James, m, son, 4
669; Laura B, f, daughter, 1

670; **MANEY**, Leander, m, husband, 21
671; Eva, f, wife, 19
672; Mary, f, daughter, 2

673; **MARTIN**, George, m, husband, 50
674; Lucinda, f, wife,35
675; Maggie, f, daughter, 14
676; Lazrath, m, son, 10
677; OoncenagO[sic], m, son, 3

678; **MARTIN**, Suate, m, husband, 52

Census of the **Eastern Band** *of* **Cherokee** *Indians of* **Eastern Cherokee Agency,** **North Carolina** *taken by* **Willard S. Campbell, Supt. & S. D. A.,** *United States Indian Agent,* **July 31,** *1904.*

KEY: Number; English Name, *Indian Name (if given)*, Sex, Relation, Age.

679; Diginny, f, wife, 55
680; Daliskie, m, son, 24
681; Thomas, m, son, 20

682; **MUMBLEHEAD**, John, m, husband, 40
683; Tawney, f, wife, 24
684; James, m, son, 15
685; Rogers, m, son, 9
686; Charley, m, son, 6
687; William, m, brother, 24
688; Nancy, f, niece, 16

689; **MURPHY**, Jesse, m, father, 46
690; Minnie, f, daughter, 18
691; William, m, son, 14
692; David, m, father, 68

693; **NED**, Ezekial, m, husband, 42
694; Susan, f, wife, 40
695; Julia, f, daughter, 3

696; **NEQUAJACK**, George, m, father, 29
697; Cain, m, son, 8
698; Jennie, f, mother, 72

699; **NOTTYTOM**, Anneki, f, mother, 72
700; Peter, m, son, 29
701; Nancy, f, daughter, 27

702; **OKTAGA**, Elizabeth, f, mother, 71
703; Jefferson, m, son, 29

704; **OOCUMMA**, James, m, husband, 51
705; Esther, f, wife, 49
706; Wilson, m, son, 27
707; Jennie, f, daughter, 19
708; Enoch, m, son, 15
709; Annie, f, daughter, 9

710; Alex, m, brother, 40

711; **OOSOWI**, John, m, husband, 74
712; Naginney, f, wife, 65
713; John, Jr, m, son, 25
714; Dagaday, m, grnd-son, 9

715; **OOSOWI**, Shell, m, husband, 34
716; Sallie, f, wife, 29
717; Nagiti, f, daughter, 7
718; Daquitina, m, son, 5
719; Dagi, f, daughter, 1

720; **OOSAY**, Sam, m, husband, 34
721; Susie, f, wife, 29
722; Ahyisa, f, daughter, 10
723; Nessi, f, daughter, 8
724; Paul, m, son, 2
725; David, m, son, 1 mo

726; **OTTER**, Andrew, m, husband, 36
727; Sarah, f, wife, 35
728; Lindy, f, daughter, 12
729; Jackson, m, son, 6
730; Martha, f, daughter, 4
731; Ollie, f, daughter, 2

732; **OWL**, Blue, m, father, 51
733; James, m, son, 18
734; Allen, m, son, 14
735; Stacy, f, daughter, 11

736; **OWL**, Solomon, m, father, 41
737; Theodore, m, son, 19
738; Callie, f, daughter, 16
739; Dora, f, daughter, 13
740; Mark, m, son, 11
741; Jane, f, daughter, 8
742; Bryan, m, son, 6
743; Loyd, m, son, 4
744; Cornelius, m, son, 2

745; **OWL**, Adam, m, husband, 44

Census of the **Eastern Band of Cherokee** *Indians of* **Eastern Cherokee Agency, North Carolina** *taken by* **Willard S. Campbell, Supt. & S. D. A.,** *United States Indian Agent,* **July 31,** *1904.*

KEY: Number; English Name, *Indian Name (if given)*, Sex, Relation, Age.

746; Polly, f, wife, 34
747; William, m, son, 20
748; Thomas, m, son, 17
749; Moses, m, son, 15
749; John, m, son, 13
750; David, m, son, 8
751; Samuel, m, son, 8
752; Martha, f, daughter, 5

753; **OWL**, David, m, husband, 70
754; *(No name given)*, f, wife, 65

755; **OWL**, Johnson, m, ?, 26

756; **OWL**, Suate, m, husband, 76
757; Dahney, f, wife, 42
758; William, m, son, 12

759; **OWL**, John, m, father, 24
760; Baby, m, son, 1 mo

761; **OWL**, Sampson, m, husband, 50
762; Susan, f, wife, 57
763; Agnes, f, daughter, 8

764; **OWL**, Lloyd, m, husband, 31
765; Nettie, f, wife, 30
766; Lucy Ann, f, daughter, 13
767; David, m, son, 11
768; George, m, son, 9
769; Henry, m, son, 7
770; Fred, m, son, 5

771; **OWL**, John, m, husband, 43
772; Mandy, f, wife, 20
773; Margaret, f, daughter, 2

774; **PANTHER**, John, m, husband, 54
775; Mary, f, wife, 53
776; Joe, m, son, 21
777; Betsy, f, daughter, 34
778; Mark, m, son, 25
779; Nancy, f, daughter, 24

780; **PARTRIDGE**, Nellie, f, mother, 53
*782; Maggie, f, daughter, 28
783; Bird, m, son, 25
784; Mose, m, son, 21
785; Winnie, f, daughter, 18
(*NOTE: Number 781 omitted on original)

786; **PHEASANT**, John, m, husband, 54
787; Quattie, f, wife, 50
788; Willie, m, son, 22
789; Dora, f, daughter, 13

790; *(No name given)*, m, ?, 93
791; Jane, f, ?, 91

792; **OTTER**, Ollie, f, mother, 86
793; Wilson, m, son, 22

794; **POWELL**, John, m, husband, 37
795; Dogar, f, wife, 35
796; Mose, m, son, 16
797; Stansil, m, son, 13
798; Annie E, f, daughter, 12
799; Sarah, f, daughter, 5
800; Holmns, m, son, 2

801; **QUEEN**, Simpson, m, husband, 32
802; Sallie, f, wife, 24
803; Jasper, m, son, 10
804; Ahlini, f, daughter, 1
805; Noland, m, son, 3
806; Mary, f, daughter, 1

807; **QUEEN**, Levi, m, husband, 33
808; Mary, f, wife, 24
809; Minda, f, daughter, 9
810; Abraham, m, son, 5
811; Etta, f, daughter, 2
812; Malinda, f, daughter, 1 m

Census of the **Eastern Band of Cherokee** *Indians of* **Eastern Cherokee Agency,** **North Carolina** *taken by* **Willard S. Campbell, Supt. & S. D. A.,** *United States Indian Agent,* **July 31,** *1904.*

KEY: Number; English Name, *Indian Name (if given)*, Sex, Relation, Age.

813; **RATLEY**, James, m, husband, 59
814; Mary, f, wife, 45

815; **RATLIFF**, William, m, husband, 32
816; Lizzie, f, wife, 27
817; Emma, f, daughter, 3
818; Jacob, m, son, 1
819; Lower, m, brother, 30

820; **RATTLER**, George, m, husband, 32
821; Walley, f, wife, 30
822; Alsie, f, daughter, 11
823; Lucinda, f, daughter, 9
824; Rachel, f, daughter, 8
825; Henson, m, son, 4
826; Morgan, m, son, 1

827; **REED**, Lucy, f, ?, 29

828; **REID**, James, m, ?, 45

829; **REID**, Adam, m, husband, 26
830; Rachel, f, wife, 19
831; Peter, m, father, 52
832; Will, m, son, 22
833; Lawyer, m, son, 15
834; Lizzie, f, grnd-daughter, 10
835; Cindy, f, grnd-daughter, 7

836; **REID**, Deweese, m, husband, 24
837; Nannie, f, wife, 20

838; **REID**, Jesse, m, husband, 58
839; Maggie, f, wife, 52

840; **ROPETWISTER**, John, m, husband, 52
841; Ann, f, wife, 58
842; Tom, m, son, 16

843; **SAKEY**, Nellie, f, sister, 60

844; Tatiwanna, f, sister, 61

845; **SALOLE**, George, m, husband, 38
846; Bettie, f, wife, 31
847; Awee, f, daughter, 14
848; Sarah, f, daughter, 10
849; Nora, f, daughter, 8
850; Sequitch, m, son, 6
851; Mary, f, daughter, 2

852; **SALOLE**, David, m, husband, 33
853; Nancy, f, wife, 23
854; Kimsey, m, son, 9
855; Nora, f, daughter, 6
856; Emma, f, daughter, 4
857; Simon, m, son, 1

858; **SANDERS**, C. E, m, husband, 45
859; Polly, f, wife, 46
860; Julia, f, daughter, 13
861; Moses, m, son, 8
862; Listy, f, daughter, 16

863; **SAUNOOKE**, Polk, m, husband, 30
864; Annie, f, wife, 24
865; Nannie, f, daughter, 6

866; **SAUNOOKE**, Stillwell, m, husband, 65
867; Stacy, f, wife, 45
868; Nannie, f, daughter, 27
869; Sarah, f, daughter, 23
870; Malinda, f, daughter, 20
871; Ammenita, m, son, 10
872; Cindy, f, daughter, 5
873; Dobson, m, stp-son, 12
874; Windy, f, stp-daughter, 17
875; Estalla, f, daughter, 2 wk

876; **SAUNOOKE**, John, m, husband, 49

Census of the **Eastern Band of Cherokee** *Indians of* **Eastern Cherokee Agency,** **North Carolina** *taken by* **Willard S. Campbell, Supt. & S. D. A.,** *United States Indian Agent,* **July 31,** *1904.*

KEY: Number; English Name, *Indian Name (if given)*, Sex, Relation, Age.

877; Lucinda, f, wife, 54
878; Nancy, f, daughter, 28
879; Samuel, m, son, 26
880; Rachel, f, daughter, 17
881; Stilwell, m, son, 13
882; Jennie, f, mother of husband, 75

883; **SAUNOOKE**, Jackson, m, ?, 22

884; **SAUNOOKE**, Timson, m, husband, 61
885; Nancy, f, wife, 57
886; Jim, m, son, 16
887; Josie, f, daughter, 11
888; Joseph A, m, son, 32

889; **SAUNOOKE**, John, m, husband, 46
890; Marguette, f, wife, 45
891; Jane, f, daughter, 2
892; Ollie, f, sister, 5
893; Mike, m, grnd-son, 3
894; Martha, f, daughter, 21
895; Sallie, f, daughter, 16
896; Soggie, m, son, 13
897; Stephen, m, son, 5

898; **SAUNOOKE**, Adam, m, ?, 24

899; **SAMPSON**, James, m, husband, 54
900; Sallie, f, wife, 41
901; Lillie, f, daughter, 21

902; **SAWYER**, Allen, m, husband, 27
903; Kiner, f, wife, 27
904; Mary, f, daughter, 1

905; **SCREAMER**, James, m, husband, 44
906; Cindy, f, wife, 32
907; Cain, m, son, 13

908; Soggy, m, son, 11
909; Manus, m, nephew, 22
910; David, m, nephew, 15

911; **SEQUOYAH**, John, m, husband, 66
912; Nellie, f, wife, 45

913; **SEQUOYAH**, Jackalye, m, husband, 48
914; Luizer, f, wife, 44
916; Noah, m, son, 19
917; Tahquette, m son, 16
918; Lizzie f, d, 18
919; Richard, m, son, 8
920; Mandy, f, daughter, 6
921; Susan, f, daughter, 3
922; Ellis, m, son, 1

923; **SHELL**, John, m, husband, 52
924; Sallie, f, wife, 50

925; **SHELL**, Ute, m, husband, 24
926; Martha, f, wife, 20
927; Joe, m, son, 2
928; Bessie, f, daughter, 1
929; Amy, f, sister, 42
930; Katy, f, niece, 22
931; Lindy, f, niece, 13

932; **SHERRILL**, Andy, m, husband, 60
933; Mary, f, wife, 60

934; **SHERRILL**, John, m, husband, 30
935; Molly, f, wife, 26
936; Sallie, f, daughter, 4
937; Selma, f, daughter, 3

938; **SKITTY**, Fidel, m, husband, 37
939; Lizzie, f, wife, 33

Census of the **Eastern Band of Cherokee** *Indians of* **Eastern Cherokee Agency, North Carolina** *taken by* **Willard S. Campbell, Supt. & S. D. A., United States Indian Agent, July 31, 1904.**

KEY: Number; English Name, *Indian Name (if given)*, Sex, Relation, Age.

940; **SMITH**, Angeline, f, mother, 38
941; Lucy, f, daughter, 17
942; Blair, m, son, 15
943; Joseph, m, son, 13
944; Belva, f, daughter, 11
945; John, m, son, 9
946; Goldman, m, son, 7
947; Jesse, m, son, 5
948; David, m, son, 3

949; **SMITH**, Mark T, m, husband, 50
950; Mary, f, wife, 50
951; James D, m, son, 25
952; Duffy, m, son, 23
953; Noah, m, son, 21
954; Elwood, m, son, 18
955; Charity, f, daughter, 12
956; Oliver, m, son, 8
957; Rainey, f, sister, 48

958; **SMITH**, Sibbald, m, father, 25
959; Hartman, m, son, 5
960; Mary, f, daughter, 3
961; Gerald, m, son, 1
962; Henry, m, father, 55

963; **SMITH**, Lloyd, m, husband, 31
964; Laura, f, wife, 31
965; Maud, f, daughter, 8
966; Martha, f, daughter, 7
967; Robertson, m, son, 4
968; Elizebeth[sic], f, daughter, 3
969; Noah, m, son, 1

970; **SMITH**, Lewis H, m, husband, 59
971; Nancy, f, wife, 55
972; Jacob, m, nephew, 24

973; **SMOKE**, Tinola, m, ?, 51

974; **SMOKER**, Nancy, f, mother, 46
975; Lloyd, m, son, 30

976; **SMOKER**, William, m, husband, 30
977; Alkinia, f, wife, 24
978; Moses, m, son, 7
979; Awie, f, daughter, 5
980; Unalaka, m, son, 2
981; Lizzie, f, daughter, 3 mo

982; **SMOKER**, John, m, husband, 39
983; Aggie, f, wife, 37
984; Cindy, f, daughter, 16
985; James, m, son, 14
986; William, m, son, 6
987; Peter, m, son, 3
988; Charley, m, son, 3 mo

989; **SMOKER**, Sam, m, husband, 26
990; Stacy, f, wife, 21
991; Heskam, m, son, 2

992; **SNEED**, Sam, m, father, 48
993; Mary C, f, daughter, 9
994; Anna L, f, daughter, 6
995; Modie L, f, daughter, 4

996; **SNEED**, John, m, father, 54
997; Osco, m, son, 23
998; Manco, m, son, 18
999; Campbell, m, son, 15

1000; **SNEED**, Peco, m, father, 28
1001; Sarah, f, daughter, 3

1002; **SOLOLANEETA**, Bird, m, husband, 60
1003; Lucy, f, wife, 51

1004; **STAMPER**, Ned, m, husband, 36
1005; Sallie, f, wife, 29
1006; Hattie, f, daughter, 8
1007; Caroline, f, daughter, 6
1008; William, m, son, 4
1009; Lizzie, f, daughter, 2

Census of the **Eastern Band of Cherokee** *Indians of* **Eastern Cherokee Agency, North Carolina** *taken by* **Willard S. Campbell, Supt. & S. D. A.,** *United States Indian Agent,* **July 31, 1904.**

KEY: Number; English Name, *Indian Name (if given)*, Sex, Relation, Age.

1010; **STANDINGDEER**, Nancy, f, mother, 50
1011; John, m, son, 22

1012; **STANDINGDEER**, Margaret, f, mother, 42
1013; Caroline, f, daughter, 14

1014; **STANDINGDEER**, Wesley, m, husband, 51
1015; Nancy, f, wife, 41
1016; Juna, m, son, 22
1017; Luska, m, son, 22

1018; **STANDINGDEER**, Andy, m, husband, 45
1019; Margaret, f, wife, 40

1020; **STANDINGWATER**, *(No name given)*, m, husband, 50
1021; Mandy, f, wife, 46
1022; Walena, f, daughter, 17
1023; Alsena, f, daughter, 10

1024; **SUDAKE**, John, m, husband, 66
1025; Mary, f, wife, 45

1026; **SUDAKE**, Luke, m, husband, 30
1027; Angeline, f, wife, 26
1028; Will Ste, m, son, 5
1029; Sallie Ann, f, daughter, 1

1030; **SUGEEDA**, Clay, m, ?, 21

1031; **SWIMMER**, Oosquinne, f, mother, 44
1032; John, m, son, 24

1033; **SWIMMER**, Runaway, m, husband, 27
1034; Aryana, f, wife, 21

1035; **SWIMMER**, Thomas, m, husband, 52
1036; Annie, f, wife, 42

1037; **TAHQUETTE**, John, m, ?, 34
1038; **TAHQUETTE**, Martha, f, ?, 43

1039; **TALALA**, Quattie, f, mother, 75
1040; Sallie, f, daughter, 34

1041; **TALALA**, John, m, husband, 58
1042; Becca, f, wife, 47

1043; **TALALA**, Will, m, husband, 64
1044; Lucy, f, wife, 41
1045; Martha, f, daughter, 16
1046; Thomas, m, son, 14
1047; Jackson, m, son, 11
1048; McKinley, m, son, 4

1049; **TAYLOR**, John, m, husband, 64
1050; Sallie, f, wife, 62
1051; Jesse, m, son, 40
1052; Stacy, f, daughter, 49
1053; Rachel, f, daughter, 32

1054; **TAYLOR**, Eliza, f, mother, 50
1055; Jack, m, son, 15
1056; John, m, son, 13
1057; Bessie, m, daughter, 7
1058; Julie, m, son, 5
1059; Timsey, m, son, 4
1060; Lucinda, f, grnd-daughter, 3

1061; **TAYLOR**, Julius, m, husband, 26
1062; Stacy, f, wife, 28

1063; **TAYLOR**, Sherman, m, husband, 24
1064; Maggie, f, wife, 17
1065; Alkini, f, daughter, 2 wk

Census of the **Eastern Band of Cherokee** *Indians of* **Eastern Cherokee** *Agency,* **North Carolina** *taken by* **Willard S. Campbell, Supt. & S. D. A.,** *United States Indian Agent,* **July 31,** *1904*.

KEY: Number; English Name, *Indian Name (if given)*, Sex, Relation, Age.

1066; **TAYLOR**, John, m, husband, 49
1067; Lucindy, f, wife, 53
1068; Alkin, f, daughter, 23
1069; Lydia, f, daughter, 21

1070; **TAYLOR**, Jim, m, ?, 60

1071; **TESATESKA**, John, m, father, 51
1072; Allinose, m, son, 26
1073; Sampson, m, son, 13
1074; Robert, m, son, 12
1075; Mandy, f, daughter, 7
1076; Welch, m, son, 6
1077; Loyd, m, son, 4

1078; **TESATESKA**, Sallie, f, mother, 41
1079; Jesse, m, son, 16
1080; Arch, m, son, 6
1081; Eva, f, daughter, 4
1082; Jones, m, son, 1

1083; **TESATESKA**, Will, m, husband, 47
1084; Nancy, f, wife, 44
1085; Noah, m, son, 17
1086; Mandy, f, daughter, 9

1087; **TEWATLEY**, Adam, m, husband, 22
1088; Mandy, f, wife, 14
1089; Rachel, f, daughter, 2 mo
1090; Cain, m, brother, 16
1091; William, m, brother, 14

1092; **TEWATLEY**, Jim, m, ?, 53

1093; **THOMPSON**, Enos, m, husband, 45
1094; Mandy, f, wife, 39
1095; Lillian, f, daughter, 14
1096; Wilson, m, son, 12

1097; Golarch, m, son, 6

1098; **THOMPSON**, Johnson, m, husband, 40
1099; Annie, f, wife, 40
1100; Arseeny, m, son, 21
1101; Wilson, m, son, 18
1102; Simon, m, son, 10
1103; David, m, son, 8
1104; James W, m, son, 6
1105; Jona, m, son, 3
1106; Jackson, m, son, 1

1107; **THOMPSON**, Peter, m, ?, 14

1108; **TOINEETA**, Nick, m, husband, 35
1109; Betty, f, wife, 40
1110; Sowak, m, son, 16
1111; Arneech, m, son, 11

1112; **TOE**, Johnson, m, brother, 35
1113; Campbell, m, brother, 44

1114; **TOKISKIE**, *(No name given)*, m, husband, 63
1115; Celie, f, wife, 55
1116; Quatie, f, daughter, 20

1117; **TOKISKIE**, Bird, m, husband, 37
1118; Wallie, f, wife, 40
1119; Eli, m, son, 12
1120; Quatie, f, daughter, 8

1121; **TOONIGH**, Will, m, brother, 58

1122; **TOONIGH**, Spencer, m, husband, 55
1123; Litiana, f, wife, 52
1124; Moses, m, son, 14
1125; Rachel, f, daughter, 7

Census of the **Eastern Band of Cherokee** *Indians of* **Eastern Cherokee** *Agency,* **North Carolina** *taken by* **Willard S. Campbell, Supt. & S. D. A.,** *United States Indian Agent,* **July 31,** *1904.*

KEY: Number; English Name, *Indian Name (if given)*, Sex, Relation, Age.

1126; **TOONIGH**, Mike, m, husband, 31
1127; Annie, f, wife, 26
1128; Larch, m, son, 5
1129; Gegoowi, f, daughter, 3
1130; Rachel, f, daughter, 3 mo
1131; Gelawera, f, mother, 97

1132; **TOYARNEEDA**, John, m, father, 63
1133; Mary, f, daughter, 35

1134; **TOYARNEEDA**, Lawn, m, husband, 44
1135; Sallie, f, wife, 44
1136; Wesley, m, son, 22
1137; George, m, son, 2-
1138; Martha, f, daughter, 13
1139; Caroline, f, daughter, 9

1140; **TRAMPER**, Cornelia, f, mother, 51
1141; Chiltoski, m, son, 24
1142; Amoneeta, m, son, 16
1143; Lottie, f, daughter, 13

1144; **WACHACHA**, Will, m, husband, 49
1145; Roxie, f, wife, 42
1146; Nasey, f, daughter, 23
1147; Jarrett, m, son, 20
1148; James, m, son, 18
1149; Sarah, f, daughter, 16
1150; Charlie, m, son, 14
1151; Jack, m, son, 12
1152; Nancy, f, daughter, 10
1153; Casey, m, son, 8
1154; Susie, f, daughter, 6
1155; John Wane, m, son, 4
1156; Jesse, m, son, 3
1157; Winnie, f, daughter, 2
1158; Joe, m, son, 3 mo

1159; **WADISUTTA**, Bird, m, husband, 26
1160; Mary, f, wife, 28
1161; Lee, m, son, 1

1162; **WADISUTTA**, John, m, husband, 63
1163; Awnee, f, wife, 54
1164; Queen, m, brother, 40
1165; David, m, brother, 39

1166; **TOONIGH**, Nick, m, husband, 24
1167; Nancy, f, wife, 22
1168; Nannie, f, daughter, 2

1169; **TOONIGH**, Joseph, m, husband, 51
1170; Angeline, f, wife, 48
1171; Juleyaske, m, son, 26
1172; Nicer, f, daughter, 31
1173; Andy, m, son, 12

1174; **WAHHANEETA**, John, m, husband, 66
1175; Caroline, f, wife, 60
1176; Allen, m, son, 30
1177; Stacy, f, daughter, 26
1178; Sampson, m, son, 17
1179; Susie, f, ?, ?

1180; **WAHHANEETA**, Will, m, husband, 33
1181; Kamie, f, wife, 25
1182; Maggie, f, daughter, 4
1183; Samuel, m, son, 1

1184; **WALKINGSTICK**, Jasper, m, husband, 28
1185; Annie, f, wife, 25
1186; Nations, m, son, 1

1187; **WALKINGSTICK**, Mike, m, husband, 46

Census of the **Eastern Band of Cherokee** *Indians of* **Eastern Cherokee Agency, North Carolina** *taken by* **Willard S. Campbell, Supt. & S. D. A.,** *United States Indian Agent,* **July 31, 1904.**

KEY: Number; English Name, *Indian Name (if given)*, Sex, Relation, Age.

1188; Caroline, f, wife, 43
1189; James, m, son, 203
1190; Susie, f, daughter, 18
1191; Bascomb, m, son, 16

1192; **WALKINGSTICK**, John, m, husband, 49
1193; Walser, f, wife, 38
1194; Owen, m, son, 15
1195; Maggie, f, daughter, 12
1196; Mose, m, son, 8
1197; Celie, f, daughter, 6
1198; Mike, m, son, 3
1199; Tom, m, son, 3 mo

1200; **WALKINGSTICK**, James, m, husband, 80
1201; Matilda, f, wife, 47

1202; **WALLACE**, Jimsey, m, ?, 36

1203; **WASHINGTON**, Lizzie, f, mother, 55
1204; Joseph, m, son, 22

1205; **WASHINGTON**, Jesse, m, husband, 29
1206; Ahliyeh, f, wife, 30
1207; Lucindy, f, daughter, 6
1208; Agini, f, daughter, 2

1209; **WASHINGTON**, Oodayi, f, mother, 79
1210; Key, m, son, 47

1211; **WATSON**, James, m, ?, 61

1212; **WATTIE**, Joseph, m, husband, 70
1213; Onaryee, f, wife, 60

1214; **WATTIE**, Golarch, m, husband, 27

1215; Nessie, f, wife, 27
1216; Stephen, m, son, 7
1217; Kiner, f, daughter, 5
1218; Lizzie, f, daughter, 2

1219; **WATTIE**, Ute, m, husband, 39
1220; Chegowee, f, wife, 36
1221; John, m, son, 13

1222; **WELCH**, Annie, f, mother, 34
1223; Nancy, f, daughter, 12
1224; Hansley, m, son, 5
1225; Callie, f, daughter, 2

1226; **WELCH**, Nancy, f, mother, 38
1227; Lindy, f, daughter, 21
1228; Moses, m, son, 18

1229; **WELCH**, Davis, m, husband, 40
1230; Eve, f, wife, 29
1231; John, m, son, 16
1232; Jim, m, son, 14
1233; Toskigee, m, son, 12
1234; Joseph, m, son, 5

1235; **WELCH**, Elijah, m, husband, 51
1236; Sallie, f, wife, 50
1237; Adam, m, son, 19
1238; James, m, son, 17
1239; Annie E, f, daughter, 12
1240; Mary, f, daughter, 7
1241; Mark, m, son, 5
1242; Ollie, f, daughter, 3

1243; **WELCH**, Jackson, m, husband, 35
1244; Sallie, f, wife, 24
1245; Mary, f, daughter, 13
1246; John, m, son, 10
1247; James, m, son, 3
1248; Addison, m, son, 1

1249; **WELCH**, Mary, f, mother, 30

Census of the **Eastern Band of Cherokee** *Indians of* **Eastern Cherokee** *Agency,* **North Carolina** *taken by* **Willard S. Campbell, Supt. & S. D. A.,** *United States Indian Agent,* **July 31,** *1904.*

KEY: Number; English Name, *Indian Name (if given)*, Sex, Relation, Age.

1250; Loyd, m, son, 9
1251; Tony, m, son, 7

1252; **WELCH**, Mark, m, husband, 27
1253; Molly, f, wife, 25
1254; Clarence, m, son, 4
1255; Richard, m, son, 1

1256; **WESLEY**, Judas, m, husband, 29
1257; Jennie, f, wife, 41

1258; **WENN**, John, m, husband, 47
1259; Jennie, f, wife, 40
1260; Golindy, f, daughter, 20
1261; Sallie, f, daughter, 16
1262; Caroline, f, grnd-daughter, 7
1263; Richard, m, son, 1

1264; **WEST**, Mike, m, ?, 31

1265; **WILDCAT**, Peter, m, husband, 63
1266; Rebecca, f, wife, 48

1267; **WILDCAT**, Dinola, m, husband, 23
1268; Alsie, f, wife, 37
1269; Testy, f, daughter, 7

1270; **WILL**, John, m, husband, 49
1271; Jane, f, wife, 34
1272; Thomas, m, son, 16
1273; Mooney, m, son, 9
1274; Jim, m, son, 2
1275; Allie, f, daughter, 1

1276; **WILL**, Netonas, m, husband, 79
1277; Ahyeda, f, wife, 69

1278; **WILNOTIE**, Lody, m, father, 52
1279; Moses, m, son, 21
1280; Nancy, f, daughter, 16
1281; Simon, m, son, 13

1282; Aggi, f, daughter, 3 wk
1283; Joe, m, son, 10
1284; Ned, m, son, 8

1285; **WOLFE**, Joe, m, husband, 33
1286; Jennie, f, wife, 34
1287; Callie, f, daughter, 6

1288; **WOLFE**, Dave, m, ?, 58

1289; **WOLFE**, Nannie, f, mother, 29
1290; Rebecca, f, daughter, 9
1291; Bird, m, son, 3

1292; **WOLFE**, John, m, husband, 31
1293; Callie, f, wife, 23

1294; **WOLFE**, Sallie, f, mother, 80
1295; Enis, m, son, 39
1296; Pollie, f, daughter, 59

1297; **WOLFE**, John, m, husband, 37
1298; Lindy, f, wife, 26

1299; **WOLFE**, Running, m, husband, 26
1300; Mollie, f, wife, 26
1301; Loyd, m, son, 4
1302; Ammineeta, m, son, 3
1303; Thomas, m, son, 1

1304; **WOLFE**, Jowanney, m, husband, 55
1305; Sallie, f, wife, 48
1306; Johnson, m, husband, 27
1307; Martha, f, wife, 21
1308; Job, m, son, 3
1309; Stephen, m, son, 1

1310; **WOLFE**, Susan, f, mother, 55
1311; Thomas, m, son, 20
1312; Ward, m, son, 15

(* Number #1313 omitted on original.)

Census of the **Eastern Band of Cherokee** *Indians of* **Eastern Cherokee** *Agency,* **North Carolina** *taken by* **Willard S. Campbell, Supt. & S. D. A.,** *United States Indian Agent,* **July 31, 1904.**

KEY: Number; English Name, *Indian Name (if given)*, Sex, Relation, Age.

1314; Lizzie, f, daughter, 10
1315; James, m, son, 18
1316; Pearly, f, daughter, 15
1317; Mandy, f, daughter, 13
1318; Charley, m, son, 11

1319; **WOLFE**, Annie, f, mother, 56
1320; Owen, m, son, 24
1321; Junalisky, m, son, 18
1322; Dobson, m, son, 16

1323; **WOLFE**, Jacob, m, husband, 33
1324; Nelcina, f, wife, 30
1325; Laura, f, daughter, 13
1326; Rachel, f, daughter, 9
1326; Joseph, m, son, 8
1327; Jesse, m, son, 3
1328; Judson, m, son, 1

1329; **WOLFE**, Mose, m, husband, 60
1330; Jane, f, wife, 46
1331; Kimsey, m, son, 19
1332; Martha, f, daughter, 15
1333; Jona, m, son, ?
1334; Mary, f, daughter, 11

1335; **WOLFE**, George, m, husband, 27
1336; Mary, f, wife, 27
1337; John Russell, m, son, 1
1338; Ned, m, brother, 16
1339; Lizzie, f, sister, 18

1340; **YOUNCE**, Hugh, m, husband, 54
1341; U.S, f, wife, 52
1342; U.S, f, daughter, 15
1343; Daisy, f, daughter, 12

1344; **YOUNGBIRD**, John, m, husband, 45
1345; Abstain, f, wife, 37
1346; Rufus, m, son, 17
1347; Soggy, m, son, 15
1348; Yanne, f, daughter, 13

1349; James, m, son, 3
1350; Wesley, m, son, 10

1351; **YOUNGDEER**, John, m, husband, 51
1352; Betty, f, wife, 49
1353; Eli, m, son, 27
1354; Jona, m, son, 25
1355; Jesse, m, son, 19
1356; Steve, m, son, 15
1357; Ohnie, f, daughter, 13
1358; Martha, f, daughter, 10
1359; Moody, m, son, 7

1360; **YOUNGDEER**, Jacob, m, husband, 34
1361; Linsey, f, wife, 51

The following named persons live on Indian land, and claim to be Indians but are not recognized by the Indian Council.

1362; **BAKER**, Ella, f, mother, 26
1363; Stella, f, daughter, ?
1364; Charles, m, son, 2

1365; **COLEMAN**, Harrison, m, father, 49
1366; John, m, son, 26
1367; George, m, son, 25
1368; Will, m, son, 22
1369; Peter, m, son,
1370; Rebecca, f, daughter, 17
1371; Nancy, f, daughter, 14
1372; Joseph, m, son, 13
1373; Lula, f, daughter, 11
1374; Birdie, f, daughter, 8
1375; Calvin, m, son, 5
1376; Julie, f, daughter, 2

1377; **DUNLAP**, Mary, f, mother, 49
1378; Stella, f, daughter, 23

Census of the **Eastern Band of Cherokee** *Indians of* **Eastern Cherokee Agency, North Carolina** *taken by* **Willard S. Campbell, Supt. & S. D. A.,** *United States Indian Agent,* **July 31, 1904.**

KEY: Number; English Name, *Indian Name (if given)*, Sex, Relation, Age.

1379; Alice, f, daughter, 20
1380; Robert, m, son, 14
1381; Berry, m, son, 17
1382; Willie, m, grnd-son, 3 mo

1383; **JOHNSON**, Tempy, f, sister, 14
1384; Isaac, m, brother, 12
1385; Jake, m, brother, 9
1386; Nancy, f, sister, 7

1387; **MANEY**, Jasper, m, husband, 53
1388; Hattie, f, daughter, 23
1389; James, m, son, 20
1390; Catherine, f, daughter, 16
1391; Ivy, f, daughter, 12
1392; Minnie, f, daughter, 8
1393; Bessie, f, grnd-daughter, 1
1394; Dessie, f, grnd-daughter, 1
1395; George, m, grnd-son, 7 mo

1396; **McCOY**, Lien, m, father, ?
1397; David, m, son, ?
1398; James, m, son, 20
1399; Marinda, f, grnd-daughter, 4
1400; James, m, grnd-son, 3

1401; **MURPHY**, Mary, f, wife of Jesse, 36

1402; **ROSE**, All[sic], m, husband, 37
1403; Florence, f, wife, 33
1404; Bonney, f, daughter, 13
1405; Bill, m, son, 12
1406; Jacob, m, son, 9
1407; Gracie, f, daughter, 5
1408; Nasa, f, daughter, 2

1409; **RUNNERWAY**, Esaw, m, ?, 19

1410; **SEAY**, Maggie, f, mother, 35
1411; John, m, son, 18
1412; Taylor, m, son, 14
1413; Lillie, f, daughter, 11

1414; Jesse, m, son, 9
1415; Fred, m, son, 7
1416; Vinnie, f, daughter, 3
1417; **SMITH**, James, m, brother, 47
1418; Samuel, m, brother, 41

1419; **SWAYNEY**, Loranze, m, father, 29
1420; Unis, m, son, 8
1421; James, m, son, 6
1422; Mindy, f, daughter, 3
1423; Robert, m, son, 1

1424; **SWAYNEY**, Laura, f, mother, 48
1425; Arizona, f, daughter, 29
1426; John, m, son, 21
1427; Jesse, m, son, 16
1428; Callie, f, daughter, 11
1429; Lula, f, daughter, 6

Pupils away at school not reported above.

1430; **BECK**, Savannah, f, sister, 19
1431; Stacy, f, sister, 17
1432; Ella, f, sister, 21
1433; Sam, m, brother, 15

1434; **COLONHASKI**, Abrah, m, ?, 22

1435; **CROW**, Etta, f, ?, 17

1436; **COLEACH**, Maggie, f, ?, 16

1437; **LONG**, Rachel, f, ?, 23

1438; **NICK**, Chiltoski, m, brother, 21
1439; Bessie, f, sister, 17

1440; **REED**, Maggie, f, sister, 21
1441; Loyd, m, brother, 16

Census of the **Eastern Band of Cherokee** *Indians of* **Eastern Cherokee Agency,** **North Carolina** *taken by* **Willard S. Campbell, Supt. & S. D. A.,** *United States Indian Agent,* **July 31,** *1904.*

KEY: Number; English Name, *Indian Name (if given)*, Sex, Relation, Age.

1442; **SAUNOOKE**, Nannie, f, sister, 22
1443; Isabel, f, sister, 17

1444; **SMITH**, Roxanna, f, sister, 24
1445; Mary, f, sister, 26
1446; Thomas, m, brother, 18

1447; **STANDINGDEER**, Culga, f, ?, 23

1448; **WAHOO**, Lysta, f, ?, 16

1449; **WOOLFE**, Elkany, f, sister, 23
1450; Katy, f, sister, 17

1451; **WELCH**, Betty, f, sister, 23
1452; Cornetta, m, brother, 22
1453; Cinda, f, sister, 20

Department of the Interior
United States Indian Service

Cherokee, N.C. September 28, 1906.

Commissioner of Indian Affairs,

        Washington, D.C.

Dear Sir,

    I submit herewith a census of the Eastern Band of North Carolina Cherokee Indians for the fiscal year ending June 30, 1906.

    The change of clerks at this school has caused some delay in getting the census completed.

        Respectfully,

        DeWitt S. Harris
        Superintendent.

Census of the **Eastern Cherokee** *Indians of* **Eastern Cherokee Agency, North Carolina** *taken by* **Dewitt S., Harris, Supt.,** *United States Indian Agent,* **June 30,** *1906.*

KEY: Number; English Name, *Indian Name (if given)*, Sex, Relation, Age.

1; **ARCH**, Noah, m, son, 11
2; Will, m, son, 8
3; Jennie, f, mother, 85
4; **[Arneach]**, Margaret, f, daughter, 1 wk

5; **ARCH**, Dave, m, ?, 46
6; **[Holland]**, Jennie Arch, f, daughter, 20
7; Olivann, f, daughter, 12
8; Ross, m, son, 10

9; **ARCH**, Johnson, m, ?, 21
10; Ella, f, wife, 15

11; **ALLEN**, Will, m, ?, 50
12; Sallie, f, wife, 50
13; Junalusky, m, son, 17
14; Rebecca, f, g.daughter, 11

15; **ALLEN**, Skeega, m, ?, 38
16; Eva, f, wife, 20

17; **ARNEACH**, Mary, f, ?, 50
18; **[Busheyhead]**, Ben, m, son, 16

19; **ARMACHAIN**, Sevier, m, ?, 62
20; Ann E., f, wife, 48
21; Jonah, m, son, 11

22; **ARMACHAIN**, Davis, m, ?, 57
23; Anna, f, wife, 37
24; Jess, f, son, 9
25; Louie, m, son, 7
26; Rachel, f, daughter, 4
27; Sevier, m, son, 4 mo

28; **ARMACHAIN**, Conseen, m, ?, 52
29; Susie, f, wife, 49

30; Olsah, f, daughter, 7

31; **AXE**, Jennie, f, ?, 45

32; **AXE**, Wilic[sic], m, ?, 38
33; Caroline, f, wife, 35
34; Maggie, f, daughter, 11
35; Sarah, f, daughter, 6

36; **AXE**, John D., m, ?, 55
37; Eve, f, wife, 40

38; **WASASUITTE**, Bird, m, ?, 28
39; Mary, f, wife, 35
40; **[Axe]**, Cinda, f, daughter, 19
41; **[Axe]**, Peter, m, son, 14
42; **[Chickilly]**, Andy, m, son, 19
43; **[Axe]**, Mandy, f, daughter, 8
44; **[Axe]**, Lee, m, son, 4

45; **ARNEACH**, Jeff, m, ?, 31
46; Sarah, f, wife, 30
47; Elizabeth, f, mother, 73
48; **[Bird]**, Dave, f, s.son, 12
49; **[Bird]**, Lizzie, f, s.daughter, 7
50; **[Bird]**, Bessie, f, s.daughter, 5

51; **BROWN**, Lydia, f, ?, 50
52; Peter, m, son, 17
53; Ella, f, daughter, 19

54; **BROWN**, Jonah, m, ?, 27
55; Agnes, f, wife, 22
56; Martha, f, daughter, 1

57; **BIRD**, Squnch[sic], m, ?, 65
58; Eliza, f, wife, 60

59; **BLYTHE**, Jim, m, ?, 49

60; **BUSHEYHEAD**, John, m, ?, 48
61; **[Bidix]**, Rose, f, daughter, 20

Census of the **Eastern Cherokee** *Indians of* **Eastern Cherokee Agency, North Carolina** *taken by* **Dewitt S., Harris, Supt.,** *United States Indian Agent,* **June 30,** *1906.*

KEY: Number; English Name, *Indian Name (if given)*, Sex, Relation, Age.

62; [Bidix], Jennie, f, g.daughter, 2

63; **BRADLEY**, George, m, ?, 35
64; Annie, f, daughter, 4
65; Dinah, f, daughter, 2

66; **BRADLEY**, Henry, m, ?, 22[sic]
67; Joe, m, son, 23
68; Johnson, m, son, 25
69; Lizzie, f, daughter, 19
70; Minda, f, daughter, 16
71; Morgan, m, son, 12
72; Nick, m, son, 10
73; Sarah, f, daughter, 5

74; **BLACKFOX**, Charley, m, ?, 25
75; Gahluday, f, wife, 23
76; Loyd, m, son, 3

77; **BIGMEAT**, Isaih[sic], m, ?, 50
78; Sallie, f, wife, 28

79; **BLYTHE**, Henry, m, ?, 32
80; Elizabeth, f, mother, 75

81; **BLYTHE**, Dave, m, ?, 44
82; Nanny, f, wife, 35

83; **BIGMEAT**, Annie, f, ?, 50
84; Adam, m, son, 18

85; **BLYTHE**, Josie, f, ?, 42
86; Stella, f, daughter, 22
87; Jarrett, m, son, 20
88; Fred, m, [adopt.] son, 9
89; [Bird], Timpson, m, brother, 21

90; **BLYTHE**, Arch, m, ?, 28
91; Ida, f, wife, 24
92; Sampson, m, son, 3
93; Cecil, f, daughter, 3 mo

94; **BURGES**, Georgia, f, ?, 37
95; Mary, f, daughter, 13
96; Bessie, f, daughter, 11
97; Floy, f, daughter, 7
98; Willie, f, daughter, 3
99; George, m, son, 8 mo

100; **BIRD**, Loyd, m, ?, 25
101; Ollie, f, wife, 24

102; **BIGMEAT**, Nance, f, wife, 45

103; **BIGMEAT**, Andy, m, ?, 41
104; [Bird], Mary, f, s.daughter, 7

105; **BRADLEY**, Nancy, f, ?, 32
106; Margaret, f, dau, 7
107; Roy, m, son, 3
108; Minda E., f, daughter, 1

109; **BLACKFOX**, Josiah, m, ?, 51
110; Dinah, f, wife, 50

111; **BRADLEY**, Eliza J., f, ?, 34;
112; Walter, m, son, 12
113; Amos, m, son, 10
114; Henry, m, son, 5
115; Judson, m, son, 5
116; Lidda, f, daughter, 10 mo

117; **BIRD**, Dan, m, ?, 26
118; Polly, f, wife, 23
119; Bitty, f, daughter, 6
120; Solomon, m, son, 3

121; **BIRD**, Steve, m, ?, 56
122; Rosa, f, wife, 52

123; **BIGFAT**, Sallie, f, ?, 92
124; Kate, f, daughter, 45
125; Martha, f, g.daughter, 9

Census of the **Eastern Cherokee** *Indians of* **Eastern Cherokee Agency, North Carolina** *taken by* **Dewitt S., Harris, Supt., United States Indian Agent, June 30,** *1906.*

KEY: Number; English Name, *Indian Name (if given)*, Sex, Relation, Age.

126; **CAT**, John, m, ?, 50
127; Sallie, f, wife, 49
128; Willie, m, son, 20
129; Bettie, f, daughter, 17
130; Margaret, f, daughter, 15
131; Jesse, m, son, 10
132; Mandy, f, daughter, 7
133; Lucy, f, g.daughter, 1 mo

134; **CORNSILK**, Armstrong, m, ?, 62
135; Annie, f, wife, 40
136; John, m, son, 16
137; Hetty, f, daughter, 8
138; Howard, m, son, 6
139; Martha, f, daughter, 22

140; **COLONEHESKY**, Charley, m, ?, 20
141; [Crow], Albert, m, son, 5 da
142; [Crow], Robert, m, son, 12
143; [Crow], Doradel, f, daughter, 10
144; [Crow], Luther, m, son, 8
145; [Crow], Arthur, m, son, 8
146; [Crow], Lossil, m, son, 6

147; **COOPER**, Stacy, f, ?, 34
148; Arnold, m, son, 12
149; Curtis, m, son, 11
150; Frankey, f, daughter, 9
151; Leila, f, daughter, 7
152; Fannie, f, daughter, 5
153; Myrtle, f, daughter, 3
154; Fred, m, son, 1

155; **CALHOUN**, Lawyer, m, ?, 47
156; Ollie, f, wife, 44
157; [Colonehesky], Joe, m, s.son, 18
158; [Crow], Riley, m, son, 6
159; [Crow], Louisa, f, daughter, 2

160; **CUCUMBER**, Doney, f, ?, 50
161; Will, m, son, 39

162; Keener, m, son, 26
163; Arch, m, son, 17
164; Jim, m, son, 16
165; Dakey, f, daughter, 9

166; **CUCUMBER**, Casey, f, ?, 69
167; Mose, m, g.son, 30
168; [Colonehesky], Katie, f, daughter, 13
169; [Colonehesky], Nannie, f, daughter, 9
170; [Colonehesky], Abraham, m, son, 23

171; **CONSEEN**, Auganahyah, m, ?, 67
172; Sallie, f, daughter, 24
173; Jack, m, son, 22
174; Thompson, m, son, 16
175; Loyd, m, g.son, 3
176; Buck, m, g.son, 1 mo

177; **CROW**, Wes, m, ?, 65
178; Caroline, f, wife, 68

179; **CROW**, David, m, ?, 21
180; Sallie, f, wife, 18
181; Sam, m, son, 8 mo

182; **CROW**, John, m, ?, 25
183; Mary, f, wife, 22
184; Callie, f, daughter, 2
185; [Colonehesky], Jesse, m, a. son, 14

186; **CROW**, Joe, m, ?, 40
187; Annie, f, wife, 42
188; Minnie, f, daughter, 13
189; Boyd, m, son, 11
190; Aquish, m, neph, 14
191; [Colonohesky], Lilly, f, niece, 19
192; [Clay], Tecumsey, m, neph, 29

Census of the **Eastern Cherokee** *Indians of* **Eastern Cherokee** *Agency,* **North Carolina** *taken by* **Dewitt S., Harris, Supt.,** *United States Indian Agent,* **June 30,** *1906.*

KEY: Number; English Name, *Indian Name (if given),* Sex, Relation, Age.

193; **CALONEHESKEE**, Esiah, m, ?, 49
194; Martha, f, daughter, 8
195; Mark, m, son, 2
196; Nan, f, s.daughter, 18

197; **CATOLST**, Charley, m, ?, 62
198; Eve, f, wife, 64
199; Wallace, m, son, 30
200; William, m, son, 27
201; Gulsney, m, son, 25

202; **CATOLST**, Olsa, f, ?, 58
203; Sololy, m, a. brother, 48

204; **CILTOSKY**, Esie, f, ?, 20

205; **CATOLST**, Tamar, m, ?, 36
206; Sallie, f, wife, 20
207; Elize, f, daughter, 3
208; Elic, m, son, 6 mo

209; **CHILTOSKY**, Will, m, ?, 62
210; Sallie, f, wife, 32
211; Watty, m, son, 10
212; Bittie, f, daughter, 2
213; **[Cloud]**, Sallie, f, mother, 90

214; **CRAIG**, Mary J., f, ?, 27
215; Georgia, f, sister, 22
216; Bill, m, brother, 20
217; John, m, brother, 18
218; Frank, m, brother, 12
219; Don, nephew, 1

220; **CONNOT**, Able, m, ?, 25
221; Susie, f, wife, 22

222; **CORNSILK**, York, m, ?, 39
223; Eljan, f, wife, 48

224; **CROW**, Wesley, m, ?, 15

225; **[Childes]**, Lula, f, wife, 24
226; **[Childes]**, Walter C., m, son, 2
227; **[Childes]**, Robt. M., m, son, 1
228; **[Canot]**, Maggie, f, daughter, 17
229; **[Canot]**, Columbus, m, son, 23

230; **CALHOUN**, Daleskee, m, ?, 30
231; Ollie, f, mother, 53
232; Ance, f, sister, 28
233; Mabel, f, sister, 22
234; Kate, f, sister, 17

235; **CONNOLLY**, John, m, ?, 42
236; Jenny, f, wife, 48
237; John, m, son, 16
238; Luke, m, son, 10
239; Linda, f, daughter, 3

240; **CHILTOSKY**, Chiltosk, m, ?, 69

241; **CHILTOSKY**, Quaty, f, ?, 69
242; **[Calhoun]**, Jawstaw, m, s.son, 10

243; **CALHOUN**, Morgan, m, ?, 43
244; Sallyann, f, wife, 28
245; Waluyah, f, daughter, 12
246; Loyd, m, son, 10
247; Eve, f, daughter, 8
248; Yekin, f, daughter, 6
249; Lawson, m, son, 4
250; Holly, m, son, 2
251; Gawdaquaski, m, son, 2 mo
252; **[Cat]**, Sallie, f, mother, 90

253; **CORNSILK**, Dow, m, ?, 26
254; Emeline, f, sister, 19

255; **CONSEEN**, Peter, m, ?, 27
256; Nancy, f, wife, 27
257; Jim, m, son, 5
258; Garrett, m, son, 1
259; Tiny, f, aunt, 50

Census of the **Eastern Cherokee** *Indians of* **Eastern Cherokee Agency,** **North Carolina** *taken by* **Dewitt S., Harris, Supt.,** *United States Indian Agent,* **June 30,** *1906.*

KEY: Number; English Name, *Indian Name (if given)*, Sex, Relation, Age.

260; Jake, m, father, 67

261; **CONSEEN**, Beast, m, ?, 48
262; Nancy, f, daughter, 28
263; Jim, m, son, 17
264; John, m, son, 14
265; Mary, f, daughter, 11
266; Dahney, f, daughter, 9
267; Will, m, son, 8

268; **CHICKLILY**, Stone, m, ?, 35
269; Mary, f, wife, 41
270; Simon, m, son, 8
271; Rose, f, daughter, 3

272; **CHICKALILY**, *(No name given)*, m, ?, 95
273; Annie, f, wife, 68
274; Jacob, m, g.son, 14

275; **CONSEEN**, George, m, ?, 34
276; Polly, f, wife, 25
277; Elsie, f, daughter, 11
278; Lauzene, f, daughter, 9
279; Rachel, f, daughter, 8
280; Henson, m, son, 6
281; Morgan, m, son, 3
282; Minda, f, daughter, 6 mo
283; [Canot], Eliza, f, mother, 70
(*NOTE: Number given twice)*

*283; **DOBSON**, John, m, ?, 83
284; Mary, f, wife, 45

285; **DRIVER**, Will, m, ?, 33
286; Eliza, f, wife, 37
287; Ned, m, son, 7
288; Adam, m, son, 4
289; Lucy, f, daughter, 6 mo

290; **DICKEY**, Abraham, m, ?, 30
291; Olkiney, f, wife, 24
292; Leander, m, son, 1 mo

293; **DICKKEESKEE**, Jesse, m, ?, 73
294; Carolina, f, wife, 45
295; McKinley, m, g.son, 6

296; **DAVIS**, Joe, m, ?, 34
297; Katie, f, wife, 60
298; [Diggin], Watson, m, uncle, 55

299; **DAVIS**, John, m, ?, 45
300; Annie, f, wife, 53
301; Lizzie, f, daughter, 13

302; **DRIVER**, Bigjim, m, ?, 74
303; Bettie, f, wife, 68
304; Lossal, m, son, 29
305; Goliath, m, son, 22

306; **DRIVER**, Dickey, m, ?, 57
307; Ettie, f, wife, 24
308; Nancy, f, daughter, 1

309; **DRIVER**, Wesley, m, ?, 37
310; Aggin, f, wife, 37
311; John, m, son, 7
312; Lucinda, f, daughter, 4

313; **DRIVER**, Judas, m, ?, 40

314; **DRIVER**, Liza, f, ?, 40
315; Ance, f, aunt, 56

316; **DRIVER**, Chick, m, ?, 23
317; Ollie, f, wife, 20
318; Rosa, f, daughter, 5
319; George, m, son, 3
320; Sam, m, son, 1

321; **DAVIS**, Chully, m, ?, 35
322; Anna, f, wife, 31
323; Iarial [Israel?], m, son, 12
324; David, m, son, 5
325; Isaac, m, son, 7

Census of the **Eastern Cherokee** *Indians of* **Eastern Cherokee** *Agency,* **North Carolina** *taken by* **Dewitt S., Harris, Supt.,** *United States Indian Agent,* **June 30, 1906.**

KEY: Number; English Name, *Indian Name (if given)*, Sex, Relation, Age.

326; George, m, son, 1

327; **DOCREY**, Emma, f, ?, 24
328; Elsie, f, daughter, 1

329; **FEATHER**, Wilson, m, ?, 31
330; Nancy, f, wife, 50

331; **FEATHER**, Lawyer, m, ?, 39
332; Mary, f, wife, 40
333; Ansee, f, daughter, 7
334; Cataya, f, daughter, 5
335; Jonah, m, son, 1
336; Hetty, f, a.daughter, 8
337; **[Fodder]**, Ollie, f, mother, 70

338; **FRENCH**, Walla, f, wife, 26
339; Charlotte, f, daughter, 12
340; Elnora, f, daughter, 9
341; Ned, m, son, 7
342; Maggie, f, daughter, 5
343; Nellie, f, daughter, 4
344; Jesse, m, son, 1
345; Ross, m, g.son, 13

346; **FRENCH**, Awee, f, ?, 28
347; Maude, f, daughter, 12
348; Maloney, m, son, 9
349; Morgan, m, son, 6
350; Soggy, m, son, 4
351; George, m, son, 2

352; **GREYBEARD**, Sallie, f, daughter, 7
353; Jim, m, son, 6

354; **GEORGE**, Nancy, f, ?, 60
355; Shell, m, son, 47

356; **GOINES**, Bird, m, ?, 37
357; Ollie, f, wife, 34
358; Dan, m, son, 7

359; **GEORGE**, N. J., m, ?, 33
360; Quatty, f, wife, 28
361; Cain, m, son, 11
362; Lewis, m, son, 2
363; Martha, f, daughter, 2 mo
364; Green, m, son, 8
365; Aggie, f, daughter, 10

366; **GEORGE**, Davis, m, ?, 50
367; Shonn, m, sonsin[sic], 32
368; Logan, m, cousin, 15

369; **GOINES**, Ben C., m, ?, 40

370; **GEORGE**, Dawson, m, ?, 46
371; Mary, f, wife, 46
372; Anna, f, daughter, 22
373; Manly, m, son, 16
374; Martha, f, daughter, 13
375; Ollie, f, daughter, 8

376; **GEORGE**, Judas, m, ?, 33
377; Elsie, f, wife, 23
378; Elmo Don, m, son, 3
379; Sallie Ann, f, daughter, 2

380; **GEORGE**, Joe Stono, m, ?, 50
381; Lizzie, f, wife, 40
382; Linda, f, daughter, 20
383; Liza, f, daughter, 15
384; Jack, m, son, 10
385; Sealy, f, daughter, 7
386; Jackson, m, son, 4

387; **GEORGE**, Yonahskin, m, ?, 66
388; Nancy, f., wife, 34
389; Mary, m, son, 14
390; Annie, f, daughter, 11

391; *GUNTEESKEE*, *(No name given)*, m, ?, 70
392; Caroline, f, wife, 53

Census of the **Eastern Cherokee** *Indians of* **Eastern Cherokee Agency, North Carolina** *taken by* **Dewitt S., Harris, Supt.,** *United States Indian Agent,* **June 30, 1906.**

KEY: Number; English Name, *Indian Name (if given)*, Sex, Relation, Age.

393; **GREYBEARD**, Zeke, m, ?, 72
394; Aggy, f, sister, 60
395; [Green], Cara, f, sister, 22
396; Stacy, f, s.daughter, 15
397; Lilly, f, s.daughter, 13
398; [Goines], [sic], f, s.daughter, 19
399; [Hornbuckle], John, m, nephew, 3

400; **HORNBUCKLE**, Elick, m, ?, ?

401; **HORNBUCKLE**, Dave, m, ?, 48
402; Jeff, m, son, 15

403; **HOAG**, Lucy, f, ?, 56

404; **HORNBUCKLE**, Henry, m, ?, 46

405; **HORNBUCKLE**, George, m, ?, 28
406; Melissa, f, daughter, 10
407; Alice M., f, daughter, 8
408; Hartman, m, son, 4
409; Oliveann, f, daughter, 3
410; John R., m, son, 8 mo
411; Elvira, f, cousin, 9

412; **HORNBUCKLE**, Willie, m, ?, 35
413; Artie, f, daughter, 15
414; Addie, f, daughter, 12
415; Fred, m, son, 10
416; Dora, f, daughter, 7
417; Wilson, m, son, 5
418; Maggie, f, daughter, 10 mo

419; **HORNBUCKLE**, John, m, ?, 37
420; Martha, f, wife, 36
421; B., f, daughter, 7
422; B., f, daughter, 5

423; **HORNBUCKLE**, Louis, m, ?, 50
424; Caroline, f, wife, 49

425; John, m, son, 23

426; **HORNBUCKLE**, Rebecca, f, ?, 63
427; Maggie, f, daughter, 27
428; Will, m, son, 25
429; Israel, m, son, 20
430; Daniel, m, nephew, 7
431; Sallie, f, daughter, 19

432; **HILL**, Soggy, m, ?, 25
433; Ettie, f, wife, 30
434; Maul, m, father, 57
435; Blaine, m, brother, 21
436; Ned, m, brother, 18
437; Levi, m, brother, 16
438; Caroline, f, sister, 12

439; **HORNBUCKLE**, Abraham, m, ?, 44
440; Anna, f, wife, 36
441; Nancy, f, daughter, 14
442; Howell, m, son, 6
443; Callie, f, daughter, 4

444; **HORNBUCKLE**, John, m, ?, 52

445; **HORNBUCKLE**, Ahyahsta, f, ?, 75

446; **HORNBUCKLE**, Rachel, f, ?, 50
447; Andy, m, g.son, 3
448; Ben, m, g.son, 3 wk

449; **JUMPER**, Ute, m, ?, 35
450; Bettie, f, wife, 34
451; Stansely, m, son, 7
452; Edward, m, son, 6
453; Youngdeer, m, son, 3
454; Thomas, m, son, 1

455; **JOHNSON**, Jimpsey, m, ?, 35
456; Aley, f, wife, 50

Census of the **Eastern Cherokee** *Indians of* **Eastern Cherokee Agency, North Carolina** *taken by* **Dewitt S., Harris, Supt.,** *United States Indian Agent,* **June 30,** *1906.*

KEY: Number; English Name, *Indian Name (if given)*, Sex, Relation, Age.

457; JOHNSON, William, m, ?, 35
458; Lilly, f, daughter, 4 mo

459; JACK, Nancy, f, ?, 80

460; JIMPEY, *(No name given)*, ?, ?, 33

461; JIMPEY, Olney, ?, ?, 41
462; [Johnson], Carolina, f, sister, 56

463; JOHNSON, Jim, m, ?, 46
464; Tempy, f, s.daughter, 16
465; Isaac, m, s.son, 15

466; JESSANN, *(No name given)*, m, ?, 68
467; Lydian, f, wife, 48
468; John, m, son, 36
469; Tinola, m, son, 35
470; Joe, m, son, 13

471; JOHNSON, Yona, m, ?, 21
472; Dora, f, wife, 22
473; Margaret, f, s.daughter, 19

474; JOHNSON, Cider, m, ?, 27

475; JACKSON, Ollie, f, ?, 51
476; Tahquette, m, son, 3

477; JOHNSON, Peter, m, ?, ?
478; [Junnaluskie], Junnaluskie[sic], m, son, 15

479; JOHNSON, Steve, m, ?, 75
480; Jenny, f, wife, 50
481; Tuskeegy, m, son, 28
482; Golinda, f, daughter in law, 25
483; [Jessann], Sim D., m, g.son, 3

484; JACKSON, Foxsquirrel, m, ?, 50

485; Son[sic], m, son, 18

486; JACKSON, Lawyer, m, ?, 34
487; Dakey, f, wife, 34
488; Ellen, f, daughter, 11
489; Florence, f, daughter, 4

490; JACKSON, Robert, m, ?, 25
491; Liney, f, wife, 33
492; Wesley, m, son, 6
493; David, m, son, 4
494; Ed, m, son, 3

495; KNOTTYTOM, Peter, m, ?, 34
496; Nancy, f, wife, 24
497; Annie, f, mother, 77
498; Martha, f, niece, 18
499; Sallie, f, niece, 17
500; Soggie, m, nephew, 14
501; Steve, m, nephew, 9

502; KEG, Jim, m, ?, 57
503; Kate, f, wife, 50
504; [Littlejohn], Winda, f, daughter, 17

505; LITTLEJOHN, Will Wayne, m, ?, 44
506; Sarah, f, wife, 23

507; LONG, Adam, m, ?, 50
508; Polly, f, wife, 45
509; Lilly, f, daughter, 8
510; Nolie, f, daughter, 6

511; LOCUST, John, m, ?, 55
512; Polly, f, wife, 48

513; LITTLEJOHN, Elowey, m, ?, 30
514; Annie, f, wife, 27
515; Sallie, f, daughter, 4
516; Simon, m, son, 2
517; Jefferson, m, son, 1 wk

Census of the **Eastern Cherokee** *Indians of* **Eastern Cherokee Agency,** **North Carolina** *taken by* **Dewitt S., Harris, Supt.,** *United States Indian Agent,* **June 30,** *1906.*

KEY: Number; English Name, *Indian Name (if given)*, Sex, Relation, Age.

518; Rachel, f, niece, 10
519; Goolige, m, nephew, 9

520; **LONG**, Joe, m, ?, 48
521; Garfield, m, son, 12
522; **[Lee]**, Laura, f, daughter, 46
523; **[Lee]**, Sam, m, son, 15
524; **[Lee]**, Oberlander, m, son, 13
525; **[Lee]**, D., f, daughter, 11
526; **[Lee]**, *(No name given)*, f, daughter, 9

527; **LAMBERT**, Sam, m, ?, 47
528; Nannie, f, daughter, 13
529; Verda, f, daughter, 10
530; Corbett, m, son, 9
531; Cora, f, daughter, 6
532; Julia, f, daughter, 5
533; Theodore, m, son, 3
534; Baby, ?, ?, 1 wk
535; **[Long]**, Peter, m, cousin, 22
536; **[Leadford]**, Oney, f, sister, 50

537; **LEADFORD**, Riley, m, ?, 26
538; Ollie, f, wife, 23
539; Joe, m, son, 6
540; Kiney, f, daughter, 4
541; Eve, f, daughter, 1

542; **LEADFORD**, Jake, m, ?, 29
543; Mary, f, wife, 28
544; Mose, m, son, 4
545; John, m, son, 2
546; Lucyann, f, daughter, 2 mo

547; **LOCUST**, Will, m, ?, 49
548; Nellie, f, wife, 45
549; Peter, m, son, 16
550; Tiney, f, daughter, 10

551; **LONG**, John, m, ?, 70
552; Olsia, f, wife, 56

553; Charley, m, son, 18

554; **LARCH**, Daniel, m, ?, 71
555; William, m, son, 33
556; Ollie, f, daughter, 28
557; Dave, m, son, 20

558; **LONG**, Charley, m, ?, 36
559; Sallie, f, wife, 30
560; Yonah, m, son, 9
561; Lucy, f, daughter, 7
562; Aggie, f, daughter, 5
563; Bettie, f, daughter, 3
564; Isaac, m, son, 1
565; **[Littlejohn]**, Gillow, m, cousin, 38

566; **LONG**, Joe, m, ?, 34
567; Sallie, f, wife, 28
568; **[Crow]**, Alice, f, s.daughter, 8
569; Lucy, f, daughter, 1

570; **LITTLEJOHN**, Saunooke, m, ?, 43
571; Ann Eliza, f, wife, 38
572; Wiggins, m, son, 15
573; Minda, f, daughter, 13
574; Henson, m, son, 6
575; John, m, son, 1
576; Orvney?, m, son, 1
577; **[Lambert]**, Pearson, m, g.son, 5

578; **LONG**, Zeigler, m, ?, 56
579; Elsie, f, wife, 43

580; **LONG**, Josiah, m, ?, 40
581; Sallie, f, wife, 22
582; Amos, m, son, 5
583; Nancy, f, daughter, 3
584; Elsie, f, daughter, 1

585; **LITTLEJOHN**, Will, m, ?, 38
586; Sallie, f, wife, 22

Census of the **Eastern Cherokee** *Indians of* **Eastern Cherokee** *Agency,* **North Carolina** *taken by* **Dewitt S., Harris, Supt.,** *United States Indian Agent,* **June 30, 1906.**

KEY: Number; English Name, *Indian Name (if given)*, Sex, Relation, Age.

587; Guy, m, son, 10
588; Kate, f, daughter, 8
589; Isaac, m, son, 6
590; Gay, m, son, 1

591; **LOCUST**, Noah, m, ?, 25
592; Lewis M., m, son, 5
593; Laura B., f, daughter, 3
594; Tinney, f, daughter, 7 mo

595; **LOWEN**, John, m, ?, 44
596; Sis, f, wife, 47

597; **LOSSIE**, John, m, ?, 71
598; Linda, f, daughter, 41

599; **LOSSIE**, John D., m, ?, 38
600; Laura, f, wife, 37
601; John L., m, son, 9
602; Jesse J., m, son, 2 mo

603; **LOSSIE**, Henry, m, ?, 34
604; Aggy, f, wife, 24
605; Roxy, f, daughter, 1

606; **LAMBERT**, Hugh N., m, ?, 25
607; Rosa, f, wife, 22
608; William, m, son, 8 mo

609; **LOSSIE**, Leander, m, ?, 37
610; Annie, f, wife, 28

611; **LONG**, Jackson, m, ?, 53
612; Sophia, f, mother, 100

613; **LAMBERT**, Loyd, m, ?, 22
614; Jaley, f, wife, 23
615; Ollie Ann, f, daughter, 2

616; **LOSSIE**, Jonah, m, ?, 32
617; Nicy, f, wife, 24

618; **LAMBERT**, Hugh, m, ?, 33
619; Pearley, f, dau, 7
620; Jack, m, son, 5
621; Isaac, m, son, 3

622; **LONG**, Scott, m, ?, 53
623; Sallie, f, wife, 38
624; Emeline, f, daughter, 7
625; Ageney, f, daughter, 2
626; Luciam, f, daughter, 14
627; Annie, f, daughter, 10

628; **LAMBERT**, John, m, ?, 42

629; **LONG**, Johnson, m, ?, 46
630; Maggie, f, wife, 30

631; **LONG**, John, m, ?, 38
632; Ewin, f, wife, 28
633; Rachel, f, sister, 30

634; **LOSSIE**, Charley, m, ?, 47
635; Jenny, f, wife, 35
636; Leander, m, son, 22
637; Dave D., m, son, 14
638; John, m, son, 3
639; Hayes, m, son, 1
640; Tom, m, son, 11
641; Candy, m, son, 8

642; **LOSSIE**, John, m, ?, 47
643; Nancy, f, wife, 57
644; Loyah, m, son, 15
645; Dawson, m, son, 16

646; **LAMBERT**, Charley, m, ?, 22
647; Mary, f, wife, 19
648; Jackson, m, son, 5 MO

649; **LEDFORD**, Manevia, f, ?, 34
650; Minnie, f, daughter, 19
651; Iowa, f, daughter, 11

Census of the **Eastern Cherokee** *Indians of* **Eastern Cherokee** *Agency,* **North Carolina** *taken by* **Dewitt S., Harris, Supt.,** *United States Indian Agent,* **June 30,** *1906.*

KEY: Number; English Name, *Indian Name (if given)*, Sex, Relation, Age.

652; **LEDFORD**, Charley, m, ?, 24
653; Nancy, f, wife, 25
654; Allen, m, son, 1
655; Sampson, m, s.son, 18
656; [Long], John, m, g.son, 8
657; **LONG**, Dubson, m, ?, 39
658; Sally, f, wife, 38
659; Lizzie, f, daughter, 6
660; Wilson, m, son, 3

661; **MUMBLEHEAD**, John, m, ?, 42
662; Tawney, f, wife, 25
663; Jim, m, son, 17
664; Rogers, m, son 10
665; Charley, m, son, 8
666; Rosebell, f, da, 2
667; Elizabeth, f, daughter, 2 da

668; **MANEY**, Eva, f, ?, 20
669; Mary, f, daughter, 2
670; John, m, son, 3 mo

671; **MURPHY**, Dave, m, ?, 72

672; **MARTIN**, George, m, ?, 52
673; Lucy, f, wife, 35
674; Wesley, m, son, 12

675; **MARTIN**, Suat, m, ?, 62
676; Dalesky, m, son, 24
677; Thomas, m, son, 21

678; **MURPHY**, Jess, m, ?, 46
679; Mary, f, wife, 40
680; Minnie, f, daughter, 19
681; William, m, son, 15
682; Lillian Arch, f, a. daughter, 1
683; [Maul], Mandy, f, s.daughter, 7
684; [Maul], Alice, f, s.daughter, 3

685; **MURPHY**, Leander, m, ?, 45
686; Joseph, m, son, 13

687; Ida, f, daughter, 16
688; Callie, f, daughter, 5
689; Maude, f, daughter, 3

690; **MURPHY**, Manco, m, ?, 48
691; Inez, f, daughter, 12
692; Oliver, m, son, 10
693; Tilly, f, daughter, 3

694; **MURPHY**, Sallie, f, ?, 50
695; Louiza, f, daughter, 21
696; Margaret, f, daughter, 19
697; Isabella, f, daughter, 16
698; Manco, m, son, 14
699; Howard, m, son, 12

700; **McLEMORE**, Samuel H., m, ?, 57
701; Morel M., f, daughter, 6
702; Samuel R., m, son, 2 mo

703; **MASHBURN**, Harriet A., f, ?, 27
704; Frank, m, son, 6
705; Bessie, f, daughter, 5
706; Jas. L., m, son, 3
707; Sarah A., f, daughter, 6 mo

708; **MASHBURN**, Lory B., f, ?, 23
709; Minnie, f, daughter, 6
710; Mattie, f, daughter, 3
711; Bertha, f, daughter, 1

712; **McLEMORE**, John L., m, ?, 54
713; Niley, f, daughter, 4
714; Cora M., f, daughter, 1
715; [Neetone], Nancy, f, aunt, 70

716; **NED**, Seagilly, m, ?, 45
717; Susan, f, wife, 45

718; **OWL**, Adam, m, ?, 47
719; Cornelia, f, wife, 50
720; Thomas B., m, son, 19

Census of the **Eastern Cherokee** *Indians of* **Eastern Cherokee Agency,** **North Carolina** *taken by* **Dewitt S., Harris, Supt.,** *United States Indian Agent,* **June 30, 1906.**

KEY: Number; English Name, *Indian Name (if given)*, Sex, Relation, Age.

721; Mose, m, son, 17
722; John, m, son, 15
723; Samuel, m, son, 8
724; David, m, son, 8
725; Martha, f, daughter, 6

726; **OUSOWIE**, Sam, m, ?, 39
727; Susie, f, wife, 39
728; Olssie, f, daughter, 11
729; Nicie, f, daughter, 9
730; Paul, m, son, 3
731; Sallie, f, daughter, 1 mo

732; **OTTER**, Allen, m, ?, 33
733; Winnie, f, wife, 30
734; Sallie, f, daughter, 7
735; Ollie, f, mother, 60
736; Wilson, m, brother, 20

737; **OUSOWIE**, Shell, m, ?, 33
738; Sallie, f, wife, 25
739; Rachel, f, daughter, 9
740; Tahquette, m, son, 7
741; Olsie, f, daughter, 3
742; Annie, f, daughter, 5 mo

743; **OOCUMMA**, Jim, m, ?, 54
744; Esther, f, wife, 41
745; Jennie, f, daughter, 18
746; Enoch, f, daughter, 17
747; Annie, f, daughter, 12

748; **OUSOWIE**, John, m, ?, 80
749; Jennie, f, wife, 78
750; Willie, m, g.son, 19

751; **OWL**, John, m, ?, 46
752; Mandy, f, wife, 23
753; Margaret, f, daughter, 4
754; Anna N., f, daughter, 4 mo

755; **OWL**, Dave, m, ?, 72
756; Will J., m, g.son, 21

757; Quincy, m, g.son, 1

758; **OWL**, Sampson, m, ?, 52
759; Agnes, f, a. daughter, 10

760; **OWL**, Suate, m, ?, 79
761; Dinah, f, wife, 46
762; Ammons, m, son, 15
763; William, m, son, 14
764; Enoch, m, son, 7
765; Billie, f, daughter, 2
766; Jonah, m, s.son, 24

767; **OWL**, Sokiny, f, ?, 17

768; **OWL**, Loyd, m, ?, 33
769; Lula, f, daughter, 14
770; David, m, son, 13
771; George, m, son, 11
772; Henry, m, son, 10
773; Frell, m, son, 8
774; William, m, son, 1
775; Jim, m, cousin, 19

776; **OWL**, Blue, m, ?, 50
777; Allen, m, son, 16

778; **OWL**, Solomon, m, ?, 43
779; Theodore, m, son, ?
780; Callie, f, daughter, 18
781; Dora, f, daughter, 18
782; Mark, m, son, 14
783; Jane, f, daughter, 12
784; Bryan, m, son, 9
785; Loyd, m, son, 6
786; Caroline, f, daughter, 4
787; Ethel, f, daughter, 1

788; **OTTER**, Andrew, m, ?, 38
789; Sarah, f, wife, 38
790; Linda, f, daughter, 13
791; Jackson, m, son, 8
792; Matilda, f, daughter, 6

Census of the **Eastern Cherokee** *Indians of* **Eastern Cherokee Agency,** **North Carolina** *taken by* **Dewitt S., Harris, Supt.,** *United States Indian Agent,* **June 30,** *1906.*

KEY: Number; English Name, *Indian Name (if given)*, Sex, Relation, Age.

793; Alice, f, daughter, 4
794; Elizabeth, f, daughter, 1
795; [Ousowie], John, m, cousin, 21

796; **OWL**, Johnson, m, ?, 28
797; Stacy, f, wife, 27

798; **OOLUNANTY**, Mink, m, ?, 66
799; [Ootolky], Rebecca, f, mother, 72

800; **PANTHER**, Nancy, f, ?, 22
801; Goliath, m, son, 4
802; Jim, m, son, 4 mo
803; Pheasant, m, g.g. father, 94

804; **PANTHER**, Joab, m, ?, 22
805; Bittie, f, wife, 40

806; **PANTHER**, John, m, ?, 55
807; Gewon?, f, wife, 46

808; **PANTHER**, Mark, m, ?, 38
809; Anna, f, wife, 49

810; **POWELL**, Duke, f[sic], ?, 38
811; Mose, m, son, 18
812; Stancil, m, son, 16
813; Anna, f, daughter, 14
814; Sarah, f, daughter, 8
815; Holmes, m, son, 3
816; Winnie, f, daughter, 1

817; **PHEASANT**, John, m, ?, 56
818; Rebecca, f, wife, 52
819; Will, m, son, 24
820; Dora, f, daughter, 15

821; **PARTRIDGE**, Nellie, f, , 55
822; Winnie, f, daughter, 20
823; Bird, m, son, 27

824; **PARTRIDGE**, Mose, m, son, 23

825; Sallie, f, wife, 19
826; [Payne], Oliver, m, brother, 14
827; [Payne], Thomas, m, father, 61

828; **PAYNE**, W. E., m, ?, 34
829; Poly, m, son, 10
830; Alfred, m, son, 2
831; Lydia, f, daughter, 3 mo

832; **PAYNE**, James, m, ?, 30
833; Rollin, m, son, 9
834; Albert, m, son, 7
835; Grace, f, daughter, 2

836; **QUEEN**, Levi, m, ?, 36
837; Mary, f, wife, 26
838; Minda, f, daughter, 11
839; Abraham, m, son, 7
840; Eltie, f, daughter, 5
841; Malinda, f, daughter, 2

842; **QUEEN**, Sim, m, ?, 34
843; Sallie, f, wife, 22
844; Jasper, m, son, 11
845; Olney, f, daughter, 8
846; Nolan, f, daughter, 4
847; Mary, f, daughter, 3
848; Bessie, f, daughter, 1

849; **QUEEN**, Wadasutty, m, ?, 44
850; Kiney, f, wife, 22
851; Watty, m, son, 8 mo

852; **REED**, Will, m, ?, 23
853; Irene, f, wife, 29
854; Winnie, f, daughter, 3 mo

855; **REED**, Jennie, f, ?, 75

856; **RATLEY**, Jim, m, ?, 65

857; **ROPETWISTER**, John, m, ?, 30

Census of the **Eastern Cherokee** *Indians of* **Eastern Cherokee Agency,** **North Carolina** *taken by* **Dewitt S., Harris, Supt.,** *United States Indian Agent,* **June 30,** *1906.*

KEY: Number; English Name, *Indian Name (if given)*, Sex, Relation, Age.

858; Annie, f, wife, 28
859; Joe, m, son, 12
860; Ned, m, son, 9
861; Sallie, f, daughter, 6
862; Ike, m, son, 5 mo

863; **REED**, Jesse, m, ?, 60
864; Maggie, f, wife, 45

865; **REED**, Peter, m, ?, 53
866; Loyd, m, son, 19
867; Jimmie, m, g.son, 19
868; Lizzie, f, g.daughter, 12
869; Cinda, f, g.daughter, 10

870; **REED**, Jim, m, ?, 50

871; **REED**, Adam, m, ?, 27
872; Rachel, f, wife, 21
873; Johnson, m, son, 1

874; **REED**, Rachel, f, ?, 63
875; Fidel, m, son, 35
876; Maggie, f, daughter, 22
877; Minda, f, g.daughter, 11

878; **ROSE**, Florence, f, ?, 35
879; Bonnie, f, daughter, 16
880; Bill, m, son, 14
881; Jake, m, son, 11
882; Gracy, f, daughter, 9
883; Nora, f, daughter, 6
884; Cora, f, daughter, 3
885; **[Rogers]**, Maggie, f, s.daughter, 14

886; **RATLEY**, Will, m, ?, 32
887; Lizzie, f, wife, 30
888; Emma, f, daughter, 5
889; Jacob, m, son, 2

890; **RATLEY**, Lawyer, m, ?, 25

891; **RICHARDS**, Mamie, f, ?, ?

892; **RODGERS**, (Unable to read), f, ?, 58
893; Martha, f, daughter, 38
894; Irvin, m, g.son, 15

895; **ROBERSON**, Ellen, f, ?, 55
896; Mary? Martha?, f, daughter, 27
897; Sarah, f, daughter, 25
898; Eliza, f, daughter, 21

899; **ROBERSON**, Mary, f, ?, 36
900; Edward, m, brother, 29
901; Boy, m, son, 1
902; Osco, m, brother, 25
903; Thomas, m, brother, 22
904; Gita, f, sister, 14

905; **RAPER**, Thomas, m, ?, 53
906; Bright, m, son, 26
907; Lon, m, son, 24
908; Gano, m, son, 22
909; Whoreley, m, son, 19
910; Mastian, m, son, 17
911; James, m, son, 10
912; Lizzie, f, daughter, 7
913; Julia, f, daughter, 5
914; Clifton, m, son, 1

915; **RATLEY**, Wash, m, ?, 66
916; Nancy, f, wife, 50
917; John, m, son, 27
918; Jonah, m, son, 17
919; Robert, m, g.son, 6
920; Walter, m, g.son, 3

921; **ROPETWISTER**, *(No name given)*, m, ?, 76

922; **SNEED**, Peco, m, ?, 30
923; Sarah, f, daughter, 4
924; Blakely, m, son, 1

Census of the **Eastern Cherokee** *Indians of* **Eastern Cherokee Agency, North Carolina** *taken by* **Dewitt S., Harris, Supt.,** *United States Indian Agent,* **June 30, *1906*.**

KEY: Number; English Name, *Indian Name (if given)*, Sex, Relation, Age.

925; [Smith], Rosie, f, cousin, 21

926; **STILLWELL**, Polk, m, ?, 32
927; Annie, f, wife, 25
928; Nannie, f, daughter, 8
929; Polly, f, daughter, 1

930; **SAUNOOKE**, Stillwell, m, ?, 66
931; Stacy, f, wife, 48
932; Dobson, m, son, 14
933; Amenetta, m, son, 12
934; Savannah, f, daughter, 2
935; Cinda, f, daughter, 7
936; Nan, f, daughter, 30
937; Malinda, f, daughter, 20

938; **SMITH**, Sibald, m, ?, 28
939; Hartman, m, son, 8
940; Mary, f, daughter, 6
941; Gerald, m, son, 3
942; Gracy, f, daughter, 1

943; **SMITH**, Loyd, m, ?, 35
944; Maude, f, daughter, 6
945; Martha, f, daughter, 5
946; Noah, m, son, 3
947; Smith, m, son, 2

948; **SANDERS**, C. E, m, ?, 47
949; Pollie, f, wife, 48
950; Julie, f, daughter, 14
951; Mose, m, son, 9

952; **SNEED**, John, m, ?, 55
953; Osco, m, son, 25
954; Manco, m, son, 19
955; Cam, m, son, 17
956; [Saunooke], Nan, f, daughter, 16

957; **SMOKER**, Loyd, m, ?, 32
958; Nancy, f, wife, 40

959; **STAMPER**, Ned, m, ?, 38

960; Sallie, f, wife, 28
961; Hattie, f, daughter, 8
962; Caroline, f, daughter, 7
963; William, m, son, 6
964; Lizzie, f, daughter, 3

965; **SMOKE**, Demenoly, m, ?, 53
966; Rebecca, f, mother, 80

967; **SATUWAGG**, *(No name given)*, m, ?, 62
968; Esther, f, wife, 48
969; Elijah, m, son, 27

970; **SAUNOOKE**, John, m, ?, 54
971; Cinda, f, wife, 58
972; Nancy, f, daughter, 28
973; Sam, m, son, 26
974; Rachel, f, daughter, 18
975; Stillwell, m, son, 15

976; **STANDINGDEER**, Andy, m, ?, 55
977; Margaret, f, wife, 50
978; June, m, nephew, 22

979; **SAWYER**, Allen, m, ?, 29

980; **SCREAMER**, James, m, ?, 47
981; Cinda, f, wife, 37
982; Manue, m, son, 24
983; Cain, m, son, 15
984; Soggy, m, son, 13

985; **STANDINGDEER**, Wes, m, ?, 54
986; Nancy, f, wife, 40
987; Carl, m, son, 22
988; Mary, f, daughter, 33

989; **STANDINGWATER**, Elic, m, ?, 55
990; Elsie, f, daughter, 15

Census of the **Eastern Cherokee** *Indians of* **Eastern Cherokee** *Agency,* **North Carolina** *taken by* **Dewitt S., Harris, Supt.***, United States Indian Agent,* **June 30,** *1906.*

KEY: Number; English Name, *Indian Name (if given)*, Sex, Relation, Age.

991; **SHERRILL**, John, m, ?, 32
992; Mollie, f, wife, 28
993; Solem, f, daughter, 5
994; Julia, f, daughter, 3 wks

995; **SAMPSON**, Jim, m, ?, 50
996; Sallie, f, wife, 45

997; **SAUNOOKE**, John, m, ?, 48
998; Margaret, f, wife, 45
999; Jenny, f, daughter, 3

1000; **STANDINGDEER**, Nancy, f, ?, 56
1001; Lowen, m, son, 22

1002; **SAUNOOKE**, Timpson, m, ?, 63
1003; Nancy, f, wife, 59
1004; James, m, son, 18
1005; Josie, f, daughter, 13
1006; [Sawyer], Kimsey, f, daughter, 27
1007; [Sawyer], Thomas, m, g.son, 1

1008; **SHELL**, Ute, m, ?, 28
1009; Mattie, f, wife, 20
1010; Joe, m, son, 4
1011; Bessie, f, daughter, 2
1012; Alice, f, daughter, 8 mo

1013; **SOLOLANETTE**, Bird, m, ?, 65
1014; Lucy, f, wife, 54

1015; **SMITH**, Henry, m, ?, 57
1016; Russell, m, son, 1

1017; **SMITH**, Raney, f, ?, 42

1018; **SAUNOOKE**, Will, m, ?, 35
1019; Ed, m, son, 5
1020; Anderson, m, son, 2
1021; Joe, m, brother, 33

1022; **SUTAGA**, *(No name given)*, m, ?, 64
1023; Mary, f, wife, 50

1024; **SUTAGA**, Luke, m, ?, 32
1025; Angeline, f, wife, 23
1026; Will, m, son, 4
1027; Anna, f, daughter, 2

1028; **SKITTY**, Sevier, m, ?, 58

1029; **SHERRILL**, Andy U., m, ?, 66
1030; Mary, f, wife, 68

1031; **SOLOLY**, George, m, ?, 41
1032; Mary, f, wife, 30
1033; Awee, f, daughter, 15
1034; Sarah, f, daughter, 11
1035; Nola, f, daughter, 8
1036; Sequitch, m, son, 7
1037; Mary, f, daughter, 5
1038; Nancy, f, daughter, 1

1039; **SOLOLY**, Dave, m, ?, 36
1040; Nancy, f, wife, 24
1041; Kimsey, m, son, 12
1042; Nora, f, daughter, 9
1043; Dinah, f, daughter, 6
1044; Daniel, m, son, 3
1045; Ollie, f, daughter, 2 mo

1046; **SMITH**, Susan, f, ?, 19
1047; Blaine, m, brother, 16
1048; Joe, m, brother, 14
1049; Velvy, f, sister, 12
1050; Goldman, m, brother, 10
1051; David, m, brother, 7
1052; Jesse, m, brother, 5

1053; **SWANEY**, Laura, f, ?, 48
1054; Arizona, f, daughter, 31
1055; John, m, son, 23
1056; Jess, m, son, 17

Census of the **Eastern Cherokee** *Indians of* **Eastern Cherokee Agency,** **North Carolina** *taken by* **Dewitt S., Harris, Supt.,** *United States Indian Agent,* **June 30, 1906.**

KEY: Number; English Name, *Indian Name (if given)*, Sex, Relation, Age.

1057; Callie, f, daughter, 13
1058; Lula, f, daughter, 8

1059; **SMITH**, M. T., m, ?, 52
1060; Mary, f, wife, 52
1061; Duffy, m, son, 26
1062; Budge, m, son, 28
1063; Noah, m, ?, 23
1064; Elwood, m, ?, 20
1065; Charity, f, daughter, 15
1066; Oliver, m, son, 12

1067; **SWIMMER**, Tom, m, ?, 52
1068; Ann, f, wife, 40
1069; Mary, f, daughter, 13

1070; **SWIMMER**, Runaway, m, ?, 28
1071; Irene, f, wife, 24

1072; **SEQUOIAH**, *(No name given)*, m, ?, 50
1073; Nellie, f, wife, 40

1074; **SEQUOIAH**, Jackaly, m, ?, 48
1075; Louisa, f, wife, 50
1076; Noah, m, son, 22
1077; Lauzene, f, daughter, 20
1078; Tahquette, m, son, 17
1079; Lizzie, f, daughter, 18
1080; Richard, m, son, 11
1081; Ammons, m, g.son, 1

1082; **SKITTY**, Fidell, m, ?, 41
1083; Lizzie, f, wife, 37

1084; **SWANEY**, Rans, m, ?, 28
1085; Eunice, f, daughter, 9
1086; James, m, son, 7
1087; Mandy, f, daughter, 5
1088; Frank, m, son, 2

1089; **STILES**, Theodosia, f, ?, 28
1090; Luster, m, son, 8

1091; Virgil, m, son, 6
1092; Alma, f, daughter, 4
1093; Wilfred, m, son, 1

1094; **STILES**, Mary E., f, ?, 37
1095; Minnie, f, daughter, 15
1096; Gilbert, m, son, 13
1097; Em, f, daughter, 11
1098; Oliver, m, son, 8
1099; Clem, m, son, 2
1100; Hal, m, son, 3 mo
1101; [Smith], Delila, f, 37
1102; [Smith], Emma, f, g.g.daughter, 16
1103; [Smith], Selena, f, g.g.daughter, 12
1104; [Smith], Marshall, m, g.g.son, 9
1105; [Smith], Lizzie, f, g.g.daughter, 4
1106; [Smoker], Margaret, f, g.daughter, 9

1107; **SMITH**, John Q., m, ?, 34
1108; James, m, son, 11
1109; Josie, f, daughter, 9
1110; Rosa, f, daughter, 7
1111; Bessie, f, daughter, 5
1112; Robert, m, son, 3

1113; **SMITH**, Ross B., m, ?, 66
1114; Cintha, f, wife, 54

1115; **SNEED**, W. S., m, ?, 43

1116; **SMOKER**, Sam, m, ?, 25
1117; Stacy, f, wife, 21
1118; Bascum, m, son, 4
1119; Ollie, f, daughter, 1

1120; **SMOKER**, Will Sawyer, m, ?, 35
1121; Olkiney, f, wife, 25
1122; Mose, m, son, 9
1123; Awee, f, daughter, 6

Census of the **Eastern Cherokee** *Indians of* **Eastern Cherokee** *Agency,* **North Carolina** *taken by* **Dewitt S., Harris, Supt.**, *United States Indian Agent,* **June 30,** *1906.*

KEY: Number; English Name, *Indian Name (if given)*, Sex, Relation, Age.

1124; Hunter, m, son, 5
1125; Lizzie, f, daughter, 2

1126; **SAGY**, Nellie, f, ?, 60
1127; Gewaney, f, sister, 65

1128; **SMOKER**, John, m, ?, 38
1129; Aggy, f, wife, 30
1130; Cinda, f, dau, 18
1131; Jim, m, son, 16
1132; Will, m, son, 7
1133; Peter, m, son, 5
1134; Charley, m, son, 2

1135; **SMITH**, Louis H., m, ?, 61
1136; Nancy, f, wife, 57

1137; **SNEED**, Sam, m, ?, 48
1138; Mary C., f, daughter, 10
1139; Annie L., f, daughter, 8
1140; Maude E., f, daughter, 6

1141; **THOMPSON**, Enos, m, ?, 47
1142; Amanda, f, wife, 46
1143; Wilson, m, son, 13
1144; Lydia, f, daughter, 15
1145; Golige, m, son, 8

1146; **TOONIGH**, Mike, m, ?, 34
1147; Annie, f, wife, 33
1148; Lige, m, son, 8
1149; Nance, f, daughter, 5
1150; Rachel, f, daughter, 2

1151; **TAHQUETTE**, John A., m, ?, 36
1152; Anna E., f, wife, 29
1153; Emily, f, daughter, 10 mo
1154; **[Tesateskee]**, Noah, m, cousin, 19

1155; **TAYLOR**, Sherman, m, ?, 25
1156; Maggie, f, wife, 19
1157; Olkiney, f, daughter, 2

1158; **TOINETTE**, Nick, m, ?, 39
1159; Bettie, f, wife, 44
1160; Swagg, m, son, 17
1161; Arneach, m, son, 13

1162; **TURNOVER**, *Dekaklugudagi*, m, ?, 80

1163; **TEWATLEY**, Jim, m, ?, 50
1164; Rosa, f, wife, 50

1165; **TAYLOR**, John, m, ?, 54
1166; Lucinda, f, wife, 60
1167; [Tramper], Kiney, f, s.daughter, 8
1168; [Tramper], Chiltosky, m, brother, 32
1169; [Tramper], Amaneeta, m, brother, 17
1170; [Tramper], Lottie, f, sister, 13

1171; **TAYLOR**, Judas, m, ?, 29
1172; Stacey, f, wife, 30

1173; **TELL**, Jim?, m, ?, 60

1174; **TOINETTE**, Lon, m, ?, 46
1175; Sallie, f, wife, 46
1176; West, m, son, 24
1177; George, m, son, 22
1178; Martha, f, daughter, 18
1179; Caroline, f, daughter, 12

1180; **TAYLOR**, Jesse, m, ?, 42
1181; Stacy, f, wife, 40

1182; **TAYLOR**, John, m, ?, 66
1183; Sallie, f, wife, 50
1184; Jack, m, g.son, 16

1185; **TAYLOR**, Eliza, f, wife, 50
1186; Lehart, m, son, 15
1187; Oleyac, m, son, 7

Census of the **Eastern Cherokee** *Indians of* **Eastern Cherokee Agency, North Carolina** *taken by* **Dewitt S., Harris, Supt., United States Indian Agent, June 30, 1906.**

KEY: Number; English Name, *Indian Name (if given)*, Sex, Relation, Age.

1188; Timpsey, m, son, 6
1189; David, m, son, 3
1190; Bessie, f, daughter, 9
1191; Lauzen, f, s.daughter, 4

1192; **TALALA**, John, m, ?, 56
1193; Rebecca, f, wife, 42

1194; **TALALA**, Will, m, ?, 67
1195; Lucyann, f, wife, 45
1196; Tom, m, son, 17
1197; Jackson, m, son, 14
1198; McKinley, m, son, 5

1199; **THOMPSON**, Johnson, m, ?, 45
1200; Nance, f, wife, 38
1201; Anseen, m, son, 23
1202; Wilson, m, son, 19
1203; Simon, m, son, 13
1204; David, m, son, 10
1205; James W., m, son, 7
1206; Jonahny[sic], m, son, 4
1207; Jackson, m, son, 2
1208; Annie, f, daughter, 3 mo

1209; **TAHHEESKEE**, *Tahheeskee*, m, ?, 64
1210; Sealy, f, wife, 53
1211; Rebecca, f, daughter, 17

1212; **TOONIGH**, Nick, m, ?, 25
1213; Nancy, f, wife, 23
1214; Nanny, f, daughter, 3
1215; Isaac, m, son, 1

1216; **TOONIGH**, Joe, m, ?, 54
1217; Angeline, f, wife, 51
1218; Nicy, f, daughter, 32
1219; Jenkins, m, son, 27
1220; Andy, m, son, 14

1221; **TEWATLY**, Adam, m, ?, 23
1222; Mandy, f, wife, 16

1223; Rachel, f, daughter, 2

1224; **TAHHESKEE**, Bird, m, ?, 39
1225; Ann, f, wife, 40
1226; Elie, m, son, 13
1227; Bettie, f, daughter, 11

1228; **TAYLOR**, Thomas, m, ?, 27
1229; Mayford, m, brother, 21

1230; **TIMPSON**, James, m, ?, 54
1231; Jas. A., m, son, 25
1232; John S., m, son, 20
1233; Coleman H., m, son, 17
1234; Callie M., f, daughter, 13

1235; **TIMPSON**, Humphrey P., m, ?, 52

1236; **TESATESKEE**, Sallie, f, ?, 45
1237; Jeso, m, son, 18
1238; Arch, m, son, 9
1239; Awee, f, daughter, 7
1240; Jonah, m, son, 3

1241; **TESATESKEE**, John, m, ?, 55
1242; Sampson, m, son, 15
1243; Welch, m, son, 8
1244; Loyd, m, son, 6

1245; **TEOTLEY**, Nancy, f, ?, 85

1246; **TESATESKEE**, Will, m, ?, 50
1247; Nessie, f, wife, 45
1248; Mandy, f, daughter, 12

1249; **TESATESKEE**, Elnoah, m, ?, 30
1250; Eve, f, wife, 18
1251; **[Tahquette]**, Martha, f, sister, 45

1252; **TWISTER**, John, m, ?, 55
1253; Ann, f, wife, 50

Census of the **Eastern Cherokee** *Indians of* **Eastern Cherokee Agency, North Carolina** *taken by* **Dewitt S., Harris, Supt., United States Indian Agent, June 30,** *1906.*

KEY: Number; English Name, *Indian Name (if given)*, Sex, Relation, Age.

1254; Tom, m, a. son, 18
1255; Manly, m, son, 50[sic]
1256; Ahyawgah, f, daughter, 45[sic]

1257; **WOLFE**, George, m, ?, 29
1258; John R., m, son, 3
1259; William, m, son, 1
1260; Richard, m, son, 1 mo

1261; **WEEL (or WIEL)**, John, m, ?, 50
1262; Jane, f, wife, 30
1263; Mooney, m, son, 13
1264; James, m, son, 4
1265; Ella, f, daughter, 2

1266; **WAYNE**, Cheech, m, ?, 38
1267; Ollie, f, wife, 24
1268; James, m, son, 3
1269; Oliveann, f, daughter, 1

1270; **WELCH**, Sampson, m, ?, 47
1271; Lizzie, f, wife, 41
1272; Susie, f, daughter, 17
1273; Nanny, f, daughter, 16

1274; **WELCH**, Ed, m, ?, 22
1275; Silecia, f, wife, 19

1276; **WELCH**, Epps, m, ?, 24
1277; Bessie, f, wife, 17

1278; **WADASUTIE**, *(No name given)*, m, ?, 56
1279; Annie, f, wife, 40

1280; **WATTY**, Ute, m, ?, 41
1281; Mary, f, wife, 36
1282; John, m, son, 15

1283; **WOLFE**, Owen, m, ?, 23

1284; **WILDCAT**, *(No name given)*, m, ?, 70

1285; Rebecca, f, wife, 60
1286; Testie, f, g.daughter, 10

1287; **WALKINGSTICK**, Jim, m, ?, ?
1288; Tilda, f, wife, ?

1289; **WATTY**, *(No name given)*, m, ?, 72
1290; Enniye, f, wife, 60

1291; **WATTY**, Goolige, m, ?, 38
1292; Nessie, f, wife, 30
1293; Kiney, f, daughter, 7
1294; Lizzie, f, daughter, 4
1295; Steve, m, son, 9
1296; Polly, f, dau, 3 mo

1297; **WOLFE**, Mose, m, ?, 62
1298; Jane, f, wife, 46
1299; Kimsey, m, son, 22
1300; Martha, f, daughter, 16
1301; Jonah m, son, 12

1302; **WOLFE**, Enos, m, ?, 41
1303; Sally, f, g.g. mother, 85

1304; **WOLFE**, John, m, ?, 40
1305; Linda, f, wife, 28
1306; Atoah, m, son, 1

1307; **WELCH**, Nancy, f, ?, 40
1308; Cinda, f, daughter, 23
1309; Mose, m, son, 21

1310; **WOLFE**, Johnson, m, ?, 29
1311; Martha, f, wife, 21
1312; Joe, m, son, 4
1313; Addison, m, son, 5 mo
1314; Susan, f, mother, 56
1315; Ward, m, brother, 16

1316; **WOLFE**, Jacob, m, ?, 35
1317; Nelcina, f, wife, 33

Census of the **Eastern Cherokee** *Indians of* **Eastern Cherokee Agency,** **North Carolina** *taken by* **Dewitt S., Harris, Supt.,** *United States Indian Agent,* **June 30,** *1906.*

KEY: Number; English Name, *Indian Name (if given)*, Sex, Relation, Age.

1318; Laura, f, daughter, 14
1319; Rachel, f, daughter, 12
1320; Joe, m, son, 9
1321; Jesse, m, son, 5
1322; Able, m, son, 2
1323; Tahquette, m, cousin, 20

1324; **WOLFE**, Runaway, m, ?, 28
1325; Mollie, f, wife, 25
1326; Loyd, m, son, 7
1327; Ammons, m, son, 4
1328; Jimpsey, f, daughter, 1
1329; Tom, m, son, 2

1330; **WELCH**, Lige, m, ?, 52
1331; Adam, m, son, 21
1332; Jim, m, son, 18
1333; Anna E., f, daughter, 16
1334; Maggie, f, daughter, 8
1335; Mark, m, son, 7
1336; Ollie, f, daughter, 4

1337; **WELCH**, Davis, m, ?, 38
1338; Eve, f, wife, 36
1339; John, m, son, 18
1340; James, m, son, 16
1341; Jeso, m, son, 14
1342; Joe, m, son, 7
1343; Ned, m, son, 3
1344; Lizzie, f, daughter, 1

1345; **WOLFE**, Jawaney, m, ?, 57
1346; Sallie, f, wife, 48

1347; **WOLFE**, Elizabeth, f, ?, 24
1348; James, m, brother, 20
1349; Pearly, f, sister, 18
1350; Mandy, f, sister, 16
1351; Charley, m, brother, 14

1352; **WELCH**, Jackson, m, ?, 36
1353; Sallie, f, wife, 26
1354; Mary, f, daughter, 15

1355; John, m, son, 13
1356; Edd. R., m, son, 3
1357; Nannie R., f, daughter, 1

1358; **WARLICK**, Irene, f, ?, 90
1359; Mary, f, g.daughter, 39
1360; Edna May, f, g.g.daughter, 6

1361; **WOLFE**, Joe, m, ?, 35
1362; Jenny, f, wife, 35
1363; Cally, f, daughter, 8

1364; **WALKINGSTICK**, Jasper, m, ?, 29
1365; Annie, f, wife, 25
1366; Na.son[sic], m, son, 2
1367; Maggie, f, daughter, 1

1368; **WOLFE**, Standingturkey, m, ?, 38
1369; Callola, f, wife, 36

1370; **WILNOTY**, Ned, m, ?, 56
1371; Sallie, f, wife, 60

1372; **WILDCAT**, Tanola, m, ?, 25
1373; Elsie, f, wife, 38

1374; **WAYNE**, John, m, ?, 48
1375; Genelugay, f, wife, 40
1376; [Welch], Bettie, f, cousin, 21

1377; **WELCH**, Mary, f, ?, 32
1378; Loyd, m, son, 10
1379; Toney, m, son, 8
1380; Clarence, m, son, 6
1381; Robin, m, son, 3
1382; [Wahoo], Lystie, f, daughter, 17

1383; **WASHINGTON**, Nancy, f, ?, 95
1384; Key, m, son, 55

Census of the **Eastern Cherokee** *Indians of* **Eastern Cherokee** *Agency,* **North Carolina** *taken by* **Dewitt S., Harris, Supt.,** *United States Indian Agent,* **June 30, 1906.**

KEY: Number; English Name, *Indian Name (if given)*, Sex, Relation, Age.

1385; **WALKINGSNAKE**, Sam, m, ?, 50
1386; Nancy, f, wife, 55
1387; Stevens, m, son, 19
1388; Maggie, f, g.daughter,

1389; **WAHCHACKA**, Wilic, m, ?, 50
1390; Yoksha, f, wife, 48
1391; Jarrett, m, son, 23
1392; Jim, m, son, 22
1393; Nessie, f, daughter, 25
1394; Sarah, f, daughter, 19
1395; Charley, m, son, 17
1396; Jack C., m, son, 15
1397; Nancy, f, daughter, 15
1398; Posey, m, son, 13
1399; Susie, f, daughter, 11
1400; John W., m, son, 9
1401; Jess, m, son, 7
1402; Winnie, f, daughter, 5
1403; Owney, f, daughter, 3

1404; **WEST**, Mike, m, ?, 35

1405; **WALKINGSTICK**, Mike, m, ?, 57
1406; Caroline, f, wife, 49
1407; Jim, m, son, 19
1408; Rascurn, m, son, 18

1409; **WASHINGTON**, Jess, m, ?, 35
1410; Olliann, f, wife, 35
1411; Lauzene, f, daughter, 8
1412; Rachel, f, daughter, 48
1413; Amy, f, daughter, 1
1414; [Welch], Wilson, m, nephew, 35

1415; **WILNOTTY**, Loythy, m, ?, 65
1416; Mose, m, son, 24
1417; Nicie, f, daughter, 18
1418; Simon, m, son, 16
1419; Aggie, f, g.daughter, 2

1420; **WASHINGTON**, Lizzie, f, g. mother, 50

1421; **WALKINGSTICK**, Sallie, f, ?, 65
1422; [Wolfe], Lizzie, f, s.daughter, 19
1423; [Wolfe], Ned, m, s.son, 16

1424; **WEST**, Will, m, ?, 57
1425; Mary, f, daughter, 17
1426; James, m, son, 14
1427; [sic], f, dau, 12
1428; Buck, m, son, 10

1429; **WAHHANETTE**, Will, m, ?, 35
1430; Kamy, f, wife, 28
1431; Maggie, f, daughter, 5
1432; Samuel, m, son, 3

1433; **WADAHSUTE**, Dave, m, ?, 33
1434; Nancy, f, wife, 30
1435; Bird, m, son, 9

1436; **WAHHANETTE**, Allen, m, ?, 33
1437; Sallie, f, wife, 38

1438; **WAHHANETTE**, John, m, ?, 70
1439; Sealy, f, wife, 42
1440; Sampson, m, son, 20
1441; Posey, m, g.son, 8

1442; **WALKINGSTICK**, John, m, ?, 56
1443; Olsa, f, wife, 34
1444; Owen, m, son, 17
1445; Maggie, f, daughter, 15
1446; Mose, m, son, 10
1447; Sealy, f, daughter, 8
1448; Mike, m, son, 4
1449; Tom, m, son, 2

1450; **YONAH**, *Yonah*, m, ?, 28

Census of the **Eastern Cherokee** *Indians of* **Eastern Cherokee Agency,** **North Carolina** *taken by* **Dewitt S., Harris, Supt.,** *United States Indian Agent,* **June 30,** *1906.*

KEY: Number; English Name, *Indian Name (if given)*, Sex, Relation, Age.

1451; **YOUNGDEER**, Jacob, m, ?, 36
1452; Luggy, f, wife, 46

1453; **YONCE**, Callie, f, ?, 55
1454; Nannie, f, daughter, 18

1455; **YONCE**, Daisy, (f), ?, 16

1456; **YOUNGBIRD**, John, m, ?, 47
1457; Dahney, f, wife, 30
1458; Reuben, m, son, 19
1459; Soggy, m, son, 16
1460; Yonn, f, daughter, 14
1461; Wesley, m, son, 11
1462; James, m, son, 6
1463; Walkin, m, son, 1

1464; **YOUNGDEER**, John, m, ?, 53
1465; Betsie, f, wife, 53
1466; Eli, m, son, 28
1467; Jonah, m, son, 26
1468; Jesse, m, son, 21
1469; Stephen, m, son, 18
1470; Oney, f, dau 14
1471; Martha, f, daughter, 12
1472; Moody, m, son, 8

1473; *(Blank on original)*

Department of the Interior

United States Indian Service

Subject:
Census of The
Eastern Cherokees

Cherokee Indian School,

Cherokee, N.C., July 21, 1909

The Honorable Commissioner of Indian Affairs,

Washington, D.C.

Sir:

Referring to circular No. 309, dated June 28, 1909, I. have the honor to submit herewith a census of the Indians under the jurisdiction of this agency. Many of the Indians who are enrolled at this agency live at a considerable distance from Cherokee, seldom visiting here or having anything to do with the Indians living in this vicinity. For this reason it is extremely difficult to secure accurate information as to marriages, births and deaths.

It has not been practicable to show a separate grouping of the Indians by districts.

None of the Indians of this reservation have secured regular allotments, but most of them live on and cultivate tracts of land taken up by them many years ago, or else assigned to them by the Indian Council.

Very respectfully,

Frank Kysilka

Superintendent.

JLB

Census of the **Cherokee** *Indians of* **Cherokee** *Agency, taken by United States Indian Agent,* **(July 24, 1909).** *(NOTE: Little information given regarding the following census.)*

KEY: Number; English Name, *Indian Name (if given)*, Sex, Relation, Age.

(NOTE: The following census was numbered incorrectly on the original. Care has been taken to number this transcript as correctly as possible.)

1; **SOLOLANEETA**, Bird, *Ta-ca-yah*, m, husband, 67
2; Lucy, *Lu-cey*, f, wife, 56
3; [Owl], Sokiney, *Sok-i-ney*, f, cousin of wife, 19

4; **OWL**, David, m, Husband, 74
5; William, m, grnd-son, 23
6; Quincey, m, grnd-son, 4

7; **SKITTY**, Sevier, *See-qui-yah*, m, widower, 61

8; **OWL**, Suate, *Suh-yeh-ta*, m, husband, 81
9; Dinah, *Ty-yah-nih*, f, wife, 48
10; Ammon, m, son, 19
11; William, m, son, 16
12; Enoch, m, son, 10
13; Bettie, f, daughter, 5

14; **OWL**, Jonah, m, husband, 26
15; Julia Sanders, f, wife, 17
16; Phillip, m, son, 1

17; **OWL**, Loyd, m, husband, 38
18; Lula, f, daughter, 16
19; David, m, son, 15
20; George, m, son, 13
21; Henry, m, son, 12
22; Frell, m, son, 10
23; William, m, son, 4
24; Mabel, f, daughter, 2
25; Charlotte Evangeline, f, daughter, ?

26; **OWL**, John, *Te-tu-te-tah*, m, husband, 47
27; Mandy, f, 2nd wife, 25
28; Margaret, f, daughter, 6
29; Annie, f, daughter, 3
30; Louis, m, son, 1

31; **BLYTHE**, Arch, m, husband, 30
32; Ida, f, wife, 28
33; Sampson, m, son, 5

34; **BLYTHE**, Adelia, f, sep'd. wife, 45
35; Stella, f, daughter, 24?
36; Jarretta, m, son, 22?
37; [Bauer], Fred Blythe, m, adpt-son, 12
38; [Bauer], Owena, f, adpt-daughter, 14

39; **SAUNOOKE**, John, m, husband, 48
40; Margaret, f, 2nd wife, 47
41; Jennie, f, daughter, 6

42; **JESSAN**, Lydia, *Ah-ne-lih*, f, 2nd wife, 55
43; John, m, son of 1st wife, 38
44; Joe, *Joe Cha-wee-ska*, m, son of 2nd wife, 15

45; **LOSSIH**, John, m, father, 71
46; Linda, *Lin-sih*, f, daughter, 42
47; [Sawyer], Kiney, f, grnd-daughter, 29
48; [Sawyer], Thomas, m, grt-grnd-son, 4

49; **JESSAN**, Dahnola, *Tah-no-lih*, m, husband, 31
50; Mary, f, wife, 19
51; Ella, f, daughter, 1

Census of the **Cherokee** *Indians of* **Cherokee** *Agency, taken by United States Indian Agent,* **(July 24, 1909)**. *(NOTE: Little information given regarding the following census.)*

KEY: Number; English Name, *Indian Name (if given)*, Sex, Relation, Age.

52; **LOSSIH**, Leander, m, husband, 40
53; Annie, f, 2nd wife, 30

54; **FODDER**, Jennie, *Ah-le-nih*, f, mother, 64
55; [Bird], Timpson, m, son, 23
56; [Hornbuckle], Daniel, m, ward, 11

57; **CATOLSTER**, Charlie, *Tah-lih*, m, husband, 68
58; Eve, *E-wih*, f, wife, 70
59; Wiley, *Wa-las-gih*, m, son, 31
60; William, *Wih-lih-nih*, m, son, 29
61; Carson, *Col-sou-nih*, m, son, 26
62; Johnson, m, son, 2/3 yr

63; **TOINEETA**, Loney, *Lo-nih*, m, husband, 48
64; Sally, *Cho-co-hih*, f, wife, 48
65; West, *Wes-tih*, m, son, 26
66; George, m, son, 24
67; Martha, f, daughter, 20
68; Caroline, f, daughter, 14
69; [Lossie], Solomon, m, nephew, 10

70; **SMITH**, Jacob, *Zachariah T. Smith*, m, husband, 30
71; Olive, f, wife, 29
72; Lawrence, m, son, 2

73; **WEST**, Will, *Wee-lee-Wes-tee*, m, widower, 59
74; James, m, son, 16
75; Nellie, f, daughter, 14
76; Buck, m, son, 12

77; **JOHNSON**, Yona, m, husband, 29
78; Dora, f, wife, 25

79; Frank Theodore Russell, m, son, 1/12 yr

80; **TAIL**, Jim, *Oo-toh-ne-toh-tih*, m, single, 65

81; **SAUNOOKE**, Nancy, *Yet-sih*, f, widow, 55
82; James, m, son, 20
83; Josie, f, daughter, 15

84; **ARMACHAIN**, Amy, *Ah-he-an-kah*, f, sep'd. wife, 60
85; Katie, f, daughter, 24
(Marked out on original)
85; Ollie, f, grnd-daughter, 5

86; **OWL**, Sampson, m, husband, 54
87; Agnes, f, adpt. daughter, 12

88; **SAUNOOKE**, Adam, *Ah tah-nih*, m, husband, 31
89; Sally, f, 2nd wife, 20
90; Corinthia, *Golinda*, f, ½ sister of #83; 19
91; Kane, m, son, 1

92; **NOTTY TOM**, Peter, *Que-tih*, m, husband, 36
93; Nancy, f, wife, 26
94; [Saunooke], Steve, m, nephew, 11

95; **ARCH**, David, *Ta-wah*, m, husband, 49
96; Martha, f, 2nd wife, 24
97; Olive Ann, f, dau. 1st wife, 14
98; Ross, m, son 1st wife, 12
99; Jesse, m, son 2nd wife, 1

100; **WOLFE**, Katie, f, single, 22
101; Edward, m, brother, 19

Census of the **Cherokee** *Indians of* **Cherokee** *Agency, taken by United States Indian Agent,* **(July 24, 1909).** *(NOTE: Little information given regarding the following census.)*

KEY: Number; English Name, *Indian Name (if given)*, Sex, Relation, Age.

102; **STANDINGDEER**, Nancy, *Ah-woo-yah-hih*, f, widow, 58
103; Lowen, m, son, 24

104; **CATOLSTER**, Tamar, *Tah-mih*, m, husband, 36
105; Sally, f, wife, 23
106; Eliza, f, daughter, 5
107; Nannie, f, dau 1
-----; Aleck, m, son, 4
(NOTE: No number given this entry)

108; **FEATHER**, Lawyer, *Law-yee*, m, husband, 41
109; Mary, *Ool-star-ste*, f, wife, 42
110; Ancie, f, daughter, 10
111; *Gah-ta-yah*, f, daughter, 9
112; Jonah, m, son, 4

113; **CLAY**, Timpson, *Wah-su-ge-tah*, m, single, 33

114; **LOSSIH**, John DeHart, *John Wesley Lossih*, m, husband, 40
115; Laura, f, 2nd wife, 39
116; John, m, son, 12
117; Isaac, m, son, 4
~~119; Eliza, f, daughter, 1~~
(The above marked out, one below is inserted)
118; Lizzie, f, daughter, 16

119; **SAUNOOKE**, William, *We-lih*, m, husband, 39
120; Edward, m, son, 9
121; Anderson, m, son, 6
122; Osler, m, son, 3
123; Cah-win-ih, m, son, ¼

124; **SAUNOOKE**, Joseph, *Tzo-wah*, m, husband, 37
125; Margaret, f, 2nd wife, 21

126; [Simpson], Martha Owl, f, wife, 32

127; **SHELL**, John, *John Sa-luh*, m, husband, 61
128; Sallie, f, 2nd wife, 48
129; [Feather], Hetty, f, adpt-daughter, 12

130; **SHELL**, Ute, *Ut-eh*, m, husband, 30
131; Mattie, f, wife, 22
132; Joe, m, son, 6
133; Joshua, m, son, 1

134; **BLACKFOX**, Olsie, *Ahl-sih*, f, sep'd. wife, 59
135; [Squirrel], Fox, *Sa-lo-la-a-antih*, m, ward, 50
136; [Feather], Elsie, f, ward, 22

137; **CHILTOSKIE**, Will, m, husband, 64
138; Charlstle, f, 2nd wife, 39
139; Ute, *Guw-wch-nun-stih*, m, stp-son, 22
140; *Wah-dih*, m, son, 13
141; James, m, son, 2

142; **LOCUST**, John, *Oo-dah-ne-yun-duh*, m, husband, 57
143; Polly Ann, *Qualla Ann*, f, wife, 53

144; **BACKWATER**, Lacy, *Lacey Amah-chu-nah*, m, husband, 32
145; Annie, *Ai-nih Locust*, f, wife, 36

146; **LOCUST**, William, *We-lih Cah-laie-skih*, m, husband, 51
147; Nellie, *Nellih*, f, wife, 50
148; Peter, m, son, 19
149; Tiney, f, daughter, 13

Census of the **Cherokee** *Indians of* **Cherokee** *Agency, taken by United States Indian Agent,* **(July 24, 1909).** *(NOTE: Little information given regarding the following census.)*

KEY: Number; English Name, *Indian Name (if given)*, Sex, Relation, Age.

150; **GOINGSNAKE**, *En-ton-wan-ih*, m, husband, 57
151; Nancy, f, 2nd wife, 55
152; Steve, m, son, 21

152; **WALKINGSTICK**, Mike, *Mi-keh*, m, husband, 64
153; Caroline, *Cah-too-wce-stih*, f, wife, 53
154; Bascom, m, son, 20

155; **WALKINGSTICK**, James, m, husband, 22
*156; Lucy Ann, f, wife, 26
(*NOTE: #156 listed twice)

*156; **ARCH**, Jenny, *Che-ni-yih*, f, widow, 70
157; Irene, *Ire-nih*, f, daughter, 34
158; Noah, m, grnd-son, 11
159; Codaskie, m, grnd-son, 9
160; Winnie, f, grnd-daughter, 2 ½
161; Eliza, f, grnd-daughter, ¼ yr

162; **OWL**, Johnson, m, husband, 29
163; Stacey, *Sta-sih*, f, wife, 29

164; **REED**, James, m, single, 52

165; **SAUNOOKE**, Stillwell, *Choo-so-hih*, m, widower, 62
166; Malindy, f, dau. of 1st wife, 22
167; Emeneeta, m, son of 1st wife, 14
168; Cindy, f, dau. of 1st wife, 10
169; Lillian, f, dau. of 1st wife, 3
170; [**Little John**], Windy, f, stp-daughter, 19

171; *(Entry omitted from this number)*

172; **WELCH**, John, *John Goin*, m, widower, 65

173; Mollie, f, dau. of 1st wife, 30
174; Mark, m, son of 1st wife, 31
175; Lottie, f, dau. of 2nd wife, 22
176; Willie, m, son of 2nd wife, 20
177; Jimmie, m, son of 2nd wife, 18
178; Lucinda, f, dau. of 2nd wife, 16
179; [**Goin**], Sally, *Sah-lih*, f, sister, 60
180; [**Endross**], Edwin C, m, grnd-son, 1

181; **REED**, Jennie, *Jen-nih*, f, widow, 85

182; **GOIN**, Bird Chopper, *Ches-quah-kah-lu-yah*, m, husband, 39
183; Ollie, *Ah-lih*, f, wife, 37
184; Dan, m, son, 10
185; [**Saunooke**], Nan, f, stp-daughter, 19
186; Emeline, f, daughter, ¼

187; **BLYTHE**, Elizabeth, f, widow, 77
188; William H., m, son, 34

189; **BLYTHE**, James, *Dis-quah-nih*, m, div. husband, 48

190; **JACKSON**, John, *Uh-wo-hoo-tih*, m, husband, 71
191; Stacey, *Tag-gih*, f, 3rd wife, 50
192; Sarah, f, daughter, 28
193; Jonas, m, son, 25

194; **OWL**, Ollie, *Hah-le-nih*, f, sep'd. wife, 50
195; Tahquetta, *Tah-que-lah-ih*, m, son, 6

196; **RACKLEY**, Lucy, f, sep'd. wife, 61

Census of the **Cherokee** *Indians of* **Cherokee** *Agency, taken by United States Indian Agent,* **(July 24, 1909).** *(NOTE: Little information given regarding the following census.)*

KEY: Number; English Name, *Indian Name (if given)*, Sex, Relation, Age.

197; **STANDINGDEER**, Wesley, *Ou-weh-ca-ta-gih*, m, husband, 53
198; Nancy, *Nansih*, f, 3rd wife, 59
199; Juna-lus-kie, *Tsu-nu-luh-hus-kih*, m, son 2nd wife, 26

200; **STANDINGDEER**, Carl, *Cul-cah-lau-skih*, m, husband, 26
201; Mary S., *Sah-le-ah-nih*, f, wife, 35
202; Celia, f, daughter, 3
203; Virginia, f, daughter, 1

204; **SMITH**, Mark Tiger, m, husband, 56
205; Mary Melvina, f, wife, 56
206; James David, m, son, 30
207; Duffy, m, son, 28
208; Francis Elwood, m, son, 23
209; Charity, f, daughter, 18
210; Oliver, m, son, 15

211; **SMITH**, Noah, m, husband, 26
212; Earl Elwood, m, son, 3
213; Ella Elvisa, f, daughter, ½

214; **BIRD**, *Squain-sih*, m, husband, 62
215; Eliza, f, wife, 64

216; **REED**, Jesse, m, husband, 63
217; Maggie, *Na-kih*, f, wife, 59

218; **WASHINGTON**, Nancy, *Oo-ta-wih-noo-kih*, f, widow, 97
219; Key, *Stu-was-tih*, m, son, 55

220; **LITTLEJOHN**, Saunooke, *Sah-wih-noo-kih*, m, husband, 46
221; Ann Eliza, *Ah-ne-le-sih*, f, wife, 41
222; Wiggins, m, son, 18
223; Mindy, f, daughter, 15

224; Henson, m, son, 11
225; John H., m, son, 7
226; Etta, f, daughter, 1½
227; Owen, m, son, 3

228; **YOUNGBIRD**, Ollie, *Ah-lie-stah-nih*, f, mother, 40
229; Rufus, m, son, 22
230; Soggie, m, son, 19
231; *Yah-nih*, f, daughter, 17
232; Wesley, m, son, 14
233; *Wah-kin-nih*, f, daughter, ?
234; James, m, son, 9

235; **HORNBUCKLE**, Rebecca, *Quai-kih*, f, mother, 68
236; Maggie, f, daughter, 30
237; Isreal, m, son, 24

238; **HORNBUCKLE**, William, *We-la-mih*, m, widower, 27

239; **JOHNSON**, James, *Ah-tah-luh-es-kih*, m, single, 50
240; Caroline, *Ka-lah-yah-nih*, f, sister, 59
241; Addison, m, nephew, 25
242; Simon, m, grnd-nephew, 26

*243; **OOCUMMA**, James, *Sah-la-lah-wah-tih*, m, widower, 52
*243; Wilson, m, son, 31
244; Jennie, f, daughter, 21
245; Enoch, m, son, 19
246; Annie, f, daughter, 14
(*NOTE: #243 listed twice)

247; **YOUNGDEER**, John, *Ah-wih-nih-tah*, m, husband, 54
248; Betsey, *Quait-sih*, f, wife, 56
249; Eli, *Eli-sh*, m, son, 32
250; Jonah, *Jo-wah-nih*, m, son, 28

Census of the **Cherokee** *Indians of* **Cherokee** *Agency, taken by United States Indian Agent,* **(July 24, 1909)**. *(NOTE: Little information given regarding the following census.)*

KEY: Number; English Name, *Indian Name (if given)*, Sex, Relation, Age.

251; Jesse, m, son, 24
252; Stephen, m, son, 20
253; Onie, f, daughter, 17
254; Martha, f, daughter, 15
255; Moody, m, son, 11

256; **CUCUMBER**, Dorcas, *Dah-kih*, f, widow, 52
257; William, *We-lih*, m, son, 30
258; Arch, m, son, 20
259; James, m, son, 19
260; Dekie, *Deh-kie*, f, daughter, 15

261; **CUCUMBER**, Gina, m, husband, 28
262; Katie, f, wife, 24
263; Noah, m, son, 1

264; **CUCUMBER**, Moses *Mos-sih*, m, husband 33
265; Lillie, f, wife, 22
266; Jim D., m, son, 1
-----; Arch, m, son, 2
(No number given for the above entry.)

267; **LITTLEJOHN**, Will, *Oa-lah-whoh-tih*, m, husband, 35
268; Sally, *Sahlih*, f, wife, 30
269; Guy, m, son, 12
270; Katy, f, daughter, 10
271; Isaac, m, son, 8
272; Gay, m, son, 3

273; **PANTHER**, John, *Ta-kah-sum-tah-wah*, m, husband, 57
274; Nancy, *Che-yaw-stoh*, f, wife, 53

275; **LARCH**, Daniel, *Dah-nih-lih*, m, widower, 73
276; William, *We-lih*, m, son, 37
277; David, *Dau-wih*, m, son, 28

278; **WASHINGTON**, Elizabeth, *Le-sih*, f, widow, 60
279; Joseph C., *Can-dih*, m, son, 27

280; **WASHINGTON**, Jesse, *Cheh-sih-tih*, m, husband, 33
281; Ollie, *Ah-le-ah-nih*, f, wife, 34
282; Rachel, f, daughter, 7
283; Annie, f, daughter, 4
284; George, m, son, 1½,
285; **[Reed]**, Luzene, f, dau. of wife, 11

286; **LONG**, Ezekiel, *Se-kih-lih*, m, husband, 59
287; Elsie, *Ail-sih*, f, wife, 51
288; **[Teliakie]**, Jesse, *Jesse Skee-kie*, m, adpt. son, 18

289; **STANDINGDEER**, Andy, m, husband, 55
290; Margaret, f, wife, 50

291; **LONG**, Josiah, *Joshiah Axe*, m, husband, 38
292; Sally, *Sah-lah-nih*, f, wife, 27
293; Amy, f, daughter, 8
294; Nancy, f, daughter, 6
295; Ella, f, daughter, 4
296; Corinthia, f, daughter, ?

297; **HICKORYNUT**, Nelly, *Seh-wah*, f, widow, 84

298; **LONG**, Adam, *Ah-tah-wih*, m, husband, 55
299; Polly, *Wah-lih*, f, 2nd wife, 56
300; Lelia, f, daughter, 11
301; Nola, f, daughter, 9

302; **REED**, Rachel, *Ach-il-la*, f, widow, 58
303; Fiddell, *Quah-te-lish*, m, son, 38

Census of the **Cherokee** *Indians of* **Cherokee** *Agency, taken by United States Indian Agent,* **(July 24, 1909).** *(NOTE: Little information given regarding the following census.)*

KEY: Number; English Name, *Indian Name (if given)*, Sex, Relation, Age.

304; Minda, f, grnd-daughter, 14

305; **CROW**, John, *Tsoh-nih*, m, husband, 27
306; Mary, f, wife, 26
307; Sally, f, daughter, 5
308; Albert, m, son, 3
309; **[Bigmeat]**, Robert, m, nephew, 17

310; **CROW**, Caroline, *Ahl-sah*, f, widow, 65
311; Wesley, *Lah-sih-loh*, m, son, 31

312; **CROW**, Joseph, m, husband, 39
313; Annie, *Ai-nih*, f, wife, 44
314; Minnie, f, daughter, 16
315; Boyd, m, son, 14

316; **SWIMMER**, Mary, *Oa-squin-nih*, f, ?, 41

317; **SWIMMER**, John, *Oo-wa-tih*, m, husband, 27
318; Lucy, f, wife, 24
319; Obediah, m, son, 4
320; Grace, *Chu-gay-yu*, f, daughter, 1 8/12
321; Luke, m, son, 1/4

322; **TOINEETA**, Mary E. Welch, *Miriam Lydia Smith*, f, wife, 30
323; **[Welch]**, Loyd, m, son, 14
324; **[Welch]**, Theodore R., m, son, 12
325; **[Welch]**, Clarence, m, son, 9
326; **[Welch]**, Richard Robbin, m, son, 6

327; **BLYTHE**, David, m, husband, 46
328; Nancy, f, wife, 35
329; **[Jackson]**, Jack, m, stp-son, 17

330; **TOONI**, Squiencey, *Squiensih*, m, husband, 34
331; Annie, *Ah-ya-nih*, f, wife, 35
332; Elijah, m, son, 11
333; Nancy, f, daughter, 8
334; Nellie, f, daughter, 1

335; **LONG**, Joe, m, husband, 52
336; Nancy George, *Ah-coo-yah*, f, wife, 69
337; **[George]**, Shell, *Oo-wah-skah-wah-tah*, m, stp-son, 49
338; Charley, Jr, *Goh-wee-lih*, m, stp-son, 15

339; **GEORGE**, Dawson, *De-su-qui-ski*, m, husband, 48
340; Mary, *Ma-lih*, f, wife, 49
341; Annie, f, daughter, 26
342; Manley, m, son, 18
343; Martha, f, daughter, 16
344; Ollie, f, daughter, 11

345; **LITTLEJOHN**, Eli, *Elo-wih*, m, husband, 33
346; Annie, *Ah-kah-yte-yah*, f, wife, 28
347; Ewart, *Goo-lah-cha*, f, daughter, 12
348; Sally, f, daughter, 7
349; Simeon, m, son, 5
350; Jefferson, m, son, 3
351; **[Tooni]**, Rachel, f, niece of wife, 13
352; Wesley, m, son, ¼

353; **SU-TA-GIH**, *Ut-sut-ta-kih*, m, husband, 63
354; Mary, *Ma-lih*, f, wife, 48

355; **DE-LE-GE-SKIH**, John, *Cow-wah-noo*, m, husband, 50

Census of the **Cherokee** *Indians of* **Cherokee** *Agency, taken by United States Indian Agent,* **(July 24, 1909).** *(NOTE: Little information given regarding the following census.)*

KEY: Number; English Name, *Indian Name (if given)*, Sex, Relation, Age.

356; Lucinda, *Lu-cui-dah*, f, 2nd wife, 57
357; Alkinney, *Al-kin-nih*, f, daughter, 25
358; Leander, m, grnd-son, 3
359; [Taylor], Jim, m, grnd-son, 5

360; **TAYLOR**, Julius, *Ju-das-eh*, m, husband, 30

361; **TAYLOR**, Sherman, *Sah-wah-nih*, m, husband, 28
362; Maggie, f, wife, 18
363; *Ah-li-kinney*, f, daughter, 4
364; Georgia, f, daughter, 7/12

365; **JOHNSON**, Jimpsie, *Jim-sih*, m, husband, 33
366; Ella, *Ai-lih*, f, wife, 51

367; **GEORGE**, David, *Tah-wie-sih*, m, father, 55
368; Shon, *Sah-nih*, m, son, 35
369; [Long], Peter, *Tsuh-tah-yah-lah-lah*, m, nephew, 28
370; [Long], Rachel, *Achin-nih*, f, niece, 26

371; **STANDINGDEER**, Caroline, f, single, 19

372; **HORNBUCKLE**, John Otter, *Tsah-ne-yeh-sih*, m, husband, 36
373; Mollie, *Wah-lih*, f, wife, 44
374; Ollie, f, daughter, 10
375; *Dah-ney*, f, daughter, 8

376; **DOBSON**, John, *Ool-stoo-ih*, m, husband, 81
377; Mary, *Ma-lih*, f, wife, 51
378; *Tah-lah-yeh*, f, stp-daughter, 26

379; [Panther], Goliath, *Coo-lah-nih*, m, grnd-son, 9
380; [Bradly*], James, m, grnd-son, 4
381; [Bradley*], Nancy, *Ah-nih-nah-sih*, f, grnd-daughter, 2
382; [Georg][sic], Kane, *Cain*, m, grnd-son of #377; ?
*(*NOTE: Name spelled both ways.)*

383; **BRADLEY**, Henry, *Jonah*, m, ?, 25

384; **GEORGE**, Elijah, *Oa-la-nah-lih*, m, husband, 33
385; Bettie, *Qua-lih*, f, 2nd wife, 34
386; Lewis, m, son, 4
387; Martha, f, daughter, 3
388; Aggie, f, stp-daughter, 11

389; Green, m, stp-son, 9
390; Cornelia, f, daughter, 1½

391; **WILD CAT**, *Kuh-heh*, m, widower 71
392; [Crow], Desdemonia, *Oo-loo-lsa*, f, grnd-daughter, 12

393; **BIRD**, Loyd, *Dah-sih-gih-kih*, m, husband, 25
394; Ollie, *Ah-lin-nah*, f, wife, 28
395; Annie, f, daughter, 3
396; Lucy Harris, f, daughter, 1

397; **WILD CAT**, Daniel, *Tah-no-lih*, m, husband, 26
398; Elsie, *Ail-sih*, f, wife, 43

399; **ARNEACH**, Jefferson, *Jefferson Ok-wa-ta-ga*, m, husband, 33
400; Sarah, *Sarah Ok-wa-ta-ga*, f, wife, 33
401; Margaret, f, daughter, 3

Census of the **Cherokee** *Indians of* **Cherokee** *Agency, taken by United States Indian Agent,* **(July 24, 1909)**. *(NOTE: Little information given regarding the following census.)*

KEY: Number; English Name, *Indian Name (if given)*, Sex, Relation, Age.

402; [Bird], David, m, stp-son, 15
403; [Bird], Lizzie, f, stp-daughter, 10
404; [Bird], Bessie, f, stp-daughter, 8
405; Samuel, m, son, 6/12
406; *[Ok-wa-ta-ga]*, Lizzie, *Le-sih*, f, mother, 61

407; **SAUNOOKE**, John, *Gah-wa-noo-les-ke*, m, widower, 55
408; Samuel, *Sam-nih*, m, son, 29
409; Rachel, f, daughter, 21
410; Stillwell, 2nd, m, son, 18

411; **KALONUHESKIE**, Esiah, m, husband, 51
412; Martha, f, daughter, 7
413; Josephine, f, daughter, 3

414; **BEARMEAT**, Betsey, *Quait-sih*, [or Polly Welch], f, single, 26

415; **UTE**, Andy, *Oo-ha-sih*, m, husband, 57
416; Mary, *Oo-scoo-tee*, f, wife, 53

417; **FRENCH**, Wallie, *Wah-le-nih*, f, wife, 29
418; Charlotte, f, daughter, 15
419; Elnora, f, daughter, 12
420; Ned, m, son, 9
421; Nellie, f, daughter, 6
422; Jesse, m, son, 4
423; Katy, f, daughter, 2

424; **WAIDSUTTE**, Davis, *Da-wih-sih*, m, husband, 37
425; Nancy, *Sah-kin-nih*, f, wife, 34
426; Boid[sic], m, stp-son, 11

427; **SMITH**, Martha Ann Bigmeat, f, widow, 72

428; **TAYLOR**, John, *Oo-sti-na-kos*, m, 2nd husband, 69
429; Sally, *Sal-kin-nih*, f, 2nd wife, 68

430; **TAYLOR**, Jesse, m, 2nd husband, 45
431; Stacey, *Sta-sih*, f, wife, 48

432; **DUNCAN**, Lilly Viola, f, wife, 32
433; Sybil, f, daughter, 3

434; **OWL**, Adam, m, 2nd husband, 48
435; Cornelia, *Caw-ne-lih*, f, 3rd, wife, 47
436; Thomas, m, son 2nd wife, 21
437; Moses, m, son 2nd wife, 19
438; John, m, son 2nd wife, 17
439; Samuel, m, son 2nd wife, 10
440; David, m, son 2nd wife, 10
441; Martha, f, dau 2nd wife, 8

442; **TAHQUITTE**, Martha, *Mah-tih*, f, single, 47

443; **SMITH**, Lewis H., m, husband, 62
444; Nancy, *Nan-sih*, f, wife, 58

445; **WELCH**, Jackson, *Jackson Axe*, m, husband, 38
446; Sally, f, 2nd wife, 26
447; Edward, m, son 2nd wife, 5
448; Nannie, f, dau 2nd wife, 3
449; Mary, f, dau 1st wife, 17
450; John, m, son 1st wife, 15
451; David, m, son, 1

452; **LONG**, Dobson, *Coo-low-eh*, m, husband, 51
453; Sally, *Ca-na-wee-lih*, f, 2nd wife, 39

Census of the **Cherokee** *Indians of* **Cherokee** *Agency, taken by United States Indian Agent,* **(July 24, 1909).** *(NOTE: Little information given regarding the following census.)*

KEY: Number; English Name, *Indian Name (if given)*, Sex, Relation, Age.

454; William Gafney, m, son 1st wife, 10
455; Elizabeth, f, dau 1st wife, 8
456; Wilson, m, son 1st wife, 5

457; **BLYTHE**, James B, *Blythe Newman Welch*, m, husband, 36

458; **TEESATISKIE**, John, *Oo-wa-wah-ih*, m, widower, 56
459; Sampson, m, son 1st wife, 17
460; Welch, m, son, 2nd wife, 10
461; Loyd, m, son 2nd wife, 8

462; **CORNSILK**, Armstrong, *Connotsa-yah*, m, husband, 63
463; Annie, *Ain-nih*, f, 3rd wife, 48
464; Martha, f, dau 2nd wife, 23
465; John, m, son 2nd wife, 18
466; Helly, f, dau 2nd wife, 10
467; Howard, m, son 2nd wife, 8

468; **AXE**, Willie, *We-li-kih*, m, widower, 43
469; Maggie, f, daughter, 13
470; Sarah, f, daughter, 7

471; **WALKINGSTICK**, Jasper, m, husband, 33
472; Annie, *Ah-ya-nih*, f, wife, 26
473; Mason, m, son, 4
474; Maggie, f, daughter, 3
475; Willie, m, son, 2

476; **SMOKER**, John, m, husband, 39
477; Aggie, *Ai-kih*, f, wife, 37
478; Cindy, f, daughter, 20
479; James, m, son, 18
480; Willie, m, son, 9
481; Peter, m, son, 6
482; Charles, m, son, 4

483; **JACKSON**, Lawyer, m, husband, 35
484; Dakie, *Ta-kih*, f, wife, 35
485; Ella, f, daughter, 13
486; Florence, f, daughter, 6

487; **JACKSON**, Eliza, *Eliza Cannought*, f, widow, 61

488; **JACKSON**, Bob, *Qua-quah*, m, husband, 33
489; Caroline, *Lah-ye-nih*, f, wife, 29
490; Wesley, m, son, 8
491; David, m, son, 6
492; Edward, m, son, 4
493; Tah-the-lah, m, son, 1

494; **SAKEY**, Nellie, *Nel-lih*, f, single, 59

495; **TEESATESKEE**, Sallie, f, widow, 46
496; Jesse, m, son, 20
497; Arch, m, son, 11
498; Awee, f, daughter, 9
499; Jonah, m, son, 5

500; **SAWYER**, Will, m, husband, 37
501; Alkinney, *Al-kin-nih*, f, wife, 27
502; Moses, m, son, 11
503; Awee, f, daughter, 8
504; Hunter, *Gah-no-hi-la-kih*, m, son, 7
505; Lizzie, f, daughter, 4
506; Lucy, f, daughter, 2

507; **JACKSON**, Fox Squirrel, *Sol-lo-la-wah-tih*, m, widower, 51
508; Jack, *Jacob*, m, son 2nd wife, 10

509; **CONSEEN**, Briash[sic], *Kee-ch-chi*, m, widower, 49

Census of the **Cherokee** *Indians of* **Cherokee** *Agency, taken by United States Indian Agent,* **(July 24, 1909)**. *(NOTE: Little information given regarding the following census.)*

KEY: Number; English Name, *Indian Name (if given)*, Sex, Relation, Age.

510; Nancy, *Nan-sih*, f, daughter, 25
511; James, m, son, 19
512; Dahney, f, daughter, 11
513; Willis, m, son, 9

514; **CHE-WAH-NIH**, *(No name given)*, f, widow, 71

515; **CONSEEN**, Jake, *Ah-le-lees-kih*, m, widower, 68
516; Nancy, f, sister, 60

517; **CONSEEN**, Peter, *Qua-tah*, m, husband, 28
518; Nancy, *Nansih*, f, wife, 28
519; Harry, *Hah-lih*, m, son, 4
520; Joe, m, son, 2
521; Nicey, f, daughter, 1

522; **CONSEEN**, Becca, *Quai-key*, f, widow, 78

523; **CHE-KE-LE-LEE**, Stone, *Saw-nih*, m, husband, 37
524; Mary, *Ca-te-clo-ih*, f, 2nd wife, 42
525; Simon, m, son, 9
526; Rosa, f, daughter, 5
527; **[Greybeard]**, Lillie, f, stp-daughter, 16

528; **ROPETWISTER**, John, *Tah-ya-los-lah*, m, husband, 56
529; Annie, *Al-seh*, f, wife, 61
530; **[Kalonuheskie]**, Ton[sic], m, adpt-son, 9
531; **[Long]**, John L., m, grnd-son, 9

532; **CONSEEN**, Kate, *Ca-tin*, f, mother, 42
533; Martha, f, daughter, 10

534; **WACHACHA**, Phillip, *Quee-le-kih*, m, husband, 50
535; Roxie, *Ya-que-sih*, f, wife, 46
536; *Nessih*, f, stp-daughter, 26
537; Jarrett, m, son, 24
538; James, m, son, 23
539; Sarah, f, daughter, 20
540; Charles, m, son, 18
541; Jake C., m, son, 16
542; Nancy, f, daughter, 16
543; Posey, m, son, 14
544; Susie, f, daughter, 12
545; John W., m, son, 10
546; Jesse, m, son, 8
547; Winnie, f, daughter, 6
548; Oney, f, daughter, 4

549; **WASHINGTON**, George, *Tsah-tsih Wah-sih-to-nih*, m, husband, 35
550; Polly, *Wah-lih*, f, wife, 34
551; Luzene, f, daughter, 10
552; Rachel, f, daughter, 8
553; Henson, m, son, 7
554; Morgan, m, son, 4
555; Mindy, f, daughter, 2
556; Bessie, f, daughter, 1

557; **ROPETWISTER**, *Kun-oo-to-yo-ih*, m, widower, 85
558; Manley, *No-sha-te-hih*, m, son, 52

559; **CAT**, Ben, *Benjamin*, m, husband, 42
560; Oney Ropetwister, *Ah-heaw-kaw*, f, wife, 50

561; **BROWN**, Jonah, m, husband, 30
562; Agnes, *Nan-sih*, f, wife, 30
563; Eve, f, daughter, 1 5/12

Census of the **Cherokee** *Indians of* **Cherokee** *Agency, taken by United States Indian Agent,* **(July 24, 1909).** *(NOTE: Little information given regarding the following census.)*

KEY: Number; English Name, *Indian Name (if given)*, Sex, Relation, Age.

564; **TEESATESKEE**, John, m, 2nd husband, 57
565; Nessie, f, 2nd wife, 49
566; Manay, f, daughter 2nd wife, 14
567; **[Ledford]**, Sampson, m, stp-son, 20

568; **TEOTALE**, Nancy, *Oo-cah-yos-tah*, f, widow, 77

569; **TEESATESKEE**, Illinois, m, husband, 32
570; Ene, f, wife, 19
571; Steve, m, son, 2
572; Josie, f, daughter, 1 2/12

573; **SMOKER**, Samuel, *Tah-nih*, m, husband, 28
574; Stacey, f, wife, 23
575; Bascom, m, son, 5
576; Ollie, f, daughter, 3
577; Cornelia, f, daughter, 2

578; **LEDFORD**, Charles, m, husband, 25
579; Nancy, *Nansih*, f, wife, 27
580; Allen, m, son, 3

581; **REED**, David, m, single, 47

582; **CANNAUT**, Abel, m, husband, 27
583; Susie, f, wife, 23

584; **ROSE**, Florence, f, wife, 38
585; Bonnie, f, daughter, 18
586; William, m, son, 16
587; Jake, m, son, 13
588; Grace, f, daughter, 11
589; Nora, f, daughter, 8
590; Cora, f, daughter, 3
591; Benjamin, m, son, 2

592; **CORNSILK**, Lorenzo Dow, *Lorenzo Dow*, m, widower, 29

593; **RATLER**, John, m, husband, 24
594; Emaline, f, wife, 21
595; John West, m, son, 3

596; **RATLER**, Nancy, *Nan-chih*, f, widow, 51
597; Jonah, m, son, 19
598; Robert, m, grnd-son, 8
599; Walter, m, grnd-son, 5

600; **CAT**, Sally, *Sal-kin-nih*, f, widow, 96
601; Jane, *Chin-nih*, f, daughter, 49
602; **[Smoker]**, Margaret, f, grt-grnd-daughter, 9

603; **BIRD**, Stephen, *Ste-nih Chees-qua*, m, husband, 54
604; Rose, *Los-ih*, f, 4th wife, 53

605; **BIRD**, Daniel, *Dah-no-lah*, m, husband, 29
606; Ollie, *Quallih*, f, wife, 25
607; Bettie, f, daughter, 8
608; Solomon, m, son, 5
609; Lucy Ann, f, daughter, 2

610; **GREYBEARD**, Ezekiel, m, single, 69
611; Aggie, f, sister, 61

612; **STALCUP**, Rachel, f, single, 51

613; **POWELL**, John Alvin, *"Ose" Powell*, m, husband, 59

614; **SMITH**, Ross B., m, husband, 68
615; Cynthia, f, wife, 56

Census of the **Cherokee** *Indians of* **Cherokee** *Agency, taken by United States Indian Agent,* **(July 24, 1909).** *(NOTE: Little information given regarding the following census.)*

KEY: Number; English Name, *Indian Name (if given)*, Sex, Relation, Age.

616; **SNEED**, William Sherman, m, husband, 44

617; **WALKINGSTICK**, John, m, husband, 50
618; Walsah, f, 2nd wife, 35
619; Maggie, f, daughter, 16
620; Moses, m, son, 11
621; Mike, m, son, 5

622; **WALKINGSTICK**, Owen, m, husband, 18
623; Lindy George, f, wife, 22

624; **SQUIRREL**, George, *Ah-ne-cha-chih*, m, husband, 41
625; Rebecca, f, wife, 37
626; Awee, f, daughter, 16
627; Nola, f, daughter, 9
628; Se-quie-chee, m, son, 8
629; Mary, f, daughter, 6
630; Thomas, m, grnd-son, 1 ½

631; **KEG**, James, *Jim-my*, m, husband, 64
632; Katy, *Kun-to-kih,* f, 2nd wife, 54
633; Mathew, *Min-di*, m, son 1st wife, 40

634; **RATLIFF**, William, *William Rackley*, m, husband, 36
635; Elizabeth, f, wife, 32
636; Emma, f, daughter, 6
637; Ella, f, daughter, ?
638; Lawyer, m, brother, 34
639; Jacob, m, son, 2
640; [Crow], John Wesley, m, nephew, 18

641; **LOSSIH**, Jones, m, husband, 36
642; Nicey, *Woh-ye-sah*, f, wife, 28

643; **ALLEN**, Will, m, husband, 56
644; Sallie, *Te-la-kee-yah-skih,* f, wife, 49
645; Junaluskie, m, son, 19

646; **ALLEN**, John, *Skee-kee*, m, 2nd husband, 33
647; Eve, *E-wih*, f, 2nd wife, 29
648; Rebecca, f, daughter, 14
649; [Welch], Maggie, f, stp-daughter, 7

650; **WOLFE**, John or **STANDING TURKEY**, *Cuh-nah-cah-tah-gah*, m, husband, 39
651; Callie, *Cah-le-lo-hih*, f, wife, 32

652; **WILNOTY**, Ned, m, 2nd husband, 52
653; Sallie, *Si-co-wish*, f, 3rd wife, 59

654; **BURGESS**, Georgia Ann Sneed, f, wife, 39
655; Mary, f, daughter, 15
656; Bessie, f, daughter, 13
657; Floy, f, daughter, 9
658; Willie, f, daughter, 5
659; George, m, son, 3

660; **SQUIRREL**, David, *Dave-sih*, m, husband, 33
661; Nancy, *Nan-sih*, f, wife, 31
662; Kinsey, m, son, 14
663; Nora, f, daughter, 11
664; Dinah, f, daughter, 8
665; Daniel, m, son, 4
666; Ollie, f, daughter, 3
667; Shepherd, m, son, 1 1/12

668; **BEN**, Waidsutte, *Woo-wa-sutte*, m, husband, 46
669; Kiney, *Cah-ye-nih*, f, wife, 27

Census of the **Cherokee** *Indians of* **Cherokee** *Agency, taken by United States Indian Agent,* **(July 24, 1909).** *(NOTE: Little information given regarding the following census.)*

KEY: Number; English Name, *Indian Name (if given)*, Sex, Relation, Age.

670; Wattie, m, son, 3
671; Nellie, f, daughter, 1
(Both entries marked out on original)

670; **GEORGE**, Yonaskin, *Yo-nes-ski-wah*, m, widower, 56
671; Mark, m, son, 16
672; Annie, f, daughter, 13

673; **WAYNE**, John, *John Wai-neh*, m, husband, 50
674; Jennie, *Chi-ne-lak-kih*, f, wife, 49

675; **KUN-TIES-KIH**, *(No name given)*, m, husband, 59
676; Sah-wah-chi or Caroline, *Son-wut-chee*, f, wife, 63

677; **WALKINGSTICK**, James, *Ah-howe-ne-tuh*, m, husband, 77
678; Matilda, *Ah-le-kih*, f, wife, 63

679; **WELCH**, Sampson, *Sampson Ross*, m, husband, 48
680; Lizzie, *Ah-le-kih*, f, 2nd wife, 44
681; Nannie, f, daughter, 18

682; **WELCH**, Ephisus, A-*queh-sih*, m, husband, 26
683; Stacey, f, wife, 19
684; Juna, m, son, 1 ½

685; **PARTRIDGE**, Nellie, *Neh-lih*, f, widow, 51
686; Bird, *Chee-squah*, m, son, 29
687; Winnie E., f, daughter, 23
688; Juanita, f, grnd-daughter, 1 ½

689; **PARTRIDGE**, J. Moses, m, husband, 25
690; Sallie, f, wife, 21
691; Savannah, f, daughter, 2

692; **BEARMEAT**, Mary, *Ma-lee*, f, widow, 59
693; [George], Elsie, f, daughter, 27
694; [George], Elmo Don, m, grnd-son, 5

695; **BUSHYHEAD**, Ben, m, husband, 23
696; Nancy, f, wife, 21

697; **LONG**, Maggie, *Maggih*, f, wife, 32
697; Johnson, m, husband, 46
698; Annie, f, daughter, 2
699; Lewis, m, son, 1/12

700; **AN-NE-TON-AH**, Nancy, *Ih-hee-tuh*, f, widow, 61

701; **WOODPECKER**, John, *Ta-la-la*, m, husband, 61
702; Rebecca, *Wa-kee*, f, wife, 46
703; [French], Ross, m, grnd-son, 17

704; **MARTIN**, Suate, *Oo-stoo-yeh-tuh-choo-choo*, widower, 63
705; Thomas, m, son, 25

706; **MARTIN**, Angeline, *An-ge-li-nih*, f, widow, 27
707; [Sutaga], Annie, f, daughter, 6
708; Mary, f, daughter, 1

709; **WESLEY**, Judas, m, husband, 33
710; Jennie, f, 2nd wife, 51
711; [Lowen], John, m, stp-son, 12

712; **LONG**, Scott, *Skah-kle-low-skih*, m, 2nd husband, 57
713; Sallie, f, 2nd wife, 47
714; Agginy, *Agginey*, f, daughter, 4

Census of the **Cherokee** *Indians of* **Cherokee** *Agency, taken by United States Indian Agent,* **(July 24, 1909)**. *(NOTE: Little information given regarding the following census.)*

KEY: Number; English Name, *Indian Name (if given)*, Sex, Relation, Age.

715; **[Davis]**, Lucy Ann, f, stp-daughter, 16
716; **[Davis]**, Annie, f, stp-daughter, 12
717; **[Davis]**, Emeline, f, stp-daughter, 9

718; **OO-CUM-MA**, Alex, m, husband, 43
719; Annie, f, wife, 20
720; Fanny, f, daughter, ¼

721; **LONG**, John, *Coh-wah-he-tah*, m, husband, 35
722; Eve, *Ewin-nih*, f, 2nd wife, 44
723; Rachel, *Wa-tsih-lih*, f, sister, 36

724; **GEORGE**, Joe Stone, *Cha-stah-nih*, m, husband, 52
725; Elizabeth, *La-sih*, f, wife, 50
726; Lindy, f, daughter, 22
727; Eliza, f, daughter, 17
728; Jacob, m, son, 12
729; Celie, f, daughter, 9
730; Jackson, m, son, 6

731; **PECKERWOOD**, Lucy Ann, f, widow, 51
732; Thomas, m, son, 19
733; McKinley, m, son, 7

734; **WILL**, John, *Wah-la-ne-tah*, m, husband, 47
735; Jane, f, wife, 37
736; James, m, son, 6
737; Ella, f, daughter, 4
738; David, m, son, 2
739; Luzene, f, daughter, 7/12

740; **JOHNSON**, Stephen, *E-choo-le-huh*, m, husband, 63
741; Jennie, *Jin-e-lin-kih*, f, wife, 59

742; Taskigee, *Tah-skih-gih-tih-hih*, m, son, 31
743; **[Jessan]**, Sine DeHart, m, grnd-son, 5

744; **JOHNSON**, Cider, *Si-ye-lih*, m, husband, 33
745; Jennie, f, wife, 19

746; **MARTIN**, George, *Ska-quah*, m, husband, 48
747; Lucy, *Loo-cil-nih*, f, wife, 37
748; Wesley, m, son, 14
749; Charles, m, son, 1 3/12

750; **CANNAUT**, Columbus, m, husband, 25
751; Maggie, f, wife, 19
752; Addison, m, son, 1

753; **BEN**, Cheick, *Oo-ne-cho-ga-gee-tih*, m, husband, 44
754; Ollie, f, wife, 25
755; James, m, son, 5
756; Olivan, f, daughter, 3

757; **NED**, Ezekill, *Ci-gih-leh*, m, husband, 47
758; Susan, f, wife, 47
759; Julia, f, daughter, 7

760; **DAVIS**, Wilste, *We-loo-stes*, m, husband, 62
761; Elsie, *Al-sie*, f, wife, 58
762; **[Wayne]**, Caroline, f, grnd-niece, 10

763; **DAVIS**, Joe, *Scoh-cle-los-kih*, m, 2nd husband, 36
764; Katy, *Catih*, f, wife, 51
765; **[Junaluskie]**, Jim, m, stp-son, 17

Census of the **Cherokee** *Indians of* **Cherokee** *Agency, taken by United States Indian Agent,* **(July 24, 1909).** *(NOTE: Little information given regarding the following census.)*

KEY: Number; English Name, *Indian Name (if given)*, Sex, Relation, Age.

766; **WELCH**, Edward, m, widower, 24

767; **FRENCH**, Awee, *Ai-wih*, f, wife, 31
768; Maude, f, daughter, 15
769; Moroney, m, son, 12
770; Morgan, m, son, 9
771; Soggie, m, son, 7
772; George, m, son, 4
773; Jonah, m, son, 2

774; **OTTER**, Andrew, *Tsuh-sah-hih*, m, husband, 38
775; Sarah *Sal-lih*, f, wife, 44
776; Lindy, f, daughter, 15
777; Jackson, m, son, 10
778; Matilda, f, daughter, 8
779; Ollick, f, daughter, 6
780; Oliver, m, son, 1 ½

781; **BIGMEAT**, Nicodemus, *Nicodum-sih*, m, husband, 34
782; Nannie, *Coo-toh-sih*, f, wife, 44

783; **CRAIG**, Mary Josephine, f, mother, 32
784; George Donley, m, son, 4
785; **[Shuler]**, Georgia Craig, *Adelia J. Craig*, f, sister, 25
786; William W., m, brother, 23
787; Frank, m, brother, 15

788; **YONCE**, Nancy S., f, wife, 57
789; Daisy, f, daughter, 16

790; **WAHYAHNETAH**, John, *John nih*, m, husband, 66
791; Awee, *Ai-wee*, f, wife, 56
792; Sampson, m, son, 22
793; Posy, m, grnd-son, 10

794; **WAHYAHNETAH**, Allen, *Eh-la-nih*, m, husband, 35
795; Sallie, *Yah es tah*, f, wife, 40

796; **WAHYAHNETAH**, Will, *We-lih Eh-le-nih*, m, husband, 38
797; Kamie, f, wife, 30
798; Maggie, f, daughter, 7
799; Samuel, m, son, 5
800; Roy, m, son, 2
801; Bertha M., f, daughter, 8/12

802; **OWL**, Blue, *Sa-ca-ni-gah*, m, widower, 51
803; James, m, son, 21
804; Allen, m, son, 8
805; **[Saunooke]**, Jackson, m, nephew, 26

806; **TETEGEESKIH**, Iyostih, f, wife, 66
807; **[Ross]**, McKinley Tetegeeskih, m, grt-grnd-son, 8

808; **SHERRILL**, William, m, husband, 30

809; **TAYLOR**, Eliza, *Liza*, f, widow, 52
810; Jack, m, son, 19
811; John, *La-how-wee*, m, son, 18
812; Julius, *Oo-lai-way*, m, son, 10
813; Timpson, m, son, 9
814; David, m, son, 6
815; Bessie, f, daughter, 12
816; William, m, son, 1 ½

817; **LAMBERT**, Loyd, m, husband, 25
818; Sallie, *Sah-lih*, f, wife, 30
819; **[Taylor]**, Luzene, f, stp-daughter, 7

Census of the **Cherokee** *Indians of* **Cherokee** *Agency, taken by United States Indian Agent,* **(July 24, 1909)**. *(NOTE: Little information given regarding the following census.)*

KEY: Number; English Name, *Indian Name (if given)*, Sex, Relation, Age.

820; Ollie, f, daughter, 5
821; Nellie, f, daughter, 3
822; Richard, m, son, 7/12

823; **CAT**, Johnson, *Scah-kle-los-kih*, m, husband, 50
824; Sallie, f, wife, 48
825; Willie, m, son, 22
826; Betty, f, daughter, 19
827; Margaret, f, daughter, 17
828; Jesse, m, son, 14
829; Mandy, f, daughter, 9

830; **CAT**, Willie, m, husband, 22
831; Corinthia Bird, f, wife, 19
832; David, m, son, ¼

833; **LEDFORD**, Jake, *Sah-ke-lah-yeh*, m, husband, 34
834; Mary, *Ma-lih*, f, wife, 33
835; Lucy Ann, f, daughter, 3
836; Emma, f, daughter, ¼

837; **LEDFORD**, Reley, *Li-lih*, m, husband, 28
838; Polly, f, wife, 25
839; Joe, m, son, 8
840; Kina, f, daughter, 6
841; Caroline, f, daughter, 2
842; Onih, f, mother, 56

843; **WAIDSUTTE**, Bird, *Too-wa-yah-law*, m, husband, 27
844; Mary, f, wife, 30
845; [Chekelelee], Andy, m, stp-son, 25
846; [Axe], Cindy, f, stp-daughter, 21
847; [Axe], Peter, m, stp-son, 16
848; [Axe], Mandy, f, stp-daughter, 10
849; Lee, m, son, 6
850; Tosey, m, son, 1 ¼

851; **BROWN**, Lydia, *Lit-tih, f, widow, 61*
852; Peter, m, son, 19

853; **TEESATISKEE**, Noah, m, husband, 21
854; Ella, f, wife, 32
855; Will, m, daughter[sic], ?
856; John, m, son, 8/12

857; **OTTER**, Allen, *Ai-lun-mih*, m, husband, 30
858; Winnie, f, wife, 32
859; Sallie, f, daughter, 9
860; Ollie, *Ah-lin-ih*, f, mother, 59

861; **SMOKER**, Loyd, *Tah-se-ke-yah-kih*, m, husband, 38
862; Nancy, *A-yos-tah*, f, wife, 51
863; [Walkingstick], Lucy Ann *(Marked out on original)*

864; **SEQUAHYEH**, Zachariah, *Sah-kee-lah-yah*, m, 2nd husband, 50
865; Louisa, *Loo-wih-sah*, f, 2nd wife, 48
866; Mandy, f, daughter, 11
867; Susann, f, daughter, 8
868; Alice, f, daughter, 6
869; Noah, m, son 1st wife, 24
870; Tahquette, m, son 1st wife, 19
871; Lizzie, f, daughter 1st wife, 20
872; Richard, m, son 1st wife, 13
873; Ammons, m, grnd-son, 3

874; **HILL**, Soggie M, *Sah-kee-luh-yeh*, m, husband, 28
875; Etta, *A-tih*, f, wife, 35

876; **HILL**, Mall, *Te-squal-ta-gih*, m, father, 63
877; Ned, m, son, 20

Census of the **Cherokee** *Indians of* **Cherokee** *Agency, taken by United States Indian Agent,* **(July 24, 1909).** *(NOTE: Little information given regarding the following census.)*

KEY: Number; English Name, *Indian Name (if given)*, Sex, Relation, Age.

878; Len, m, son, 18
879; Caroline, f, daughter, 14
880; [Wolfe], Elkiny, *Ail-kin-nih*, f, niece, 27

881; **HILL**, Blain, m, husband, 23
882; Luzene Sequohyeh, f, wife, 27

883; **TOONI**, Joseph, *Joshua Chow-so-ih*, m, husband, 53
884; Angeline, *Oo-caw-wee-ai-yai-eh*, f, wife, 51
885; Nicey, *Wah-se-sah*, f, daughter, 35
886; Andy, m, son, 17
887; Lachilli, f, daughter, 1

888; **TOONI**, Jake, *Choo-aw-as-kih*, m, husband, 33
889; Lizzie Davis, f, wife, 16

890; **HILL**, Abraham, m, husband, 45
891; Annie, *A-nih*, f, wife, 39
892; Nancy, f, daughter, 16
893; Hensley, m, son, 10
894; Sallie, f, daughter, 7

895; **CORNSILK**, York, m, 2nd husband, 41
896; Eann, *Eyah-nih*, f, wife, 51
897; [Screamer], David, m, stp-son, 18

898; **WELCH**, Nancy, *Ah-ne-nes-sih*, f, widow, 47
899; Cindy, *Sin-dih*, f, daughter, 26
900; Moses, m, son, 23

901; **YOUNGDEER**, Jacob, *Ja-co-bih*, m, husband, 37
902; *Lun-sih*, f, wife, 56

903; *AH-NA-WA-KIH*, f, widow, 72

904; *DAH-NIH-NO-LIK*, m, son, 52

905; **PANTHER**, Job, m, 3rd husband, 25
906; Bettie, *Coh-he-nih*, f, wife, 51

907; **PANTHER**, Mark, m, divorced, 34

908; **REED**, Peter, *Que-tah*, m, widower, 57
909; Jimmie, m, son, 27
910; Loyd, m, grnd-son, 21
911; Lizzie, f, grnd-daughter, 14
912; Andy, f, grnd-daughter, 12
913; William, m, son, 27
914; Jackson, m, grnd-son, 8/12

915; **REED**, Adam, *Ah-lah-nih*, m, husband, 32
916; Rachel, f, wife, 23
917; Jimson, m, son, 4
918; David, m, son, 8/12

919; **REED**, Deweese, m, husband, 29
920; Nannie, f, wife, 25
921; Susanne, f, daughter, 1/3

922; **LOWEN**, John B., m, single, 48

923; **BIGMEAT**, Yona, *Yona-ne-lah*, m, single, 32

924; **LONG**, Joseph Bigwitch, *Tso-nah*, m, husband, 37
925; Sallie, *Sah-la-nih*, f, wife, 30
926; Alice, f, stp-daughter, 11
927; Lucy, f, daughter, 4
928; Edward, m, son, 3

929; **GEORGE**, Sutawaga, *Sit-a-wa-ki*, m, husband, 63

Census of the **Cherokee** *Indians of* **Cherokee** *Agency, taken by United States Indian Agent,* **(July 24, 1909)**. *(NOTE: Little information given regarding the following census.)*

KEY: Number; English Name, *Indian Name (if given)*, Sex, Relation, Age.

930; Esther, f, wife, 53
931; Elijah, m, son, 31

932; **SCREAMER**, James, *Ah-ne-yah-lih*, m, husband, 51
933; Cindy, *Sin-dih*, f, 3rd wife, 37
934; Kane, m, son 3rd wife, 17
935; Soggie, m, son 3rd wife, 15

936; **SCREAMER**, *Ma-nah-sih*, m, husband, 57
937; Nannie Saunooke, f, wife, 44

938; **MUMBLEHEAD**, James W., m, single, 28

939; **CROW**, David, m, husband, 24
940; Sallie, f, wife, 21
941; Samuel, m, son, 4
942; Namie, f, sister, 19
943; Rachel, f, daughter, 1 ½

944; **OOSOWEE**, Sallie, f, widow, 31
945; Rachel, f, daughter, 12
946; Tahquette, m, son, 10; m, son, 10
947; Ona, f, daughter, 1

948; **OOSOWEE**, John, Jr, *Coo-wo-he-law-skih*, m, widower, 32
949; Rebecca, f, daughter, 1

950; **ARMACHAIN**, Davis, *Daresih*, m, husband, 54
951; Annie, *Tsih-kih-eh*, f, 2nd wife, 38
952; Jesse, m, son, 12
953; Louis, m, son, 10
954; Rachel, f, daughter, 7
955; Sevier 2nd, m, son, 4

956; **OOSOWEE**, Samuel Davis, *Samuel Davis*, m, husband, 37
957; Susie, f, wife, 33

958; Paul, m, son, 8

959; **STAMPER**, Ned, *Ned-da-wah-hoo-hoo*, m, husband, 40
960; Sallie Ann, *Sah-lih-ah-nih*, f, wife, 33
961; Hetty, f, daughter, 10
962; Caroline, f, daughter, 9
963; William, m, son, 8
964; Lizzie, f, daughter, 5
965; Sarah, f, daughter, 3
966; Emma, f, daughter, 14
967; **[Riley]**, James, m, illegitimate son, 8

968; **LITTLEJOHN**, Ropetwister, *Te-kah-noo-tah-yo-hih*, m, 2nd husband, 44
969; Annie, *Ainnih*, f, 2nd wife, 31
970; Sallie, f, daughter, 8
971; Isaac, m, son, 3
972; **[Wilnoty]**, Joe, m, stp-son, 14
973; **[Wilnoty]**, Ned, m, stp-son, 11

974; **SHERRILL**, John, *Goh-sah-lah-we*, m, husband, 34
975; Mollie, *Ma-lih*, f, 2nd wife, 30
976; Solemn, f, daughter, 7
977; Julia, f, daughter, 3
978; **[Tramper]**, Kiney, f, stp-daughter, 10
979; **[Tramper]**, Chiltoskie, *Che-lah-taw-skih*, m, bro-in-law, 28
980; **[Tramper]**, Amineta, m, bro-in-law, 19
981; **[Tramper]**, Lottie, f, sis-in-law, 15
982; **[Tramper]**, Samuel, m, son, 1

983; **TOE**, Johnson, *John Sin-nih*, m, husband, 52
984; Nancy, f, wife, 48

Census of the **Cherokee** *Indians of* **Cherokee** *Agency, taken by United States Indian Agent,* **(July 24, 1909).** *(NOTE: Little information given regarding the following census.)*

KEY: Number; English Name, *Indian Name (if given)*, Sex, Relation, Age.

985; **SAUNOOKE**, Annie, *Ah-too-yah-skih*, f, widow, 29
986; Nannie, f, daughter, 10
987; Polly, f, daughter, 3
988; Dinah, f, daughter, 1 7/12

989; **REED**, James, *Tse-wih*, m, husband, 41
990; Maggie Goleech, f, daughter, 21

991; **SAMPSON**, James, *De-gee-gee-skih*, m, husband, 56
992; Sallie, *Ah-cle-ah-te-skih*, f, wife, 46
993; [Crow], Aquaishee, m, nephew of wife, 20

994; **STANDINGWATER**, Alexander, *El-li-ke*, m, widower, 51
995; Elsie, f, daughter, 14

996; **BLACKFOX**, Cindy, *Cah-taw-yaw-eh*, f, widow, 67

997; **BLACKFOX**, Charley, *Chah-lih*, m, husband, 30
998; *Cah-lah-tah-yih*, f, wife, 26
999; Loyd, m, son, 6

1000; **THOMPSON**, Enos, *Enoh-sih*, m, husband, 58
1001; Peter, m, son, 22
1002; Lydia, f, daughter, 18
1003; Wilson, m, son, 16
1004; Goliah, m, son, 11
1005; Wesley, m, grnd-son, 1 3/12

1006; **TEWATLEY**, Jim, *Tsih-wih*, m, husband, 57
1007; Rose, *Lo-sih Chu-law-ka-loh*, f, 2nd, wife, 64
1008; Kane, m, son 1st wife, 23

1009; William, m, son 1st wife, 20

1010; **WELCH**, Davis, m, husband, 41
1011; James Elijah, m, son, 20
~~1012; Annie, f, daughter, 18~~
(Marked out on original)
1012; Mark, m, son, 9
1013; Ollie, f, daughter, 6

1014; **DAVIS**, Charlie, *Tsah-lih*, m, husband, 36
1015; Annie, *An nih*, f, wife, 33
1016; Isreal, m, son, 15
1017; David, m, son, 8
1018; Isaac, m, son, 10
1019; George, m, son, 4
1020; Callie, f, daughter, 1

1021; **SWIMMER**, Runaway, *Ah-la-te-skih*, m, husband, 31
1022; Iannia, f, wife, 26
1023; Tah hi co, *Tah-he-coo*, f, grnd-mother of wife, 66

1024; **TEKINNEH**, Watson, *Watson nih*, m, single, 56

1025; **TOE**, Campbell, *Cah-min-lih*, m, husband, 42

1026; **BIRD**, Tah-hees-kie, *Taw-hee-skih*, m, husband, 69
1027; Celie, *Se-lih*, f, wife, 56
1028; Rebecca, W*aig gih*, f, daughter, 20

1029; **TOONI**, Nick, *Nic keh*, m, husband, 28
1030; Nancy, *Coh-te-saw-eh*, f, wife, 30
1031; Garfield, *Car wee-lee*, m, son, 3
1032; Nannie, f, daughter, 6
1033; Isaac, m, son, 4

Census of the **Cherokee** *Indians of* **Cherokee** *Agency, taken by United States Indian Agent,* **(July 24, 1909)**. *(NOTE: Little information given regarding the following census.)*

KEY: Number; English Name, *Indian Name (if given)*, Sex, Relation, Age.

1034; **[Tawheeskih]**, Mary, f, stp-daughter, 10

1035; **DRIVER**, Wesley, *Weslih*, m, husband, 37
1036; Agnes, *Ai-kin-nih*, f, wife, 39
1037; John, m, son, 10
1038; Lucinda, f, daughter, 10
1039; Sallie, f, daughter, 3

1040; **PHEASANT**, John, *Choo-lo-tah-kih*, m, husband, 56
1041; Maggie, *Nai-kih*, f, wife, 54
1042; Dora, f, daughter, 18

1043; **PHEASANT**, Will, *We-loo-stih*, m, husband, 26
1044; Rachel Wolfe, f, wife, 15

1045; **POWELL**, Doogah, *Too-cah, f, widow, 39*
1046; Moses, m, son, 21
1047; Stancel, m, son, 18
1048; Sarah, f, daughter, 10
1049; Holmes, m, son, 5
1050; Winnie, f, daughter, 3
1051; Noah, m son, 2

1052; **WELCH**, Adam, m, husband, 23
1053; Annie, f, wife, 16
1054; Frank Churchill, m, son, 1

1055; **SWIMMER**, Thomas, *Oo-chow-staw-sih*, m, husband, 54
1056; Annie Tahquette, f, wife, 46

1057; **WILNOTY**, Mink, *Suh-kih*, m, single, 66

1058; **HILL**, John, *Te-goo-gee-tah*, m, husband, 34
1059; Sallie, *Iyostoh*, f, wife, 72

1060; **LONG**, Will West, *Will West*, m, husband, 38
1061; Annie Welch, f, wife, 18

1062; **CLIMBINGBEAR**, Ollie, *Ah-le-nih*, f, widow, 54
1063; Deliskie, *Ta-le-skih*, m, son, 33
1064; Ancie, *Ta-kin-nih*, f, daughter, 30
1065; Katie, f, daughter, 20

1066; **SUAGIH**, Waidsutte, *Wa tah-suh-tih*, m, husband, 64
1067; Annie, *Ai-ye-nih*, f, wife, 55

1068; **TEWATLEY**, Adam, *Ah-too-nih*, m, husband, 34
1069; Mandy, f, wife, 19

1070; **WOLFE**, Enos, *E-nos-sih*, m, divorced, 43

1071; **WOLFE**, Jowan, *Cho-we-nih*, m, 2nd husband, 61
1072; Sallie, *Sah-lih*, f, wife, 50

1073; **WOLFE**, William Johnson, *William Johnson*, m, husband, 32
1074; Martha, f, wife, 26
1075; Joe, m, son, 7
1076; Addison, m, son, 3
1077; Susann, f, mother, 58
1078; Ward, m, brother, 19
1079; Lilly, f, daughter, 1

1080; **RUNNING WOLFE**, *Wah-yah-cle*, m, husband, 30
1081; Mollie, *Ma-lih*, f, wife, 28
1082; Loyd, m, son, 10
1083; Ammons, m, son, 7
1084; Thomas, m son, 5
1085; Sallie, f, daughter, 2
1086; Laura, f, daughter, 1/3

Census of the **Cherokee** *Indians of* **Cherokee** *Agency, taken by United States Indian Agent,* **(July 24, 1909).** *(NOTE: Little information given regarding the following census.)*

KEY: Number; English Name, *Indian Name (if given)*, Sex, Relation, Age.

1087; **SE-QUAH-YEH**, *Sic-quo-ih*, m, widower, 62

1088; **DRIVER**, Judas, *Chu too sih*, m, husband, 40
1089; Eliza, *Li-ye-sah*, f, wife, 41
1090; Annie, *Ain-e-kih*, f, aunt, 64

1091; **WATTEY**, Coo-lar-che, *Coo-lark-sih*, m, husband, 32
1092; Nessih, *Neh-sih*, f, wife, 33
1093; Kinsey, m, son, 8
1094; Lizzie, f, daughter, 7
1095; Stephen, m, son, 12
1096; Polly, f, daughter, 3
1097; Uh nan yih, *Solee-solee-see*, f, mother, 66
1098; Olsie, f, daughter, 5/12

1099; **DAVIS**, Quai-tih, *Quai-tih*, f, widow, 72

1100; **DRIVER**, Jimmy, *Te-ha-le-taw-hih*, m, husband, 70
1101; Betty, *Qua-ti-yeh*, f, wife, 66

1102; **DRIVER**, James B, *Coo-low-ih*, m, husband, 33
1103; Helen Esther, f, daughter, 1½

1104; **DRIVER**, Russell B, *Lah-se-loh*, m, husband, 35
1105; Marion, f, daughter, 5
1106; Elsie, f, daughter, 2

1107; **CONLEY**, John, *Wah-hi-co-co-nih*, m, widower, 48
1108; John, Jr, m, son, 19
1109; Luke, m, son, 13
1110; Lindie, f, daughter, 6

1111; **DRIVER**, Che kelelee, m, husband, 25
1112; Ollie, f, wife, 23
1113; Rosa, f, daughter, 7
1114; George, m, son, 5
1115; Ellen, f, daughter, 1

1116; **SHAKE-EAR**, Fidella, *Quah-te-lih*, m, husband, 38
1117; Lizzie, *Caw-he-neh-ih*, f, wife, 45

1118; **WHIPPOORWILL**, Manley, Welch, m, single, 28

1119; **ARMACHAIN**, Ann Eliza, *Ai-nih-li-sih*, f, widow, 49
1120; Janoh, m, son, 13

1121; **ARMACHAIN**, Conseen, *Can sih ih*, m, husband, 52
1122; Susie, *Susih*, f, wife, 50

1123; **DAVIS**, John, *Tah-chun-tih*, m, husband, 47
1124; Annie, *Gah-na-ih*, f, wife, 54

1125; **WOLFE**, John Lossih, m, husband, 46
1126; Nancy, *Nan-sih*, f, wife, 56
1127; Lawyer, m, son, 17
1128; Dawson, m, son, 18

1129; **THOMPSON**, Johnson, *Ca-tah-ge-skih*, m, husband, 42
1130; Nancy, *Nan-sih*, f, wife, 41
1131; Ah-sin nih, m, son, 25
1132; Wilson, m, son, 21
1133; Ammon, m, son, 15
1134; David, m, son, 12
1135; James, m, son, 9
1136; Jonnani, m, son, 6
1137; Jackson, m, son, 4

Census of the **Cherokee** *Indians of* **Cherokee** *Agency, taken by United States Indian Agent,* **(July 24, 1909)**. *(NOTE: Little information given regarding the following census.)*

KEY: Number; English Name, *Indian Name (if given)*, Sex, Relation, Age.

1138; Annie, f, daughter, 3
1139; Walker, m, son, 1

1140; **CALHOUN**, Morgan, *Au-gun-staw-tch*, m, husband, 45
1141; Sallie Ann, f, wife, 32
1142; Polly, f, daughter, 14
1143; Loyd, m, son, 12
1144; Eve, f, daughter, 8
1145; Lawson, m, son, 6
1146; Holley, m, son, 4
1147; Sunday, *Gaw-dah-qua-skih*, m, son, 3
1148; Yih-gin-neh, f, daughter, 9
1149; Levi, m, son, 1

1150; **WOLFE**, Jacob, m, husband, 37
1151; Nelson, f, wife, 32
1152; Laura, f, daughter, 17
1153; Joseph, m, son, 12
1154; Jesse, m, son, 18
1155; Abel, m, son, 5
1156; Alice, f, daughter, 3

1157; **WOLFE**, John, m, husband, 39
1158; Linda, *Lin-dih*, f, wife, 30
1159; Walker, *Ato-ah*, m, son, 4
1160; Minnie, f, daughter, 1

1161; **WOLFE**, Junaluskie, m, single, 25
1162; Owen, m, brother, 24
1163; Tahquette, m, brother, 22

1164; **WOLFE**, Moses, *Wo-sih*, m, husband, 62
1165; Jane, *Ah-noo-yow heh*, f, 2nd wife, 48
1166; Martha, f, daughter, 18
1167; Jonah, m, son, 9
1168; Kinsey, m, son 1st wife, 24

1169; [Welch], Corneita, *Cun-wah-ne-tah*, m, stp-son, 27

1170; **LAMBERT**, Charley, *Alleck*, m, husband, 25
1171; Mary, f, wife, 22
1172; Jackson, m, son, 3

1173; **BLACKFOX**, Josiah, m, husband, 58
1174; Dinah Calhoun, *Tah-yah-nih*, f, wife, 52
1175; Kaziah, *Tso-stow-wah*, m, stp-son, 14

1176; **BIRD**, Going or Bird Toheskee. *Chees-quah-wah-ih*, m, husband, 40
1177; Annie, *Wal-kin-ih*, f, 2nd wife, 45
1178; Eli, m, son 1st wife, m, 16
1179; [Smoke], Bettie, f, daughter 2nd wife, 14

1180; **WATTEY**, Ute, *Coh-yah-wah-stick*, m, husband, 43
1181; Mary, *Chic-kuh-wah*, f, wife, 38
1182; John, m, son, 18

1183; **WOLFE**, Joseph H, *Tsah wah*, m, husband, 37
1184; Jennie, *Jin nih*, f, wife, 39
1185; Callie, f, daughter, 7
1186; Polly, *Qualla*, f, sister, 63

1187; **BRADLEY**, Eliza J, f, wife, 36
1188; Walter, m, son, 15
1189; Amos, m, son, 13
1190; Henry, m, son, 8
1191; Judson, m, son, 6
1192; Lydia, f, daughter, 4
1193; Seabost Hyatt, m, son, 1 6/12

Census of the **Cherokee** *Indians of* **Cherokee** *Agency, taken by United States Indian Agent,* **(July 24, 1909).** *(NOTE: Little information given regarding the following census.)*

KEY: Number; English Name, *Indian Name (if given)*, Sex, Relation, Age.

1194; **BRADLEY**, Nancy, f, mother, 33
1195; Margaret, f, daughter, 10
1196; Mindy E, f, daughter, 4
1197; Roy, m, son, 6
1198; *(No information given)*, 7/12

1199; **LOSSIE**, Jennie, *Chin-nih-yeh*, f, widow, 51
1200; Leander, m, son, 24
1201; David, m, son, 16
1202; Thomas, m, son, 13
1203; Candy, m, son, 10
1204; John R, m, son, 5
1205; Hays, m, son, 4

1206; **PANTHER**, Annie, *Ain nih Te-tah-tee-tih*, f, wife, 46

1207; **WOLFE**, Elizabeth, *Le-sih*, f, single, 25
1208; James L, m, brother, 22
1209; Pearl, f, sister, 21
1210; Manda, f, sister, 19
1211; Charley, m, brother, 17

1212; **HOLLAND**, Jennie, f, wife, 22
1213; **[Arch]**, Lillian, f, daughter, 4
1214; Grace, f, daughter, 2
1215; William J, m, son, 1

1216; **DRIVER**, Dickey, *Dick-eh*, m, husband, 59
1217; Etta Jane, f, 2nd wife, 30
1218; Nannie, f, daughter, 4
1219; DeHart, m, son, 1

1220; **TOINEETA**, Nick, *Nick-ih*, m, husband, 41
1221; Bettie, *Quai-tah-yih*, f, wife, 48
1222; Iuagih, *m, son, 20*
1223; Arneach, m, son, 16

1224; **QUEEN**, Levi, m, husband, 38
1225; Mary, *Ma-lih*, f, wife, 29
1226; Mindy, f, daughter, 14
1227; Abraham, m, son, 10
1228; Eddie, f, daughter, 8
1229; Malinda, f, daughter, 5
1230; Alkinney, f, daughter, 3

1231; **QUEEN**, Simpson, m, husband, 36
1232; Sallie, *Sah-le-ah-nih*, f, 2nd wife, 28
1233; Jasper, m, son 1st wife, 14
1234; Olliney, f, daughter, 11
1235; Nolan, m, son, 7
1236; Mary, f, daughter, 6
1237; Bessie, f, daughter, 4
1238; John, m, son, 2

1239; **WILNOTY**, Lot, *Loh-tih*, m, widower, 59
1240; Moses, m, son, 25
1241; Nicey, f, daughter, 20
1242; Simon, m, son, 18
1243; Aggie, f, grnd-daughter, 4
1244; Nancy, f, grnd-daughter, 2

1245; **JUMPER**, Ute, *Utih*, m, husband, 35
1246; Betsey, *Quait-she*, f, wife, 36
1247; Stancel, m, son, 10
1248; Edward, m, son, 11
1249; James Walkingstick, m, son, 6
1250; Thomas, m, son, 4
1251; Henry, m, son, 1½

1252; **JOHNSON**, William, *Oo-la-whoh-tih*, m, husband, 34
1253; **[Crow]**, Riley, m, stp-son, 9
1254; **[Crow]**, Louisa, f, stp-daughter, 5
1255; Loyd, m, son, 6/12

Census of the **Cherokee** *Indians of* **Cherokee** *Agency, taken by United States Indian Agent,* **(July 24, 1909)**. *(NOTE: Little information given regarding the following census.)*

KEY: Number; English Name, *Indian Name (if given)*, Sex, Relation, Age.

1256; **LONG**, Nellie, *Aul-chih*, f, widow, 65
1257; Charley, m, son, 21

1258; **GEORGE**, Logan, m, orphan, 18

1259; **LOWEN**, John, Jr, *Ta-sah-ne-hih*, m, 2nd husband, 48
1260; Sis, *Gaw-hih-stee-skih*, f, 2nd wife, 47
1261; **[Kolonuheskie]**, Abraham, *Ah-quah-hah-nih*, m, stp-son, 27
1262; **[Kolonuheskie]**, Charley, m, stp-son, 23
1263; **[Kolonuheskie]**, Katie, f, stp-daughter, 16
1264; **[Kolonuheskie]**, Nannie, f, stp-daughter, 12

1265; **CALHOUN**, Lawyer, *Te-te-yah-hih*, m, husband, 50
1266; Ollie, *Ah-le-wa-kih*, f, wife, 38
1267; **[Kolonuheskie]**, Joe, m, stp-son, 21

1268; **BIGMEAT**, *Ai-nih-kih*, f, widow, 61
1269; Adam, m, son, 18

1270; **FEATHERHEAD**, Wilson, *Wil-sih-nih*, m, husband, 32
1271; Nancy, *Ah-ne-yeh*, f, wife, 65

1272; **BIGMEAT**, Isaih[sic], *Te-yeh-ste-skih*, m, husband, 31
1273; Sarah, *Sa-le-nih*, f, wife, 28

1274; **WALLACE**, James, *Jim mih*, m, widower, 31

1275; **ARMACHAIN**, Chewonih, *Che-wo-nih*, f, sep'd wife, 65

1276; **AXE**, David, *Oo-yos-kah-law-te-ge-skih*, m, sep'd husband, 55

1277; **WAYNE**, Will John, *We-lih*, m, husband, 34
1278; Sarah, f, wife, 25

1279; **RATLIFF**, James, m, husband, 61

1280; **MANEY**, Eve, *Eve Wilnoty*, f, wife, 23
1281; Mary, f, daughter, 5
1282; John, m, son, 3
1283; Allen Jacob, m, son, 1

1284; **MURPHY**, David, m, husband, 76

1285; **DRIVER**, William, *We-lih*, m, husband, 36
1286; Eliza, f, wife, 38
1287; Ned, m, son, 9
1288; Adam, m, son, 6
1289; Lucy, m, daughter, 3

1290; **DRIVER**, Abraham, *Ah-quah-hah-mah*, m, single, 33

1291; **HORNBUCKLE**, Lewis, m, husband, 53
1292; Caroline, *Car line*, f, wife, 51
1293; John L, m, son, 25

1294; **HORNBUCKLE**, Jeff Davis, m, husband, 45
1295; Jeff Davis, Jr, m, son, 18
1296; Andy, m, son, 5
1297; Johnson, m, son, 9

1298; **JACK**, Nancy, *Cah-tah-yaw-eh*, f, widow, 72

Census of the **Cherokee** *Indians of* **Cherokee** *Agency, taken by United States Indian Agent,* **(July 24, 1909)**. *(NOTE: Little information given regarding the following census.)*

KEY: Number; English Name, *Indian Name (if given)*, Sex, Relation, Age.

1299; **CONSEEN**, Jack, m, single, 24
1300; Thompson, m, brother, 20
1301; Loyd, m, nephew, 6
1302; Buck, m, nephew, 4

1303; **CROW**, Ossie, *Osih*, m, single, 26

1304; **LAMBERT**, Hugh Nolan, m, husband, 27
1305; Rosa, f, wife, 25

1306; **LONG**, Jackson, *Jackson ih*, m, husband, 54

1307; **LAMBERT**, Thomas R, m, husband, 25
1308; Nanny Y, f, wife, 19
1309; Florence, f, daughter, 2

1310; **SMITH**, Samuel A, *Samuel Abraham Murphy*, m, widower, 43
1311; Susie, f, daughter, 22
1312; William Blain, m, son, 19
1313; Joseph M, m, son, 17
1314; Belva, f, daughter, 15
1315; Goldman, m, son, 13
1316; David McK, m, son, 10
1317; Jesse H, m, son, 8

1318; **SMITH**, Lorena M, *Lorena Murphy*, f, wife, 48

1319; **ARCH**, Johnson, m, husband, 25
1320; Ella, f, wife, 19
1321; Cora, f, daughter, 2

1322; **LAMBERT**, Samuel C, m, husband, 48
1323; Nannie, f, daughter, 15
1324; Verdie, f, daughter, 12
1325; Claude, m, son, 17

1326; Corbett, m, son, 10
1327; Cora Lee, f, daughter, 8
1328; Julia, f, daughter, 7
1329; Theodore R, m, son, 6
1330; Onie, f, daughter, 3
1331; Gaylord, m, son, 8 12

1332; **LAMBERT**, Albert J, m, husband, 54
1333; Jesse B, m, son, 31

1334; **LAMBERT**, James W, m, husband, 33
1335; Ida Myrtle, f, daughter, 8/12

———; **LAMBERT**, ~~Thomas O, m, husband, 29~~
(Marked out on original)

1336; **LAMBERT**, Columbus F, m, husband, 36

———; **LAMBERT**, ~~Hugh J, m, husband, 34~~
(Marked out on original)

1337; **ALLISON**, Nannie I, f, wife, 24
1338; Ida May, f, daughter, 1
1339; Rollie Robert, m, son, 4
1340; Albert Monroe, m, son, 2

1341; **LEE**, Samuel, m, son, 18
1342; Edith, f, daughter, 13
1343; Debrada, f, daughter, 10

1344; **LEE**, Oberlander, m, husband, 16
1345; Addie H, *Addie Hornbuckle*, f, wife, 14

1346; **CHILDERS**, Lula, f, wife, 25
1347; Robert Marion, m, son, 3

Census of the **Cherokee** *Indians of* **Cherokee** *Agency, taken by United States Indian Agent,* **(July 24, 1909)**. *(NOTE: Little information given regarding the following census.)*

KEY: Number; English Name, *Indian Name (if given)*, Sex, Relation, Age.

1348; **LAMBERT**, J. Monroe, m, husband, 51
1349; **[Maney]**, C. Cordelia Lambert, *Caroline Lambert*, f, daughter, 30
---; [Matthews], Lillian Iowa Lambert, *Ellen Lambert*, f, daughter, 28
---; [Reagan], Hester Lambert, f, married daughter, 20
(NOTE: Marked out on original)
1351; **[Reagan]**, Emmet, m, grnd-son, 1 1/3
1352; Charles, m, son, 18
1353; Fred, m, son, 16
1354; Jesse, m, son, 12
1355; Fitzsimmons, m, son, 9
1356; Flora, f, grnd-daughter, 8

1357; **SMITH**, Thaddeus Sibbald, m, husband, 30
1358; Hartman, m, son, 10
1359; Mary, f, daughter, 8
1360; Gerald, m, son, 5
1361; Grace, f, daughter, 3
1362; Stella, f, daughter, 2

1363; **SMITH**, Lloyd, *A-loh-tih*, m, husband, 36
1364; Roberson, m, son, 9
1365; Elizabeth, f, daughter, 7
1366; Noah, m, son, 6
1367; Tennie, f, daughter, 4
1368; John D, m, son, 3

1369; **SNEED**, Samuel, m, husband, 49
1370; Mary C, f, daughter, 14
1371; Annie L, f, daughter, 12
1372; Maud E, f, daughter, 10

1373; **SNEED**, John H, m, husband, 58
1374; Manco, m, son, 22

1375; **SNEED**, Osco, m, husband, 30
1376; Thomas McK, m, son, 2
1377; William, m, son, ¼ yr.

1378; **SNEED**, Peco, m, husband, 34
1379; Sarah, f, daughter, 6
1380; Blakeley, m, son, 4
1381; Stella Lee, f, daughter, 1

1382; **SNEED**, Campbell, m, husband, 20
1383; Mindy, f, wife, 19
1384; Cora May, f, daughter, 1

1385; **COOPER**, Stacy Jane, *Stacy Jane Sneed*, f, wife, 41
1386; Arnold, m, son, 15
1387; Curtis, m, son, 14
1388; Frankie, f, daughter, 13
1389; Lelia, f, daughter, 10
1390; Fannie, f, daughter, 8
1390; Myrtle, f, daughter, 6
1391; Fred, m, son, 3
1392; Selma Dorris, f, daughter, 1

1393; **BIDDEX**, Rosa E, *Raso[sic] Elmiro Rackley*, f, wife, 31
1394; Jennie, f, daughter, 5
1395; Polly, f, daughter, 3

1396; **OWL**, Solomon D, *Solomon Darius*, m, husband, 45
1397; Theodore, m, son, 23
1398; Callie, f, daughter, 21
1399; Dora, f, daughter, 19
1400; Mark, m, son, 17
1401; Martha Jane, f, daughter, 15
1402; Alfred Bryan, m, son, 12
1403; Loyd Solomon, m, son, 9
1404; Cornelius, m, son, 7
1405; Ethel, f, daughter, 3
1406; William David, m, son, 2

Census of the **Cherokee** *Indians of* **Cherokee** *Agency, taken by United States Indian Agent,* **(July 24, 1909).** *(NOTE: Little information given regarding the following census.)*

KEY: Number; English Name, *Indian Name (if given)*, Sex, Relation, Age.

1407;   DeWit S, m, son, 1

1408;   **WOLFE**, George Lloyd, m, husband, 32
1409;   John R, m, son, 6
1410;   William H, m, son, 5
1411;   Richard C, m, son, 3

1412;   **MURPHY**, Jesse, m, husband, 46
1413;   Mary McCoy, f, wife, 32
1414;   William, m, son, 18

1415;   **GOFORTH**, Minnie, f, wife, 21
1416;   Louisa, f, daughter, 1

1417;   **BRADLEY**, George, m, husband, 32
1418;   Annie, f, daughter, 7
1419;   Dinah, f, daughter, 4
1420;   Rachel, f, daughter, 3
-----;   Joseph, *Jasper*, m, brother, 28
1421;   Morgan, m, ½ brother, 14
1422;   Nick, m, ½ brother, 12
1423;   Sarah, f, ½ sister, 7
1424;   Thomas, m, son, 1
-----;   Johnson, m, nephew, 1
1425;   [Tolly], Lizzie Bradley, f, wife, 22

1426;   **BRADLEY**, Johnson, m, husband, 30
1427;   Raymond E, m, son, 2

1428;   **BRADLEY**, Joseph, *Jasper*, m, father, 28
1429;   Johnson, m, son, 1

1430;   **HORNBUCKLE**, George, m, husband, 33
1431;   Melissa, f, daughter, 12
1432;   Ella May, f, daughter, 10
1433;   Hartman, m, son, 7
1434;   Olivann, f, daughter, 5

1435;   Elvira, f, niece, 11
1436;   William Allen, m, son, 1½

1437;   **HORNBUCKLE**, William, m, husband, 39
1438;   Fred, m, son, 12
1439;   Dora, f, daughter, 9
1440;   Wilson, m, son, 5

1441;   **LONG**, Charley, *Cah-whih-lih*, m, husband, 39
1442;   Sallie, *Sarah Jane Murphy*, f, wife, 32
1443;   Long Bear, m, son, 12
1444;   Lucy, f, daughter, 10
1445;   Aggie, f, daughter, 8
1446;   Bettie, f, daughter, 6
1447;   Isaac, m, son, 3
1448;   Lena, f, daughter, 1

1449;   **LOCUST**, Noah, *William Noah*, m, husband, 27
1450;   Lewis m, son, 8
1451;   Tincy, f, daughter, 3
1452;   Laura B, f, daughter, 5

1453;   **LITTLEJOHN**, Goliath, *Cuh-lare-skih*, m, husband, 39

1454;   **TAHQUETTE**, John Alfred, m, husband, 38
1455;   Annie, *Ah-ne-le-sih*, f, 2nd wife, 35
1456;   Emily, f, daughter, 4
1457;   Frank Glenn, m, son, 1 3/12

1458;   **SAUNDERS**, Cudge Ellis, *J. Cudge*, m, 2nd husband, 48
1459;   *Wah-lih*, f, wife, 52
1460;   Mose, m, son, 13
1461;   [Wa-hoo-hoo], Lystie, f, stp-daughter, 23

Census of the **Cherokee** *Indians of* **Cherokee** *Agency, taken by United States Indian Agent,* **(July 24, 1909).** *(NOTE: Little information given regarding the following census.)*

KEY: Number; English Name, *Indian Name (if given)*, Sex, Relation, Age.

1462; **ST. JERMAIN**, Nicey Isabella, *Nicey Isabella Wolfe*, f, wife, 38

1463; **FINGER**, Sophronia C, *Sophronia Caroline Wolfe*, f, wife, 32
1464; Ramona, f, daughter, 12
1465; Samuel, m, son, 10
1466; Leona, f, daughter, 4
1467; Eugene, m, son, 1

1468; **SMITH**, George Lewis, *George Lewis Nicholson*, m, husband, 30

1469; **DONLEY**, Robert L, *Robert Lee Donley Craigg*, m, single, 37

—— , LAMBERT, Joseph Jackson, m, husband, 22
(Marked out on original.)

1470; **SMITH**, Henry, Jr, m, husband, 58
1471; Roxie, f, daughter, 28
1472; Thomas, m, son, 24
1473; [Spray], Gertrude Smith, f, daughter, 22
1474; Russell, m, son 2nd wife, 3
1475; Myrtle, f, daughter, 2

1476; **CROW**, Henrietta, *Etta Jane Crow*, f, single, 22

1477; **CLARK**, Lottie A, *Charlotte Caroline Smith*, f, wife, 39
1478; [Pattee], Cora E, f, daughter, 18
1479; [Pattee], Fred, m, son, 16
1480; [Pattee], Sophia, f, daughter, 14

1481; **McLEMORE**, John L, m, husband, 55
1482; Cora, f, daughter, 5

1483; **McLEMORE**, Samuel H, m, husband, 53
1484; Murrell, m, son, 9
1485; Samuel R, m, son, 3

1486; **TIMPSON**, James A, m, husband, 28

1487; **TIMPSON**, Humphrey Posey, m, single, 51

1488; **MASHBURN**, Harriet A, *Harriet Timpson*, f, wife, 30
1489; Frank, m, son, 8
1490; Bessie, f, daughter, 6
1491; James A, m, son, 4
1492; Sarah A, f, daughter, 3

1493; **MASHBURN**, Leora R, f, wife, 25
1494; Minnie, f, daughter, 7
1495; Mattie, f, daughter, 5
1496; Bertha, f, daughter, 2
1497; Nina, f, daughter, 1

1498; **ROBERTS**, Lottie Smith, *Charlotte Nicholson*, f, wife, 32
1499; [Smith], Callie, f, daughter, 7
1500; Walter, m, son, 6
1501; Fred, m, son, 3
1502; Lula, f, daughter, 2

1503; **McCOY**, Louisa, f, wife, 58

1504; **McCOY**, David, m, husband, 36
1505; Manda, f, daughter, 10
1506; Julia, f, daughter, 6
1507; Stella, f, daughter, 4
1508; James W, m, son, 8
1509; Susie, f, daughter, 1 7/12

1510; **McCOY**, John, m, husband, 34

Census of the **Cherokee** *Indians of* **Cherokee** *Agency, taken by United States Indian Agent,* **(July 24, 1909).** *(NOTE: Little information given regarding the following census.)*

KEY: Number; English Name, *Indian Name (if given)*, Sex, Relation, Age.

1511; Pearson, m, son, 12
1512; Mary, f, daughter, 9
1513; James, m, son, 6

1514; **McCOY**, James, m, husband, 25
1515; Thomas, m, son, 4
1516; Joseph, m, son, 2

1517; **BAKER**, Ella McCoy, f, wife, 31
1518; Stella, f, daughter, 11
1519; Charles, m, son, 6
1520; Mary, f, daughter, 4
1521; Myrtle M, f, daughter, 1

1522; **GOINS**, James, *Wah-hi-yah-Oo-lor-sac*, m, widower, 76

1523; **TAHQUETTE**, John, m, sep'd husband, 55

1524; **CHE-KE-LE-LEE**, Tom, *Cah-e-ta-hih*, m, ?, 43

1525; **SAWYER**, Allen, *Alih-nih Sawyer*, m, husband, 32

1526; **MERONEY**, Martha Ann, f, widow, 74
1527; Elizabeth Welch, f, daughter, 27

1528; **PORTER**, Florence S, f, wife, 45
1529; DeWit, m, son, 19
1530; Iris, f, daughter, 17

1531; **MERONEY**, John Stanley, m, husband, 43
1532; Lula, f, daughter, 18
1533; Sallie Belle, f, daughter, 15
1534; Mayes, f, daughter, 13
1535; Della, f, daughter, 2
1536; Gertrude, f, daughter, 8
1537; Fred, m, grnd-son, 3

1538; Bailey Barton, 2nd, m, son, 6

1538; **MERONEY**, Bailey Barton, m, husband, 42
1540; Margaret Axley, f, daughter, 10
1541; Richard B, m, son, 7
1542; Felix P, m, son, 4

1543; **MERONEY**, William H, m, single, 36

1544; **RAPER**, Alexander, m, husband, 64

1545; **ROBINSON**, Ellen Raper, f, wife, 44
1546; Fannie, f, daughter, 15
1547; Emeline, f, daughter, 12
1548; Hadley, m, son, 10

1549; **RAPER**, William Thomas, m, husband, 41
1550; Jessie Leora, f, daughter, 17
1551; Edgar, m, son, 15
1552; Virdie, f, daughter, 13
1553; Dafney, f, daughter, 10
1554; Augustus, m, son, 7
1555; Gurley, m, son, 5
1556; Inez, f, daughter, 3
1557; William Arthur, m, son, 1

1558; **RAPER**, Jesse Lafayette, m, husband, 38
1559; Cly Victor, m, son, 11
1560; Claude Emery, m son, 9
1561; Gurley Clinton, m, son, 8
1562; Minnie Corrinne, f, daughter, 1 7/12

1563; **RAPER**, Marshall, m, husband, 33
1564; Marty Alexander, m, son, 16

Census of the **Cherokee** *Indians of* **Cherokee** *Agency, taken by United States Indian Agent,* **(July 24, 1909).** *(NOTE: Little information given regarding the following census.)*

KEY: Number; English Name, *Indian Name (if given)*, Sex, Relation, Age.

1565; Effi Leona, f, daughter, 12
1566; Clarence Alvin, m, son, 9
1567; Clinton, m, son, 7
1568; Eva, f, daughter, 5
1569; Bonnie Belle, f, daughter, 2

1570; **RAPER**, Charlie Breckenridge, m, husband, 33
1571; Denver Lee, m, son, 10
1572; Delta Clifford, m, son, 8
1573; Pearl Lueva, f, daughter, 4
1574; Emery Lawrence, m, son, 3

1575; **CARLEY**, Lucy Emeline, f, wife, 30
1576; William Luther, m, son, 9
1577; Emery Lorenzo, m, son, 6
1578; Robert Astor, m, son, 4
1579; Myrtle Leona, f, daughter, 1½

1580; **HAWKINS**, Dora Parilee, f, wife, 26
1581; Charles Leonard, m, son, 5
1582; Jean Alden, m, son, 2

1583; **RAPER**, Henry John, m, husband, 24
1584; Viola, f, daughter, 6
1585; Ivan, m, son, 4
1586; Delia, f, daughter, 3

1587; **ROBERSON**, Iowa Isabella, f, wife, 20

1588; **ROGERS**, Jeanette Elizabeth Payne, f, wife, 62

1589; **PAYNE**, Thomas, m, husband, 65
1590; Oscar C, m, son, 17

1591; **STILES**, Mary E. Payne, f, wife, 39

1592; Minnie, f, daughter, 18
1593; Gilbert, m, son, 16
1594; Emma, f, daughter, 13
1595; Oliver, m, son, 11
1596; Clem, m, son, 5
1597; Hal, m, son, 3
1598; Mabel, f, daughter, 7/12

1599; **PAYNE**, William E, m, husband, 37
1600; Poley Elwood, m, son, 13
1601; William Alfred, m, son, 5
1602; Lydia Maria, f, daughter, 3
1603; Cynthia, f, daughter, 2

1604; **PAYNE**, James M, m, husband, 32
1605; Rollin T, m, son, 11
1606; Albert F, m, son, 9
1607; Grace Lee, f, daughter, 5
1608; Emma, f, daughter, 2

1609; **STILES**, Theodocia E. Payne, f, wife, 29
1610; Thomas Luther, m, son, 11
1611; Rufus Virgil, m, son, 9
1612; Cora Alma, f, daughter, 6
1613; Loyd, m, son, 3
1614; Ella, f, daughter, 1 4/12

1615; **RICHARDS**, Mamie Payne, f, wife, 21
1616; Ruby Kate, f, daughter, 2½
1617; William F, m, son, 1

1618; **GREEN**, Cora Elizabeth, f, wife, 24
1619; Lurlie Beatrice, f, daughter, 2

1620; **WARLICK**, Irene Rudde, f, widow, 92

Census of the **Cherokee** *Indians of* **Cherokee** *Agency, taken by United States Indian Agent,* **(July 24, 1909).** *(NOTE: Little information given regarding the following census.)*

KEY: Number; English Name, *Indian Name (if given)*, Sex, Relation, Age.

1621; **WARLICK**, Mary Jane, f, mother, 40
1622; Edna May, f, daughter, 9

1623; **SMITH**, Delilah Warlick, f, wife, 38
1624; Emma, f, daughter, 18
1625; Salina, f, daughter, 14
1626; Marshall, m, son, 11
1627; Lizzie, f, daughter, 6

1628; **DEVERS**, Mary Elizabeth Robinson, f, wife, 34

1629; **ROBINSON**, Edward E, m, husband, 31
1630; Charles Hobart, m, son, 4
1631; Howard Golfrey, m, son, 2

1632; **ROBINSON**, Willis Osco, f, single, 28

1633; **ROBINSON**, Thomas Leonidas, m, husband, 25
1634; William Robert, m, son, 5
1635; Harley Thomas, m, son, 1 3/12

1636; **ROBINSON**, Gita Isabella, f, single, 17

1637; **WOLFE**, Lewis Henry, m, husband, 35
1638; Delia Ann, f, daughter, 18
1639; Louis David, m, son, 16
1640; Isabella, f, daughter, 13
1641; Amanda, f, daughter, 13
1642; Eliza, f, daughter, 7
1643; James, m, son, 3

1644; **NICK**, Chiltoskie, m, single, 26

1645; **SAUVE**, Minnie E. Nick, f, wife, 28
1646; Mabel Maggie, f, daughter, 2

1647; **CALAWAY**, Bessie E. Nick, f, wife, 22

1648; **SWAYNEY**, Laura J, f, wife, 52
1649; Jesse W, m, son, 20
1650; Calcina, f, daughter, 15
1651; Luzene C, f, daughter, 10

1652; **BLANKENSHIP**, Arizona Swayney, f, wife, 30
1653; Lillian Josephine, f, daughter, 3/12

1654; **SWAYNEY**, Lorenzo Dow, m, husband, 30
1655; Amanda, f, wife, 6
1656; Frank B, m, son, 4
1657; Thurman A, m, son, 1½

1658; **RAPER**, Thomas Martin, m, husband, 53
1659; Whoola B, m, son, 21
1660; Martin F, m, son, 19
1661; James, m, son, 13
1662; Lizzie, f, daughter, 10
1663; Clifton, m, son, 4
1664; Lillie, f, daughter, 1

1665; **RAPER**, William B, m, husband, 29

1666; **RAPER**, Lou, m, single, 27

1667; **RAPER**, Gana, m, husband, 25
1668; Erastus M, m, son, 1

1669; **GARLAND**, Elizabeth, f, widow, 78

Census of the **Cherokee** *Indians of* **Cherokee** *Agency, taken by United States Indian Agent,* **(July 24, 1909)**. *(NOTE: Little information given regarding the following census.)*

KEY: Number; English Name, *Indian Name (if given)*, Sex, Relation, Age.

1670; **GARLAND**, Tellius B, m, husband, 59

1671; **LOUDERMILK**, Josephine Garland, f, wife, 32
1672; Nora, f, daughter, 7
1673; Elmer, m, son, 5
1674; Cora, f, daughter, 3
1675; Clint, m, son, 1

1676; **GARLAND**, John Bosco, m, husband, 31
1677; Fred, m, son, 1

1678; **LEFEVERS**, Temoxyewah Garland, f, wife, 28

1679; **GARLAND**, Elizabeth, 2nd, f, single, 23

1680; **GARLAND**, Roxanna, f, single, 51

1681; **GARLAND**, William Sherman, m, single, 43

1682; **McALLISTER**, Harriet C. Garland, f, wife, 38

1683; **BRYANT**, Elizabeth H. Garland, f, wife, 38

1684; **GARLAND**, Jesse Lafayette, m, husband, 53
1685; Jessie May, f, daughter, 17
1686; Emery, m, son, 6
1687; Radia, f, daughter, 3

1688; **ANDERSON**, Addie L. Garland, f, wife, 20
1689; Myrtle, f, daughter, 7/12

1690; **GARLAND**, Lorinzo, m, single, 24

1691; **LOUDERMILK**, Cynthia Ann, f, wife, 47
1692; Hallie, f, daughter, 18
1693; Rebecca, f, daughter, 10

1694; **LOUDERMILK**, John R, m, husband, 31
1695; Thomas L, m, son, 8
1696; William R, m, son, 4
1697; Julia, f, daughter, 2

1698; **ANDERSON**, Louisa Jane, f, wife, 31
1699; Bessie Rosetta, f, daughter, 6
1700; Cora Odell, f, daughter, 4

1701; **FOSTER**, Alcie, *Al-sih*, f, wife, 35
1702; Elsie, f, daughter, 9
1703; Rob, m, son, 7
1704; Burton, m, son, 5
1705; LeRoy, m, son, 3

1706; **ROGERS**, Martha C, f, single, 39

1707; **LEDFORD**, Catherine M. Rogers, f, wife, 34
1708; Iowa, f, daughter, 15
1709; Minnie, f, daughter, 13
1710; Cora, f, daughter, 6
1711; Adkins, m, son, 3
1712; Charles Alvin, m, son, 1 3/12

1713; **DAVIS**, Rebecca, *Becca Hornbuckle*, f, wife, 57

1714; **MURPHY**, Martin, m, husband, 73

Census of the **Cherokee** *Indians of* **Cherokee** *Agency, taken by United States Indian Agent,* **(July 24, 1909).** *(NOTE: Little information given regarding the following census.)*

KEY: Number; English Name, *Indian Name (if given)*, Sex, Relation, Age.

1715; **MURPHY**, Solomon D, m, husband, 52
1716; Louisa, f, daughter, 23
1717; Margaret, f, daughter, 21
1718; Isabella, f, daughter, 19
1719; Manco, m, son, 18
1720; Howard, m, son, 15

1721; **MURPHY**, Joseph Marion, m, husband, 55
1722; **[Garrett]**, Lillie A. Murphy, f, married daughter, 29
1723; Mary J, f, daughter, 26
1724; **[Patterson]**, Eustice J. Murphy, f, married daughter, 24
1725; **[Steward]**, Flore Bell Murphy, f, married daughter, 22
1726; Loyd Garfield, m, son, 17
1727; Cynthia Minerva, f, daughter, 14

1728; **MURPHY**, Henry L, m, husband, 31
1729; Edgar, m, son, 10
1730; Rayburn, m, son, 6
1731; Maud, f, daughter, 4

1732; **REED**, Agnes, f, daughter, 3

1733; **CROW**, Sevier, m, father, 49
1734; Luther, m, son, 9
1735; Arthur, m, son, 9
1736; Lossie, m, son, 8
1737; Robert, m, son, 116[sic]
1738; **[Rogers]**, Wesley Crow, m, son, 7
1739; Dora, f, daughter, 14
1740; **[Rogers]**, Maggie, f, single, 16

1741; **GREYBEARD**, James, m, son, 7
1742; Sallie, f, daughter, 9

1743; **MONROE**, Nora A, f, wife, 29
1744; Charles A, m, son, 2

1745; **LEE**, Adolphus Alonzo, m, husband, 35
1746; Alice M, f, daughter, 8
1747; Myrtle Y, f, daughter, 3

1748; **GEORGE**, Julia V, f, wife, 34
1749; Lottie B, f, daughter, 4
1750; Wallace L, m, son, 2

1751; **MANEY**, Minta Arminta, f, daughter, 4
1752; Ruth, f, daughter, 2

1753; **SWAYNEY**, John Wesley, m, single, 26

1754; **LAMBERT**, Edward, m, husband, 22
1755; Edward Monroe, m, son, 1 5/12

1756; **LAMBERT**, Thomas O, m, husband, 29
1757; Joseph G, m, son, 6
1758; Henry Herman, m, son, 5
1759; John A, m, son, 3

1760; **LAMBERT**, Bessie Andice, f, daughter, 9
1761; Hugh Hartman, m, son, ?

1762; **LAMBERT**, Pearl Elizabeth, f, daughter, 9
1763; Andrew Jackson, m, son, 8
1764; Isaac, m, son, 6
1765; Lora, f, daughter, 11/12

1766; **MATTHEWS**, Lillian Iowa Lambert, f, wife, 28
1767; Eve Addie, f, daughter, 4
1768; Gadie R, f, daughter, 2

Census of the **Cherokee** *Indians of* **Cherokee** *Agency, taken by United States Indian Agent,* **(July 24, 1909)**. *(NOTE: Little information given regarding the following census.)*

KEY: Number; English Name, *Indian Name (if given)*, Sex, Relation, Age.

1769; **PASSMORE**, Nancy, *Nancy Lee*, f, wife, 31
1770; Thomas Marion, m, son, 6
1771; Charles Alonzo, m, son, 5
1772; Rose Cordelia, f, daughter, 3
1773; Oscar, m, son, 1 6/12

1774; **REAGAN**, Hester Lambert, f, wife, 20
1775; Emmet, m, son, 1 4/12

1776; **LAMBERT**, Joseph Jackson, m, husband, 22
1777; Cora Palestine, f, daughter, 2
1778; Leonard Carson, m, son, 1 7/12

1779; **LAMBERT**, Pearson, m, son, 10

1780; **WEBSTER**, Rachel A, f, widow, 68
1781; William Lawrence, m, husband, 39
1782; Jetter Columbus, m, son, 12
1783; Carrie, f, daughter, 9
1784; Norma, f, daughter, 6
1785; William Robert, m, son, 3 or 13

1786; **THOMPSON**, Martha Webster, f, wife, 35
1787; William Howard, m, son, 14
1788; Mata, f, daughter, 12
1789; Minnie, f, daughter, 10
1790; Elbert, m, son, 9
1791; Brasky, f, daughter, 7
1792; Atha, f, daughter, 6
1793; Jewel, m, son, 4
1794; Marion, m, son, 3
1795; Walter G, m, son, 1 6/12

1796; **THOMPSON**, Mary Webster, f, wife, 33
1797; Iowa, f, daughter, 14

1798; Olen, m, son, 12
1799; Greeley, m son, 10
1800; Virdes, f, daughter, 6
1801; Iris, f, daughter, 4
1802; Lawrence, m, son, 1

1803; **PATTERSON**, Lula Webster, f, wife, 31
1804; Olden, m, son, 7
1805; Almer, m, son, 3

1806; **JORDAN**, William Clark, m, husband, 61
1807; William A, m, son, 21
1808; Linnie L, f, daughter, 19
1809; Alfred, m, son, 17
1810; Ollie, f, daughter, 15

1811; **EUBANKS**, Lillie Jordan, f, wife, 23

1812; **FORTNER**, Sis, f, wife, 37

1813; **COLEMAN**, Harrison E, m, husband, 55
1814; Nancy Mary Ellen, f, daughter, 20
1815; Birdie Anolee, f, daughter, 13
1816; Lucius Colvin, m, son, 11

1817; **COLEMAN**, John N, m, widower, 33
1818; Julia, f, daughter, 5
1819; Henry, m, son, 3

1820; **COLEMAN**, George Washington, m, husband, 30
1821; Lillian, f, daughter, 4
1822; Jesse, m, son, 2

1823; **COLEMAN**, Simon Peter, m, single, 26

Census of the **Cherokee** *Indians of* **Cherokee** *Agency, taken by United States Indian Agent,* **(July 24, 1909).** *(NOTE: Little information given regarding the following census.)*

KEY: Number; English Name, *Indian Name (if given)*, Sex, Relation, Age.

1824; **THOMAS,** Rhoda R.E. Coleman, f, wife, 22
1825; Ella Henrietta, f, daughter, 3 ½
1826; William Harrison, m, son, 2
1827; Lula Carrie Emeline, f, daughter, 4/12

1828; **COLE,** George Washington, m, husband, 39
1829; Ida, f, daughter, 17
1830; Orney, f, daughter, 15
1831; Walter, m, son, 9
1832; Jewel, m, son, 7
1833; John, m, son, 5
1834; Lula, m[sic], daughter, 2

1835; **BAKER,** Elmira Cole, f, wife, 37
1836; Luther, m, son, 15
1837; Dona, f, daughter, 14
1838; Wiley, m, son, 12
1839; Cricket, f, daughter, 7
1840; Ben, m, son, 4

1841; **BRUCE,** Elizabeth Cole, f, wife, 48
1842; Arthur, m, son, 23

1843; **BRUCE,** Thomas, m, husband, 27

1844; **PATTERSON,** Ella Cole, f, wife, 30
1845; Alonzo, m, son, 13
1846; Ethel, f, daughter, 11
1847; Elizabeth, f, daughter, 9
1848; Celia, f, daughter, 7
1849; Hobart, m, son, 5
1850; Anvil, m, son, 2
1851; Beadie, f, daughter, 1 ½

1852; **COLE,** William A, m, husband, 27
1853; Anley, m, son, 4

1854; Holly, f, daughter, 2 ¼

1855; **PARRIS,** Catherine Cole, f, wife, 24
1856; Laura M, f, daughter, 3

1857; **COLE,** Robert T, m, single, 33
1858; George Emery, m, brother, 17

1859; **SOUTHER,** Dora Cole, f, wife, 20
1860; Delphe, f, daughter, 1

1861; **BRADY,** Robert A, m, husband, 41
1862; [Johnson], Tempa, f, daughter, 19
1863; [Johnson], Isaac, m, son, 16

1864; **LITTLEJOHN,** Owen, m, son, 4

1865; **LAMBERT,** Hugh, m, husband, 34

——; ~~CUCUMBER, Noah, m~~
(Marked out on original.)

1866; **ROGERS,** William, m, husband, 44
1867; Flourney, f, daughter, 20
1868; Bonney, f, daughter, 15
1869; Oscar, m, son, 13
1870; Villa, f, daughter, 10
1871; Floyd O, m, son, 5
1872; Aston, m, son, 4
1873; Inez, f, daughter, 2

1874; **SMITH,** John Z.Q, m, husband, 39
1875; Jim, m, son, 16
1876; Josie, f, daughter, 14
1877; Rosie, f, daughter, 12
1878; Bessie, f, daughter, 8

Census of the **Cherokee** *Indians of* **Cherokee** *Agency, taken by United States Indian Agent,* **(July 24, 1909).** *(NOTE: Little information given regarding the following census.)*

KEY: Number; English Name, *Indian Name (if given)*, Sex, Relation, Age.

1879;   Robert, m, son, 5
1880;   Ross B, m, son, 1 3/12

Census of the **Eastern Cherokee Indians** *Indians of* **Cherokee, N. C.** *Agency, taken by* **Frank Kyselka, Supt and Spl Disbg Agent** *United States Indian Agent,* **June 30, 1910.** *(NOTE: The Indian name has been copied as is on the original.)*

KEY: Number; English Name, *Indian Name (if given)*, Sex, Relation, Age.

1; **SOLOLANEETA**, Bird, *Tacayah*, m, husband, 68
2; Lucy, *Lucey*, f, wife, 58

3; **OWL**, Sokiney, f, single, 40

4; **OWL**, David, m, husband, 77
5; Quincey, m, grnd-son, 5

6; **SKITTY**, Sevier, m, single, 62

7; **OWL**, Suate, *Suh-ye-ta*, m, husband, 82
8; Dinah, *Ty-yah-nih*, f, wife, 50
9; William, m, son, 17
10; Enoch, m, son, 11
11; Betsey, f, daughter, 5

12; **OWL**, Jonah, m, husband, 28
13; Julia, f, wife, 19
14; Phillip, m, son, 1
15; Grady, m, son, ½

16; **OWL**, Ammons, m, single, 20

17; **OWL**, Lloyd, m, husband, 38
18; David, m, son, 16
19; George, m, son, 15
20; Henry, m, son, 13
21; Frell, m, son, 11
22; Thomas, m, son, 5
23; Mabel, f, daughter, 3
24; Charlotte, f, daughter, 1

25; **OWL**, Lula, f, single, 18

26; **OWL**, John, *Tetutetah*, m, husband, 51
27; Mandy, f, wife, 26
28; Margaret, f, daughter, 7
29; Annie Nicey, f, daughter, 4
30; Lewis, m, son, 2
31; Silas, m, son, ½

32; **BLYTHE**, Arch, m, husband, 33
33; Ida, f, wife, 29
34; Sampson, m, son, 6
35; Birdie Bell, f, daughter, ¼

36; **SAUNOOKE**, John, m, father, 40
37; Jennie, f, daughter, 7

38; **JESSAN**, Lydia, *Ah ne lih*, f, widow, 55
39; Joe, *Joe Cha wee ska*, m, son, 16

40; **JESSAN**, John, m, single

41; **JESSAN**, Dahnolih, *Tah no lih*, m, husband, 30
42; Mary, f, wife, 21
43; Elnara, f, daughter, 1

44; **SOLOLANEETA**, John Lossie, m, widower, 72

45; **SOLOLANEETA**, Linda, *Lin sih*, f, single, 45

46; **SAWYER**, Kiney, f, wife, 26
47; Thomas, m, son, 8

48; **SOLOLANEETA**, Leander, m, husband, 45
49; Annie, f, wife, 31
50; **[Kalonuheaki]**, Edith, f, niece, 1

51; **FODDER**, Jennie, *Ah le nih*, f, widow, 68
52; **[Hornbuckle]**, Daniel, m, grnd-son, 11

53; **BIRD**, Timpson, m, single, 25

54; **CATOLSTER**, Charlie, *Tah lih*, m, husband, 67
55; Eve, *Ewih*, f, wife, 68

Census of the **Eastern Cherokee Indians** *Indians of* **Cherokee, N. C.** *Agency, taken by* **Frank Kyselka, Supt and Spl Disbg Agent** *United States Indian Agent,* **June 30, 1910**. *(NOTE: The Indian name has been copied as is on the original.)*

KEY: Number; English Name, *Indian Name (if given)*, Sex, Relation, Age.

56; **CATOLSTER**, Wallace, *Wa law gih*, m, single, 35

57; **CATOLSTER**, William, *Wah lih nih*, m, single, 31

58; **CATOLSTER**, Carson, *Cal sou wih*, m, husband, 29
59; Josie, f, wife, 19
60; Johnson, m, son, 1

61; **TOINEETA**, Loney, *Lonih*, m, husband, 50
62; Sallie, *Cho co hih*, f, wife, 50
63; Caroline, f, daughter, 15
64; Solomon, m, ward, 11

65; **TOINEETA**, West, *Westih*, m, single, 28

66; **TOINEETA**, George, m, husband, 29
67; Mary E, f, wife, 36
68; Edwin T, m, son, 1
69; **[Welch]**, Lloyd, m, stp-son, 15
70; **[Welch]**, Theodore A, m, stp-son, 13
71; **[Welch]**, Clarence, m, stp-son, 11
72; **[Welch]**, Richard R, m, stp-son, 7

73; **TOINEETA**, Martha, f, single, 21

74; **TOINEETA**, Geneva, f, single[sic], 1/12

75; **SMITH**, Jacob L, m, husband, 31
76; Olive, f, wife, 31
77; Lawrence, m, son, 3

78; **WEST**, Will, *Wee Lee Wes Tee*, m, widower, 61
79; James, m, son, 17
80; Nellie, f, daughter, 14

81; Buck, m, son, 12

82; **JOHNSON**, Yona, m, husband, 30
83; Dora, f, wife, 26
84; Frank T R, m, son, 1

85; **TAIL**, Jim, *Oo lah ne tah tih*, m, single, 68

86; **SAUNOOKE**, Nancy, f, widow, 58

87; **SAUNOOKE**, Jim, m, single, 21

88; **ARMACHAIN**, Amy, *Ah he an kah*, f, sep'D wife, 61

89; **OWL**, Sampson, m, husband, 56
90; Agnes, f, ward, 15

91; **SAUNOOKE**, Adam, *Ah tah nih*, m, husband, 30
92; Sally, f, wife, 22
93; Kane, m, son, 2
94; Katie, f, dau ¼

95; **NOTTY TOM**, Peter, *Que tih*, m, husband, 41
96; Nancy, f, wife, 28

97; **ARCH**, David, *Ta wah*, m, husband, 51
98; Martha, f, wife, 26
99; Olivan, f, daughter, 16
100; Ross, m, son, 14
101; Jess, m, son, 2
102; **[Saunooke]**, Steve, m, ward, 13

103; **WOLFE**, Catherine, f, single, 24

104; **WOLFE**, Edward, m, single, 19

Census of the **Eastern Cherokee Indians** *Indians of* **Cherokee, N. C.** *Agency, taken by* **Frank Kyselka, Supt and Spl Disbg Agent** *United States Indian Agent,* **June 30, 1910.** *(NOTE: The Indian name has been copied as is on the original.)*

KEY: Number; English Name, *Indian Name (if given)*, Sex, Relation, Age.

105; **STANDINGDEER**, Nancy, *Ah noo yah hih*, f, widow, 59

106; **STANDINGDEER**, Lowen, m, single, 27

107; **CALTOLSTER**, Tamas, *Toh nih*, m, husband, 38
108; Sally, f, wife, 24
109; Eliza Jane, f, daughter, 7
110; Alexander, m, son, 4
111; Nannie, f, daughter, 1

112; **FEATHER**, Lawyer, *Lawyee*, m, husband, 47
113; Mary, *Ool star ste*, f, wife, 41
114; Ancie, f, daughter, 12
115; Gah ta yah, f, daughter, 10
116; Jonah, m, son, 4

117; **CLAY**, Timpson, *Wah su ge tah*, m, husband, 37
118; Sallie, f, wife, ?

119; **LOSSIH**, John Dehart, m, husband, 40
120; Laura, f, wife, 40
121; John, JR, m, son, 12
122; Jesse James, m, son, 2
123; Jonas, m, son, ½
124; Lizzie, f, daughter, 19

125; **LOSSIH**, Henry, m, husband, 39
126; Aggie, *Aig in nih*, f, wife, 30
127; Rosa, f, daughter, 3
128; Cowell, m, son, 1

129; **SAUNOOKE**, William, *We lih*, m, husband, 40
130; Edward, m, son, 10
131; Anderson, m, son, 6
132; Osler, m, son, 4
133; Cowanah, m, son, 1

134; **SAUNOOKE**, Joseph, *Tzo wah*, m, husband, 38
135; Margaret, f, wife, 23
136; George Harvey, m, son, 1

137; **SIMPSON**, Martha Owl, f, wife, 33

138; **SHELL**, John, *John Sa lah*, m, husband, 58
139; Sallie, f, wife, 50
140; **[Feather]**, Hetty, f, ward, 13

141; **SHELL**, Ute, *Uteh*, m, husband, 32
142; Mattie, f, wife, 25
143; Joseph, m, son, 8
144; Joshua, m, son, 2

145; **BLACKFOX**, Olsie, *Ohl sih*, f, sep'D wife, 64

146; **SQUIRREL**, Fox, *Sa lo la a antih*, m, single, 51

147; **FEATHER**, Elsie, f, single, 22

148; **CHILTOSKIE**, Will, m, husband, 52
149; Charlott, f, wife, 21
150; Wah dih, f, daughter, 11
151; James, m, son, 3

152; **CROW**, Ute, m, single, 23

153; **LOCUST**, John, m, husband, 58
154; Polly Ann, f, wife, 54

155; **ARMACHAIN**, Lacy, *Lacy Armah cha nah*, m, husband, 34
156; Anna, f, wife, 35
157; James, m, son, 1

Census of the **Eastern Cherokee Indians** *Indians of* **Cherokee, N. C.** *Agency, taken by* **Frank Kyselka, Supt and Spl Disbg Agent** *United States Indian Agent,* **June 30, 1910.** *(NOTE: The Indian name has been copied as is on the original.)*

KEY: Number; English Name, *Indian Name (if given)*, Sex, Relation, Age.

158; **LOCUST**, William, *Welih Cah Laie Skih*, m, husband, 50
159; Nellie, *Nellih*, f, wife, 51
160; Tiney, f, daughter, 15

161; **LOCUST**, Peter, m, single, 19

162; **GOING SNAKE**, *Een Yon wan ih*, m, husband, 53
163; Nancy, f, wife, 46

164; **GOING SNAKE**, Steve, m, single, 21

165; **WALKINGSTICK**, Mike, *Mi keh*, m, husband, 65
166; Caroline, *Cah too nce stih*, f, wife, 54

167; **WALKINGSTICK**, James, m, husband, 25
168; Lucy Ann, f, wife, 27

169; **ARCH**, Jenny, f, widow, 80

170; **ARCH**, Irene, *Irenih*, f, widow, 36
171; Noah, m, son, 15
172; Cadaskie, m, son, 11
173; Winnie, f, daughter, 4
174; Annie, f, daughter, 1

175; **ARCH**, Johnson, m, husband, 32
176; Stacy, f, wife, 32

177; **REED**, James, m, single, 56

178; **SAUNOOKE**, Stillwell, *Choo so hih*, m, widower, 69
179; Emeneeta, m, son, 16
180; Cindy, f, daughter, 16
181; Lillie, f, daughter, 4

182; **SAUNOOKE**, Malinda, f, single, 24

183; **LITTLEJOHN**, Windy, f, single, 22

184; **WELCH**, John G, m, widower, 66
185; Lucinda, f, daughter, 17

186; **ENDROSS**, Mollie, f, mother, 32
187; Edwin, m, son, 2

188; **WELCH**, Mark G, m, single, 33

189; **WELCH**, Lottie, f, single, 23

190; **WELCH**, Willie, m, single, 21

191; **WELCH**, Jimmie, m, single, 19

192; **GOIN**, Sallie, f, single, 61

193; **REED**, Jennie, *Jennih*, f, widow, 68

194; **GOIN**, Bird Chopper, *Chesquah kah luy ah*, m, husband, 41
195; Ollie, *Ah lih*, f, wife, 38
196; Daniel, m, son, 11
197; Emeline, f, daughter, 1

198; **SAUNOOKE**, Nan, f, single, 20

199; **BLYTHE**, Elizabeth, f, widow, 79

200; **BLYTHE**, William H, m, single, 36

201; **BLYTHE**, James, *Dis quah nih*, m, husband, 49
202; Adilia J, f, wife, 46

Census of the **Eastern Cherokee Indians** *Indians of* **Cherokee, N. C.** *Agency, taken by* **Frank Kyselka, Supt and Spl Disbg Agent** *United States Indian Agent,* **June 30, 1910.** *(NOTE: The Indian name has been copied as is on the original.)*

KEY: Number; English Name, *Indian Name (if given)*, Sex, Relation, Age.

203; **[Bauer]**, Fred Blythe, m, ward, 13
204; **[Kalanaheskie]**, Josephine, f, ward, 4

205; **BLYTHE**, Jarrett, m, single, 24

206; **JACKSON**, John, *Uh no hoo tih*, m, husband, 74
207; Stacy, *Tog gih*, f, wife, 64

208; **JACKSON**, Sarah, *Sakih*, f, single, 31

209; **JACKSON**, Jonas, m, single, 23

210; **RATLEY**, Lucy, f, sep'D wife, 58

211; **STANDINGDEER**, Wesley, *Wesley Ou weh ca ta gih*, m, husband, 53
212; Nancy, *Nansih*, f, wife, 46

213; **STANDINGDEER**, Junaluskil, *Tsu nu luh hus kih*, m, husband, 28

214; **STANDINGDEER**, Carl, *Cal cah lau skih*, m, husband, 18
215; Mary, *Sah Cah nih*, f, wife, 26
216; Cecelia, f, daughter, 3
217; Virginia, f, daughter, 1
218; Angel, f, dau, ½

219; **SMITH**, Mark Tiger, m, husband, 57
220; Mary Melvina, f, wife, 48
221; Oliver, m, son, 18

222; **SMITH**, James David, m, husband, 32

223; **SMITH**, Duffy, m, single, 30

224; **SMITH**, Francis Elwood, m, husband, 24
225; Bettie W, f, wife, 29

226; **SMITH**, Charity, f, single, 19

227; **SMITH**, Noah, m, husband, 27
228; Earl E, m, son, 3
229; Ella A, f, daughter, 1

230; **BIRD**, Squaineih, m, husband, 65
231; Eliza, f, wife, 70

232; **REED**, Jesse, m, husband, 65
233; Maggie, f, wife, 60

234; **WASHINGTON**, Key, m, sep'D husband, 57

235; **LITTLEJOHN**, Saunooke, *Sah wih noo kih*, m, husband, 47
236; Ann Eliza, *Ah nelesih*, f, wife, 42
237; Mindy, f, daughter, 16
238; Henson, m, son, 11
239; John, m, son, 8
240; Owen, m, son, 4
241; Addie, f, daughter, 2
242; Emeline, f, daughter, ½

243; **LITTLEJOHN**, Higgins, m, single, 19

244; **YOUNGBIRD**, Ollie, *Ah lie slah nih*, f, widow, 42
245; Wesley, m, son, 16
246; James, m, son, 10
247; Walkin nih, f, daughter, 5

248; **YOUNGBIRD**, Rufus, m, single, 23

249; **YOUNGBIRD**, Soggie, m, single, 20

Census of the **Eastern Cherokee Indians** *Indians of* **Cherokee, N. C.** *Agency, taken by* **Frank Kyselka, Supt and Spl Disbg Agent** *United States Indian Agent,* **June 30, 1910.** *(NOTE: The Indian name has been copied as is on the original.)*

KEY: Number; English Name, *Indian Name (if given)*, Sex, Relation, Age.

250; **YOUNGBIRD**, Yohnih, m, single, 19

251; **HORNBUCKLE**, Rebecca, *Quai kih*, f, widow, 62

252; **HORNBUCKLE**, Maggie, f, single, 25

253; **HORNBUCKLE**, Isreal, m, single, 25

254; **HORNBUCKLE**, William, m, husband, 28
255; Jennie O, f, wife, 24

256; **JOHNSON**, Jim, *Ahtahluheskih*, m, single, 50

257; **JOHNSON**, Caroline, *Kalahyahnih*, f, single, 47

258; **JOHNSON**, Addison, m, single, 24

259; **JOHNSON**, Simon E, m, single, 25

260; **OOCUMMA**, James, *Sah la lah nah tih*, m, widower, 56
261; Annie, *Coo is ta*, f, daughter, 15

262; **OOCUMMA**, Wilson, m, single, 32

263; **OOCUMMA**, Enoch, m, single, 22

264; **YOUNGDEER**, John, *Ah wih nih tah*, m, husband, 54
265; Betsy, *Quail sih*, f, wife, 57
266; Onie, f, daughter, 16
267; Martha, f, daughter, 14

268; Moody, m, son, 11

269; **YOUNGDEER**, Eli, *Eli-sh*, m, single, 29

270; **YOUNGDEER**, Jonah, *Jo wah nih*, m, single, 27

271; **YOUNGDEER**, Jesse, m, single, 23

272; **YOUNGDEER**, Stephen, m, single, 21

273; **CUCUMBER**, Dorcas, f, widow, 59
274; Dakie, f, daughter, 13

275; **CUCUMBER**, William, m, single, 31

276; **CUCUMBER**, Gena, m, husband, 29
277; Katie, f, wife, ?
278; Noah, m, son, 1
279; [Saunooke], Ollie, f, stp-daughter, 5

280; **CUCUMBER**, Arch, m, single, 22

281; **CUCUMBER**, James, m, single, 18

282; **CUCUMBER**, Moses, m, husband, 33
283; Lillie, f, wife, 23
284; John D, m, son, 1

285; **LITTLEJOHN**, Will, *Oo la whah tih*, m, husband, 42
286; Sally, *Sah lih*, f, wife, 30
287; Guy, m, son, 13

Census of the **Eastern Cherokee Indians** *Indians of* **Cherokee, N. C.** *Agency, taken by* **Frank Kyselka, Supt and Spl Disbg Agent** *United States Indian Agent,* **June 30, 1910**. *(NOTE: The Indian name has been copied as is on the original.)*

KEY: Number; English Name, *Indian Name (if given)*, Sex, Relation, Age.

288; Katie, f, daughter, 12
289; Isaac, m, son, 10
290; Garrett, m, son, 4

291; **PANTHER**, John, *Tak ah sun toh noh*, m, husband, 50
292; Nancy, *Che yoh stoh*, f, wife, 58

293; **LARCH**, William, *We leh*, m, single, 34

294; **LARCH**, David, *Dau nih*, m, single, 27

295; **WASHINGTON**, Elizabeth, f, widow, 70

296; **WASHINGTON**, Joseph, m, husband, 28
297; Stella B, f, wife, 25

298; **WASHINGTON**, Jesse, *Cheh sih tih*, m, husband, 35
299; Ollie, f, wife, 35
300; Rachel, f, daughter, 8
301; Amy, f, daughter, 5
302; George, m, son, 3
303; Jonas, m, son, 1/4
304; Luzene Reed, f, stp-daughter, 11

305; **TELESKIE**, Ezekiel, *Se kih lih*, m, widower, 67

306; **TELESKIE**, Jesse, m, single, 19

307; **STANDINGDEER**, Andy, m, husband, 51
308; Margaret, f, wife, 51

309; **AXE**, Josiah, m, husband, 41
310; Sarah, *Sah lah nih*, f, wife, 29
311; Amy, f, daughter, 8
312; Nancy, f, daughter, 7

313; Ella, f, daughter, 5
314; Corinthia, f, daughter, 3
315; Lazarus, m, son, 1

316; **LONG**, Adam, *Ah tah ink*, m, husband, 53
317; Polly, *Wah tih*, f, wife, 54
318; Eva, f, daughter, 12
319; Nola, f, daughter, 9

320; **REED**, Rachel, *Ach il la*, f, widow, 60
321; Minda, f, grnd-daughter, 15

322; **REED**, Fiddell, *Quah te lish*, m, single, 35

323; **CROW**, John, *Tsoh nih*, m, husband, 28
324; Mary, f, wife, 37
325; Sallie, f, daughter, 6
326; Albert, m, son, 4

327; **BIGMEAT**, Robert, m, single, 18

328; **CROW**, Caroline, *Ahl sah*, f, widow, 73

329; **CROW**, Wesley R, *Lah seh lah*, m, single, 35

330; **CROW**, Joseph, m, husband, 40
331; Annie, *Ai nih*, f, wife, 40
332; Minnie, f, dau 17
333; Boyd, m, son, 15

334; **SWIMMER**, Mary, *Oo-squin nih*, f, single, 51

335; **SWIMMER**, John, *Oo-wa-lih*, m, husband, 33
336; Lucy Ann, f, wife, 26
337; Obediah, m, son, 4

Census of the **Eastern Cherokee Indians** *Indians of* **Cherokee, N. C.** *Agency, taken by* **Frank Kyselka, Supt and Spl Disbg Agent** *United States Indian Agent,* **June 30, 1910.** *(NOTE: The Indian name has been copied as is on the original.)*

KEY: Number; English Name, *Indian Name (if given)*, Sex, Relation, Age.

338; Grace, C*hu gay je*, f, daughter, 2
339; Luke, m, son, 1

340; **BLYTHE**, David, m, husband, 48
341; Nancy, f, wife, 36

342; **JACKSON**, Jack, M, single, 18

343; **TOONI**, Squiencey, m, husband, 70
344; Lydia, f, wife, 54
345; [George], Goolarch, m, grnd-son, 14

346; **TOONI**, Moses, m, single, 21

347; **TOONI**, Mike, *Mi yeh kih*, m, husband, 36
348; Anna, *Ah ya nih*, f, wife, 34
349; Elijah, m, son, 10
350; Nancy, f, daughter, 7
351; Nellie, f, daughter, 2

352; **LONG**, Joe, m, husband, 52
353; Nancy George, *Ah coo yah*, f, wife, 70
354; Charley, m, son 1st wife, 16

355; **GEORGE**, Shell, *Oo noh shah wah toh*, m, single 50

356; **GEORGE**, Dawson, *De su qui ski*, m, husband, 50
357; Mary, *Ma lih*, f, wife, 51
358; Ollie, f, daughter, 14

359; **GEORGE**, Annie, f, single, 27

360; **GEORGE**, Manley, m, single, 20

361; **GEORGE**, Martha, f, single, 19

362; **LITTLEJOHN**, Eli, *Elo wih*, m, husband, 35
363; Annie, *Ah hah yte yah*, f, wife, 30
364; Sally Ann, f, daughter, 8
365; Sherman, m, son, 6
366; Walley, f, daughter, 1
367; [Tooni], Rachel, f, ward, 15
368; Jefferson, m, son, 3

369; **SU TA GIH**, (No name given), m, husband, 70
370; Mary, f, wife, 55

371; **DEKEGEESKEH**, John, *Caw wah noo*, m, widower, 59
372; [Taylor], James, m, grnd-son, 7

373; **TAYLOR**, Alkinney, f, single, 27
374; Leander, m, son, 3
375; John, m, son, ½

376; **TAYLOR**, Julius, *Ju das eh*, m, husband, 32
377; Stacy, *Sta sih*, f, wife, 35

378; **TAYLOR**, Sherman, *Sah who nih*, m, husband, 28
379; Maggie, f, wife, 23
380; Alkinney, f, daughter, 5
381; George, m, son, 1

382; **JOHNSON**, Jimpsie, m, husband, 36
383; Ella, *Ai lih*, f, wife, 52

384; **GEORGE**, Davis, *Taw wee sih*, m, divorced, m, 59

385; **GEORGE**, Shon, *Sah nih*, m, single, 39

386; **LONG**, Peter, *Tsuh tah yah lah tah*, m, single, 31

Census of the **Eastern Cherokee Indians** *Indians of* **Cherokee, N. C.** *Agency, taken by* **Frank Kyselka, Supt and Spl Disbg Agent** *United States Indian Agent,* **June 30, 1910.** *(NOTE: The Indian name has been copied as is on the original.)*

KEY: Number; English Name, *Indian Name (if given)*, Sex, Relation, Age.

387; LONG, Rachel, f, single, 27

388; STANDINGDEER, Caroline, f, single, 22
389; Sullivan, m, son, 1

390; HORNBUCKLE, John Otter, *Tsah ne yeh sih*, m, husband, 39
391; Mattie, *Mah tih*, f, wife, 45
392; Ollie, f, daughter, 8
393; Dah nih, f, daughter, 5

394; DOBSON, John, *Ool stoo ih*, m, husband, 88
395; Mary George, *Ma lih*, f, wife, 50
396; Kane, m, grnd-son, 14

397; BRADLEY, Henry, m, husband, 26
398; Nancy, f, wife, 29
399; James, m, son, 4
400; Nancy, f, daughter, 2
401; Deweese, m, son, 1
402; [George], Goliath, m, stp-son, 8

403; GEORGE, Elijah, *Oo la wah tih*, m, husband, 36
404; Bettie, *Oua tih*, f, wife, 35
405; Lewis, m, son, 6
406; Martha, f, daughter, 5
407; Cornelia, f, daughter, 3
408; [Littlejohn], Aggie, f, stp-daughter, 15
409; [George], Green, *Oo lay wah hi duh*, m, stp-son, 11

410; WILD CAT, *Kuh hih*, m, widower, 76

411; BIRD, Ollie, *Ah lin wah*, f, sep'd wife, 28

412; BIRD, Lloyd, *Dah sih gih kih*, m, sep'd husband, 27
413; [Crow], Desdemonia, *Oo loo lsa*, f, daughter, 13
414; Annie, f, daughter, 4
415; Lucy, f, daughter, 1

416; BIRD, Lucy, f, daughter, 1

417; WILD CAT, Daniel, *Tah no lih*, m, husband, 29
418; Elsie, f, wife, 44

419; ARNEACH, Jefferson, *Jefferson Okwataga*, m, husband, 36
420; Sarah, *Sarah Okwataga*, f, wife, 30
421; Margaret, f, daughter, 4
422; Samuel, m, son, 1
423; [Bird], David, m, stp-son, 16
424; [Bird], Lizzie, f, stp-daughter, 11
425; [Bird], Bessie, f, stp-daughter, 9

426; OKWATAGA, Elizabeth, *Le sih*, f, widow, 79

427; SAUNOOKE, Samuel, *Sam mih*, m, single, 31

428; SAUNOOKE, Rachel, f, single, 22

429; SAUNOOKE, Stillwell, m, single, 19

430; KALONUHESKEL, Esiah, m, widower, 35
431; Martha, f, daughter, 8

432; LAMBERT, John N, m, husband, 48

Census of the **Eastern Cherokee Indians** *Indians of* **Cherokee, N. C.** *Agency, taken by* **Frank Kyselka, Supt and Spl Disbg Agent** *United States Indian Agent,* **June 30, 1910.** *(NOTE: The Indian name has been copied as is on the original.)*

KEY: Number; English Name, *Indian Name (if given)*, Sex, Relation, Age.

433; **UTE**, Andy, *Oo-ha-sih*, m, husband, 68
434; Mary, *Oo scoo tee*, f, wife, 68

435; **FRENCH**, Wallie, *Wah le nih*, f, sep'd wife, 30
436; Elnora, f, daughter, 13
437; Ned, m, son, 10
438; Nellie, f, daughter, 8
439; Jesse, m, son, 5
440; Katy, f, daughter, 3

441; **WARDSUTTE**, Davis, *Da wih sih*, m, husband, 38
442; Nancy, *Sah kin nih*, f, wife, 34
443; Bird, m, son, 10
444; Addison, m, son, ½

445; **SMITH**, Martha Ann Bigmeat, f, widow, 73

446; **TAYLOR**, John, *Oo sta no kos*, m, husband, 70
447; Sallie, f, wife, 69

448; **TAYLOR**, Jesse, m, husband, 44
449; Stacy, f, wife, 35

450; **DUNCAN**, Lillian V, f, wife, 33
451; Sybil, f, daughter, 4

452; **OWL**, Adam, m, husband, 50
453; Cornelia, f, wife, 53
454; Samuel, m, son, 13
455; David, m, son, 13
456; Martha, f, daughter, 10

457; **OWL**, William, m, single, 26

458; **OWL**, Thomas, m, single, 23

459; **OWL**, Moses, m, single, 21

460; **MUMBLEHEAD**, John, *John Cheealeequahlanah*, m, husband, 46
461; Dahnay, *Tohneh*, f, wife, 29
462; Roger L, m, son, 14
463; Elizabeth, f, daughter, 4

464; **MUMBLEHEAD**, James B, m, single, 21

465; **TAHQUETTE**, Martha, *Mah tih*, f, single, 46

466; **SMITH**, Lewis H, m, husband, 64
467; Nancy, *Nan sih*, f, wife, 59

468; **WELCH**, Jackson, *Jackson Axe*, m, sep'd husband, 40
469; Sal, f, sep'd wife, 31
470; John, m, son, 16
471; Edward R, m, son, 7
472; Nannie R f, daughter, 5

473; **WELCH**, Mary, f, single, 18

474; **LONG**, Dobson, *Coo loo eh*, m, husband, 52
475; Sally, f, wife, 40
476; WM Gafney, m, son, 13
477; Elizabeth, f, daughter, 9

478; **WELCH**, James B, m, sep'd husband, 37

479; ***TEESALESKIE**, John, *Oowawah ih*, m, husband, 50
480; Jennie, f, wife, 50
481; Welch, m, son, 12
482; Lloyd, m, son, 10
483; [Smoker], Margaret, f, ward, 14

(*NOTE: Name spelled both ways)

Census of the **Eastern Cherokee Indians** *Indians of* **Cherokee, N. C.** *Agency, taken by* **Frank Kyselka, Supt and Spl Disbg Agent** *United States Indian Agent,* **June 30, 1910.** *(NOTE: The Indian name has been copied as is on the original.)*
KEY: Number; English Name, *Indian Name (if given)*, Sex, Relation, Age.

484; *TEESALEKIE, Sampson, m, single, 19

485; CORNSILK, Armstrong, *Con no tsa yah*, m, husband, 58
486; Annie, *Ain nih*, f, wife, 51
487; Hettie, f, daughter, 12
488; Howard, m, son, 10

489; CORNSILK, Martha, f, single, 24

490; CORNSILK, John, m, single, 19

491; AXE, Willie, *We li kih*, m, widower, 39
492; Maggie, f, daughter, 15
493; Sarah, f, daughter, 13

494; WALKINGSTICK, Jasper, m, husband, 38
495; Annie, f, wife, 37
496; Mason, m, son, 7
497; Maggie, f, daughter, 5
498; Willie, m, son, 3
499; Adam, m, son, ¼

500; SMOKER, John, m, husband, 43
501; Aggie, *Ai kih*, f, wife, 35
502; Willie, m, son, 11
503; Peter, m, son, 8
504; Charles, m, son, 4

505; SMOKER, Cindy, f, single, 22

506; SMOKER, James, m, husband, 20
507; Luzene, f, wife, 16

508; JACKSON, Lawyer, m, husband, 37
509; Dakie, *Takih*, f, wife, 39
510; Ella, f daughter, 15

511; Florence, f, daughter, 7

512; JACKSON, Eliza, *Eliza Cannaught*, f, widow, 62

513; JACKSON, Bob, *Qua quah*, m, husband, 34
514; Caroline, *Loh ye nih*, f, wife, 30
515; Wesley, m, son, 10
516; David, m, son, 8
517; Eddie, m, son, 6
518; Ikee, m, son, 1

519; SAKEY, Nellie, *Nel lih*, f, single, 61

520; CLAY, Sallie, f, widow, 42
521; [Teesateski], Arch, m, son, 13
522; [Teesateski], Awee, f, daughter, 10
523; [Teesateski], Jonah, m, son, 7

524; SMOKER, Will Sawyer, m, husband, 39
525; Alkinney, f, wife, 32
526; Moses, m, son, 14
527; Awee, f, daughter, 13
528; Hunter, m, son, 8
529; Lizzie, f, daughter, 5
530; Lucy, f, daughter, 3
531; Martha, f, daughter, 1

532; TEESATESKEE, Jesse, m, single, 23

533; JACKSON, Fox Squirrel, *Sol lo la wah tih*, m, widower, 55
534; Jacob, m, son, 15

535; CONSEEN, Breast, *Ka chi chi*, m, widower, 48
536; Dahney, f, daughter, 14
537; Willie, m, son, 11

Census of the **Eastern Cherokee Indians** *Indians of* **Cherokee, N. C.** *Agency, taken by* **Frank Kyselka, Supt and Spl Disbg Agent** *United States Indian Agent,* **June 30, 1910.** *(NOTE: The Indian name has been copied as is on the original.)*

KEY: Number; English Name, *Indian Name (if given)*, Sex, Relation, Age.

538; **CONSEEN**, James, m, single, 22

539; **CONSEEN**, Jack, m, widower, 74

540; **CONSEEN**, Nancy, f, single, 55

541; **CONSEEN**, Peter, m, husband, 31
542; Nancy, f, wife, 33
543; Harry, m, son, 5
544; Joe, m, son, 3
545; Ida, f, daughter, 1

546; **OOTAHKIK**, Becca, *Quai key*, f, widow, 82

547; **CHEKELELEE**, Stone, *Saw nih*, m, husband, 38
548; Mary, f, wife, 47
549; Simon, m, son, 11
550; Rosa, f, daughter, 6

551; **GRAYBEARD**, Lillie, f, single, 18

552; **CONSEEN**, John Ropetwister, *Tah ya los tah*, m, husband, 50
553; Annie, f, wife, 56

554; **KALONUHESKIE**, Tom, m, single, 22

555; **LONG**, John L, m, single, 10

556; **CONSEEN** Kate, f, single, 46
557; Martha, f, daughter, 12

558; **WACHACHA**, Phillip, *Ouee le kih*, m, husband, 60
559; Roxie, *Ya que sih*, f, wife, 49
560; Jake C, m, son, 17
561; Nancy, f, daughter, 17
562; Posey, m, son, 16

563; Susie, f, daughter, 16
564; John, m, son, 12
565; Jesse, m, son, 10
566; Winnie, f, daughter, 9
567; Oney, f, daughter, 6

568; **WACHACHA**, Nessih, f, single, 29

569; **WACHACHA**, Garrett, m, single, 26

570; **WACHACHA**, James, m, single, 24

571; **WACHACHA**, Sarah, f, single, 21

572; **WACHACHAM**, Charlie, m, single, 20

573; **RATLER**, Geo W, *Tsoh tseh Wahsihtoneh*, m, husband, 37
574; Polly, *Wah lih*, f, wife, 37
575; Rachel, f, daughter, 14
576; Henson, m, son, 12
577; Morgan, m, son, 10
578; Mindah, f, daughter, 7
579; Bessie, f, daughter, 1

580; **CONSEEN**, Ropetwister, *Kun oo ta yo ih*, m, widower, 78

581; **ROPETWISTER**, Manley, *Ne sha te hih*, m, single, 52

582; **AXE**, John D, m, husband, 56
583; Eve, *Ewih*, f, wife, 46

584; **CAT**, Ben, *Benjamin*, m, husband, 43
585; Oney, *Ah hean kaw*, f, wife, 50

Census of the **Eastern Cherokee Indians** *Indians of* **Cherokee, N. C.** *Agency, taken by* **Frank Kyselka, Supt and Spl Disbg Agent** *United States Indian Agent,* **June 30, 1910**. *(NOTE: The Indian name has been copied as is on the original.)*

KEY: Number; English Name, *Indian Name (if given)*, Sex, Relation, Age.

586; **BROWN**, Jonah, m, husband, 31
587; Agnes, *Wan sih*, f, wife, 31
588; Eve, f, daughter, 3

589; **TEESATESKIE**, Will, *Coo coo te gee shih*, m, husband, 57
590; Nessih, f, wife, 55
591; Amanda, f, daughter, 15
592; [Ledford], Allen, m, ward, 5
593; [Teesateskie], Steve, m, ward, 4
594; [Teesateskie], Josie, f, ward, 2

595; **LEDFORD**, Sampson, m, single, 25

596; **TEOTALE**, Nancy, *Oo cah yos tah*, f, widow, 85

597; **TEESATESKIE**, Ilenvis, m, widower, 35

598; **SMOKER**, Samuel, *Sam mih*, m, husband, 28
599; Stacey, f, wife, 27
600; Bascom, m, son, 7
601; Ollie, f, daughter, 5
602; Cornelia, f, daughter, 3
603; Bettie, f, daughter, 1

604; **LEDFORD**, Charley, m, sep'd husband, 27

605; **REED**, David, m, single, 49

606; **CANNOUT**, Abel, m, husband, 30
607; Susie, f, wife, 22

608; **ROSE**, Florence, f, wife, 38
609; William, m, son, 17
610; Jake, m, son, 14
611; Grace, f, daughter, 10
612; Nora, f, daughter, 8
613; Cora, f, daughter, 5
614; Benjamin, m, son, 2
615; Thurman, m, son, ¼

616; **ROSE**, Bonnie, f, single, 19

617; **CORNSILK**, L Dow, m, husband, 30
618; Nancy, f, wife, 28
619; Moody, m, son, ½

620; **RATLER**, John, m, husband, 23
621; Emeline, f, wife, 24
622; John West, m, son, 3
623; Lucy, f, daughter, 1

624; **RATLER**, Nancy, f, widow, 55

625; **RATLER**, Jonah, m, single, 21

626; **RATLER**, Robert, m, single, 9

627; **RATLER**, Walter, m, single, 6

628; **CAT**, Sally, *Sal kin nih*, f, widow, 80

629; **BIRD**, Stephen, *Ste nih Chees qua*, m, husband, 57
630; Annie, f, wife, 54

631; **BIRD**, Polly, f, widow, 26
632; Bettie, f, daughter, 9
633; Solomon, m, son, 7
634; Lucy Ann, f, daughter, 3

635; **GREYBEARD**, Ezekiel, m, single, 69

636; **GREYBEARD**, Aggie, f, single, 60

Census of the **Eastern Cherokee Indians** *Indians of* **Cherokee, N. C.** *Agency, taken by* **Frank Kyselka, Supt and Spl Disbg Agent** *United States Indian Agent,* **June 30, 1910.** *(NOTE: The Indian name has been copied as is on the original.)*

KEY: Number; English Name, *Indian Name (if given)*, Sex, Relation, Age.

637; **THOMPSON**, Rachel, f, single, 50

638; **POWELL**, John A, m, husband, 57
639; **SMITH**, Ross B, m, husband, 70
640; Cynthia, f, wife, 58

641; **SNEED**, William Sherman, m, husband, 48

642; **WALKINGSTICK**, John, m, husband, 60
643; Walsa, f, wife, 39
644; Maggie, f, daughter, 17
645; Moses, m, son, 14
646; Mike, m, son, 8
647; Enoch, m, son, 1

648; **WALKINGSTICK**, Owen, m, husband, 21
649; Linda, f, wife, 26
650; Cinda, f, daughter, 1

651; **SQUIRREL**, George, *Ah ne cha chih*, m, husband, 46
652; Rebecca, f, wife, 35
653; Nola, f, daughter, 13
654; Sequechee, m, son, 10
655; Mary, f, daughter, 7
656; Paul, m, son, 9/12

657; **KEG**, James, m, husband, 68
658; Katy, *Kus ta kih*, f, wife, 53

659; **KEG**, Matthew, m, husband, 44
660; Rebecca, f, daughter, 6/12

661; **RATLIFF**, William, m, husband, 37
662; Elizabeth, f, wife, 34
663; Emma, f, daughter, 8
664; Jacob, m, son, 6

665; Ella, f, daughter, 3

666; **RATLIFF**, Lawyer, m, single, 30

667; **CROW**, John Wesley, m, single, 21

668; **LOSSIH**, Jonas, m, husband, 37
669; Nicey, *Wah ye yah*, f, wife, 30

670; **ALLEN**, Will, m, husband, 65
671; Sallie, *Te ta kee yah skih*, f, wife, 59

672; **ALLEN**, Junaluskie, m, single, 22

673; **ALLEN**, John, *Skee kee*, m, husband, 39
674; Eve, *E wih*, f, wife, 26
675; Rebecca, f, daughter, 14
676; [Welch], Emeline, f, stp-daughter, 9

677; **WOLFE**, John, *Standing Turkey*, m, husband, 41
678; Callie, *Cah le lo hih*, f, wife, 37

679; **WILNOTY**, Ned, m, husband, 59
680; Sallie, *Sico wih*, f, wife, 58

681; **BURGESS**, Georgia Ann, f, wife, 41
682; Mary M, f, daughter, 17
683; Bessie S, f, daughter, 14
684; Willie, f, daughter, 8
685; Floy, f, daughter, 11
686; George Alger, m, son, 4
687; Nellie Luella, f, daughter, 1

688; **SQUIRREL**, David, *Dave sih*, m, husband, 38
689; Nancy, *Nan sih*, f, wife, 30
690; Kimsey, m, son, 13

Census of the **Eastern Cherokee Indians** *Indians of* **Cherokee, N. C.** *Agency, taken by* **Frank Kyselka, Supt and Spl Disbg Agent** *United States Indian Agent,* **June 30, 1910.** *(NOTE: The Indian name has been copied as is on the original.)*

KEY: Number; English Name, *Indian Name (if given)*, Sex, Relation, Age.

691; Nora, f, daughter, 11
692; Dinah, f, daughter, 9
693; Daniel, m, son, 6
694; Ollie, f, daughter, 4
695; Shepherd, m, son, 2

696; **WAIDSUTTE**, Ben, *Woo wa sutte*, m, husband, 48
697; Kiney, f, wife, 28

698; **WAYNE**, John, m, husband, 48
699; Jennie, f, wife, 40

700; **KYN TEE SLAH**, *(No name given)*, m, husband, 60
701; Sah wohehi, f, wife, 64

702; **WALKINGSTICK**, Matilda, f, widow, 56

703; **WELCH**, Sampson, *Sampson Boss*, m, husband, 52
704; Lizzie, *Ah le kih*, f, wife, 45
705; Nannie, f, daughter, 16

706; **WELCH**, Ephesus, *Aquch sih*, m, husband, 27
707; Stacy, f, wife, 20
708; Juna, m, son, 2
709; Jannie, f, daughter, 1/6

710; **PARTRIDGE**, Bird, *Che quah*, m, husband, 31
711; Elsie, f, wife, 36
712; Sarah, f, daughter, 1/2
713; [George], Elmo Don, m, stp-son, 7

714; **PARTRIDGE**, Winnie E, f, single, 24
715; [French], Juanita M P, f, daughter, 1

716; [French], Nellie P, f, daughter, 1/6

717; **PARTRIDGE**, Moses, m, husband, 29
718; Sallie, f, wife, 22
719; Savannah, f, daughter, 3

720; **BEARMEAT**, Mary, *Ma lee*, f, widow, 65

721; **BUSHEYHEAD**, Ben, m, husband, 24
722; Nancy, f, wife, 23

723; **LONG**, Johnson, m, husband, 45
724; Maggie, f, wife, 31
725; Annie, f, daughter, 1

726; **AHNETOHAH**, Nancy, f, widow 80

727; **PECKERWOOD**, John, *John Ta-la-la*, m, husband, 62
728; Rebecca, *Wa kee*, f, wife, 47

729; **FRENCH**, Ross, m, single, 20

730; **MARTIN**, Suate, *Oo stoo yeh tuh choo choo*, m, widower, 64

731; **MARTIN**, Thomas, m, single, 23

732; **SUTAGA**, Sallie, f, single, 51

733; **WESLEY**, Judas, m, husband, 34
734; Jennie, *Chin-ni-in*, f, wife, 52
735; [Lowen], John, m, stp-son, 13

736; **LONG**, Scott, *Shah kle low skih*, m, husband, 58
737; Sallie, *Sah lih*, f, wife, 48
738; Agginy, f, daughter, 5

Census of the **Eastern Cherokee Indians** *Indians of* **Cherokee, N. C.** *Agency, taken by* **Frank Kyselka, Supt and Spl Disbg Agent** *United States Indian Agent,* **June 30, 1910.** *(NOTE: The Indian name has been copied as is on the original.)*

KEY: Number; English Name, *Indian Name (if given)*, Sex, Relation, Age.

739; [Davis], Anita, f, stp-daughter, 13
740; [Davis], Emeline, f, stp-daughter, 10

741; **OOCUMMA**, Alex, *Oochu-lah*, m, husband, 44
742; Annie, f, wife, 21
743; Fannie, f, daughter, 1

744; **LONG**, John, *Cah wah he tah*, m, husband, 36
745; Eve, *Ewih nih*, f, wife, 45

746; **LONG**, Rachel, f, single, 36

747; **GEORGE**, Joe Stone, *Cha stoh nih*, m, husband, 53
748; Elizabeth, *Le sih*, f, wife, 51
749; Eliza, f, daughter, 17
750; Jacob, m, son, 13
751; Celia, f, daughter, 10
752; Jackson, m, son, 7
753; Annie, f, niece, 15
754; Mark, m, nephew, 17

755; **PECKERWOOD**, Lucy Ann, f, widow, 52
756; McKinley, m, son, 8

757; **PECKERWOOD**, Thomas, m, single, 20

758; **WILL**, John, *Wah la ne tah*, m, husband, 48
759; Jane, f, wife, 38
760; James, m, son, 7
761; Alice, f, daughter, 5
762; David, m, son, 3
763; Luzene, f, daughter, 1

764; **JOHNSON**, Stephen, *Echoo le huh*, m, husband, 64
765; Jennie, *Jine lin kih*, f, wife, 61

766; [Jessan], Sim Dehart, *Tah skih gin tih hih*, m, grnd-son, 6

767; **JOHNSON**, Toskigee, *Toskigee*, m, husband, 32
768; Sally Oosowee, f, wife, 32
769; Rachel, f, stp-daughter, 13
770; Tahquette, m, stp-son, 11
771; Ona, f, daughter, 1

772; **JOHNSON**, Jane, f, widow, 21
773; Tom, m, son, 1

774; **MARTIN**, George, *Ska quah*, m, husband, 49
775; Lucy, f, wife, 38
776; Wesley, m, son, 15
777; Charles, m, son, 2

778; **BEN**, Chuck, *Oo ne cho ga quee tih*, m, husband, 45
779; Ollie, *Ah kin ney*, f, wife, 26
780; James, m, son, 6
781; Olivan, f, daughter, 4

782; **NED**, Ezekiel, m, husband, 48
783; Susan, f, wife, 48
784; Julia, f, daughter, 8

785; **DAVIS**, Wilste, m, husband, 63
786; Elsie, f, wife, 57
787; [Wayne], Caroline, f, gr-niece, 11

788; **DAVIS**, Joe, m, husband, 37
789; Katie, f, wife, 52

790; **JUNALUSKIE**, Jim, m, single, 18

791; **WELCH**, Edward, m, husband, 25
792; [Walkingstick], Tom, m, stp-son, 2

Census of the **Eastern Cherokee Indians** *Indians of* **Cherokee, N. C.** *Agency, taken by* **Frank Kyselka, Supt and Spl Disbg Agent** *United States Indian Agent,* **June 30, 1910.** *(NOTE: The Indian name has been copied as is on the original.)*

KEY: Number; English Name, *Indian Name (if given)*, Sex, Relation, Age.

793; **FRENCH**, Awee, f, wife, 32
794; Maud, f, daughter, 16
795; Meroney, m, son, 13
796; Morgan, m, son, 10
797; Soggie, m, son, 8
798; George, m, son, 5
799; Jonah, m, son, 3
800; Lizzie, f, daughter, 1

801; **CANNOUT**, Columbus, m, husband, 26
802; Maggie, f, wife, 20
803; Addison, m, son, 1

804; **OTTER**, Andrew, m, husband, 39
805; Sarah, f, wife, 45
806; Linda, f, daughter, 16
807; Jackson, m, son, 11
808; Matilda, f, daughter, 9
809; Ollie, f, daughter, 7

810; **BIGMEAT**, Nicodemus, m, husband, 35
811; Nannie, f, wife, 45

812; **CRAIG**, Mary J, f, single, 33
813; George D, m, son, 5

814; **SHULER**, Georgia C, f, widow, 26

815; **CRAIG**, William W, m, single, 24

816; **CRAIG**, Frank, m, single, 16

817; **YOUNCE**, Nancy S, f, wife, 58

818; **GRIFFIN**, Daisy Y, f, wife, 18

819; **WAHYAHNETAH**, John, m, husband, 67
820; Awee, f, wife, 57
821; Posey, m, grnd-son, 10

822; **WAHYAHNETAH**, Sampson, m, single, 27

823; **WAHYAHNETAH**, Allen, m, husband, 36
824; Sallie, f, wife, 41

825; **WAHYAHNETAH**, William, m, husband, 40
826; Kannie, f, wife, 33
827; Maggie, f, daughter, 9
828; Samuel, m, son, 6
829; Le Ray, m, son, 3
830; Bertha, f, daughter, 1

831; **OWL**, Blue, m, widower, 52

832; **OWL**, James, m, husband, 23
833; Charlott, f, wife, 16
834; Lloyd, m, son, ½

835; **OWL**, Allen, m, single, 22

836; **SAUNOOKE**, Jackson, m, single, 27

837; [Tetegeeskih], Iyostih, f, widow, 70

838; [Ross], McKinley, m, grt-grnd-son, 9

839; **SHERRELL**, William, m, husband, 31

840; **TAYLOR**, Eliza, f, widow, 53
841; Bessie, f, daughter, 13
842; Julius, m, son, 4
843; Timpson, m, son, 10
844; David, m, son, 8
845; William, m, son, 3

846; **TAYLOR**, Jack, m, single, 20

847; **TAYLOR**, John, m, single, 19

Census of the **Eastern Cherokee Indians** *Indians of* **Cherokee, N. C.** *Agency, taken by* **Frank Kyselka, Supt and Spl Disbg Agent** *United States Indian Agent,* **June 30, 1910.** *(NOTE: The Indian name has been copied as is on the original.)*

KEY: Number; English Name, *Indian Name (if given)*, Sex, Relation, Age.

848; **LAMBERT**, Lloyd, m, husband, 27
849; Sallie, f, wife, 31
850; Luzene, f, stp-daughter, 9
851; Ollie, f, daughter, 5
852; Nellie, f, daughter, 3
853; Richard, m, son, 1

854; **CAT**, Johnson, *Seah kle loo kih*, m, husband, 51
855; Sallie, *Alkin nih*, f, wife, 49
856; Jesse, m, son, 15
857; Amanda, f, daughter, 10
858; [**Hornbuckle**], Johnson, m, ward, 6

859; **CAT**, Willie, m, husband, 23
860; Corinthia, f, wife, 20
861; David, m, son, 1

862; **CAT**, Margaret, f, single, 19

863; **LEDFORD**, Jake, *Sah ke lah yeh*, m, husband, 36
864; Mary, *Mah lih*, f, wife, 35
865; Amy, f, daughter, 2

866; **LEDFORD**, Onih, f, widow, 57

867; **LEDFORD**, Riley, *Li-lih*, m, husband, 35
868; Polly, f, wife, 29
869; Joe, m, son, 9
870; Kina, f, daughter, 7
871; Caroline, f, daughter, 3
872; Willie, m, son, 1

873; **WAIDSUTTE**, Bird, *Too wa yah law*, m, husband, 33
874; Mary, f, wife, 36
875; Lee, m, son, 7
876; [**Axe**], Peter, m, stp-son, 17
877; [**Axe**], Manda, f, stp-daughter, 14

878; **CHEKELELEE**, Andy, m, husband, 26
879; Bettie, f, wife, 21
880; Bessie, f, daughter, ¼

881; **AXE**, Cindy, f, single, 20

882; **BROWN**, Lydia, f, widow, 63

883; **BROWN**, Peter, m, husband, 27
884; Nancy, f, wife, 27

885; **TEESOTESKIE**, Noah, m, husband, 25
886; Ella, f, wife, 24
887; Willie, m, son, 3
888; John, m, son, 2

889; **OTTER**, Allen, m, husband, 31
890; Winnie, f, wife, 33
891; Sallie, f, daughter, 9

892; **OTTER**, Ollie, f, widow, 60

893; **SMOKER**, Lloyd, m, husband, 39
894; Nancy, f, wife, 52

895; **SEQUOHYEH**, Zachariah, *Tah-kee-lah-yah*, m, husband, 51
896; Louisa Hill, *Loo-nih-sah*, f, wife, 49
897; [**Hill**], Minda, f, stp-daughter, 12
898; [**Hill**], Susan, f, stp-daughter, 9
899; [**Hill**], Alice, f, stp-daughter, 7

900; **SEQUOHYEH**, Noah, m, single, 25

901; **SEQUOHYEH**, Lizzie, f, single, 21

Census of the **Eastern Cherokee Indians** *Indians of* **Cherokee, N. C.** *Agency, taken by* **Frank Kyselka, Supt and Spl Disbg Agent** *United States Indian Agent,* **June 30, 1910**. *(NOTE: The Indian name has been copied as is on the original.)*

KEY: Number; English Name, *Indian Name (if given)*, Sex, Relation, Age.

902; **HILL**, Soggy M, *Sah kee lah yeh*, m, husband, 29
903; Henrietta, f, wife, 36

904; **HILL**, Maul, *Tes quah ta gih*, m, sep'd husband, 63
905; Caroline, f, daughter, 16

906; **HILL**, Blain, m, husband, 24
907; Luzene, f, wife, 27
908; Viola Nellie, f, daughter, 1
909; [**Sequohyeh**], Ammons, m, stp-son, 5

910; **HILL**, Ned, m, single, 22

911; **HILL**, Levi, m, single, 20

912; **TOONI**, Joseph, *Chan so ih*, m, husband, 54
913; Angeline, *Oocan Weeaiyaieh*, f, wife, 52

914; **TOONI**, Andy, m, single, 18

915; **TOONI**, Nicey, *Wah ye sah*, f, single, 34

916; **TOONI**, Juke, *Choo qui oski*, m, husband, 34
917; Lizzie, f, wife, 28
918; Rachel, f, daughter, 1

919; **HILL**, Abraham, m, husband, 46
920; Annie, f, wife, 38
921; Hensley, m, son, 11
922; Callie, f, daughter, 8

923; **HILL**, Nancy, f, single, 18

924; **CORNSILK**, York, *Yah cah*, m, husband, 43
925; Eann, *Eyahnih*, f, wife, 52

926; **SCREAMER**, David, m, single, 19

927; **WELCH**, Nannie, *Ah-ne-nes-sih*, f, widow, 48

928; **WELCH**, Lucinda, f, single, 27

929; **WELCH**, Moses, m, single, 24

930; **YOUNGDEER**, Jacob, *Jar co bin*, m, husband, 38
931; Lunsih, f, wife, 57

932; *AH-NA-WA-KIH*, f, widow, 73

933; *DAH NIH NO LIK*, m, widower, 53

934; **PANTHER**, Job, m, husband, 26
935; Bettie, *Cah he nih*, f, wife, 52

936; **PANTHER**, Mark, m, husband, 35
937; Anna, f, wife, 47

938; **REED**, Peter, *Que tah*, m, widower, 58
939; Lizzie, f, grnd-daughter, 16
940; Cindy, f, grnd-daughter, 13

941; **REED**, Jimmy, m, single, 22

942; **REED**, Lloyd, m, single, 22

943; **REED**, William, m, husband, 26
944; Kate K, f, wife, 19
945; Jackson, m, son, 1

946; **REED**, Adam, *Ah tah nih*, m, sep'd husband, 32
947; Rachel, f, sep'd wife, 26
948; Johnson, m, son, 5

Census of the **Eastern Cherokee Indians** *Indians of* **Cherokee, N. C.** *Agency, taken by* **Frank Kyselka, Supt and Spl Disbg Agent** *United States Indian Agent,* **June 30, 1910.** *(NOTE: The Indian name has been copied as is on the original.)*

KEY: Number; English Name, *Indian Name (if given)*, Sex, Relation, Age.

949; **REED**, Deweese, m, sep'd husband, 30
950; Nannie, f, sep'd wife, 26
951; Susan, f, daughter, 2

952; **LOWEN**, John B, *Coi lo wo wah*, m, single, 49

953; **BIGMEAT**, Yona, *Yona ne tah*, m, single, 33

954; **LONG**, Joseph Bigwitch, *Too wah*, m, husband, 38
955; Sallie, *Sallo nih*, f, wife, 31
956; Lucy, f, stp-daughter, 5
957; Etta, f, stp-daughter, 2
958; Lloyd, m, son, 1

959; **GEORGE**, Sutawaga, m, husband, 64
960; Esther, f, wife, 54

961; **GEORGE**, Elijah, m, single, 33

962; **SCREAMER**, James, m, husband, 52
963; Cindy, f, wife, 38
964; Soggy, m, son, 16

965; **SCREAMER**, Manus, m, husband, 28
966; Nannie, f, wife, 33

967; **SCREAMER**, Kane, m, single, 18

968; **MUMBLEHEAD**, James W, m, single, 30

969; **CROW**, David, m, husband, 25
970; Sallie, f, wife, 20
971; Samuel, m, son, 3
972; Rachel, f, daughter, 2

973; Stacy, f, daughter, 1

974; **CROW**, Anona, f, single, 20

975; **OOSOWEE**, John, JR, *Coo wo he lan skih*, m, husband, 33
976; Sally C, f, wife, 39
977; Rebecca, f, daughter, 2
978; George W, m, son, ½
979; **[Conseen]**, Lloyd, m, stp-son, 7
980; **[Conseen]**, Buck, m, stp-son, 4

981; **ARMACHAIN**, Davis, *Daresih*, m, husband, 55
982; Annie, f, wife, 39
983; Jesse, m, son, 14
984; Louis, m, son, 12
985; Rachel, f, daughter, 9
986; Sevier, m, son, 6

987; **OOSOWEE**, Samuel Davis, m, husband, 38
988; Susie, f, wife, 33
989; Paul, m, son, 8

990; **STAMPER**, Ned, *Ned da wah hoo hoo*, m, husband, 41
991; Sallie Ann, *Sah lih ah nih*, f, wife, 34
992; Hettie, f, daughter, 13
993; Caroline, f, daughter, 13
994; William, m, son, 9
995; Lizzie, f, daughter, 7
996; Sarah, f, daughter, 3
997; Emma, f, daughter, 1

998; **LITTLEJOHN**, Ropetwister, *Tekah wooteh yohih*, m, husband, 45
999; Annie, f, wife, 33
1000; Sallie, f, daughter, 9
1001; Isaac, m, son, 4
1002; Ollie, f, daughter, 1

Census of the **Eastern Cherokee Indians** *Indians of* **Cherokee, N. C.** *Agency, taken by* **Frank Kyselka, Supt and Spl Disbg Agent** *United States Indian Agent,* **June 30, 1910.** *(NOTE: The Indian name has been copied as is on the original.)*

KEY: Number; English Name, *Indian Name (if given)*, Sex, Relation, Age.

1003; [Wilnotih], Joseph, m, stp-son, 16
1004; [Wilnotih], Ned, m, stp-son, 14

1005; **SHERRELL**, John, *Gah sah lah we*, m, husband, 35
1006; Mollie, *Ma lih*, f, wife, 31
1007; Solomon, m, son, 8
1008; Julia, f, daughter, 4
1009; Samuel, m, son, 1
1010; [Tramper], Kiney, f, stp-daughter, 11

1011; **TRAMPER**, Chiltoskie, *Che lah taw skih*, m, single, 29

1012; **TRAMPER**, Amineeta, m, single, 20

1013; **TRAMPER**, Lottie, f, single, 16

1014; **TOE**, Johnson, *Johnsih-nih*, m, husband, 53
1015; Nancy W, f, wife, 49

1016; **REED**, James W, m, husband, 42
1017; Agnes, f, daughter, 4
1018; Willie Elmer, m, son, ¼

1019; **REED**, Maggie G, f, single, 22

1020; **SAMPSON**, James, m, husband, 57
1021; Sallie, f, wife, 47
1022; [Cucumber], Arch, m, ward, 5

1023; **CROW**, Aquaisher, m, single, 22

1024; **STANDINGWATER**, Alex, m, widower, 53
1025; Elsie, f, daughter, 15

1026; **BLACKFOX**, Cindy, f, widow, 68

1027; **BLACKFOX**, Charley, m, husband, 31
1028; Nancy, f, wife, 27
1029; Lloyd, m, son, 7
1030; Wesley, f, son, 1

1031; **THOMPSON**, Enos, m, widower, 49
1032; Wilson, m, son, 17
1033; Goliah, m, son, 12

1034; **THOMPSON**, Lydia, f, single, 19
1035; Wesley, m, son, 3
1036; Rachel, f, daughter, ¼

1037; **THOMPSON**, Peter, m, single, 23

1038; **TEWATLEY**, Jim, *Tsih-nih*, m, husband, 58
1039; Rose, *Cosih-chu-lan-ka-lah*, f, wife, 60

1040; **TEWATLEY**, Kane, m, single, 24

1041; **TEWATLEY**, Willie, m, single, 21

1042; **WELCH**, Davis, m, husband, 42
1043; Eve, *Ai nih*, f, wife, 39
1044; Jesse, m, son, 17
1045; Joseph, m, son, 12
1046; Ned, m, son, 6
1047; Lizzie, f, daughter, 4
1048; Jennie, f, daughter, 1

1049; **WELCH**, John, m, single, 22

1050; **WELCH**, James, m, single, 18

1051; **WELCH**, Elijah, *Sarche*, m, husband, 48

Census of the **Eastern Cherokee Indians** *Indians of* **Cherokee, N. C.** *Agency, taken by* **Frank Kyselka, Supt and Spl Disbg Agent** *United States Indian Agent,* **June 30, 1910.** *(NOTE: The Indian name has been copied as is on the original.)*

KEY: Number; English Name, *Indian Name (if given)*, Sex, Relation, Age.

1052; Ann Eliza, f, wife, 55
1053; Mark, m, son, 10
1054; Ollie, f, daughter, 7
1055; **[Armachain]**, Jonah, m, stp-son, 15

1056; **WELCH**, James Elijah, m, single, 21

1057; **DAVIS**, Charlie, *Tsoh-lih*, m, husband, 37
1058; Annie, f, wife, 34
1059; Isreal, m, son, 16
1060; Isaac, m, son, 11
1061; David, m, son, 9
1062; George, m, son, 5
1063; Callie, f, daughter, 1

1064; **SWIMMER**, Runaway, *Ah-la-te-skih*, m, husband, 32
1065; Annie, f, wife, 27
1066; **[Conley]**, Sinda, f, niece, 6

1067; **TEK NU NIH**, Watson, W*atson nih*, m, single, 57

1068; **TOE**, Campbell, *Cah nih lih*, m, single, 40

1069; **BIRD**, Taheeskie, m, husband, 70
1070; Celia, f, wife, 57

1071; **TOONI**, Nancy, f, widow, 31
1072; Nannie, f, daughter, 7
1073; Isaac, m, son, 5
1074; Garfield, m, son, 4
1075; Mary, f, stp-daughter, 11
1076; Wannie, f, daughter, 1

1077; **DRIVER**, Wesley, m, husband, 38
1078; Agnes, *Ai kin nih*, f, wife, 40
1079; John, m, son, 11

1080; Lucinda, f, daughter, 8
1081; Sallie, f, daughter, 4

1082; **PHEASANT**, John, m, husband, 57
1083; Maggie, f, wife, 55
1084; Clyde, m, son, 1/12

1085; **PHEASANT**, Willie, m, husband, 27
1086; Rachel Emma, f, wife, 18

1087; **PHEASANT**, Dora Jane, f, single, 19

1088; **POWELL**, Dooga, *Too cah*, f, widow, 40
1089; Sarah, f, daughter, 11
1090; Holmes, m, son, 8
1091; Winnie, f, daughter, 5
1092; Noah, m, son, 2

1093; **POWELL**, Moses, m, husband, 23
1094; Elkiny, f, wife, 27
1095; Stacy, f, daughter, 1

1096; **POWELL**, Stansill, m, single, 19

1097; **WELCH**, Adam, m, husband, 24
1098; Ann Eliza, f, wife, 19
1099; Frank C, m, son, 2
1100; Wiggins, m, son, ½

1101; **SWIMMER**, Thomas, *Oo chan stan sih*, m, husband, 55
1102; Annie, f, wife, 51

1103; **WILNOTY**, Mink, *Suh kih*, m, single, 65

1104; **HILL**, John, m, husband, 55
1105; Sallie, f, wife, 73

Census of the **Eastern Cherokee Indians** *Indians of* **Cherokee, N. C.** *Agency, taken by* **Frank Kyselka, Supt and Spl Disbg Agent** *United States Indian Agent,* **June 30, 1910.** *(NOTE: The Indian name has been copied as is on the original.)*

KEY: Number; English Name, *Indian Name (if given)*, Sex, Relation, Age.

1106; **CLIMBING BEAR**, Ollie, *Ah le nih*, f, widow, 55

1107; **CLIMBING BEAR**, Delesku, m, single, 34

1108; **CLIMBING BEAR**, Annie, f, single, 31

1109; **CLIMBING BEAR**, Katie, f, single, 21

1110; **LONG**, Will West, m, husband, 39
1111; Annie W, f, wife, 19

1112; **SUAGIH**, Waidsutte, m, husband, 65
1113; Anna, f, wife, 56

1114; **TEWATLEY**, Adam, m, sep'd husband, 35
1115; Amanda, f, sep'd wife, 20

1116; **SCREAMER**, Enos, m, divorced, 44

1117; **WOLFE**, Jowan, *Cho we nih*, m, husband, 62
1118; Sallie, *Sah lih*, f, wife, 50

1119; **WOLFE**, William Johnson, m, husband, 33
1120; Martha, f, wife, 37
1121; Joe, m, son, 8
1122; Addison, m, son, 4
1123; Lilly, f, daughter, 1

1124; **WOLFE**, Susan, f, widow, 59

1125; **WOLFE**, Ward, m, single, 20

1126; **WOLFE**, Running, *Wah yah de*, m, husband, 31
1127; Mollie, f, wife, 29
1128; Lloyd, m, son, 11
1129; Ammons, m, son, 7
1130; Tom, m, son, 6
1131; Sallie, f, daughter, 3

1132; **SEQUOH YEH**, m, widower, 63

1133; **DRIVER**, Judas, *Chu too sih*, m, husband, 41
1134; Eliza, *Li ye sah*, f, wife, 42

1135; **DRIVER**, Annie, f, sep'd wife, 65

1136; **WATTY**, Coo lar che, m, husband, 33
1137; Nessih, f, wife, 34
1138; Stephen, m, son, 15
1139; Kimsey, m, son, 10
1140; Lizzie, f, daughter, 8
1141; Polly, f, daughter, 4
1142; Olsie, f, daughter, 1

1143; **WATTY**, Watty, m, husband, 75
1144; Uhnahyih, f, wife, 67

1145; **DAVIS**, Quaitih, f, widow, 73

1146; **DRIVER**, Jimmy, *Tehati ton hih*, m, husband, 71
1147; Betty, *Quati yeh, f, wife, 67*

1148; **DRIVER**, Russell B, m, husband, 36
1149; Marion, f, daughter, 6
1150; Elsie, f, daughter, 3

1151; **DRIVER**, Goliath B, m, husband, 34
1152; Helen Ester, f, daughter, 1

Census of the **Eastern Cherokee Indians** *Indians of* **Cherokee, N. C.** *Agency, taken by* **Frank Kyselka, Supt and Spl Disbg Agent** *United States Indian Agent,* **June 30, 1910.** *(NOTE: The Indian name has been copied as is on the original.)*

KEY: Number; English Name, *Indian Name (if given)*, Sex, Relation, Age.

1153; **CONLEY**, John, *Wah hi co nih*, m, widower, 49
1154; Luke, m, son, 14

1155; **CONLEY**, John, JR, m, single, 20

1156; **DRIVER**, Chekelelee, m, husband, 26
1157; Ollie, f, wife, 24
1158; Rosa, f, daughter, 8
1159; George, m, son, 6
1160; Mason, m, son, 1

1161; **SHAKEAR**, Fidella, *Quah te lih*, m, husband, 39
1162; Lizzie, *Can-hi-neh-ih*, f, wife, 46

1163; **WHIPPOORWILL**, Manley, m, single, 26

1164; **ARMACHAIN**, Susie, f, widow, 51

1165; **DAVIS**, John, *Tah chun tih*, m, husband, 48
1166; Annie, f, wife, 55

1167; **WOLFE**, John Lossie, m, husband, 47
1168; Nancy, f, wife, 57

1169; **WOLFE**, Davison, m, single, 19

1170; **WOLFE**, Lloyd L, m, single, 21

1171; **THOMPSON**, Johnson, m, husband, 43
1172; Nancy, f, wife, 42
1173; Ammon, m, son, 16
1174; David, m, son, 13
1175; James, m, son, 10
1176; Jonam, m, son, 7
1177; Jackson, m, son, 5

1178; Annie, f, daughter, 4
1179; Walker, m, son, 1

1180; **THOMPSON**, Ahsinnih, m, single, 26

1181; **THOMPSON**, Wilson, m, husband, 22
1182; Rebecca, f, wife, 20
1183; Noah, m, son, 1

1184; **CALHOUN**, Morgan, *An gun stan teh*, m, husband, 46
1185; Sallie Ann, f, wife, 33
1186; Polly, f, daughter, 16
1187; Lloyd, m, son, 14
1188; Eve, f, daughter, 12
1189; Yah gin nih, f, daughter, 10
1190; Lawson, m, son, 8
1191; Holley, m, son, 6
1192; Sunday, *Gan dah qua skih*, m, son, 4
1193; Diana, f, daughter, 1/3

1194; **WOLFE**, Jacob, m, hus 39
1195; Nelcina, f, wife, 37
1196; Joseph, m, son, 13
1197; Jesse, m, son, 10
1198; Abel, m, son, 7
1199; Alice, f, daughter, 3
1200; Lucinda, f, daughter, ¼

1201; **WOLFE**, Lansa Jane, f, single, 20

1202; **WOLFE**, John, m, husband, 40
1203; Linda, f, wife, 37
1204; Walker, m, son, 5

1205; **WOLFE**, Junaluskie, m, single, 26

1206; **WOLFE**, Taqua, m, single, 21

Census of the **Eastern Cherokee Indians** *Indians of* **Cherokee, N. C.** *Agency, taken by* **Frank Kyselka, Supt and Spl Disbg Agent** *United States Indian Agent,* **June 30, 1910.** *(NOTE: The Indian name has been copied as is on the original.)*

KEY: Number; English Name, *Indian Name (if given)*, Sex, Relation, Age.

1207; **WOLFE**, Owen, m, single, 26

1208; **WOLFE**, Moses, *Wo-sih*, m, husband, 63
1209; Jane, A*h-noo-yah-hih*, f, wife, 39
1210; Jonah, m, son, 16

1211; **WOLFE**, Martha, f, single, 21

1212; **WOLFE**, Kinsey, m, single, 23

1213; **WELCH**, Corneita, *Cun-nah-ne-tah*, m, single, 30

1214; **LAMBERT**, Charley, *Alleck*, m, husband, 24
1215; Mary Arch, f, wife, 23
1216; Jackson, m, son, 4

1217; **BLACKFOX**, Josiah, m, husband, 59
1218; Dinah C, *Tah yah nih*, f, wife, 53
1219; Keziah, *Tso stow nah*, m, stp-son, 15

1220; **BIRD**, Going, *Chees quah wah ih*, m, husband, 41
1221; Annie, *Walkinnih*, f, wife, 46
1222; Eli, m, son, 17
1223; [Smoke], Betty, f, stp-daughter, 15

1224; **WATTY**, Ute, *Cah-nah-nah-stih*, m, husband, 45
1225; Mary, *Chic-kuk-nah*, f, wife, 39

1226; **WATTY**, John, m, single, 19

1227; **WOLFE**, Joseph H, m, husband, 38
1228; Jennie, f, wife, 40
1229; Callie, f, daughter, 12

1230; **WOLFE**, Polly, f, single, 64

1231; **BRADLEY**, Eliza Jane, f, wife, 38
1232; Walter, m, son, 16
1233; Amos, m, son, 14
1234; Henry, m, son, 10
1235; Judson, m, son, 8
1236; Seaborn, m, son, 3
1237; Bertha A, f, daughter, 1/2
1238; Lydia, f, daughter, 5

1239; **BRADLEY**, Nancy, f, single, 34
1240; Margaret, f, daughter, 11
1241; Roy, m, son, 7
1242; Minda, f, daughter, 5
1243; [Winterford], Verdia, f, daughter, 1

1244; **LOSSIE**, Jennie, f, widow, 52
1245; David, m, son, 17
1246; Dorn, m, son, 14
1247; Candy, m, son, 12
1248; John R, m, son, 7
1249; Hays, m, son, 5

1250; **LOSSIE**, Leander, m, single, 25

1251; **WOLFE**, Mary E, f, single, 26

1252; **WOLFE**, James T, m, single, 23

1253; **WOLFE**, Pearle M, f, single, 22

1254; **WOLFE**, Amanda W, f, single, 20

1255; **HICKS**, Charlie, m, single, 18

1256; **HOLLAND**, Jennie, f, wife, 24
1257; Grace, f, daughter, 3
1258; David, m, son, 2

Census of the **Eastern Cherokee Indians** *Indians of* **Cherokee, N. C.** *Agency, taken by* **Frank Kyselka, Supt and Spl Disbg Agent** *United States Indian Agent,* **June 30, 1910.** *(NOTE: The Indian name has been copied as is on the original.)*

KEY: Number; English Name, *Indian Name (if given)*, Sex, Relation, Age.

1259; **DRIVER**, Dicky, m, husband, 60
1260; Etta, f, wife, 31
1261; Nannie, f, daughter, 4
1262; De Hart, m, son, 1

1263; **TOINEETA**, Nick, *Nick-eh*, m, husband, 42
1264; Bettie, *Quai tah yih*, f, wife, 29
1265; Arneach, m, son, 17

1266; **TOONI**, Suagih, m, single, 21

1267; **QUEEN**, Levi, m, husband, 39
1268; Mary, f, wife, 30
1269; Minda, f, daughter, 14
1270; Abraham, m, son, 10
1271; Addie, f, daughter, 8
1272; Malinda, f, daughter, 5
1273; Lottie, f, daughter, 3
1274; Dinah, f, daughter, 1

1275; **QUEEN**, Simpson, m, husband, 37
1276; Sallie, *Sah le ah-nih*, f, wife, 29
1277; Jasper, m, son, 16
1278; Olliney, f, daughter, 11
1279; Nolan, m, son, 9
1280; Mary, f, daughter, 7
1281; Bessie, f, daughter, 5
1282; Rachel, f, daughter, 1
1283; John, m, son, 3

1284; **WILNOTY**, Lot, m, widower, 60

1285; **WILNOTY**, Moses, m, husband, 29
1286; Julius, m, son, ½
1287; [Greybeard], Sallie, f, stp-daughter, 12
1288; [Greybeard], James, m, stp-son, 9

1289; **WILNOTY**, Nicey, f, single, 22
1290; Aggie, f, daughter, 4

1291; Nancy, f, daughter, 3

1292; **WILNOTY**, Simon, m, single, 19

1293; **JUMPER**, Ute, *Utih*, m, husband, 38
1294; Betsy, *Quait seh*, f, wife, 37
1295; Stansill, m, son, 11
1296; Edward, m, son, 9
1297; James W, m, son, 6
1298; Thomas, m, son, 4
1299; Henry, m, son, 2
1300; Ella, f, daughter, 2/3

1301; **BLYTHE**, William Johnson, *Oo-la-what-tih*, m, husband, 38
1302; Lloyd, m, son, 1
1303; [Crow], Louisa, f, stp-daughter, 6

1304; **LONG**, Nellie, *Aul chih*, f, widow, 66

1305; **LONG**, Charley, m, single, 22

1306; **GEORGE**, Logan, m, single, 22

1307; **LOWEN**, John, *Te-sah-ne-hih*, m, husband, 49
1308; Sis, *Yah-hih-ster-skih*, f, wife, 48
1309; Nannie, f, stp-daughter, 13

1310; **KALONEEHESKIE**, Abraham, *Ah-quah-hah-nih*, m, single, 26

1311; **KALONEEHESKIE,** Charley, m, single, 24

1312; **CALHOUN**, Lawyer, *Te-te-yah-hih*, m, husband, 51
1313; Ollie, f, wife, 39

1314; **KALONEEHESKIE**, Joe, m, single, 22

154

Census of the **Eastern Cherokee Indians** *Indians of* **Cherokee, N. C.** *Agency, taken by* **Frank Kyselka, Supt and Spl Disbg Agent** *United States Indian Agent,* **June 30, 1910.** *(NOTE: The Indian name has been copied as is on the original.)*

KEY: Number; English Name, *Indian Name (if given)*, Sex, Relation, Age.

1315; **BIGMEAT**, *Ai-nih-kih*, m, widower, 62

1316; **BIGMEAT**, Adam, m, single, 19

1317; **BIGMEAT**, Isiah, *Te-yeh-ste-skih*, m, husband, 32
1318; Sarah, *Sa le-nih*, f, wife, 30

1319; **FEATHERHEAD**, Wilson, *Will-sin-nih*, m, husband, 34
1320; Nancy, *Ah-ne-heh*, f, wife, 66

1321; **WALLACE**, James, *Jim-nih*, m, husband, 32
1322; Ollie, f, wife, 43
1323; Tahquette Owl, m, son, 7

1324; **ARMACHAIN**, Chewonih, m, sep'd husband, 66

1325; **AXE**, David, m, sep'd husband, 56

1326; **WAYNE**, Will John, m, husband, 36
1327; Sarah, f, wife, 26

1328; **RATLIFF**, James, m, husband, 62

1329; **MANEY**, Eve, f, wife, 24
1330; Mary, f, daughter, 6
1331; John, m, son, 4
1332; Allen Jacob, m, son, 2

1333; **MURPHY**, David, m, husband, 80

1334; **DRIVER**, William, m, husband, 37
1335; Eliza, f, wife, 39
1336; Ned, m, son, 13
1337; Adam, m, son 9
1338; Lucy, f, daughter, 4

1339; **DRIVER**, Abraham, M, single, 34

1340; **HORNBUCKLE**, Lewis, m, husband, 54
1341; Caroline, f, wife, 50

1342; **HORNBUCKLE**, John L, m, single, 26

1343; **HORNBUCKLE**, Jeff Davis, m, widower, 46

1344; **HORNBUCKLE**, Jeff Davis, *Tse-qu-a-dih-lih*, m, single, 18

1345; **HORNBUCKLE**, Johnson, m, son, 10

1346; **JACK**, Nancy, *Cah-tah-yah-en*, f, widow, 75

1347; **CONSEEN**, Jack, m, single, 23

1348; **CONSEEN**, Thompson, m, single, 19

1349; **CROW**, Ossie, *Hot house*, m, husband, 27
1350; Annie S, f, wife, 31
1351; [Saunooke], Nannie, f, stp-daughter, 31
1352; [Saunooke], Polly, f, stp-daughter, 4

1353; **LAMBERT**, Hugh N, m, husband, 28
1354; Alice Rosa, f, wife, 26
1355; Paul Leroy, m, son, 1

1356; **LONG**, Jackson, *Jackson ih*, m, husband, 55

Census of the **Eastern Cherokee Indians** *Indians of* **Cherokee, N. C.** *Agency, taken by* **Frank Kyselka, Supt and Spl Disbg Agent** *United States Indian Agent,* **June 30, 1910.** *(NOTE: The Indian name has been copied as is on the original.)*

KEY: Number; English Name, *Indian Name (if given)*, Sex, Relation, Age.

1357; **LAMBERT**, Thomas R, m, husband, 26
1358; Nannie, f, wife, 22
1359; Florence, f, daughter, 2
1360; Seymons, m, son, 1

1361; **SMITH**, Samuel A, *Samuel A Murphy*, m, husband, 44
1362; Goldman, m, son, 14
1363; David McK, m, son, 9
1364; Jesse H, m, son, 7

1365; **SMITH**, Belva, f single, 18

1366; **BRADY**, Susie S, f, wife, 24
1367; James Lowen, m, son, ¼

1368; **SMITH**, William B, m, husband, 22
1369; Lucy A D, f, wife, 19

1370; **SMITH**, Joseph M, m, single, 20

1371; **SMITH**, Lorena N, f, widow, 45

1372; **ARCH**, Johnson, m, husband, 26
1373; Ella, f, wife, 20
1374; Cora, f, daughter, 2
1375; Harach, m, son ¼

1376; **LAMBERT**, Samuel C, m, husband, 50
1377; Nannie, f, daughter, 17
1378; Verdie, f, daughter, 15
1379; Corbett, m, son, 13
1380; Cora Lee, f, daughter, 10
1381; Julia, f, daughter, 9
1382; Theodore, m, son, 6
1383; Oney, f, daughter, 4
1384; Gaylord, m, son, 1

1385; **LAMBERT**, Claude, m, single, 19

1386; **LAMBERT**, Albert J, m, husband, 58

1387; **LAMBERT**, Jesse B, m, husband, 33
1388; Minnie S, f, wife, 20

1389; **LAMBERT**, James W, m, husband, 35
1390; Bessie, f, daughter, 10
1391; Hugh H, m, son, 8
1392; Ida M, f, daughter, 1

1393; **LAMBERT**, Thomas O, m, husband, 31
1394; Joseph, m, son, 7
1395; Henry H, m, son, 6
1396; John A, m, son, 4
1397; Sallie M, f, daughter, 1

1398; **LAMBERT**, Columbus, m, husband, 40
1399; Harvey, m, son, 13
1400; Carson, m, son, 6

1401; **LAMBERT**, J Hugh, m, husband, 36
1402; Pearl, f, daughter, 11
1403; Andrew J, m, son, 9
1404; Isaac, m, son, 5
1405; Lora, f, daughter, 2
1406; George, m, son, 2/3
1407; [Lambert], Pearson, m, ward, 11

1408; **ALLISON**, Nannie, f, wife, 27
1409; Roy Robert, m, son, 6
1410; Albert Munroe, m, son, 3
1411; Ida May, f, daughter, 1

1412; **LEE**, Samuel, m, single, 20

1413; **LEE**, Addie H, f, widow, 17

Census of the **Eastern Cherokee Indians** *Indians of* **Cherokee, N. C.** *Agency, taken by* **Frank Kyselka, Supt and Spl Disbg Agent** *United States Indian Agent,* **June 30, 1910.** *(NOTE: The Indian name has been copied as is on the original.)*

KEY: Number; English Name, *Indian Name (if given)*, Sex, Relation, Age.

1414; **LEE**, Edith, f, single, 14

1415; **LEE**, Debrada, f, single, 11

1416; **PASSMORE**, Nancy J, f, wife, 32
1417; Thomas M, m, son, 8
1418; Charles A, m, son, 7
1419; Rose Cordelia, f, daughter, 5
1420; Oscar, m, son, 3
1421; Frances, f, daughter, 2/3

1422; **CHILDERS**, Lula B, f, wife, 28
1423; Robert, m, son, 5
1424; Stella, f, daughter, 1

1425; **LAMBERT**, J Monroe, m, husband, 53
1426; Fred, m, son, 17
1427; Jesse, m, son, 15
1428; Fitzsimmons, m, son, 13
1429; Flora, f, grnd-daughter, 9

1430; **MANEY**, Cordelia L, f, mother, 32
1431; Minnie A, f, daughter, 5
1432; Ruth, f, daughter, 3
1433; Bruce G, m, son, 1

1434; **MATTHEWS**, Lillian S L, f, mother, 29
1435; Eve Addie, f, daughter, 5
1436; Gradie R, m, son, 2

1437; **REAGAN**, Hester L, f, wife, 21
1438; Ernest, m, son, 2
1439; Polena, m, son, ½

1440; **LAMBERT**, Charles, m, single, 19

1441; **SMITH**, Thaddeus Sibbald, m, husband, 32
1442; Hartman, m, son, 12

1443; Mary, f, daughter, 10
1444; Jerrold, m, son, 6
1445; Grace, f, daughter, 4
1446; Mildred, f, daughter, 1½

1447; **SMITH**, Lloyd H, *A-loh-tih*, m, husband, 37
1448; Roberson, m, son, 9
1449; Elizabeth, f, daughter, 8
1450; Noah, m, son, 6
1451; Tiney, f, daughter, 4
1452; John D, m, son, 3
1453; Duffy, m, son, ½

1454; **SNEED**, Samuel, m, husband, 53
1455; Mary C, f, daughter, 13
1456; Annie L, f, daughter, 12
1457; Maude E, f, daughter, 10

1458; **SNEED**, John H, m, husband, 57

1459; **SNEED**, Manco, m, single, 23

1460; **SNEED**, Osco, m, husband, 31
1461; Thomas M, m, son, 3
1462; WM Harley, m, son, 1

1463; **SNEED**, Campbell, m, husband, 22
1464; Mindy, f, wife, 20
1465; Carrie, f, daughter, 1
1466; Ernest, m, son, ¼

1467; **SNEED**, Peco, m, husband, 35
1468; Sarah, f, daughter, 9
1469; Blakley, m, son, 5
1470; Stella L, f, daughter, 2
1471; Lillian K, f, daughter, 1/4

1472; **COOPER**, Stacy Jane, f, wife, 42
1473; Arnold, m, son, 16
1474; Curtis, m, son, 14
1475; Frankie, f, daughter, 13

Census of the **Eastern Cherokee Indians** *Indians of* **Cherokee, N. C.** *Agency, taken by* **Frank Kyselka, Supt and Spl Disbg Agent** *United States Indian Agent,* **June 30, 1910.** *(NOTE: The Indian name has been copied as is on the original.)*

KEY: Number; English Name, *Indian Name (if given)*, Sex, Relation, Age.

1476; Lilia, f, daughter, 12
1477; Fannie, f, daughter, 10
1478; Myrtle, f, daughter, 8
1479; Fred, m, son, 5
1480; Selma, f, daughter, 2

1481; **BIDDIX**, Rosa E, f, sep'd wife, 31
1482; Jennie, f, daughter, 7
1483; Polly, f, daughter, 3

1484; **OWL**, Solomon D, m, husband, 46
1485; Martha Jane, f, daughter, 16
1486; Alfred Bryan, m, son, 13
1487; Lloyd L, m, son, 10
1488; Cornelius, m, son, 8
1489; Ethel, f, daughter, 4
1490; WM David, m, son, 3
1491; DeWitt, m, son, 1
1492; Edward, m, son, ¼

1493; **OWL**, Theodore, m, single, 24

1494; **OWL**, Callie, f, single, 22

1495; **OWL**, Dora, f, single, 20

1496; **OWL**, Mark, m, single, 18

1497; **WOLFE**, George L, m, husband, 33
1498; John R, m, son, 6
1499; William H, m, son, 4
1500; Richard C, m, son, 2
1501; Jessie M, f, daughter, 1

1502; **MURPHY**, Jesse, m, husband, 47
1503; Mary McCoy, f, wife, 33
1504; Lillian Arch, f, cousin of wife, 5

1505; **MURPHY**, William, m, husband, 20
1506; Lafayette, m, son, ¼

1507; **GOFORTH**, Minnie, f, wife, 23
1508; Louisa, f, daughter, 1

1509; **WOLFE**, David, m, husband, 57

1510; **BRADLEY**, George, m, husband, 33
1511; Annie, f, daughter, 8
1512; Dinah, f, daughter, 7
1513; Rachel, f, daughter, 4
1514; Thomas, m, son, 1

1515; **BRADLEY**, Joseph, m, husband, 29
1516; Johnson, m, son, 1;

1517; **TOLLIE**, Lizzie, f, wife, 23

1518; **BRADLEY**, Morgan, m, single, 18

1519; **BRADLEY**, Nick, m, single, 15
1520; Sarah, f single, 10

1521; **BRADLEY**, Johnson, m, husband, 31
1522; Raymond, m, son, 2
1523; Ethel, f, daughter, ½

1524; **HORNBUCKLE**, George, m, husband, 33
1525; Nelissa[sic], f, daughter, 14
1526; Alice May, f, daughter, 12
1527; Hartman, m, son, 9
1528; Olive Ann, f, daughter, 7
1529; John Russel, m, son, 5
1530; William A, m, son, 2
1531; Elvira, f, niece, 13

1532; **HORNBUCKLE**, William, m, husband, 40
1533; Fred, m, son, 14
1534; Dora, f, daughter, 11

158

Census of the **Eastern Cherokee Indians** *Indians of* **Cherokee, N. C.** *Agency, taken by* **Frank Kyselka, Supt and Spl Disbg Agent** *United States Indian Agent,* **June 30, 1910.** *(NOTE: The Indian name has been copied as is on the original.)*
KEY: Number; English Name, *Indian Name (if given)*, Sex, Relation, Age.

1535; Wilson, m, son, 9
1536; Maggie, f, daughter, 5

1537; **LONG**, Charley, *Cah-whih-lih*, m, husband, 50
1538; Sallie, f, wife, 33
1538; Long Bear, m, son, 12
1540; Lucy, f, daughter, 10
1541; Aggie, f, daughter, 8
1542; Bettie, f, daughter, 6
1543; Isaac, m, son, 4
1544; Lena, f, daughter, 2

1545; **LOCUST**, Noah, m, husband, 28
1546; Lewis, m, son, 9
1547; Laura, f, daughter, 7
1548; Tiney, f, daughter, 5
1549; Martha, f, daughter, 2/3

1550; **LITTLEJOHN**, Goliath, *Cuh-lose-skih*, m, husband, 40

1551; **TAHQUETTE**, John A, m, husband, 40
1552; Anna E, f, wife, 36
1553; Emily, f, daughter, 4
1554; Frank G, m, son, 3
1555; Howard W, m, son, 2/3

1556; **SANDERS**, Cudge E, m, husband, 49
1557; Polly, f, wife, 53
1558; Moses, m, son, 14

1559; **TWIN**, Lystia W, f, wife, 24
1560; Viola, f, daughter, 1

1561; **ST JERMAIN**, Nicey S, f, wife, 39

1562; **FINGER**, Sophronia C, f, wife, 33
1563; Romona C, f, daughter, 15

1564; Samuel A, m, son, 12
1565; Leona, f, daughter, 5
1566; Elmer, m, son, 2

1567; **SMITH**, George L, m, ?, 31

1568; **DONLEY**, Robert L, m, ?, 38

1569; **LAMBERT**, Joseph J, m, husband, 25
1570; Cora P, f, daughter, 4
1571; Leonard C, m, son, 2

1572; **SMITH**, Henry, m, husband, 61
1573; Russel, m, son, 5
1574; Hettie, f, daughter, 3
1575; Myrtle, f, daughter, 1
1576; **[Rogers]**, Maggie, f, stp-daughter, 17
1577; **[Rogers]**, Wesley Crow, m, stp-son, 9

1578; **SMITH**, Roxie, m, single, 26

1579; **SMITH**, Thomas, m, husband, 28
1580; Buford Roy, m, son, 1

1581; **SPRAY**, Gertrude H L, f, single, 23

1582; **BATSON**, Henrietta C, f, wife, 23
1583; Lorena, f, daughter, ¼

1584; **CLARK**, Lottie A, f, wife, 41
1585; **[Pattee]**, Frederick H, m, son, 16
1586; **[Pattee]**, Sophia F, f, daughter, 14

1587; **PATTEE**, Cora E, f, single, 18

1588; **McLEYMORE**, John L, m, husband, 56
1589; Cora M, f, daughter, 5

Census of the **Eastern Cherokee Indians** *Indians of* **Cherokee, N. C.** *Agency, taken by* **Frank Kyselka, Supt and Spl Disbg Agent** *United States Indian Agent,* **June 30, 1910.** *(NOTE: The Indian name has been copied as is on the original.)*

KEY: Number; English Name, *Indian Name (if given)*, Sex, Relation, Age.

1590; **McLEYMORE**, Samuel H, M, husband, 55
1591; Morrell, m, son, 9
1592; Samuel R, m, son, 4
1593; Elsie B M, f, daughter, 1

1594; **TIMSON**, James, m, husband, 57
1595; Callie M, f, daughter, 17

1596; **TIMSON**, John S, m, single, 25

1597; **TIMSON**, Columbus S, m, husband, 21

1598; **TIMSON**, James A, m, husband, 29
1599; Lawrence A, m, son, 1

1600; **TIMSON**, Humphrey P, m, single, 52

1601; **MASHBURN**, Harriet A, f, wife, 32
1602; Frank, m, son, 10
1603; Bessie, f, daughter, 9
1604; James L, m, son, 6
1605; Sarah, f, daughter, 4

1606; **MASHBURN**, Cora R, f, wife, 26
1607; Minnie, f, daughter, 8
1608; Mattie, f, daughter, 6
1609; Bertha, f, daughter, 3
1610; Nina, f, daughter, 2

1611; **ROBERTS**, Lottie L, f, wife, 33
1612; Callie, f, daughter, 8
1613; Walter, m, son, 7
1614; Fred, m, son, 4
1615; Lula, f, daughter, 3

1616; **McCOY**, Eliza, f, wife, 71

1617; **McCOY**, David, m, husband, 37

1618; Marinda, f, daughter, 10
1619; James, m, son, 8
1620; Julia, f, daughter, 6
1621; Stella, f, daughter, 4
1622; Jesse, m, son, 1

1623; **McCOY**, John, m, husband, 35
1624; Pearson, m, son, 13
1625; Mary, f, daughter, 9
1626; James, m, son, 5
1627; Walter, m, son, 1

1628; **McCOY**, James, m, husband, 29
1629; William F, m, son, 5
1630; Joseph, m, son, 3

1631; **BAKER**, Ella McCoy, f, wife, 32
1632; Stella, f, daughter, 12
1633; Charley W, m, son, 7
1634; Mary R, f, daughter, 5
1635; Myrtle, m, f, daughter, 1

1636; **GOINGS**, James, *Wah-hi-yah Colarsar*, m, widower, 78

1637; **TAHQUETTE**, John, m, sep'd husband, 54

1638; **CHEKELELEE**, Tom, m, husband, 44
1639; Luella, f, daughter, 5
1640; Wilson, m, son, 2/3

1641; **SAWYER**, Allen, m, sep'd husband, 33

1642; **MERONEY**, Martha A, f, wife, 75

1643; **CROOKS**, Bessie M, f, wife, 29

1644; **PORTER**, Florence, f, wife, 47

Census of the **Eastern Cherokee Indians** *Indians of* **Cherokee, N. C.** *Agency, taken by* **Frank Kyselka, Supt and Spl Disbg Agent** *United States Indian Agent,* **June 30, 1910.** *(NOTE: The Indian name has been copied as is on the original.)*

KEY: Number; English Name, *Indian Name (if given)*, Sex, Relation, Age.

1645; **PORTER**, De Witt, m, single, 20
1646; **PORTER**, Iris, f, single, 18

1647; **MERONEY**, John S, m, husband, 45
1648; Sallie B, f, daughter, 15
1649; Mays, f, daughter, 13
1650; Gertrude, f, daughter, 11
1651; Barley B, m, son, 9
1652; Della, f, daughter, 4

1653; **MERONEY**, Lula, f, divorced, 20
1654; Fred, m, son, 4

1655; **MERONEY**, Barley B, m, husband, 44
1656; Margaret A, f, daughter, 11
1657; Richard B, m, son, 8
1658; Felix P, m, son, 6

1659; **MERONEY**, William H, m, single, 33

1660; **RAPER**, Alexander, m, husband, 64

1661; **ROBINSON**, Ellen Raper, f, wife, 45
1662; Fannie, f, daughter, 16
1663; Emeline, f, daughter, 13
1664; Hadley, m, son, 11

1665; **RAPER**, William T, m, husband, 42
1666; Edgar, m, son, 15
1667; Verdie, f, daughter, 13
1668; Dafney, m, son, 12
1669; Augustus, m, son, 7
1670; James G, m, son, 6
1671; William A, m, son, 2
1672; Bertha M, f, daughter, 1

1673; **COOK**, Jessie Leora, f, wife, 19
1674; Vernie L, f, daughter, 1

1675; **RAPER**, Jesse L, m, husband, 39
1676; Cly Victor, m, son, 12
1677; Claude E, m, son, 11
1678; Gurley C, m, son, 9
1679; Minnie C, m, daughter, 3

1680; **RAPER**, Marshall, m, husband, 34
1681; Martie A, m, son, 17
1682; Clarence A, m, son, 12
1683; Clinton, m, son, 8
1684; Eva, f, daughter, 6
1685; Bonnie B, f, daughter, 3
1686; WM Taft, m, son, 1

1687; **MULL**, Effie Raper, f, wife, 16

1688; **RAPER**, Charley B, m, husband, 34
1689; Denver L, m, son, 12
1690; Delta C, f, daughter, 10
1691; Pearl, f, daughter, 5

1692; **GEARLEY**, Lucy E, f, wife, 31
1693; William L, m, son, 10
1694; Emery L, m, son, 7
1695; Robert A, m, son, 5

1696; **HAWKINS**, Dora P, f, wife, 28
1697; Charley L, m, son, 7
1698; Luther, m, son, 1

1699; **RAPER**, Henry J, m, husband, 29
1700; Viola E, f, daughter, 7
1701; Ivan, m, son, 5
1702; Delia, f, daughter, 2

1703; **ROBERSON**, Iowa I, f, wife, 21
1704; Etta, f, daughter, 2

Census of the **Eastern Cherokee Indians** *Indians of* **Cherokee, N. C.** *Agency, taken by* **Frank Kyselka, Supt and Spl Disbg Agent** *United States Indian Agent,* **June 30, 1910.** *(NOTE: The Indian name has been copied as is on the original.)*

KEY: Number; English Name, *Indian Name (if given)*, Sex, Relation, Age.

1705; **ROGERS**, Jeanette, f, widow, 63

1706; **PAYNE**, Thomas, m, husband, 65

1707; **PAYNE**, Oliver Clem, m, single, 18

1708; **STILES**, Mary Payne, f, wife, 40
1709; Gilbert, m, son, 16
1710; Emma, f, daughter, 14
1711; Oliver, m, son, 12
1712; Clem, m, son, 6
1713; Hal, m, son, 4

1714; **PAYNE**, William E, m, husband, 38
1715; Paley E, m, son, 14
1716; William A, m, son, 6
1717; Lydia A, f, daughter, 4
1718; Cynthia, f, daughter, 2
1719; Gertrude, f, daughter, ¼

1720; **PAYNE**, James M, m, husband, 33
1721; Rollin T, m, son, 12
1722; Albert F, m, son, 10
1723; Grace L, f, daughter, 6
1724; Erma, f, daughter, 2
1725; Carrie, f, daughter, 1/12

1726; **STILES**, Theodocia E P, f, wife, 30
1727; Thomas L, m, son, 12
1728; Rufus V, m, son, 10
1729; Cora A, f, daughter, 8
1730; Lloyd, m, son, 5
1731; Ella, f, daughter, 3
1732; Wilfred, m, son, 1

1733; **DOCKERY**, Emma J P, f, wife, 28
1734; Elsie A, f, daughter, 5
1735; Ralph B, m, son, 2

1736; **RICHARDS**, Mamie P, f, wife, 23
1737; Ruby K, f, daughter, 3
1738; Willard F, m, son, 1

1739; **GREEN**, Cora E P, f, wife, 26
1740; Lurlie B, f, daughter, 3
1741; Bonnie, f, daughter, 1

1742; **WARLICK**, Irene Ruddler, f, widow, 93
1743; Roxie, f, grnd-daughter, 1
1744; Edna M, f, grnd-daughter, 10

1745; **BATES**, Delilah, f, wife, 40
1746; [Smith], Selina f, daughter, 16
1747; [Smith], Marshall, m, son, 13
1748; [Smith], Lizzie, f, daughter, 8

1749; **SMITH**, Emma, f, single, 20

1750; **DEAVER**, Mary E R, f, wife, 36
1751; John R, m, son, 1

1752; **ROBERSON**, Edward E, m, husband, 33
1753; Charlie H, m, son, 5
1754; Howard G, m, son, 2
1755; Henry Homer, m, son, 1/12

1756; **ROBERSON**, Willie O, m, single, 30

1757; **ROBERSON**, Thomas L, m, husband, 27
1758; Willie R, m, son, 6
1759; Harley T, m, son, 2

1760; **DAILY**, Gita S R, f, wife, 19

1761; **WOLFE**, Louis H, m, husband, 38
1762; Louis D, m, son, 16

Census of the **Eastern Cherokee Indians** *Indians of* **Cherokee, N. C.** *Agency, taken by* **Frank Kyselka, Supt and Spl Disbg Agent** *United States Indian Agent,* **June 30, 1910.** *(NOTE: The Indian name has been copied as is on the original.)*

KEY: Number; English Name, *Indian Name (if given)*, Sex, Relation, Age.

1763; Isabella, f, daughter, 14
1764; Amanda J, f, daughter, 11
1765; Eliza P, f, daughter, 7
1766; James W, m, son, 4
1767; Frederick R, m, son, 1

1768; **KEY**, Delia Ann, f, wife, 19
1769; William H, m, son, 1/6

1770; **NICK**, Chiltoskie W, m, single, 28

1771; **SAUVE**, Minnie E N, f, wife, 29
1772; Marie M, f, daughter, 2
1773; Josephine E, f, daughter, 1

1774; **GALAWAY**, Bessie N, f, wife, 23

1775; **SWANEY**, Laura J, f, wife, 52
1776; Calcina, f, daughter, 16
1777; Luzene, f, daughter, 11

1778; **SWANEY**, Jesse W, m, single, 22

1779; **BLANKENSHIP**, Arizona, f, wife, 35
1780; Lillie J, f, daughter, 1

1781; **SWANEY**, Lorenzo Dow, m, husband, 32
1782; Amanda, f, daughter, 8
1783; Frank, m, son, 5
1784; Thurman A, m, son, 2
1785; Grace, f, daughter, ¼

1786; **RAPER**, Thomas M, m, husband, 54
1787; James, m, son, 14
1788; Lizzie, f, daughter, 12
1789; Julia, f, daughter, 10
1790; Clifton, m, son, 3
1791; Lula, f, daughter, 1

1792; **RAPER**, Whoola B, m, single, 22

1793; **RAPER**, Martin F, m, single, 22

1794; **RAPER**, William B, m, husband, 30

1795; **RAPER**, Lon, m, husband, 29
1796; Edna, f, daughter, 3

1797; **RAPER**, Gano, m, widower, 27
1798; Erastus, m, son, 1

1799; **GARLAND**, Elizabeth, f, widow, 80

1800; **GARLAND**, Tellius B, m, husband, 60

1801; **LOUDERMILK**, Josephine G, f, wife, 33
1802; Nora, f, daughter, 8
1803; Elmer, m, son, 6
1804; Cora, f, daughter, 4
1805; Clinton, m, son, 2

1806; **GARLAND**, John B, m, husband, 31
1807; Frank, m, son, 4
1808; Fred, m, son, 2

1809; **LEFEVERS**, Temoxzena, f, wife, 29
1810; Linnie, f, daughter, 10
1811; William, m, son, 9

1812; **GARLAND**, Elizabeth, f, single, 23

1813; **GARLAND**, Roxana, f, single, 52

1814; **GARLAND**, William S, m, single, 44

Census of the **Eastern Cherokee Indians** *Indians of* **Cherokee, N. C.** *Agency, taken by* **Frank Kyselka, Supt and Spl Disbg Agent** *United States Indian Agent,* **June 30, 1910.** *(NOTE: The Indian name has been copied as is on the original.)*

KEY: Number; English Name, *Indian Name (if given)*, Sex, Relation, Age.

1815; **McALLISTER**, Harriet G, f, wife, 44

1816; **BRYANT**, Elizabeth, f, wife, 49

1817; **GARLAND**, Jesse L, m, husband, 54
1818; Emery, m, son, 7
1819; Radie E, m, son, 4

1820; **ANDERSON**, Addie L G, f, wife, 21
1821; Myrtle, f, daughter, 1

1822; **GARLAND**, Jessie M, f, single, 18

1823; **GARLAND**, Lonzo, m, husband, 25
1824; Homilee, m, son, 14

1825; **LOUDERMILK**, Cynthia A, f, wife, 49
1826; Rebecca, f, daughter, 11

1827; **STILES**, Hallie L, f, wife, 22

1828; **LOUDERMILK**, John R, m, husband, 31
1829; Thomas Luther, m, son, 10
1830; William R, m, son, 6
1831; Julia, f, daughter, 4
1832; Lee Roy, m, son, 1

1833; **ANDERSON**, Louisa J, f, wife, 31
1834; Bessie, f, daughter, 8
1835; Cora, f, daughter, 6
1836; Ella, f, daughter, ¼

1837; **FOSTER**, Alcie, f, wife, 36
1838; Elsie, f, daughter, 11
1839; Robert, m, son, 9

1840; Burton, m, son, 7
1841; Lee Roy, m, son, 4

1842; **ROGERS**, Martha C, f, wife, 41

1843; **LEDFORD**, Catherine, f, wife, 35
1844; Iosa, f, daughter, 16
1845; Minnie, f, daughter, 14
1846; Cora, f, daughter, 7
1847; Adkins, m, son, 4
1848; Charles A, m, son, 2

1849; **DAVIS**, Rebecca, f, wife, 57

1850; **MURPHY**, Martin, m, husband, 75
1851; Fred, m, son, 3
1852; Belva J, f, daughter, 2

1853; **MURPHY**, Solomon D, m, husband, 53
1854; Howard, m, son, 16
1855; **MURPHY**, Louisa, f, wife, 24
1856; **MURPHY**, Margaret, f, single, 22
1857; **MURPHY**, Isabella, f, single, 20
1858; **MURPHY**, Manco, m, son, 19

1859; **CROW**, Sevier, m, husband, 50
1860; Robert, m, son, 16
1861; Dora, f, daughter, 14
1862; Arthur, m, son, 11
1863; Luther, m, son, 11
1864; Lossie, m, son, 9

1865; **MONROE**, Nora A, f, wife, 30
1866; Charles, m, son, 3

1867; **LEE**, Alonzo, m, husband, 36
1868; Alice May, f, daughter, 8

Census of the **Eastern Cherokee Indians** *Indians of* **Cherokee, N. C.** *Agency, taken by* **Frank Kyselka, Supt and Spl Disbg Agent** *United States Indian Agent,* **June 30, 1910.** *(NOTE: The Indian name has been copied as is on the original.)*

KEY: Number; English Name, *Indian Name (if given)*, Sex, Relation, Age.

1869; Myrtle G, f, daughter, 3

1870; **GEORGE**, Julia V, f, wife, 35
1871; Lottie B, f, daughter, 4
1872; Wallace L, m, son, 2

1873; **SWAYNEY**, John W, m, husband, 27

1874; **LAMBERT**, Ed, m, husband, 23
1875; Edward M, m, son, 3

1876; **WEBSTER**, Rachel A, f, widow, 68

1877; **WEBSTER**, William L, m, husband, 38
1878; Jetter C, m, son, 13
1879; Carrie, f, daughter, 10
1880; Norma, f, daughter, 7
1881; WM Robert, m, son, 4

1882; **THOMPSON**, Martha W, f, wife, 36
1883; William H, m, son, 15
1884; Mata, f, daughter, 13
1885; Minnie, f, daughter, 11
1886; Elbert G, m, son, 10
1887; Braska, f, daughter, 8
1888; Atha U, f, daughter, 7
1889; Jewel W, m, son, 5
1890; Marvin, m, son, 3
1891; Walter, m, son, 2

1892; **THOMPSON**, Mary W, f, wife, 34
1893; Iowa, f, daughter, 15
1894; Olin, m, son, 13
1895; Greeley, m, son, 11
1896; Verdie, f, daughter, 7
1897; Iris, f, daughter, 5
1898; Lawrence, m, son, 1

1899; **PATTERSON**, Lula W, f, wife, 31
1900; Oldham, m, son, 8
1901; Almer, m, son, 3
1902; Wayne, m, son, 1/12

1903; **JORDAN**, William C, m, husband, 62
1904; Alfred, m, son, 15
1905; Ollie, f, daughter, 13

1906; **EUBANK**, Lillie, f, wife, 22
1907; Joseph, m, son, 4
1908; Lillie, f, daughter, 2
1909; Verlin, m, son, 1

1910; **JORDAN**, William A, m, single, 22

1911; **BREWSTER**, Linnie, f, wife, 18

1912; **COLEMAN**, Harrison E, m, husband, 55
1913; Berdie A, f, daughter, 14
1914; Lucius C, m, son, 11

1915; **FORTNER**, Sister, f, wife, 39

1916; **COLEMAN**, Nancy, f, single, 20

1917; **COLEMAN**, John N, m, husband, 33
1918; Julia, f, daughter, 6
1919; Henry J, m, son, 4

1920; **COLEMAN**, George W, m, husband, 31
1921; Lillian M, f, daughter, 5
1922; Jesse James, m, son, 4
1923; May E, f, daughter, 1

1924; **COLEMAN**, WM EdW, m, husband, 29

Census of the **Eastern Cherokee Indians** *Indians of* **Cherokee, N. C.** *Agency, taken by* **Frank Kyselka, Supt and Spl Disbg Agent** *United States Indian Agent,* **June 30, 1910.** *(NOTE: The Indian name has been copied as is on the original.)*

KEY: Number; English Name, *Indian Name (if given)*, Sex, Relation, Age.

1925; Julius Roosevelt, m, son, 6
1926; Sarah Eliza, f, daughter, 4

1927; **COLEMAN**, Simon Peter, m, husband, 26
1928; Oscar, m, son, ½

1929; **THOMAS**, Rhoda R C, f, wife, 23
1930; Ella H, f, daughter, 4
1931; William H, m, son, 2
1932; Lula C E, f, daughter, 1

1933; **COLE**, GE Wash, m, husband, 41
1934; Orna, f, daughter, 17
1935; Walter, m, son, 12
1936; Jewel, m, son, 10
1937; John, m, son, 6
1938; Lula, f, daughter, 3
1939; Wilford, m, son, 2/3

1940; **COLE**, Ida, f, single, 20

1941; **BAKER**, Elmira, f, wife, 38
1942; Luther, m, son, 17
1943; Dana, m, son, 15
1944; Worley, m, son, 12
1945; Cricket, m, son, 6
1946; Ben, m, son, 5
1947; Ada, m, son, 1

1948; **WALKINGSTICK**, Boscom, m, single, 21

1949; **BAKER**, Eliza B, f, wife, 48

1950; **BRUCE**, Arthur, m, single, 20

1951; **BRUCE**, Thomas, m, husband, 24

1952; **PATTERSON**, Ella C, f, wife, 33
1953; Alonzo, m, son, 14
1954; Ethel, f, daughter, 12

1955; Elizabeth, f, daughter, 10
1956; Celia, f, daughter, 8
1957; Hobart, m, son, 6
1958; Arvil, m, son, 4
1959; Beadie, f, daughter, 2
1960; Kenneth, m, son, 1

1961; **COLE**, William A, m, husband, 31
1962; Arley, m, son, 5
1963; Hollie, m, son, 3
1964; Ollie, m, son, 1

1965; **PARRIS**, Catherine C, f, wife, 26
1966; Laura May, f, daughter, 3
1967; Parilee, f, daughter, ½

1968; **COLE**, Robt T, m, single, 2?
(NOTE: Page torn with complete age)

1969; **COLE**, Geo E, m, single, 19

1970; **SMATHERS**, Dora Cole, f, wife, 21
1971; Delpha, m, son, 1

1972; **BRADY**, Robt A, m, husband, 42
1973; Eliza, f, daughter, 15
1974; Sarah, f, daughter, 13
1975; Arthur, m, son, 11
1976; McKinley, m, son, 8
1977; Luther, m, son, 6
1978; Elizabeth, f, daughter, 4
1979; Clyde, m, son, 2

1980; **JOHNSON**, Tempa, f, single, 20

1981; **JOHNSON**, Isaac, m, single, 17

1982; **ROGERS**, William, m, husband, 46
1983; Oscar, m, son, 14
1984; Villa, f, daughter, 11

Census of the **Eastern Cherokee Indians** *Indians of* **Cherokee, N. C.** *Agency, taken by* **Frank Kyselka, Supt and Spl Disbg Agent** *United States Indian Agent,* **June 30, 1910.** *(NOTE: The Indian name has been copied as is on the original.)*

KEY: Number; English Name, *Indian Name (if given)*, Sex, Relation, Age.

1985; Floyd, m, son, 8
1986; Astor, m, son, 5
1987; Inez, f, daughter, 3

1988; **MILLER**, Flourney, f, wife, 21
1989; Vessey, f, daughter, 2
1990; Bessie, f, daughter, ½

1991; **LADD**, Bonney R, f, wife, 18

1992; **SMITH**, John QA, m, husband, 40
1993; James G W, m, son, 16
1994; Josephine, f, daughter, 14
1995; Rose Anna, f, daughter, 11
1996; Bessie, f, daughter, 8
1997; Robert, m, son, 6
1998; Ross B, f, daughter, 2

1999; **RILEY**, James, m, single, 9

A. F.   **DEPARTMENT OF THE INTERIOR**

Land Population.   **UNITED STATES INDIAN SERVICE**
W. H. G.

Circular #547

                            Indian School, Cherokee, North Carolina,
                                     August 15, 1911.

Hon. Commissioner of Indian Affairs,

           Washington, D.C.

Sir:

         Referring to Indian Office Circular No. 547, I have the honor to submit herewith the census of the Indians of the Indians of this reservation for the fiscal year ending June 30, 1911.

                                         Very respectfully,

                                         B. H. Orrley
                                         Acting Superintendent.

    CBB.
    Enclosures

Census of the **Eastern Cherokee** *Indians of* **Cherokee, N. C.** *Agency, on* **June 30th, 1911,** *taken by* **Frank Kyselka, Supt. & S. D. Agent.**

KEY: Number; English Name, *Indian Name (if given)*, Sex, Relation, Age; Degree of Blood.
(NOTE: F - Full bloods, H - Mixed, but half more, L - Less than half blood)

1; **ARCH**, David, *Ta Wah*, m, husband, 52; F
2; Martha, f, wife, 27; F
3; Olivan, f, daughter, 17; H
4; Ross, m, son, 15; H
5; Jess, m, son, 3; F
6; [Saunooke], Steve, m, ward, 14; F

7; **ARMACHAIN**, Amy, *Ah he an kah*, f, sep'd wife, 62; F

8; **ARMACHAIN**, Lacy, *Lacy Amah chee nah*, m, husband, 35; F
9; Anna, f, wife, 36; F
10; James, m, son, 2; F

11; **ARCH**, Jenny, f, widow, 81; F

12; **ARCH**, Irene, *Irenih*, f, widow, 37; F
13; Noah, m, son, 16; F
14; Codaksie, m, son, 12; F
15; Winnie, f, daughter, 5; F
16; Annie, f, daughter, 2; F

17; **AXE**, Josiah, m, husband, 47; F
18; Sarah, *Sah loh nih*, f, wife, 30; F
19; Amy, f, daughter, 9; F
20; Nancy, f, daughter, 8; F
21; Ella, f, daughter, 6; F
22; Corinthia, f, daughter, 4; F
23; Lazarus, m, son, 2; F

24; **ARNEACH**, Jefferson, *Jefferson Okwatage*, m, husband, 37; F
25; Sarah, f, wife, 36; H
26; Margaret, f, daughter, 5; H
27; Samuel, m, son, 2; H
28; [Bird], David, m, stp-son, 17; H
29; [Bird], Lizzie, f, stp-daughter, 12; H
30; [Bird], Bessie, f, stp-daughter, 10; H

31; **AXE**, Willie, *We li kih*, m, widower, 40; F
32; Maggie, f, daughter, 16; F
33; Sarah, f, daughter, 14; F

34; **AXE**, John D., m, husband, 57; F
35; Eve, *Ewih*, f, wife, 47; F

36; **ALLEN**, Will, m, husband, 66; F
37; Sallie, *Te la kee yah skih*, f, wife, 50; F

38; **ALLEN**, Junaluskie, m, single, 23; F

39; **ALLEN**, John, *Skee kee*, m, husband, 40; F
40; Eve, *Ewih*, f, wife, 27; F
41; Rebecca, f, daughter, 15; F
42; [Welch], Emeline, f, stp-daughter, 10; F

43; **AHNETOHAH**, Nancy, f, widow, 81 F

44; **AXE**, Cindy, f, single, 21; F

45; **ARMACHAIN**, David, *Daresih*, m, husband, 56; F
46; Annie, f, wife, 40; F
47; Jesse, m, son, 15; F
48; Louis, m, son, 13; F
49; Rachel, f, daughter, 10; F
50; Sevier, m, son, 7; F

51; **ARMACHAIN**, Susie, f, widow, 52; F

52; **ARMACHAIN**, Chewonih, f, sep'd wife, 67; F

53; **AXE**, Davis, m, sep'd husband, 57; F

Census of the **Eastern Cherokee** *Indians of* **Cherokee, N. C.** *Agency, on* **June 30th, 1911,** *taken by* **Frank Kyselka, Supt. & S. D. Agent.**

KEY: Number; English Name, *Indian Name (if given)*, Sex, Relation, Age; Degree of Blood.
(NOTE: F - Full bloods, H - Mixed, but half more, L - Less than half blood)

54; **ARCH**, Johnson, m, husband, 27; F
55; Ella, f, wife, 21; H
56; Cora, f, daughter, 3; H
57; Harach, m, son, 1¼, H
58; *(No name given)*, f, daughter, 4/12; H

59; **ALLISON**, Nannie J., f, wife, 28; L
60; Roy Robert, m, son, 7; L
61; Albert Monroe, m, son, 4; L

62; **ANDERSON**, Addie L. C., f, wife, 22; L
63; Myrtle, f, daughter, 2; L

64; **ANDERSON**, Louisa J., f, wife, 32; L
65; Bessie, f, daughter, 9; L
66; Cora, f, daughter, 7; L
67; Ella, f, daughter, 1 1/4; L

68; *AH NAH WAH KIH*, f, widow, 74; F

69; **BLYTHE**, Arch, m, husband, 34; H
70; Ida, f, wife, 30; H
71; Sampson, m, son, 7; H
72; Birdie Bell, f, daughter, 1¼, H

73; **BIRD**, Timpson, m, single, 26; F

74; **BLYTHE**, Elizabeth, f, widow, 80; H

75; **BLYTHE**, William H, m, single, 37; H

76; **BLYTHE**, James, *Dis-quah-nih*, m, husband, 50; H

77; **[Bauer]**, Fred Blythe, m, ward, 14; L
78; **[Kalonuheskie]**, Josephine, f, ward, H

79; **BLYTHE**, Jarrett, m, single, 25; H

80; **BIRD**, Sqaincih, m, husband, 66; F
81; Eliza, f, wife, 71; H

82; **BIGMEAT**, Robert, m, single, 19; H

83; **BLYTHE**, David, m, husband, 49; H
84; Nancy, f, wife, 37; H

85; **BRADLEY**, Henry, m, husband, 27; H
86; Nancy, f, wife, 30; H
87; James, m, son, 5; H
88; Nancy, f, daughter, 3; H
89; Deweese, m, son, 2; H
90; **[George]**, Goliath, m, stp-son, 9; H

91; **BIRD**, Ollie, *Ah lin wah*, f, sep'd wife, 29; F

92; **BIRD**, Loyd, *Dah sih gih kih*, m, sep'd husband, 28; F
93; **[Crow]**, Desdemonia, *Oo loo tsa*, f, daughter, 14; H
94; Annie, f, daughter, 5; F
95; Lucy, f, daughter, 2; H

96; **BROWN**, Jonah, m, husband, 32; F
97; Agnes, *Wah-sih*, f, wife, 32; F
98; Eva, f, daughter, 4; F

Census of the **Eastern Cherokee** *Indians of* **Cherokee, N. C.** *Agency, on* **June 30th, 1911,** *taken by* **Frank Kyselka, Supt. & S. D. Agent.**

KEY: Number; English Name, *Indian Name (if given)*, Sex, Relation, Age; Degree of Blood.
(NOTE: F - Full bloods, H - Mixed, but half more, L - Less than half blood)

99; **BIRD**, Stephen, *Ste nih Chees qua*, m, husband, 58; F
100; Annie, f, wife, 55; F

101; **BIRD**, Polly, f, widow, 27; F
102; Bettie, f, daughter, 10; F
103; Solomon, m, son, 8; F
104; Lucy Ann, f, daughter, 4; F

105; **BURGESS**, Georgia Ann, f, wife, 42; L
106; Mary M., f, daughter, 18; L
107; Bessie L, f, daughter, 15; L
108; Willie, f, daughter, 9; L
109; Floy, f, daughter, 12; L
110; George Alger, m, son, 5; L
111; Nellie Luella, f, daughter, 2; L

112; **BEARMEAT**, Mary, *Ma lee*, f, widow, 66; H

113; **BUSHYHEAD**, Ben, m, husband, 25; H
114; Nancy, f, wife, 24; F

115; **BEN**, Cheick, *Oo ne cho gah guee tih*, m, husband, 46; F
116; Ollie, *Ah kin ney*, f, wife, 27; F
117; James, m, son, 7; F
118; Olivan, f, daughter, 5; F
119; Candy, m, son, 3/12; F

120; **BIGMEAT**, Nicodemus, m, husband, 36; F
121; Nannie, f, wife, 46; F

122; **BROWN**, Lydia, f, widow, 64; F

123; **BROWN**, Peter, m, husband, 28; F
124; Nancy, f, wife, 28; F

125; **BIGMEAT**, Yona, *Yona ne tah*, m, single, 34; F

126; **BLACKFOX**, Cindy, f, widow, 69; F

127; **BLACKFOX**, Charley, m, husband, 32; H
128; Nancy, f, wife, 28; F
129; Lloyd, m, son, 8; H
130; Wesley, m, son, 2; H

131; **BIRD**, Taheeskie, m, husband, 71; F
132; Celia, f, wife, 58; F

133; **BLACKFOX**, Josiah, m, husband, 60; F
134; Dinah C., *Tah yah noh*, f, wife, 54
135; Keziah, *Tso Stow Wah*, m, stpson, 16; F

136; **BIRD**, Going, *Chees quah wah ih*, m, husband, 42; F
137; Annie, *Walkinnih*, f, wife, 47; F
138; Eli, m, son, 18; F

139; **BRADLEY**, Eliza Jane, f, wife, 39; H
140; Walter, m, son, 17; L
141; Amos, m, son, 15; L
142; Henry, m, son, 11; L
143; Judson, m, son, 9; L
144; Seaborn, m, son, 4; L
145; Bertha A, f, daughter, 1½, L
146; Lydia, f, daughter, 6; L

147; **BRADLEY**, Nancy, f, single, 35; H
148; Margaret, f, daughter, 12; L
149; Roy, m, son, 8; L
150; Minda, f, daughter, 6; L

Census of the **Eastern Cherokee** *Indians of* **Cherokee, N. C.** *Agency, on* **June 30ᵗʰ, 1911,** *taken by* **Frank Kyselka, Supt. & S. D. Agent.**
KEY: Number; English Name, *Indian Name (if given)*, Sex, Relation, Age; Degree of Blood.
(NOTE: F - Full bloods, H - Mixed, but half more, L - Less than half blood)

151; **[Winterford]**, Verdie, f, daughter, 2; L

152; **BLYTHE**, William Johnson, *Oo la whah tih*, m, husband, 39; F
153; Lloyd, m, son, 2; H
154; **[Crow]**, Louisa, f, stp-daughter, 7; H

155; **BIGMEAT**, Ai nih kih, m, widower, 63; F

156; **BIGMEAT**, Adam, m, single, 20; H

157; **BIGMEAT**, Isiah, *Te yeh ste skih*, m, husband, 33; F
158; Sarah, *Sa le nih*, f, wife, 31; F

159; **BRADY**, Susie J., f, wife, 25; L
160; James Lowen, m, son, 1¼, L

161; **BIDDIX**, Rosa E., f, sep'd wife, 32; L
162; Jennie, f, dau, 8; L
163; Polly, f, daughter, 4; L

164; **BRADLEY**, George, m, husband, 34; H
165; Annie, f, daughter, 9; L
166; Dinah, f, daughter, 8; L
167; Rachel, f, daughter, 5; L
168; Thomas, m, son, 2; L

169; **BRADLEY**, Joseph, m, husband, 30; H
170; Johnson, m, son, 2; L
171; Lucinda, f, daughter, 5/12; L

172; **BRADLEY**, Morgan, m, single, 19; H

173; **BRADLEY**, Nick, m, single, 16; H
174; Sarah, f, single, 11; H

175; **BRADLEY**, Johnson, m, husband, 32; H
176; Raymond, m, son, 3; L
177; Ethel, f, daughter, 1½, L

178; **BATSON**, Henrietta C., f, wife, 24
179; Lorena, f, daughter, 1¼, L

180; **BAKER**, Ella McCoy, f, wife, 33; L
181; Stella, f, daughter, 13; L
182; Charley W., m, son, 8; L
183; Mary L, f, daughter, 6; L
184; Myrtle M., f, daughter, 2; L
185; Cora, f, daughter, ¾, L

186; **BATES**, Delilah W., f, wife, 41; L
187; **[Smith]**, Selina, f, daughter, 17; L
188; **[Smith]**, Marshall, m, son, 14
189; **[Smith]**, Lizzie, f, daughter, 8; L

190; **BLANKENSHIP**, Arizona, f, wife, 36; L
191; Lillie, f, daughter, 2; L
192; Fred Turner, m, son, 2/12; L

193; **BRYANT**, Elizabeth, f, wife, 50; L

194; **BREWSTER**, Linnie, f, wife, 19; L

195; **BAKER**, Elmira, f, wife, 39; L
196; Luther, m, son, 18; L
197; Dana, m, son, 16; L
198; Worley, m, son, 13; L
199; Cricket, m, son, 7; L
200; Ben, m, son, 6; L

Census of the **Eastern Cherokee** *Indians of* **Cherokee, N. C.** *Agency, on* **June 30th, 1911,** *taken by* **Frank Kyselka, Supt. & S. D. Agent.**

KEY: Number; English Name, *Indian Name (if given)*, Sex, Relation, Age; Degree of Blood.
(NOTE: F - Full bloods, H - Mixed, but half more, L - Less than half blood)

201; Ada, m, son, 2; L

202; **BAKER**, Eliz. B., f, wife, 49; L

203; **BRUCE**, Arthur, m, single, 21; L

204; **BRUCE**, Thomas, m, husband, 25; L

205; **BRADY**, Robt. A, m, husband, 43; L
206; Eliza, f, daughter, 16; L
207; Sarah, f, daughter, 13; L
208; Arthur, m, son, 12; L
209; McKinley, m, son, 9; L
210; Luther, m, son, 7; L
211; Elizabeth, f, daughter, 5; L
212; Clyde, m, son, 3; L

213; **CATOLSTER**, Charlie, *Tah lih*, m, husband, 68; F
214; Eve, *Ewih*, f, wife, 69; F

215; **CATOLSTER**, Wallace, *Wa law gih*, m, single, 36; F

216; **CATOLSTER**, William, *Wah lih nih*, m, single, 32; F

217; **CATOLSTER**, Carson, *Col son wih*, husband, 30; F
218; Josie, f, wife, 20; H
219; Johnson, m, son, 2; H

220; **CATOLSTER**, Tamar, *Tah mih*, m, husband, 39; F
221; Sally, f, wife, 25; H
222; Eliza Jane, f, daughter, 8; H
223; Alexander, m, son, 5; H
224; Nannie, f, daughter, 2; H
225; Guion Miller, m, son, 10/12; H

226; **CLAY**, Timpson, *Wah su ge tah*, m, husband, 38; F
227; Sallie, f, wife, ?, H

228; **CHILTOSKIE**, Will, m, husband, 53; F
229; Charlotte, f, wife, 22; H
230; Wah dih, f, daughter, 12; H
231; James, m, son, 4; H

232; **CROW**, Ute, m, single, 24; H

233; See after 1037

234; **CUCUMBER**, Dorcas, *Dah lih*, f, widow, 60; F
235; Dakie, f, daughter, 14; F

236; **CUCUMBER**, William, m, single, 32; F

237; **CUCUMBER**, Gena, m, husband, 30; F
238; Katie, f, wife, ?, F
239; Noah, m, son, 2; F
240; Ollie Saunooke, f, stp-daughter, 6; F

241; **CUCUMBER**, Arch, m, husband, 23; F
242; Lizzie Reed, f, wife, ?, ?

243; **CUCUMBER**, James, m, single, 19; F

244; **CUCUMBER**, Moses, m, husband, 34; F
245; Lillie, f, wife, 24; F
246; John D., m, son, 2; F

247; **CROW**, John, *Tooh nih*, m, husband, 29; H
248; Mary, f, wife, 38; H

Census of the **Eastern Cherokee** *Indians of* **Cherokee, N. C.** *Agency, on* **June 30th, 1911,** *taken by* **Frank Kyselka, Supt. & S. D. Agent.**

KEY: Number; English Name, *Indian Name (if given)*, Sex, Relation, Age; Degree of Blood.
(NOTE: F - Full bloods, H - Mixed, but half more, L - Less than half blood)

249; Sallie, f, daughter, 7; H
250; Albert, m, son, 5; H

251; **CROW**, Caroline, *Ahl sah*, f, widow, 74; H

252; **CROW**, Joseph, m, husband, 41; H
253; Annie, *Ai nih*, f, wife, 46; F
254; Minnie, f, daughter, 18; H
255; Boyd, m, son, 16; H

256; **CROW**, Wesley R., *Loh-sih-lah*, m, single, 36; H

257; **CAT**, Wild, *Kuh heh*, m, widower, 77; F

258; **CORNSILK**, Armstrong, *Oo no tsa yah*, m, husband, 59; F
259; Annie, *Ai nih*, f, wife, 52; F
260; Hettie, f, daughter, 13
261; Howard, m, son, 11; F

262; **CORNSILK**, John, m, single, 20; F

263; **CLAY**, Sallie, f, widow, 43; F
264; **[Teesateski]**, Arch, m, son, 14; F
265; **[Teesateski]**, Awee, f, daughter, 11; F
266; **[Teesateski]**, Jonah, m, son, 8; F

267; **CONSEEN**, Breast, *Ka chi chi*, m, widower, 49; F
268; Willie, m, son, 12; F

269; **CONSEEN**, James, m, single, 23; F

270; **CONSEEN**, Jack, m, widower, 75; F

271; **CONSEEN**, Nancy, f, single, 56; F

272; **CONSEEN**, Peter, m, husband, 32; F
273; Nancy, f, wife, 34; F
274; Harry, f, son, 6; F
275; Joe, m, son, 4; F
276; Ida, f, daughter, 2; F

277; **CHEKELELEE**, Stone, *Saw nih*, m, husband, 39; F
278; Mary, f, wife, 48; F
279; Simon, m, son, 12; F
280; Rosa, f, daughter, 7; F

281; **CONSEEN**, John Ropetwister, *Toh ya los tah*, m, husband, 51
282; Annie, f, wife, 57; H

283; **CONSEEN**, Kate, f, single, 47; F
284; Martha, f, daughter, 13; F

285; **CONSEEN**, Ropetwister, *Kun oo ta ye ih*, m, widower, 79; F

286; **CAT**, Ben, *Benjamin*, m, husband, 44; F
287; Oney, *Ah heau kau*, f, wife, 51; F

288; **CANNOUT**, Abel, m, husband, 31; F
289; Susie, f, wife, 23; F

290; **CORNSILK**, S. Dow, m, husband, 31; F
291; Nancy, f, wife, 29; L
292; Noody, m, son, 1½, L

293; **CAT**, Sally, *Sal kin ih*, f, widow, 81; F

174

Census of the **Eastern Cherokee** *Indians of* **Cherokee, N. C.** *Agency, on* **June 30th, 1911,** *taken by* **Frank Kyselka, Supt. & S. D. Agent.**

KEY: Number; English Name, *Indian Name (if given)*, Sex, Relation, Age; Degree of Blood.
(NOTE: F - Full bloods, H - Mixed, but half more, L - Less than half blood)

294; **CROW**, John Wesley, m, single, 22; H

295; **CANNOUT**, Columbus, m, husband, 27; F
296; Maggie, f, wife, 21; F
297; Addison, m, son, 2; F

298; **CRAIG**, Mary J., f, single, 34; L
299; George D., m, son, 6; L

300; **CRAIG**, William W., m, single, 25; L
301; Frank, m, single, m, 17; L

302; **CAT**, Johnson, *Seah kle los kih*, m, husband, 52; F
303; Sallie, *Alkin nih*, f, wife, 50; F
304; Jesse, m, son, 16; F
305; Amanda, f, daughter, 11; F
306; [Hornbuckle], Johnson, m, ward, 7; H

307; **CAT**, Willie, m, husband, 24; F
308; Carinthia, f, wife, 21; F
309; David, m, son, 2; F

310; **CAT**, Margaret, f, single, 20; F

311; **CHEKELELEE**, Andy, m, husband, 27
312; Bettie, f, wife, 22; F
313; Bessie, f, daughter, 1¼, F

314; **CORNSILK**, York, *Ya cah*, m, husband, 44; F
315; Eann, *Eyehnih*, f, wife, 52; F

316; **CROW**, David, m, us, 26; H
317; Sallie, f, wife, 21; L
318; Samuel, m, son, 4; L
319; Rachel, f, daughter, 3; L
320; Stacy, f, daughter, 2; L

321; **CROW**, Anona, f, single, 21; H

322; **CROW**, Aquaishee, m, single, 23; H

323; **CLIMBINGBEAR**, Ollie, *Ah le nih*, f, widow, 56

324; **CLIMBINGBEAR**, Deleskie, m, single, 35; F

325; **CLIMBINGBEAR**, Ancie, f, single, 32; F

326; **CLIMBINGBEAR**, Katie, f, single, 22; F

327; **CONLEY**, John, *Wah hih co nih*, m, widower, 50; F
328; Luke, m, son, 15; F
329; John, Jr., f, single, 21; F

330; **CALHOUN**, Morgan, *Au gun staw tah*, m, husband, 47; F
331; Sallie Ann, f, wife, 34; F
332; Polly, f, daughter, 17; F
333; Lloyd, m, son, 15; F
334; Eve, f, daughter, 13; F
335; Yahginnih, f, daughter, 11; F
336; Lawson, m, son, 9; F
337; Holley, m, son, 7; F
338; Sunday, *Gaw dah qua skih*, m, son, 5; F
339; Diana, f, daughter, 1 1/3; F

340; **CALHOUN**, Lawyer, *Te te yah hih*, m, husband, 52; F
341; Ollie, f, wife, 40; F

342; **CONSEEN**, Jack, m, single, 24; F

Census of the **Eastern Cherokee** *Indians of* **Cherokee, N. C.** *Agency, on* **June 30th, 1911,** *taken by* **Frank Kyselka, Supt. & S. D. Agent.**

KEY: Number; English Name, *Indian Name (if given)*, Sex, Relation, Age; Degree of Blood.
(NOTE: F - Full bloods, H - Mixed, but half more, L - Less than half blood)

343; **CONSEEN**, Thompson, m, single, 20; F

344; **CROW**, Ossie, *Hot house*, m, husband, 28; H

345; **[Saunooke]**, Nannie, f, stp-daughter, 32; H

346; **[Saunooke]**, Polly, f, stp-daughter, 5; H

347; **CHILDERS**, Lula F, f, wife, 29; L
348; Robert, m, son, 5; L
349; Stella, f, daughter, 2; L
350; Maude M., f, daughter, 3/12; L

351; **COOPER**, Stacy Jane, f, wife, 43; L
352; Arnold, m, son, 17; L
353; Curtis, m, son, 15; L
354; Frankie, f, daughter, 14; L
355; Lelia, f, daughter, 13; L
356; Fannie, f, daughter, 10; L
357; Myrtle, f, daughter, 9; L
358; Fred, m, son, 6; L
359; Selma, f, daughter, 3; L

360; **CLARK**, Lottie A, f, wife, 42; L
361; **[Pattee]**, Frederick H, m, son, 17; L
362; **[Pattee]**, Sophia F, f, daughter, 15; L

363; **CHEKELELEE**, Tom, *Coh e tah hih*, m, husband, 45; F
364; Luella, f, daughter, 5; H
365; Wilson, m, son, 1 2/3; H

366; **CROOKS**, Bessie M., f, wife, 30; L

367; **COOK**, Jesse Leora, f, wife, 20; L
368; Vernie L, f, daughter, 2; L

369; Inez Gertrude, f, daughter, 4/12; L

370; **CEARLEY**, Lucy E., f, wife, 32; L
371; William L, m, son, 11; L
372; Emery L, m, son, 8; L
373; Robert A, m, son, 6; L

374; **CALAWAY**, Bessie N., f, wife, 24; L

375; **CROW**, Sevier, m, husband, 51; H
376; Robert, m, son, 17; L
377; Dora, f, daughter, 15; L
378; Arthur, m, son, 12; L
379; Luther, m, son, 12; L
380; Lossie, m, son, 10; L

381; **COLEMAN**, Harrison E., m, husband, 56; L
382; Berdie A, f, daughter, 15; L
383; Luciua C., m, son, 12; L

384; **COLEMAN**, Nancy, f, single, 21; L

385; **COLEMAN**, John N., m, husband, 34; L
386; Julia, f, daughter, 7; L
387; Henry J., m, son, 5; L

388; **COLEMAN**, George W., m, husband, 32; L
389; Lillian M., f, daughter, 6; L
390; Jesse James, m, son, 5; L
391; May E., f, daughter, 2; L

392; **COLEMAN**, William Edward, m, husband, 30; L
393; Julius Roosevelt, m, son, 7; L
394; Sarah Eliz., f, daughter, 4; L
395; Lilly May, f, daughter, 1; L

Census of the **Eastern Cherokee** *Indians of* **Cherokee, N. C.** *Agency, on* **June 30th, 1911,** *taken by* **Frank Kyselka, Supt. & S. D. Agent.**

KEY: Number; English Name, *Indian Name (if given)*, Sex, Relation, Age; Degree of Blood.
(NOTE: F - Full bloods, H - Mixed, but half more, L - Less than half blood)

396; **COLEMAN**, Simon Peter, m, husband, 27; L
397; Oscar, m, son, 1½, L

398; **COLE**, George Washington, m, husband, 42; L
399; Orna, f, dau, 18; f, L
400; Walter, m, son, 13; L
401; Jewel, m, son, 11; L
402; John, m, son, 7; L
403; Lula, f, daughter, 4; L
404; Wilford, m, son, 1 2/3; L

405; **COLE**, Ida, f, single, 21; L

406; **COLE**, William A, m, husband, 32; L
407; Arley, m, son, 6; L
408; Hollie, m, son, 3; L
409; Ollie, m, son, 2; L

410; **COLE**, Robert T., m, single, 24; L

411; **COLE**, George E., m, single, 20; L

412; **DE LEGEESKIH**, John, *Cow wah noo*, m, widower, 60; F
413; **[Taylor]**, James De legeeskih, m, grnd-son, 8; H

414; **DOBSON**, John, *Ool stoo ih*, m, husband, 89; L
415; Mary George, *Mah lih*, f, wife, 51; L
416; Kane, m, grnd-son, 15; F

417; **DUNCAN**, Lillian V., f, wife, 34; L
418; Sybil, f, daughter, 5; L

419; **DAVIS**, Wieste,, m, husband, 64; F
420; Elsie, f, wife, 58; F
421; **[Wayne]**, Caroline, f, gr-niece, 12; F

422; **DAVIS**, Joe, m, husband, 38; F
423; Katie, f, wife, 53; F

424; ***DAH NIH NO LIK***, m, widower, 54; F

425; **DAVIS**, Charlie, *Tsoh lih*, m, husband, 38; F
426; Annie, f, wife, 35; F
427; Israel, m, son, 17; F
428; Isaac, m, son, 12; F
429; David, m, son, 10; F
430; George, m, son, 6; F
431; Callie, f, daughter, 2; F

432; **DRIVER**, Wesley, m, husband, 38; F
433; Agnes, *Ah kin nih*, f, wife, 41; F
434; John, m, son, 12
435; Lucinda, f, daughter, 9; F
436; Sallie, f, daughter, 5; F

437; **DRIVER**, Judas, *Chee too sih*, m, husband, 42; F
438; Eliza, *Li ye sah*, f, wife, 43; F

439; **DRIVER**, Annie, f, sep'd wife, 66; F

440; **DAVIS**, Quaitih, f, widow, 74; F

441; **DRIVER**, Jimmy, *Tehatetaw hih*, m, husband, 72; F
442; Betty, *Quatih yeh*, f, wife, 68; F

443; **DRIVER**, Russel B., m, husband, 37; F

Census of the **Eastern Cherokee** *Indians of* **Cherokee, N. C.** *Agency, on* **June 30th, 1911,** *taken by* **Frank Kyselka, Supt. & S. D. Agent.**

KEY: Number; English Name, *Indian Name (if given)*, Sex, Relation, Age; Degree of Blood.
(NOTE: F - Full bloods, H - Mixed, but half more, L - Less than half blood)

444; Marion, f, daughter, 7; F
445; Elsie, f, daughter, 4; F

446; **DRIVER**, Goliath B., m, husband, 35; F
447; Helen Ester, f, daughter, 2; H

448; **DRIVER**, Chekelelee, m, husband, 27; F
449; Ollie, f, wife, 25; F
450; Rosa, f, daughter, 9; F
451; George, m, son, 7; F
452; Mason, m, son, 2; F

453; **DRIVER**, Dicky, m, husband, 61; F
454; Etta, f, wife, 32; L
455; Nannie, f, daughter, 5; L
456; De Hart, m, son, 2; L

457; **DRIVER**, William, m, husband, 38; F
458; Eliza, f, wife, 40; H
459; Ned, m, son, 14; H
460; Adam, m, son, 10; H
461; Lucy, f, daughter, 5; H

462; **DONLEY**, Robert L, m, ?, 39; L

463; **DOCKERY**, Emma J. P., f, wife, 29; L
464; Elsie A, f, daughter, 6; L
465; Ralph B., m, son, 3; L

466; **DEAVER**, Mary E. R., f, wife, 37; L
467; John R., m, son, 2; L

468; **DAILY**, Gita J. R., f, wife, 20; L

469; **DAVIS**, Rebecca, f, wife, 58; L

470; **DAVIS**, John, *Tah chun tih*, m, husband, 49; F
471; Annie, f, wife, 56; F

472; **ENDROSS**, Mollie, f, mother, 33; H
473; Edwin, m, son, 3; L

474; **EWBANK**, Lillie, f, wife, 23; L
475; Joseph, m, son, 5; L
476; Lillie, f, daughter, 3; L
477; Verlin, m, son, 2; L

478; **FODDER**, Jennie, *Ah le nih*, f, widow, 69; F
479; [Hornbuckle], Daniel, m, grndson, 12; H

480; **FEATHER**, Lawyer, *Lawyee*, m, husband, 48; F
481; Mary, *Ool star stee*, f, wife, 42; F
482; Ancie, f, daughter, 13; F
483; Ga ta ya, f, daughter, 11; F
484; Jonah, m, son, 5; F

485; **FEATHER**, Elsie, f, single, 23; H

486; **FRENCH**, Wallie, *Wah le nih*, f, spe. wife, 31; F
487; Elnora, *Elnora*, f, daughter, 14; F
488; Ned, *Ned*, m, son, 11; F
489; Nellie, f, daughter, 9; F
490; Jesse, m, son, 6; F
491; Katy, f, daughter, 4; F

492; **FRENCH**, Ross, f, single, 21; F

493; **FRENCH**, Awee, f, wife, 33; F
494; Maud, f, daughter, 17; F
495; Meroney, m, son, 14; F
496; Morgan, m, son, 11; F
497; Soggie, m, son, 9; F
498; George, m, son, 6; F

Census of the **Eastern Cherokee** *Indians of* **Cherokee, N. C.** *Agency, on* **June 30th, 1911,** *taken by* **Frank Kyselka, Supt. & S. D. Agent.**

KEY: Number; English Name, *Indian Name (if given)*, Sex, Relation, Age; Degree of Blood.
(NOTE: F - Full bloods, H - Mixed, but half more, L - Less than half blood)

499; Jonah, m, son, 4; F
500; Lizzie, f, daughter, 2; ?

501; **FEATHERHEAD**, Wilson, *Will sin nih*, m, husband, 35; F
502; Nancy, *Ah ne yeh*, f, wife, 67; F

503; **FINGER**, Sophronia C., f, wife, 34; L
504; Ramona C., f, daughter, 16; L
505; Samuel A, m, son, 12; L
506; Leona, f, daughter, 5; L
507; Elmer, m, son, 3; L

508; **FOSTER**, Alcie, f, wife, 37; L
509; Elsie, f, daughter, 11; L
510; Robert, m, son, 10; L
511; Burton, m, son, 8; L
512; Lee Roy, m, son, 5; L

513; **FORTNER**, Sister, f, wife, 40; L

514; **GOIN**, Sallie, f, single, 62; H

515; **GOIN**, Bird Chopper, *Chesquiah kah lu yah*, m, husband, 42; F
516; Ollie, *Ah lih*, f, wife, 39; F
517; Daniel, *Daniel*, m, son, 12; F
518; Emeline, f, daughter, 2; F

519; **GEORGE**, Shell, *Co wah skah wah toh*, m, single, 51; F

520; **GEORGE**, Dawson, *De su qui ski*, m, husband, 51; F
521; Mary, f, wife, 52; H
522; Ollie, f, daughter, 15; H

523; **GEORGE**, Annie, f, single, 28; H

524; **GEORGE**, Manley, m, single, 21; H

525; **GEORGE**, Martha, f, single, 20; H

526; **GEORGE**, Davis, *Taw wee sih*, m, divorced, 60; F

527; **GEORGE**, Shon, *Sah nih*, m, single, 40; F

528; **GEORGE**, Elijah, *Oo la wah tih*, m, husband, 37; F
529; Lewis, m, son, 7; F
530; Martha, f, daughter, 6; F
531; Cornelia, f, daughter, 4; F
532; [Littlejohn], Aggie, f, stp-daughter, 16; F
533; Green, *Oo lay wah hi huh*, m, stp-son, 12; F
534; Bird, m, son, 2/12; F

535; **GREYBEARD**, Lillie, f, single, 19; F

536; **GREYBEARD**, Ezekiel, m, single, 70; F

537; **GREYBEARD**, Aggie, f, single, 61; F

538; **GEORGE**, Joe Stone, *Cha stah nih*, m, husband, 54; F
539; Elizabeth, *Le-sih*, f, wife, 52; F
540; Eliza, f, daughter, 18; F
541; Jacob, m, son, 14; F
542; Celia, f, daughter, 11; F
543; Jackson, m, son, 8; F
544; Annie, f, niece, 16; F
545; Mark, m, nephew, 18; F

546; **GEORGE**, Sutawaga, m, husband, 65; F
547; Esther, wife, 55; F

Census of the **Eastern Cherokee** *Indians of* **Cherokee, N. C.** *Agency, on* **June 30th, 1911,** *taken by* **Frank Kyselka, Supt. & S. D. Agent.**

KEY: Number; English Name, *Indian Name (if given)*, Sex, Relation, Age; Degree of Blood.
(NOTE: F - Full bloods, H - Mixed, but half more, L - Less than half blood)

548; **GEORGE**, Elijah, m, single, 34; F

549; **GEORGE**, Logan, m, single, 23; F

550; **GOFORTH**, Minnie, f, wife, 24; L
551; Louise, f, daughter, 2; L
552; Arthur, m, son, ¼, L

553; **GOINGS**, James, *Wah hi yah Oolarsar*, m, widower, 79; F

554; **GREEN**, Cora E. P., f, wife, 27; L
555; Lurlie B., f, daughter, 4; L
556; Bonnie, f, daughter, 2; L

557; **GARLAND**, Elizabeth, f, widow, 81; L

558; **GARLAND**, Tellius B., m, husband, 61; L

559; **GARLAND**, John B., m, husband, 32; L
560; Frank, m, son, 5; L
561; Fred, m, son, 3; L

562; **GARLAND**, Elizabeth, f, single, 24; L

563; **GARLAND**, Roxana, f, single, 53; L

564; **GARLAND**, William S., m, single, 45; L

565; **GARLAND**, Jesse Lafayette, m, husband, 55; L
566; Emery, m, son, 8; L
567; Radie E., m, son, 5; L

568; **GARLAND**, Jessie M., m, single, 19; L

569; **GARLAND**, Leonzo, m, husband, 26; L
570; Hamilee, m, son, 1¼, L

571; **GEORGE**, Julia V., f, wife, 36; L
572; Lottie B., f, daughter, 5; L
573; Wallace L, m, son, 3; L

574; **HORNBUCKLE**, Rebecca, *Quai kih*, f, widow, 63; F

575; **HORNBUCKLE**, Maggie, f, single, 31; H

576; **HORNBUCKLE**, Isreal, m, single, 26; H

577; **HORNBUCKLE**, William, m, husband, 29; H
578; Jennie O., f, wife, 25; H

579; **HORNBUCKLE**, John Otter, *Tsah ne yeh sih*, m, husband, 40; H
580; Mattie, *Mah tih*, f, wife, 46; H
581; Ollie, f, daughter, 9; H
582; Dah-nih, f, daughter, 6; H

583; **HILL**, Soggy M., *Sahkee lah yeh*, m, husband, 30; H
584; Henrietta, f, wife, 37; F

585; **HILL**, Maul, *Tesquah ta gih*, m, sep'd husband, 64; F
586; Caroline, f, daughter, 17; H

587; **HILL**, Blain, m, husband, 25; H
588; Luzene, f, wife, 28; F
589; Viola Nellie, f, daughter, 2; H

Census of the **Eastern Cherokee** *Indians of* **Cherokee, N. C.** *Agency, on* **June 30th, 1911,** *taken by* **Frank Kyselka, Supt. & S. D. Agent.**

KEY: Number; English Name, *Indian Name (if given)*, Sex, Relation, Age; Degree of Blood.
(NOTE: F - Full bloods, H - Mixed, but half more, L - Less than half blood)

590; Birdie Charlotte, f, daughter, 2;12; H

591; [Sequohyeh], Ammons, m, stp-son, 6; H

592; **HILL**, Ned, m, single, 23; H

593; **HILL**, Levi, m, single, 21; H

594; **HILL**, Abraham, m, husband, 47; F
595; Annie, f, wife, 39; F
596; Hensley, m, son, 12; F
597; Callie, f, daughter, 9; F

598; **HILL**, Nancy, f, single, 19; F

599; **HILL**, John, m, husband, 56; F
600; Sallie, f, wife, 74; F

601; **HICKS**, Charlie, m, single, 19; H

602; **HOLLAND**, Jennie, f, wife, 25; H
603; Grace, f, daughter, 4; L
604; David, m, son, 3; L

605; **HORNBUCKLE**, Caroline, f, widow, 51; H

606; **HORNBUCKLE**, John L, m, single, 27; H

607; **HORNBUCKLE**, Jeff. Davis, m, widower, 47; H

608; **HORNBUCKLE**, Jeff Davis, *Tse qu a dih hih*, m, single, 19; H

609; **HORNBUCKLE**, Johnson, m, son, 11; H

610; **HORNBUCKLE**, George, m, husband, 34; L

611; Nelissa, f, daughter, 15; L
612; Alice May, f, daughter, 13; L
613; Hartman, m, son, 10; L
614; Olivann, f, daughter, 8; L
615; John Russell, m, son, 6; L
616; William A, m, son, 3; L
617; Clifford, m, son, 1; L
618; Elvira, f, niece, 14; L

619; **HORNBUCKLE**, William, m, husband, 41; L
620; Fred, m, son, 15; L
621; Dora, f, daughter, 12; L
622; Wilson, m, son, 10; L
623; Maggie, f, daughter, 6; L
624; Jenny N., f, daughter, 3/12; L

625; **HAWKINS**, Dora P., f, wife, 29; L
626; Charley L, m, son, 8; L
627; Luther, m, son, 2; L
628; Della, f, daughter, ½, L

629; **JESSAN**, Lydia, *Ah ne lih*, f, widow, 56; F
630; Joe, *Joe Cha wee ska*, m, son, 17; F

631; **JESSAN**, Dahnolih, *Tah no lih*, m, husband, 31; H
632; Mary, f, wife, 22; H
633; Elnora, f, daughter, 2; H
634; Lillian, f, daughter, 11/12; H

635; **JOHNSON**, Yona, m, husband, 31; F
636; Dora, f, wife, 27; H
637; Frank T. R., m, son, 2; H

638; **JACKSON**, John, *Uh wo hoo tih*, m, husband, 75; F
639; Stacy, *Toggih*, f, wife, 65; F

Census of the **Eastern Cherokee** *Indians of* **Cherokee, N. C.** *Agency, on* **June 30th, 1911,** *taken by* **Frank Kyselka, Supt. & S. D. Agent**.

KEY: Number; English Name, *Indian Name (if given)*, Sex, Relation, Age; Degree of Blood.
(NOTE: F - Full bloods, H - Mixed, but half more, L - Less than half blood)

640; **JACKSON**, Sarah, *Sakih*, f, single, 32; H

641; **JACKSON**, Jonas, m, single, 24; H

642; **JOHNSON**, Jim, *Ahtahluhheskih*, m, single, 51; H

643; **JOHNSON**, Caroline, *Kalahyahnih*, f, single, 48; H

644; **JOHNSON**, Addison, m, single, 25; L

645; **JOHNSON**, Simon E., m, single, 26; H

646; **JACKSON**, Jack, m, single, 19; H

647; **JOHNSON**, Jimpsie, m, husband, 37; H
648; Ella, *Ai lih*, f, wife, 53; F

649; **JACKSON**, Lawyer, m, husband, 38; F
650; Dakie, *Takih*, f, wife, 40; F
651; Ella, f, daughter, 16; F
652; Florence, f, daughter, 8; F

653; **JACKSON**, Eliza, *Eliza Cannaught*, f, widow, 63; F

654; **JACKSON**, Bob, *Qua quah*, m, husband, 35; F
655; Caroline, *Loh ye nih*, f, wife, 31; F
656; Wesley, m, son, 11; F
657; David, m, son, 9; F
658; Eddie, m, son, 7; F
659; Ikee, m, son, 2; F

660; **JACKSON**, Fox Squirrel, *Sol lo la wah tih*, m, widower, 56; F
661; Jacob, m, son, 16; F

662; **JOHNSON**, Stephen, *E. choo le huh*, m, husband, 65; F
663; Jennie, *Jine lin kih*, f, wife, 61; F
664; [Jessan], Sini Dehart, *Tah skih gin tih hih*, m, grnd-son, 7; F

665; **JOHNSON**, Taskigee, *Taskigee*, m, husband, 33; F
666; Sally Osowee, f, wife, 33; F
667; [Osowee], Rachel, f, stp-daughter, 14; F
668; [Osowee], Tahquette, m, stp-son, F
669; Ona, f, daughter, 2; F

670; **JOHNSON**, Jane, f, widow, 22; F
671; Tom, m, son, 2; F

672; **JUNALUSKIE**, Jim, m, single, 19; F

673; **JUMPER**, Ute, *Utih*, m, husband, 39; F
674; Betsy, *Quait seh*, f, wife, 38; F
675; Stansill, m, son, 12; F
676; Edward, m, son, 10; F
677; James W., m, son, 7; F
678; Thomas, m, son, 5; F
679; Henry, m, son, 3; F
680; Ella, f, daughter, 1 2/3; F

681; **JACK**, Nancy, *Cah toh yah ew*, f, widow, 76; F

682; **St. JERMAIN**, Nicey J., F, wife, 40; L

683; **JORDAN**, William C., m, husband, 63; L

Census of the **Eastern Cherokee** *Indians of* **Cherokee, N. C.** *Agency, on* **June 30th, 1911,** *taken by* **Frank Kyselka, Supt. & S. D. Agent.**

KEY: Number; English Name, *Indian Name (if given)*, Sex, Relation, Age; Degree of Blood.
(NOTE: F - Full bloods, H - Mixed, but half more, L - Less than half blood)

684; Alfred, m, son, 16; L
685; Ollie, f, daughter, 14; L

686; **JORDAN**, William A, m, single, 23; L

687; **JOHNSON**, Tempa, f, single, 21; L

688; **JOHNSON**, Isaac, m, single, 18; L

689; **KALONUHESKIE**, Esiah, m, widower, 36; F
690; Martha, f, daughter, 9; H

691; **KALONUHESKIE**, Tom, m, single, 23; H

692; **KEG**, Matthew, m, husband, 45; F
693; Rebecca, f, daughter, 1½, H

694; **KEG**, James, m, husband, 69; F
695; Katy, *Kun ta kih*, f, wife, 54

696; **KUN TEE SKIH**, m., husband, 61; F

697; **SAH WHO CHI**, f, wife, 65; F

698; **KALONUHESKIE**, Abraham, *Ah quah hah nih*, m, single, 27; F

699; **KALONUHESKIE**, Charley, m, single, 25; H

700; **KALONUHESKIE**, Joe, m, single, 23; F

701; **KEY**, Delia Ann, f, wife, 20; L
702; William H, m, son, 1 1/6; L

703; **LOSSIH**, John Dehart, m, husband, 41; F
704; Laura, f, wife, 41; H
705; John, Jr., m, son, 13; H
706; Jesse James, m, son, 4; H
707; Lizzie, f, daughter, 20; F

708; **LOSSIH**, Henry, m, husband, 40; F
709; Aggie, *Aig in nih*, f, wife, 31; F
710; Rosa, f, daughter, 4; F
711; Cowell, m, son, 2; F

712; **LOCUST**, John, *Gun weh stih*, m, husband, 59; F
713; Polly Ann, f, wife, 55; F

----; LOCUST, William, *Welih sah laie skih*, m, husband, 51; F (Marked out on original)
714; Nellie, *Nellih*, f, wife widow, 52; H
715; Tiney, f, daughter, 16; H

716; **LITTLEJOHN**, Windy, m, single, 22; F

717; **LITTLEJOHN**, Saunooke, *Sah wih noo kih*, m, husband, 48; F
718; Ann Eliza, *Ahnelesih*, f, wife, 43; F
719; Mindy, f, daughter, 17; F
720; Henson, m, son, 12; F
721; John, m, son, 9; F
722; Owen, m, son, 5; F
723; Addie, f, daughter, 3; F
724; Emeline, f, daughter, 1½, F

725; **LITTLEJOHN**, Wiggins, m, single, 20; F

726; **LITTLEJOHN**, Will, *Oo la whah tih*, m, husband, 43; H

Census of the **Eastern Cherokee** *Indians of* **Cherokee, N. C.** *Agency, on* **June 30th, 1911,** *taken by* **Frank Kyselka, Supt. & S. D. Agent.**
KEY: Number; English Name, *Indian Name (if given)*, Sex, Relation, Age; Degree of Blood.
(NOTE: F - Full bloods, H - Mixed, but half more, L - Less than half blood)

727; Sally, *Sah lih*, f, wife, 31; F
728; Guy, m, son, 14; H
729; Katie, f, daughter, 13; H
730; Isaac, m, son, 11; H
731; Garrett, m, son, 5; H

732; **LARCH**, William, *We leh*, m, single, 35; F

733; **LARCH**, David, *Dau wih*, m, single, 28; F

734; **LONG**, Adam, *Ah tah ink*, m, husband, 54; F
735; Polly, *Wah lih*, f, wife, 55; F
736; Eva, f, daughter, 13; F
737; Nola, f, daughter, 10; F

738; **LONG**, Joe, m, husband, 53; H
739; Nancy George, *Ah coo yah*, f, wife, 71; H
740; Charley, m, son 1st wife, 17; H

741; **LITTLEJOHN**, Eli, *Elo wih*, m, husband, 35; F
742; Onnie, *Ah kah yte yah*, f, wife, 31; F
743; Sally Ann, f, daughter, 9; F
744; Sherman, m, son, 7; F
745; Walley, f, daughter, 2; F
746; **[Tooni]**, Rachel, f, ward, 16; F
747; Jefferson, m, son, 4; F

748; **LONG**, Peter, *Tauh tah yah lah tah*, m, single, 32

749; **LONG**, Rachel, f, single, 28; F

750; **LAMBERT**, John N., m, husband, 49; L

751; **LONG**, Dobson, *Coo loo eh*, m, husband, 53; F

752; Sally, *la na wee lih*, f, wife, 41; F
753; William Gafney, m, son, 14; F
754; Elizabeth, f, daughter, 10; F

755; **LONG**, John L, m, single, 11; H

756; **LEDFORD**, Sampson, m, single, 26; F

757; **LEDFORD**, Charley, m, sep'd hub, 28; L

758; **LOSSIH**, Jonas, m, husband, 38; F
759; Nicey, *Wah ge yah*, f, wife, 31; F

760; **LONG**, Johnson, m, husband, 46; F
761; Maggie, f, wife, 32; F
762; Annie, f, daughter, 2; F

763; **LONG**, Scott, *Skahkle low skih*, m, husband, 59; F
764; Sallie, *Sah lih*, f, wife, 49; F
765; Agginny, f, daughter, 6; F
766; **[Davis]**, Anita, f, stp-daughter, 14; F
767; **[David]**[sic], Emeline, f, stp-dau, 11; F

768; **LONG,** John, *Cah wah he tah*, m, husband, 37; F
769; Eve, *Ewih nih*, f, wife, 46; F

770; **LONG**, Rachel, f, single, 37; F

771; **LAMBERT**, Lloyd, m, husband, 28; H
----; **LAMBERT**, Sallie, f, wife, 32; H
772; Luzene, f, stp-daughter, 10; H
773; Ollie, f, daughter, 6; H
774; Nellie, f, daughter, 4; H

Census of the **Eastern Cherokee** *Indians of* **Cherokee, N. C.** *Agency, on* **June 30th, 1911,** *taken by* **Frank Kyselka, Supt. & S. D. Agent.**

KEY: Number; English Name, *Indian Name (if given)*, Sex, Relation, Age; Degree of Blood.
(NOTE: F - Full bloods, H - Mixed, but half more, L - Less than half blood)

775; Richard, m, son, 2; H
776; Joseph, m, son, 3/12; H

777; **LEDFORD**, Jake, *Sah ke lah yeh*, m, husband, 37; F
778; Mary, *Ma lih*, f, wife, 36; F
779; Amy, f, daughter, 3; F

780; **LEDFORD**, Onih, f, widow, 58; F

781; **LEDFORD**, Riley, *Li lih*, m, husband, 36; F
782; Polly, f, wife, 30; F
783; Joe, m, son, 10; F
784; Kina, f, daughter, 8; F
785; Caroline, f, daughter, 4; F
786; Willie, m, son, 2; m, F

787; **LONG**, Joseph Bigwitch, *Tso wah*, m, husband, 39; F
788; Sallie, *Sal lo nih*, f, wife, 32; H
789; Lucy, f, stp-daughter, 6; H
790; Etta, f, stp-daughter, 3; H
791; Lloyd, m, stp-son, 2; H

792; **LITTLEJOHN**, Ropetwister, *Tekah wooteyohih*, m, husband, 46; H
793; Annie, f, wife, 34; H
794; Sallie, f, daughter, 10; H
795; Isaac, m, son, 5; H
796; Ollie, f, daughter, 2; H
797; [Wilnotih], Joseph, m, stp-son, 17; H
798; [Wilnotih], Ned, m, stp-son, 15; H

799; **LONG**, Will West, m, husband, 40; F
800; Annie W., f, wife, 20; F

801; **LAMBERT**, Charley, *Alleck*, m, husband, 25; H
802; Mary Arch, f, wife, 24; H
803; Jackson, m, son, 5; H

804; **LOSSIE**, Jennie, f, widow, 53; F
805; David, m, son, 18; F
806; Dom, m, son, 15; F
807; Candy, m, son, 13; F
808; John R., m, son, 8; F
809; Hays, m, son, 6; F

810; **LOSSIE**, Leander, m, single, 26; F

811; **LONG**, Nellie, *Aul chih*, f, widow, 67; F

812; **LONG**, Charley, m, single, 23; F

813; **LOWEN**, John, *Te sah ne hin*, m, husband, 50; F
814; Sis, *Yah hih stu skih*, f, wife, 49; F
815; Nannie, f, stp-daughter, 14; F

816; **LAMBERT**, Hugh N., m, husband, 29; L
817; Alice Rosa, f, wife, 27; L
818; Paul Le Roy, m, son, 2; L

819; **LONG**, Jackson, *Jackson ih*, m, husband, 56; F

820; **LAMBERT**, Thomas R., m, husband, 27; L
821; Nannie, f, wife, 23; L
822; Florence, f, daughter, 3; L
823; Seymour, m, son, 2; L

824; **LAMBERT**, Samuel C., m, husband, 51; L
825; Nannie, f, daughter, 18; L
826; Verdie, f, daughter, 16; L

Census of the **Eastern Cherokee** *Indians of* **Cherokee, N. C.** *Agency, on* **June 30th, 1911,** *taken by* **Frank Kyselka, Supt. & S. D. Agent.**

KEY: Number; English Name, *Indian Name (if given)*, Sex, Relation, Age; Degree of Blood.
(NOTE: F - Full bloods, H - Mixed, but half more, L - Less than half blood)

827; Corbett, m, son, 14; L
828; Cora Lee, f, daughter, 11; L
829; Julia, f, daughter, 10; L
830; Theodore, m, son, 7; L
831; Oney, f, daughter, 5; L
832; Gaylord, m, son, 2; L

833; **LAMBERT**, Claude, m, songle, 29; L

834; **LAMBERT**, Albert J., m, husband, 59; L

835; **LAMBERT**, Jesse B., m, husband, 34; L
836; Minnie S., f, wife, 21; L
837; Carl Green, m, son, 1/12; L

838; **LAMBERT**, James W., m, husband, 36; L
839; Bessie, f, daughter, 11; F, L
840; Hugh, ,m, son, 9; L
841; Ida M., d, daughter, 2; L
842; Lola P., f, daughter, 1/12; L

843; **LAMBERT**, Thomas O., m, husband, 32; L
844; Joseph, m, son, 8; L
845; Henry H, m, son, 7; L
846; John A, m, son, 5; L
847; Sallie M., f, daughter, 2; L

848; **LAMBERT**, Columbus, m, husband, 41; L
849; Harvey, m, son, 14; L
850; Carson, m, son, 7; L

851; **LAMBERT**, J. Hugh, m, husband, 37; L
852; Pearl, f, daughter, 12; L
853; Andrew J., m, son, 10; L
854; Isaac, m, son, 6; L
855; Lora, f, daughter, 3; L
856; George, m, son, 1 2/3; L

857; Pearson, m, ward, 12; L

858; **LEE**, Samuel, m, single, 21; L

859; **LEE**, Addie H, f, widow, 18; L

860; **LEE**, Edith, f, single, 15; L

861; **LEE**, Debrada, f, single, 12; L

862; **LAMBERT**, J. Monroe, m, husband, 54; L
863; Fred, m, son, 18; L
864; Jesse, m, son, 16; L
865; Fitzsimmon, m, son, 14; L
866; Flora, f, grnd-daughter, 10; L

867; **LAMBERT**, Charles, m, single, 20; L

868; **LONG**, Charley, *Cah whih lih*, m, husband, 41; F
869; Sallie, f, wife, 34; H
870; Long Bear, m, son, 13; H
871; Lucy, f, daughter, 11; H
872; Aggie, f, daughter, 9; H
873; Bettie, f, daughter, H
874; Isaac, m, son, 5; H
875; Lena, f, daughter, 3; H

876; **LOCUST**, Noah, m, husband, 29; H
877; Lewis, m, son, 10; L
878; Laura, f, daughter, 8; L
879; Martha, f, daughter, 1 2/3; L
880; William Homer, m, son, ¼, L

881; **LITTLEJOHN**, Goliath, *Cuh lose skih*, m, husband, 41; F

882; **LAMBERT**, Joseph J., m, husband, 26; L
883; Cora P., f, daughter, 5; L

Census of the **Eastern Cherokee** *Indians of* **Cherokee, N. C.** *Agency, on* **June 30th, 1911,** *taken by* **Frank Kyselka, Supt. & S. D. Agent.**

KEY: Number; English Name, *Indian Name (if given)*, Sex, Relation, Age; Degree of Blood.
(NOTE: F - Full bloods, H - Mixed, but half more, L - Less than half blood)

884; Leonard C., m, son, 3; L
885; Willard, m, son, 1; L

886; **LOUDERMILK**, Josephine G., f, wife, 34; L
887; Nora, f, daughter, 8; L
888; Elmer, m, son, 7; L
889; Cora, f, daughter, 5; L
890; Clinton, m, son, 3; L
891; Luther, m, son, 1; L

892; **LEFEVERS**, Temozena, f, wife, 30; L
893; Linnie, f, daughter, 11; L
894; William, m, son, 10; L

895; **LOUDERMILK**, John R., m, husband, 32; L
896; Thomas Luther, m, son, 11; L
897; William R., m, son, 7; L
898; Julia, f, daughter, 5; L
899; Lee Roy, m, son, 2; L

900; **LEDFORD**, Catherine, f, wife, 36; L
901; Iowa, f, daughter, 17; L
902; Minnie, f, daughter, 15; L
903; Cora, f, daughter, 8; L
904; Adkins, m, son, 5; L
905; Charles A, m, son, 3; L

906; **LEE**, Alonzo, m, husband, 37; L
907; Alice May, f, daughter, 9; L
908; Myrtle C., f, daughter, 4; L

909; **LADD**, Bonney R., f, wife, 19; L

910; **LOWEN**, John B., *Co lo wo wah*, m, single, 50; F

911; **LOUDERMILK**, Cynthia A, f, wife, 50; L
912; Rebecca, f, daughter, 12; L

913; **LAMBERT**, Ed., m, husband, 24; L
914; Edw. M., m, son, 4; L

915; **MUMBLEHEAD**, John, *John Cheealeequiahlanah*, m, husband, 47; F
916; Dah ney, *Tahnih*, f, wife, 30; H
917; Roger L, m, son, 15; H
918; Elizabeth, f, daughter, 5; H

919; **MUMBLEHEAD**, James B., m, single, 22; F

920; **MARTIN**, Suate, *Oo stoo yeh tuh choo choo*, m, widower, single, 22; F

921; **MARTIN**, Thomas, m, single, 24; F

922; **MARTIN**, George, *Ska quah*, m, husband, 50; F
923; Lucy, f, wife, 39; F
924; Wesley, m, son, 16; F
925; Charles, m, son, 3; F

926; **MUMBLEHEAD**, James W., m, single, 31; F

927; **MANEY**, Eve, f, wife, 25; F
928; Mary, f, daughter, 7; H
929; John, m, son, 5; H
930; Allen Jacob, m, son, 3; H
931; Alice, f, daughter, 7/12; H

932; **MURPHY**, David, m, husband, 81; H

933; **MANEY**, Cordelia L, f, mother, 33; L
934; Minnie A, f, daughter, 6; L
935; Ruth, f, daughter, 4; L

Census of the **Eastern Cherokee** *Indians of* **Cherokee, N. C.** *Agency, on* **June 30th, 1911,** *taken by* **Frank Kyselka, Supt. & S. D. Agent.**

KEY: Number; English Name, *Indian Name (if given)*, Sex, Relation, Age; Degree of Blood.
(NOTE: F - Full bloods, H - Mixed, but half more, L - Less than half blood)

936; Bruce G., m, son, 1; L

937; **MATTHEWS**, Lillian J. P., f, mother, 30; L
938; Eve Addie, f, daughter, 6; L
939; Gradie R., m, son, 3; L

940; **MURPHY**, Jesse, m, husband, 48; L
941; Mary McCoy, f, wife, 34; L
942; Lillian Arch, f, cousin of wife, 6; L

943; **MURPHY**, William, m, husband, 21; L
944; Lafayette, m, son, 1¼, L

945; **McLEYMORE**, John L, m, husband, 57; H
946; Cora M., f, daughter, 6; L

947; **McLEYMORE**, Samuel H, m, husband, 56; H
948; Morrell, m, son, 10; L
949; Samuel R., m, son, 5; L
950; Elsie B. M., f, daughter, 2; L
951; William Glenn, m, son, 7/12; L

952; **MASHBURN**, Harriet A, f, wife, 33; L
953; Frank, m, son, 11; L
954; Bessie, f, daughter, 10; L
955; James L, m, son, 7; L
956; Sarah, f, daughter, 5; L

957; **MASHBURN**, Leora R., f, wife, 27; L
958; Minnie, f, daughter, 9; L
959; Mattie, f, dau, 7; L
960; Bertha, f, daughter, 4; L
961; Nina, f, daughter, 3; L

962; **McCOY**, David, m, husband, 38; L
963; Marinda, f, daughter, 11; L
964; James, m, son, 9; L
965; Julia, f, daughter, 7; L
966; Stella, f, daughter, 5; L
967; Jesse, m, son, 2; L

968; **McCOY**, John, m, husband, 36; L
969; Pearson, m, son, 14; L
970; Mary, f, daughter, 10; L
971; James, m, son, 6; L
972; Walter, m, son, 2; L

973; **McCOY**, James, m, husband, 30; L
974; William T., m, son, 6; L
975; Joseph, m, son, 4; L

976; **MERONEY**, Martha A, f, wife, 76; L

977; **MERONEY**, John, m, husband, 46; L
978; Sallie B., f, daughter, 16; L
979; Mays, f, daughter, 14; L
980; Gertrude, f, daughter, 12; L
981; Bailey B., m, son, 10; L
982; Della, f, daughter, 5; L

983; **MERONEY**, Lula, f, divorced, 21; L
984; Fred, m, son, 5; L

985; **MERONEY**, Bailey B., m, husband, 45; L
986; Margaret A, f, daughter, 12; L
987; Richard B., m, son, 9; L
988; Felix P., m, son, 7; L

989; **MERONEY**, William H, m, single, 34; L

Census of the **Eastern Cherokee** *Indians of* **Cherokee, N. C.** *Agency, on* **June 30th, 1911,** *taken by* **Frank Kyselka, Supt. & S. D. Agent.**

KEY: Number; English Name, *Indian Name (if given)*, Sex, Relation, Age; Degree of Blood.
(NOTE: F - Full bloods, H - Mixed, but half more, L - Less than half blood)

990; **MULL**, Effie Raper, f, wife, 17; L

991; **McALLISTER**, Harriet G., f, wife, 45; L

992; **MURPHY**, Martin, m, husband, 76; H
993; Fred, m, son, 4; L

994; **MURPHY**, Howard, m, son, 17; L

995; **MURPHY**, Louisa, f, wife, 25; L

996; **MURPHY**, Margaret, f, single, 23; L

997; **MURPHY**, Isabella, f, single, 21; L

998; **MURPHY**, Manco, m, son, 20; L

999; **MONROE**, Nora A, f, wife, 31; L
1000; Charles, m, son, 4; L
1001; Hugh N., m, son, 1; L

1002; **MILLER**, Flourney, f, wife, 22; L
1003; Vessey, f, daughter, 3; L
1004; Bessie, f, daughter, 1 1/12; L

1005; **NOTTYTOM**, Peter, *Quetih*, m, husband, 42; F
1006; Nancy, f, wife, 29; F

1007; **NED**, Ezekiel, m, husband, 49; F
1008; Susan, f, wife, 49; F
1009; Julia, f, daughter, 9; F

1010; **NICK**, Chiltoskie W., m, single, 29; L

1011; **OWL**, Sokiney, m, single, 41; F

1012; **OWL**, David, *David Owl*, m, husband, 78; F
1013; Quincey, *Quincey Owl*, m, grndson, 6; H

1014; **OWL**, Suate, *Suh yeh ta*, m, husband, 83; F
1015; Dinah, *Ty-yah-nih*, f, wife, 51; F
1016; William, m, son, 18; F
1017; Enoch, m, son, 12; F
1018; Betsey, f, daughter, 6; F

1019; **OWL**, Jonah, m, husband, 29; F
1020; Julia, f, wife, 20; H
1021; Philip, m, son, 2; H
1022; Grady, m, son, 1½, H

1023; **OWL**, Ammons, m, single, 21; F

1024; **OWL**, David, m, son, 17; H
1025; George, m, son, 16; H
1026; Henry, m, son, 14; H
1027; Frell, m, son, 12; H
1028; Thomas, m, son, 6; H
1029; Mabel, f, daughter, 4; H
1030; Charlotte, f, daughter, 2; H

1031; **OWL**, Lula, *Lula*, f, single, 19; H

1032; **OWL**, John, *Tetutetah*, m, husband, 52; F
1033; Mandy, f, wife, 27; F
1034; Margaret, f, daughter, 8; F
1035; Annie Nicey, f, daughter, 5; F
1036; Lewis, m, son, 3; F
1037; Silas, m, son, 1½, F

233; **OWL**, Sampson, m, husband, 57; F
1038; Agnes, f, ward, 16; H

1039; **OWL**, Johnson, m, husband, 33; F

Census of the **Eastern Cherokee** *Indians of* **Cherokee, N. C.** *Agency, on* **June 30th, 1911,** *taken by* **Frank Kyselka, Supt. & S. D. Agent.**

KEY: Number; English Name, *Indian Name (if given)*, Sex, Relation, Age; Degree of Blood.
(NOTE: F - Full bloods, H - Mixed, but half more, L - Less than half blood)

1040; Stacy, f, wife, 33; F
1041; Ernest Steven, m, son, 11/12; F

1042; **OOCUMMA**, James, *Sahlalahwahtih*, m, widower, 57
1043; Annie, *Coo is ta*, f, daughter, 16

1044; **OOCUMMA**, Wilson, m, single, 33; H

1045; **OOCUMMA**, Enoch, m, single, 23; H

1046; **OKWATAGE**, Elizabeth, *Le sih*, f, widow, 80; F

1047; **OWL**, Adam, m, husband, 51; H
1048; Corneila[sic], f, wife, 54; F
1049; Samuel, m, son, 14; H
1050; David, m, son, 14
1051; Martha, f, daughter, 11; H

1052; **OWL**, William, m, single, 27; F

1053; **OWL**, Thomas, m, single, 24; H

1054; **OWL**, Moses, m, single, 22; H

1055; **OWL**, John, m, single, 19; H

1056; **OOTAHKIH**, Becca, *Quaikey*, f, widow, 83; F

1057; **OOCUMMA**, Alex, *Oochu lah*, m, husband, 45; H
1058; Annie, f, wife, 22; F
1059; Fannie, f, daughter, 2; H

1060; **OTTER**, Andrew, m, husband, 40; F
1061; Sarah, f, wife, 46; F
1062; Linda, f, daughter, 17; F
1063; Jackson, m, son, 12; F

1064; Matilda, f, daughter, 10; F
1065; Ollie, m, son, 8; F

1066; **OWL**, Blue, m, widower, 53; F

1067; **OWL**, James, m, husband, 24; F
1068; Charlott, f, wife, 17; F
1069; Lloyd, m, son, 1½, F

1070; **OWL**, Allen, m, single, 23; F

1071; **OTTER**, Allen, m, husband, 32; F
1072; Winnie, f, wife, 34; F
1073; Sallie, f, daughter, 10; F

1074; **OTTER**, Ollie, m, widow, 61; F

1075; **OOSOWEE**, John, Jr., *Coo wo he law skih*, m, husband, 34; F
1076; Sally C., f, wife, 40; F
1077; Rebecca, f, daughter, 3; F
1078; George W., m, son, 1½, F
1079; [Conseen], Lloyd, m, stp-son, 8; F
1080; [Conseen], Buck, m, stp-son, 5; F

1081; **OOSOWEE**, Samuel David, m, husband, 39; F
1082; Susie, f, wife, 34; F
1083; Paul, m, son, 9; F

1084; **OWL**, Solomon D., m, husband, 47; H
1085; Martha Jane, f, daughter, 17; L
1086; Alfred Bryan, m, son, 14; L
1087; Lloyd L, m, son, 11; L
1088; Cornelius, m, son, 9; L
1089; Ethel, f, daughter, 5; L
1090; William David, m, son, 4; L
1091; DeWitt, m, son, 2; L
1092; Edward, m, son, 1¼, L

1093; **OWL**, Theodore, m, single, 25; L

Census of the **Eastern Cherokee** *Indians of* **Cherokee, N. C.** *Agency, on* **June 30th, 1911,** *taken by* **Frank Kyselka, Supt. & S. D. Agent.**

KEY: Number; English Name, *Indian Name (if given)*, Sex, Relation, Age; Degree of Blood.
(NOTE: F - Full bloods, H - Mixed, but half more, L - Less than half blood)

1094; **OWL**, Callie, f, single, 23; L

1095; **OWL**, Dora, f, single, 21; L

1096; **OWL**, Mark, m, single, 19; L

1097; **PANTHER**, John, *Takahsuntahwah*, m, husband, 51; F

1098; Nancy, *Che yah stah*, f, wife, 59; F

1099; **POWELL**, John A.?, m, husband, 58; L

1100; **PARTRIDGE**, Bird, *Che Squah*, m, husband, 32; F
1101; Elsie, f, wife, 37; H
1102; Sarah, f, daughter, 1½, H
1103; John, m, son, 1/12; H
1104; **[George]**, Elmo Don, m, stp-son, 8; H

1105; **PARTRIDGE**, Winnie E., f, single, 25; F
1106; **[French]**, Juanita M. P., f, daughter, 2; H
1107; **[French]**, Nellie P., f, daughter, 1 1/6; H

1108; **PARTRIDGE**, Moses, m, husband, 30; F
1109; Sallie, f, wife, 23; F
1110; Savannah, f, daughter, 4; F

1111; **PECKERWOOD**, John, *John Talala*, m, husband, 63; F
1112; Rebecca, *Wa ku*, f, wife, 48; F

1113; **PECKERWOOD**, Lucy Ann, f, widow, 53; F
1114; McKinley, m, son, 9; F

1115; **PANTHER**, Job, m, husband, 27; F
1116; Bettie, *Coh he nih*, f, wife, 53; F

1117; **PANTHER**, Mark, m, husband, 36; F
1118; Anna, f, wife, 48; F

1119; **PHEASANT**, John, m, husband, 58; F
1120; Maggie, f, wife, 56; F
1121; Willie, m, husband, 28;
1122; Rachel Emma, f, wife, 19;

1123; **PHEASANT**, Dora Jane, f, single, 20; F

1124; **POWELL**, Dooga, *Too cah*, f, widow, 41; F
1125; Sarah, f, daughter, 12; H
1126; Holmes, m, son, 9; H
1127; Winnie, f, daughter, 6; H
1128; Noah, m, son, 3; F

1129; **POWELL**, Moses, m, husband, 24; H
1130; Elkinny, f, wife, 28; H
1131; Stacy, f, dau, 2; H

1132; **POWELL**, Stansill, m, single, 20; H

1133; **PASSMORE**, Nancy J., f, wife, 33; L
1134; Thomas M., m, son, 9; L
1135; Charles A, m, son, 8; L
1136; Rose Cordelia, f, daughter, 6; L
1137; Oscar, m, son, 4; L
1138; Frances, f, daughter, 1 2/3; L
1139; **[Pattee]**, Cora E., f, single, 19; L

1140; **PORTER**, Florence, f, wife, 48; L

Census of the **Eastern Cherokee** *Indians of* **Cherokee, N. C.** *Agency, on* **June 30th, 1911,** *taken by* **Frank Kyselka, Supt. & S. D. Agent.**

KEY: Number; English Name, *Indian Name (if given)*, Sex, Relation, Age; Degree of Blood.
(NOTE: F - Full bloods, H - Mixed, but half more, L - Less than half blood)

1141; **PORTER**, De Witt, m, single, 21; L

1142; **PORTER**, Iris, f, single, 19; L

1143; **PAYNE**, Thomas, m, us, 65; L

1144; **PAYNE**, Oliver Clem, m, single, 19; L

1145; **PAYNE**, William E., m, husband, 39; L
1146; Paley E., m, son, 15; L
1147; William A, m, son, 7; L
1148; Lydia A, f, daughter, 5; L
1149; Cynthia, f, daughter, 3; L
1150; Gertrude, f, daughter, 1¼, L

1151; **PAYNE**, James M., m, husband, 34; L
1152; Rollin T., m, son, 13; L
1153; Albert F, m, son, 11; L
1154; Grace L?, f, daughter, 7; L
1155; Erma, f, daughter, 3; L
1156; Carrie, f, daughter, 1 1/12; L

1157; **PATTERSON**, Lula W., f, wife, 32; L
1158; Oldham, m, son, 9; L
1159; Almer, m, son, 4; L
1160; Wayne, m, son, 1 1/12; L

1161; **PATTERSON**, Ella C., f, wife, 34; L
1162; Alonzo, m, son, 15; L
1163; Ethel, f, daughter, 13; L
1164; Elizabeth, f, daughter, 11; L
1165; Celia, f, daughter, 9; L
1166; Hobart, m, son, 7; L
1167; Arvil, m, son, 5; L
1168; Beadie, f, daughter, 3; L
1169; Kenneth, m, son, 2; L

1170; **PARRIS**, Catherine C., f, wife, 27; L
1171; Laura May, f, daughter, 4; L
1172; Parilee, f, daughter, 1½, L

1173; **QUEEN**, Simpson, m, husband, 38; L
1174; Sallie, *Sah le ah nih*, f, wife, 30; F
1175; Jasper, m, son, 17; H
1176; Olliney, f, daughter, 12; H
1177; Nolan, m, son, 10; H
1178; Mary, f, daughter, 8; H
1179; Bessie, f, daughter, 6; H
1180; Rachel, f, daughter, 2; H
1181; John, m, son, 4; H

1182; **QUEEN**, Levi, m, husband, 40; L
1183; Mary, f, wife, 31; F
1184; Minda, f, daughter, 15; H
1185; Abraham, m, son, 11; H
1186; Addie, f, daughter, 9; H
1187; Malinda, f, daughter, 5; H
(*NOTE: #1188 omitted on original.)
1189*; Lottie, f, daughter, 4; H
1190; Dinah, f, daughter, 2; H

1191; **REED**, James, m, single, 57; H

1192; **REED**, Jennie, *Jennih*, f, widow, 69; H

1193; **RATLEY**, Lucy, f, sep'd wife, 59; F

1194; **REED**, Jesse, m, husband, 66; H
1195; Maggie, f, wife, 61; H

1196; **REED**, Rachel, *Ach il la*, f, widow, 61; H
1197; Minda, f, grnd-daughter, 16; H

1198; **REED**, Fiddell, *Quah te lish*, m, single, 36; H

Census of the **Eastern Cherokee** *Indians of* **Cherokee, N. C.** *Agency, on* **June 30th, 1911,** *taken by* **Frank Kyselka, Supt. & S. D. Agent.**

KEY: Number; English Name, *Indian Name (if given)*, Sex, Relation, Age; Degree of Blood.
(NOTE: F - Full bloods, H - Mixed, but half more, L - Less than half blood)

1199; **RATLER**, Geo W, *Tsah tsih wah sih tonih*, m, husband, 38; F
1200; Polly, *Wah lih*, f, wife, 38; F
1201; Rachel, f, daughter, 16; F
1202; Henson, m, son, 13; F
1203; Morgan, m, son, 11; F
1204; Mindah, f, daughter, 8; F
1205; Bessie, f, daughter, 2; F

1206; **ROPETWISTER**, Manley, *Ne sha te hih*, m, single, 53; F

1207; **REED**, David, m, single, 50; H

1208; **ROSE**, Florence, f, wife, 39; L
1209; William, m, son, 18; L
1210; Jake, m, son, 15; L
1211; Grace, f, daughter, 11; L
1212; Nora, f, daughter, 9; L
1213; Cora, f, daughter, 6; L
1214; Benjamin, m, son, 3; L
1215; Thurman, m, son, 1¼, L

1216; **ROSE**, Bonnie, f, single, 20; L

1217; **RATLER**, John, m, husband, 24; F
1218; Emeline, f, wife, 25; F
1219; John West, m, son, 4; F
1220; Lucy, f, daughter, 2; F

1221; **RATLER**, Nancy, f, widow, 56; F

1222; **RATLER**, Jonah, f, single, 22; F

1223; **RATLER**, Robert, m, single, 10; H
1224; Walter, m, single, 7; H

1225; **RATLIFF**, William, m, husband, 38; L
1226; Elizabeth, f, wife, 35; F
1227; Emma, f, daughter, 9; L

1228; Jacob, m, son, 7; L
1229; Ella, f, daughter, 4; L
1230; Jonah, m, son, 11/12; L

1231; **RATLIFF**, Lawyer, m, single, 31; L

1232; **ROSS**, McKinley, m, ?, 10; H

1233; **REED**, Peter, *Que tah*, m, widower, 59; H
1234; Cindy, f, grnd-daughter, 14; H

1235; **REED**, Jimmy, m, single, 23; H

1236; **REED**, Lloyd, m, single, 23; H

1237; **REED**, William, m, husband, 27; H
1238; Kate K., f; wife, 20; H
1239; Jackson, m, son, 2; H

1240; **REED**, Adam, *Ah tah nih*, m, sep'd husband, 33; H
1241; Rachel, f, sep'd wife, 27; F
1242; Johnson, m, son, 6; H
1243; Samuel, m, son, 3/12; H

1244; **REED**, Deweese, m, sep'd husband, 31; H
1245; Nannie, f, sep'd wife, 27; H
1246; Susan, f, daughter, 3; H

1247; **REED**, James W., m, husband, 43; H
1248; Agnes, f, daughter, 5; H
1249; Willie Elmer, m, son, 1¼, H
1250; Meekerson, m, son, 5/12; H

1251; **REED**, Maggie G., f, single, 23; H

Census of the **Eastern Cherokee** *Indians of* **Cherokee, N. C.** *Agency, on* **June 30th, 1911,** *taken by* **Frank Kyselka, Supt. & S. D. Agent.**

KEY: Number; English Name, *Indian Name (if given)*, Sex, Relation, Age; Degree of Blood.
(NOTE: F - Full bloods, H - Mixed, but half more, L - Less than half blood)

1252; **RATLIFF**, James, m, husband, 63; L

1253; **REAGAN**, Hester L, f, wife, 22; L
1254; Ernest, m, son, 3; L
1255; Polena, m, son, 1½, L

1256; **ROBERTS**, Lottie S., f, wife, 34; L
1257; Callie, f, daughter, 9; L
1258; Walter, m, son, 8; L
1259; Fred, m, son, 5; L
1260; Lula, f, daughter, 4; L

1261; **RAPER**, Alexander, m, husband, 65; L
1262; **ROBINSON**, Ellen Raper, f, wife, 46; L
1263; Fannie, f, daughter, 17; L
1264; Emeline, f, daughter, 14; L
1265; Hadley, m, son, 12; L

1266; **RAPER**, William T., m, husband, 43; L
1267; Edgar, m, son, 16; L
1268; Verdie, f, daughter, 14; L
1269; Dafney, m, son, 13; L
1270; Augustus, m, son, 8; L
1271; James G., m, son, 7; L
1272; William A, m, son, 3; L
1273; Bertha M., f, daughter, 2; L

1274; **RAPER**, Jesse L, m, husband, 40; L
1275; Cly Victor, m, son, 13; L
1276; Claude E., m, son, 12; L
1277; Gurley C., m, son, 9; L
1278; Minnie C., f, daughter, 4; L

1279; **RAPER**, Marshall, M., husband, 35; L

1280; Martie A, m, son, 18; L
1281; Clarence A, m, son, 13; L
1282; Clinton, m, son, 9; L
1283; Eva, f, daughter, 7; L
1284; Bonnie B., f, daughter, 4; L
1285; William Taft, m, son, 2; L

1286; **RAPER**, Charley B., m, husband, 35; L
1287; Denver L, m, son, 13; L
1288; Delta C., f, daughter, 11; L
1289; Pearl, f, daughter, 6; L
1290; Homer William, m, son, ½, L

1291; **RAPER**, Henry J., m, husband, 30; L
1292; Viola E., f, daughter, 8; L
1293; Joan, m, son, 6; L
1294; Delia, f, daughter, 3; L
1295; Arria Clifften, m, son, ½, L

1296; **ROBERSON**, Iowa J., f, wife, 22; L
1297; Etta, f, daughter, 3; L

1298; **ROGERS**, Jeanette, f, widow, 64; L

1299; **RICHARDS**, Mamie P., f, wife, 24; L
1300; Ruby K., f, daughter, 4; L
1301; Willard F, m, son, 2; L

1302; **ROBERSON**, Willie O., m, single, 31; L

1303; **ROBERSON**, Edward E., m, husband, 34; L
1304; Charlie H, m, son, 6; L
1305; Howard, m, son, 3; L
1306; Henry Homer, m, son, 1 1/12; L

Census of the **Eastern Cherokee** *Indians of* **Cherokee, N. C.** *Agency, on* **June 30th, 1911,** *taken by* **Frank Kyselka, Supt. & S. D. Agent.**

KEY: Number; English Name, *Indian Name (if given)*, Sex, Relation, Age; Degree of Blood.
(NOTE: F - Full bloods, H - Mixed, but half more, L - Less than half blood)

1307; **ROBERSON**, Thomas L, m, husband, 28; L
1308; Willie R., m, son, 7; L
1309; Harley T., m, son, 3; L

1310; **RAPER**, Thomas M., m, husband, 55; L
1311; James, m, son, 15; L
1312; Lizzie, f, daughter, 13; L
1313; Julia, f, daughter, 11; L
1314; Clifton, m, son, 4; L
1315; Lula, f, daughter, 2; L

1316; **RAPER**, Whoola B., m, single, 23; L

1317; **RAPER**, Martin T.?, m, single, 23; L

1318; **RAPER**, William B., m, husband, 31; L

1319; **RAPER**, Lon, m, husband, 30; L
1320; Edna, f, daughter, 4; L

1321; **RAPER**, Gano, m, widower, 28; L
1322; Erastus, m, son, 2; L

1323; **ROGERS**, Martha C., f, wife, 42; L

1324; **ROGERS**, William, m, husband, 47; L
1325; Oscar, m, son, 15; L
1326; Villa, f, daughter, 12; L
1327; Floyd, m, son, 9; L
1328; Astor, m, son, 6; L
1329; Inez, f, daughter, 4; L

1330; **RILEY**, James, m, single, 10; L

1331; **RAVE**, Martha C. Cornsilk, f, wife, 25; F

1332; **SOLOLANEETA**, Bird, *Tacayah*, m, husband, 69; F
1333; Lucy, *Lucey*, f, wife, 59; F

1334; **SKITTY**, Sevier, *See qui yah*, m, single, 63; F

1335; **SAUNOOKE**, John, m, sep'd husband, 41; F

1336; **SAUNOOKE**, Jennie, f, daughter, 8; F

1337; **SOLOLANEETA**, John Lossie, m, widower, 73; F

1338; **SOLOLANEETA**, Linda, *Lin sih*, f, single, 46; F

1339; **SAWYER**, Kiney, f, wife, 27; F
1340; Thomas, m, son, 9; F

1341; **SOLOLANEETA**, Leander, m, husband, 46; F
1342; Annie, f, wife, 32; F
1343; [Kalonuheski], Edith, f, niece, 2; L

1344; **SMITH**, Jacob L, m, husband, 32; H
1345; Olive, f, wife, 32; F
1346; Lawrence, m, son, 4; H
1347; Charles, H, m, son, 6/12; H

1348; **SAUNOOKE**, Nancy, *Yetsih*, f, widow, 59; F

1349; **SAUNOOKE**, Jim, m, single, 22; F

Census of the **Eastern Cherokee** *Indians of* **Cherokee, N. C.** *Agency, on* **June 30ᵗʰ, 1911,** *taken by* **Frank Kyselka, Supt. & S. D. Agent.**

KEY: Number; English Name, *Indian Name (if given)*, Sex, Relation, Age; Degree of Blood.
(NOTE: F - Full bloods, H - Mixed, but half more, L - Less than half blood)

1350; **SAUNOOKE**, Adam, *Ah tah nih*, m, husband, 31; F
1351; Sally, f, wife, 23; F
1352; Kane, m, son, 3; F
1353; Katie, f, daughter, 1¼, F

1354; **STANDINGDEER**, Nancy, *Ah noo yah kih*, f, widow, 60; F

1355; **STANDINGDEER**, Lowen, m, single, 28; F

1356; **SAUNOOKE**, William, *We lih*, m, husband, 41; F
1357; Edward, m, son, 11; H
1358; Anderson, m, son, 7; H
1359; Osler, m, son, 5; H
1360; Cowanah, m, son, 2; H
1361; Freeman, m, son, 5/12; H

1362; **SAUNOOKE**, Joseph, *Tzo wah*, m, husband, 39; F
1363; Margaret, f, wife, 24; H
1364; Emma, f, daughter, 7/12; H

1365; **SIMPSON**, Martha Owl, f, wife, 34; F

1366; **SHELL**, John, *John Sa lah*, m, husband, 59; F
1367; Sallie, f, wife, 51; F
1368; [Feather], Hetty, f, ward, 14; F

1369; **SHELL**, Ute, *Uteh*, m, husband, 33; F
1370; Mattie, f, wife, 26; F
1371; Joseph, m, son, 9; F
1372; Joshua, m, son, 3; F
1373; Boyd, m, son, 3/12; F

1374; **SQUIRREL**, Fox, *Sa lo lo a antih*, m, single, 52; F

1375; **GOING SNAKE**, *Eentou waa ih*, m, husband, 54; F
1376; Nancy, f, wife, 45; F

1377; **GOING SNAKE**, Steve, m, single, 22; F

1378; **SAUNOOKE**, Stillwell, *Choo so hih*, m, widower, 70; F
1379; Emeneeta, m, son, 17; F
1380; Cindy, f, daughter, 12; F
1381; Lillie, f, daughter, 5; F

1382; **SAUNOOKE**, Malinda, f, single, 25; F

1383; **SAUNOOKE**, Nan, f, single, 21; F

1384; **STANDINGDEER**, Wesley, *Wesley Ouwehcatagih*, m, husband, 54; F
1385; Nancy, *Nan sih*, f, wife, 47; F

1386; **STANDINGDEER**, Junaluskie, *Tsu nu luh hus kih*, m, husband, 29; F

1387; **STANDINGDEER**, Carl, *Cul cah law skih*, m, husband, 29; F
1388; Mary, *Sah le ah nih*, f, wife, 27; H
1389; Cecelia, f, daughter, 4; H
1390; Virginia, f, daughter, 2; H

1391; **SMITH**, Mark Tiger, m, husband, 58; H
1392; Mary Melvina, f, wife, 49; L
1393; Oliver, m, son, 19; L

1394; **SMITH**, James David, m, husband, 33; H

1395; **SMITH**, Duffy, m, single, 31; H

Census of the **Eastern Cherokee** *Indians of* **Cherokee, N. C.** *Agency, on* **June 30ᵗʰ, 1911,** *taken by* **Frank Kyselka, Supt. & S. D. Agent.**

KEY: Number; English Name, *Indian Name (if given)*, Sex, Relation, Age; Degree of Blood.
(NOTE: F - Full bloods, H - Mixed, but half more, L - Less than half blood)

1396; **SMITH**, Francis Elwood, m, husband, 24; H
1397; Bettie W., f, wife, 30; H
1398; Charity, f, single, 20; H
1399; Victor Clinton, m, son, 2/12; H

1400; **SMITH**, Noah, m, husband, 28; H
1401; Earl E., m, son, 4; L
1402; Ella A, f, daughter, 2; L

1403; **STANDINGDEER**, Andy, m, husband, 52; F
1404; Margaret, f, wife, 52; F

1405; **SWIMMER**, Mary, *Oo squin nih*, f, single, 52; F

1406; **SWIMMER**, John, *Oo watih*, m, husband, 34; F
1407; Lucy Ann, f, wife, 27; F
1408; Obediah, m, son, 5; F
1409; Grace, *Chu gay yeh*, f, daughter, 3; F
1410; Luke, m, son, 2; F

1411; **SU TA GIH**, *(No name given)*, m, husband, 71; F
1412; Mary, f, wife, 56; F

1413; **STANDINGDEER**, Caroline, f, single, 23; F
1414; Sullivan, m, son, 2; H

1415; **SAUNOOKE**, Samuel, *Sam mih*, m, single, 32; H

1416; **SAUNOOKE**, Rachel, f, single, 23; H

1417; **SAUNOOKE**, Stillwell, m, single, 20; H

1418; **SMITH**, Martha Ann Bigmeat, f, widow, 74; H

1419; **SMITH**, Lewis H?, m, husband, 65; H
1420; Nancy, *Nansih*, f, wife, 60; F

1421; **SMOKER**, John, m, husband, 44; F
1422; Aggie, *Ai kih*, f, wife, 36; F
1423; Willie, m, son, 12; F
1424; Peter, m, son, 9; F
1425; Charles, m, son, 5; F

1426; **SMOKER**, Cindy, f, single, 23; F

1427; **SMOKER**, James, m, husband, 21; F
1428; Luzene, f, wife, 17; L

1429; **SMOKER**, Will Sawyer, m, husband, 40; F
1430; Alkinney, f, wife, 33; F
1431; Moses, m, son, 15; F
1432; Awee, f, daughter, 14; F
1433; Hunter, m, son, 9; F
1434; Lizzie, f, daughter, 6; F
1435; Lucy, f, daughter, 4; F
1436; Martha, f, daughter, 2; F

1437; **SAKEY**, Nellie, *Nel lih*, f, single, 62; F

1438; **SMOKER**, Samuel, *Sam mih*, m, husband, 29; F
1439; Stacey, f, wife, 28; F
1440; Bascom, m, son, 8; F
1441; Ollie, f, daughter, 6; F
1442; Cornelia, f, daughter, F
1443; Bettie, f, daughter, 2; F

1444; **SMITH**, Ross B., m, husband, 71; H

Census of the **Eastern Cherokee** *Indians of* **Cherokee, N. C.** *Agency, on* **June 30th, 1911,** *taken by* **Frank Kyselka, Supt. & S. D. Agent.**

KEY: Number; English Name, *Indian Name (if given)*, Sex, Relation, Age; Degree of Blood.
(NOTE: F - Full blood, H - Mixed, but half more, L - Less than half blood)

1445; Cynthia, f, wife, 59; L

1446; **SNEED**, William Sherman, m, husband, 49; L

1447; **SQUIRREL**, George, *Ah ne cha chih*, m, husband, 47; F
1448; Rebecca, f, wife, 36; F
1449; Nola, f, daughter, 14; F
1450; Sequeechee, m, son, 11; F
1451; Mary, f, daughter, 8; F
1452; Paul, m, son, 1¾, F

1453; **SQUIRREL**, David, *Dave sih*, m, husband, 39; F
1454; Nancy, *Nan sih*, f, wife, 31; F
1455; Kimsey, m, son, 14; F
1456; Nora, f, daughter, 12; F
1457; Dinah, f, daughter, 10; F
1458; Daniel, m, son, 7; F
1459; Ollie, f, daughter, 5; F
1460; Shepherd, m, son, 3; F

1461; **SUTAGA**, Sallie, f, single, 6; F

1462; **SHULER**, Georgia C., f, widow, 27; L

1463; **SAUNOOKE**, Jackson, m, single, 28; F

1464; **SHERRELL**, William, m, husband, 32; H

1465; **SMOKER**, Lloyd, m, husband, 40; F
1466; Mancy[sic], f, wife, 53; F

1467; **SEQUOHYEH**, Zachariah, *Sah kee lah yoh*, m, husband, 52; F
1468; Louisa Hill, *Too nih sah*, f, wife, 50; H

1469; [Hill], Minda, f, stp-daughter, 13; H
1470; [Hill], Susan, f, stp-daughter, 10; H
1471; [Hill], Alice, f, stp-daughter, 8; H

1472; **SEQUOHYEH**, Noah, m, single, 26; F

1473; **SEQUOHYEH**, Lizzie, f, single, 22; F

1474; **SCREAMER**, David, m, single, 20; F

1475; **SCREAMER**, James, m, husband, 53; F
1476; Cindy, f, wife, 39; F
1477; Soggy, m, son, 17; F

1478; **SCREAMER**, Manus, m, husband, 29; F
1479; Nannie, f, wife, 34; F

1480; **SCREAMER**, Kane, f, single, 19; F

1481; **STAMPER**, Ned, *Ned da wah hoo hoo*, m, husband, 42; F
1482; Sallie Ann, *Sah lih ah nih*, f, wife, 35; H
1483; Hettie, f, daughter, 14; H
1484; Caroline, f, daughter, 12; H
1485; William, m, son, 10; H
1486; Lizzie, f, daughter, 8; H
1487; Sarah, f, daughter, 4; H
1488; Emma, f, daughter, 2; H

1489; **SHERRELL**, John, *Gah sah lah we*, m, husband, 36; H
1490; Mollie, *Ma lih*, f, wife, 32; H
1491; Solomon, m, son, 9; H
1492; Julia, f, daughter, 5; H

Census of the **Eastern Cherokee** *Indians of* **Cherokee, N. C.** *Agency, on* **June 30th, 1911,** *taken by* **Frank Kyselka, Supt. & S. D. Agent.**
KEY: Number; English Name, *Indian Name (if given)*, Sex, Relation, Age; Degree of Blood.
(NOTE: F - Full bloods, H - Mixed, but half more, L - Less than half blood)

1493; Samuel, m, son, 2; H
1494; Ella, f, daughter, 6/12; H
1495; [Tramper], Kiney, f, stp-daughter, 12; H

1496; **SAMPSON**, James, m, husband, 58; F
1497; Sallie, f, wife, 48; F
1498; [Cucumber], Arch, m, ward, 6; F

1499; **STANDINGWATER**, Alexander, m, widower, 54; F

1500; **SWIMMER**, Runaway, *Ah la te skih*, m, husband, 33; F
1501; Annie, f, wife, 28; F
1502; [Conley], Linda, f, niece, 7; F

1503; **SWIMMER**, Thomas, *Oo Chaw staw sih*, m, husband, 56; F
1504; Annie, f, wife, 52; F

1505; **SUAGIH**, Anna, f, widow, 57; F

1506; **SCREAMER**, Enos, m, divorced, 45; F

1507; **SEQUOH YEH**, m, widower, 64; F

1508; **SHAKEAR**, Fidella, *Quah te lih*, m, husband, 40; F
1509; Lizzie, *Caw he neh ih*, f, wife, 47; F

1510; **SMITH**, Samuel A, *Samuel A. Murphy*, m, husband, 45; L
1511; Goldman, m, son, 15; L
1512; David McK, m, son, 10; L
1513; Jesse H, m, son, 8; L

1514; **SMITH**, Belva, f, single, 19; L

1515; **SMITH**, William B., m, husband, 23; L
1516; Lucy A. D., f, wife, 20; L

1517; **SMITH**, Joseph M., m, single, 21; L

1518; **SMITH**, Lorena N., f, widow, 46; L

1519; **SMITH**, Thaddeus Sibbald, m, husband, 33; L
1520; Hartman, m, son, 13; L
1521; Mary, f, daughter, 11; L
1522; Jerrold, m, son, 7; L
1523; Grace, f, daughter, 4; L
1524; Mildred, f, daughter, 2½, L

1525; **SMITH**, Lloyd, *A loh tih*, m, husband, 38; H
1526; Roberson, m, son, 10; L
1527; Elizabeth, f, daughter, 9; L
1528; Noah, m, son, 7; L
1529; Tiney, f, daughter, 5; L
1530; John D.?, m, son, 4; L
1531; Duffy, m, son, 1½, L

1532; **SNEED**, Samuel, m, husband, 54; L
1533; Mary C., f, daughter, 14; L
1534; Annie L, f, daughter, 13; L
1535; Maude E., f, daughter, 11; L

1536; **SNEED**, John H, m, husband, 58; L

1537; **SNEED**, Manco, m, single, 24; L

1538; **SNEED**, Osco, m, husband, 32; L
1538; Thomas M., m, son, 4; L
1540; William Harley, m, son, 2; L
1541; Alma, f, daughter, 1; L

Census of the **Eastern Cherokee** *Indians of* **Cherokee, N. C.** *Agency, on* **June 30th, 1911,** *taken by* **Frank Kyselka, Supt. & S. D. Agent.**

KEY: Number; English Name, *Indian Name (if given)*, Sex, Relation, Age; Degree of Blood.
(NOTE: F - Full bloods, H - Mixed, but half more, L - Less than half blood)

1542; **SNEED**, Campbell, m, husband, 23; L
1543; Mindy, f, wife, 21; L
1544; Carrie, f, daughter, 2; L
1545; Ernest, m, son, 1¼, L

1546; **SNEED**, Peco, m, husband, 36; L
1547; Sarah, f, daughter, 10; L
1548; Blakely, , son, 6; L
1549; Stella, f, daughter, 3; L
1550; Lillian K., f, daughter, 1¼, L

1551; **SANDERS**, Cudge E., m, husband, 50; L
1552; Polly, f, wife, 54; H
1553; Moses, m, son, 15; H

1554; **SMITH**, George L, m, ?, 31; L

1555; **SMITH**, Henry, m, husband, 62; H
1556; Russell, m, son, 6; H
1557; Hettie, f, daughter, 4; H
1558; Myrtle, f, daughter, 2; H
1559; **[Rogers]**, Maggie, f, stp-daughter, 18; H
1560; **[Rogers]**, Wesley Crow, m, stp-son, 10; L

1561; **SMITH**, Roxie, f, single, 27; H

1562; **SMITH**, Thomas, m, husband, 29; H
1563; Buford Roy, m son, 2; L
1564; Leona, f, daughter, 2/12; L

1565; **SPRAY**, Gertrude H. S., f, single, 24; H

1566; **SAWYER**, Allen, m, sep'd husband, 34; F

1567; **STILES**, Mary Payne, f, wife, 41; L
1568; Gilbert, m, son, 17; L
1569; Emma, f, daughter, 15; L
1570; Oliver, m, son, 13; L
1571; Clem, m, son, 7; L
1572; Hal, m, son, 5; L

1573; **STILES**, Theodosia E. P., f, wife, 31; L
1574; Thos. L, m, son, 13; L
1575; Rufus V., m, son, 11; L
1576; Cora A, f, daughter, 9; L
1577; Lloyd, m, son, 6; L
1578; Ella, f, daughter, 4; L
1579; Wilfred, m, son, 2; L

1580; **SMITH**, Emma, f, single, 21; L

1581; **SAUVE**, Minnie E. N., f, wife, 30; L
1582; Marie M., f, daughter, 3; L
1583; Josephine E., f, daughter, 2; L

1584; **SWAYNEY**, Laura J., f, wife, 53; L
1585; Calcina, f, daughter, 17; L
1586; Luzene, f, daughter, 12; L

1587; **SWAYNEY**, Jesse W., m, single, 23; L

1588; **SWAYNEY**, Lorenzo Dow, m, husband, 33; L
1589; Amanda, f, daughter, 9; L
1590; Frank, m, son, 6; L
1591; Thurman A, m, son, 3; L
1592; Grace, f, daughter, 1¼, L

1593; **STILES**, Hallie L, f, wife, 23; L
1594; Floyd, m, son, ¾, L

Census of the **Eastern Cherokee** *Indians of* **Cherokee, N. C.** *Agency, on* **June 30th, 1911,** *taken by* **Frank Kyselka, Supt. & S. D. Agent.**

KEY: Number; English Name, *Indian Name (if given)*, Sex, Relation, Age; Degree of Blood.
(NOTE: F - Full bloods, H - Mixed, but half more, L - Less than half blood)

1595; **SWAYNEY**, John W., m, husband, 28; L
1596; Alvin Walker, m, son, ¾, L

1597; **SMATHERS**, Dora Cole, f, wife, 22; L
1598; Delpha, m, son, 2; L

1599; **SMITH**, John Q. A, m, husband, 41; L
1600; James G. W., m, son, 17; L
1601; Josephine, f, daughter, 15; L
1602; Rose Anna, f, daughter, 12; L
1603; Bessie, f, daughter, 9; L
1604; Robert, m, son, 7; L
1605; Ross B., m, son, 3; L

1606; **TOINEETA**, Loney. *Lonih*, m, husband, 51; F
1607; Sallie, *Cho co hih*, f, wife, 51; F
1608; Caroline, f, daughter, 16; F
1609; [Lossie], Solomon, m, ward, 12; F

1610; **TOINEETA**, West, *Westih*, m, single, 20; F

1611; **TOINEETA**, George, m, husband, 28; F
1612; Mary E., f, wife, 37; L
1613; Edwin T., m, son, 2; L
1614; [Welch], Lloyd, m, stp-son, 16; L
1615; [Welch], Theodore A, m, stp-son, 14; L
1616; [Welch], Clarence, m, stp-son, 12; L
1617; [Welch], Richard R., m, stp-son, 8; L

1618; **TOINEETA**, Martha, f, single, 22; F

1619; **TOINEETA**, Geneva, f, single, 1 1/12; H

1620; **TAIL**, Jim, *Ootahnetahtih*, m, single, 69; F

1621; **TELESKI**, Ezekiel, *Se kih lih*, m, widower, 68; F
1622; **TELESKI**, Jesse, m, single, 20; F

1623; **TOONI**, Squiencey, m, husband, 71; F
1624; Lydia, f, wife, 55; F
1625; [Goolarche], George, m, grnd-son, 15; ?

1626; **TOONI**, Moses, m, single, 22; F

1627; **TOONI**, Mike, *Mi yeh kih*, m, husband, 27; F
1628; Anna, *Ah yah nih*, f, wife, 35; F
1629; Elijah, m, son, 11; F
1630; Nancy, f, daughter, 8; F
1631; Nellie, f, daughter, 3; F
1632; Lizzie, f, daughter, 2/12; F

1633; **TAYLOR**, Alkinney, f, single, 28; H
1634; Leander, m, son, 4; H
1635; John, m, son, 1½, H

1636; **TAYLOR**, Julius, *Ju das eh*, m, husband, 33; H
1637; Stacy, *Sta sih*, f, wife, 36; H

1638; **TAYLOR**, Sherman, *Sah who nih*, m, husband, 29; H
1639; Maggie, f, wife, 24; F
1640; Alkinney, f, daughter, 6; H
1641; George, m, son, 2; H

1642; **TAYLOR**, John, *Oo sta no kos*, m, husband, 71; F
1643; Sallie, f, wife, 70; F

Census of the **Eastern Cherokee** *Indians of* **Cherokee, N. C.** *Agency, on* **June 30th, 1911,** *taken by* **Frank Kyselka, Supt. & S. D. Agent.**

KEY: Number; English Name, *Indian Name (if given)*, Sex, Relation, Age; Degree of Blood.
(NOTE: F - Full bloods, H - Mixed, but half more, L - Less than half blood)

1644; **TAYLOR**, Jesse, m, husband, 45; F
1645; Stacy, f, wife, 36; F

1646; **TAHQUETTE**, Martha, *Mah tih*, f, single, 47; F

1647; **TEESATESKEE**, John, *Oowawah ih*, m, husband, 51; F
1648; Jennie, f, wife, 51; H
1649; Welch, m, son, 13; H
1650; Lloyd, m, son, 11; H
1651; [Smoker], Margaret, f, ward, 15; H

1652; **TEESATESKEE**, Sampson, m, single, 20; F

1653; **TEESATESKEE**, Jesse, m, single, 24; F

1654; **TEESATESKIE**, Will, *Coo coo te gee skih*, m, husband, 58; F
1655; Nessih, f, wife, 56; F
1656; Amanda, f, daughter, 16; F
1657; [Ledford], Allen, m, ward, 6; F
1658; [Teesateskie], Steve, m, ward, 5; F
1659; [Teesateskie], Josie, f, ward, 2; F

1660; **TEOTALE**, Nancy, *Oocah yos toh*, f, widow, 86; F

1661; **TEESATESKIE**, Illinois, m, widower, 36; F

1662; **THOMPSON**, Rachel, f, single, 51; F

1663; **TAYLOR**, Eliza, f, widow, 54; H
1664; Bessie, f, daughter, 14; H
1665; Julius, m, son, 12; H
1666; Timpson, m, son, 11; H

1667; David, m, son, 9; H
1668; William, m, son, 4; H

1669; **TAYLOR**, Jack, m, single, 21; H

1670; **TAYLOR**, John, m, single, 20; H

1671; **TEESATESKIE**, Noah, m, husband, 26; F
1672; Ella, f, wife, 25; F
1673; Willie, m, son, 4
1674; John, m, son, 3; F

1675; **TOONI**, Joseph, *Chaw so ih*, m, husband, 55; F
1676; Angeline, *Oocaw weeaiyaich*, f, wife, 53; F

1677; **TOONI**, Andy, m, single, 19; F

1678; **TOONI**, Nicey, *Wah ye sah*, f, single, 35; F

1679; **TOONI**, Jake, *Choo qui as kih*, m, husband, 35; F
1680; Lizzie, f, wife, 29; F
1681; Rachel, f, daughter, 2; F
1682; Lazarus, m, son, ¾, F

1683; **TRAMPER**, Chiltoskie, *Che lah taw skih*, m, single, 30; F

1684; **TRAMPER**, Amineeta, m, single, 21; F

1685; **TRAMPER**, Lottie, f, single, 17; F

1686; **TOE**, Johnson, *Johnsin nih*, m, husband, 54; F
1687; Nancy W., f, wife, 50; F

Census of the **Eastern Cherokee** *Indians of* **Cherokee, N. C.** *Agency, on* **June 30th, 1911,** *taken by* **Frank Kyselka, Supt. & S. D. Agent.**

KEY: Number; English Name, *Indian Name (if given)*, Sex, Relation, Age; Degree of Blood.
(NOTE: F - Full bloods, H - Mixed, but half more, L - Less than half blood)

1688; **THOMPSON**, Enos, m, widower, 50; F
1689; Wilson, m, son, 18; H
1690; Goliah[sic], m, son, 13; H

1691; **THOMPSON**, Lydia, f, single, 20; H
1692; Rachel, f, daughter, 1¼, H

1693; **THOMPSON**, Peter, m, single, H

1694; **TEWATLEY**, Jim, *Tsih mih*, m, husband, 59; F
1695; Rose, *Losih Shu lau kah lah*, f, wife, 61; F

1696; **TEWATLEY**, Kane, m, single, 25; F

1697; **TEWATLEY**, Willie, m, single, 22; F

1698; **TEKINNIH**, Watson, *Watson nih*, m, single, 58; F

1699; **TOE**, Campbell, *Cam mih lih*, m, single, 41; F

1700; **TOONI**, Nancy, f, widow, 32; F
1701; Nannie, f, daughter, 7; F
1702; Isaac, m, son, 6; F
1703; Garfield, m, son, 5; F
1704; Mary, f, stp-daughter, 12; F
1705; Wannie, f, daughter, 2; F

1706; **TEWATLEY**, Adam, m, sep'd husband, 36; F
1707; Amanda, f, sep'd wife, 57; F

1708; **THOMPSON**, Johnson, m, husband, 44; F
1709; Nancy, f, wife, 42; F
1710; Ammon, m, son, 17; F

1711; David, m, son, 14; F
1712; James, m, son, 11; F
1713; Jonani, m, son, 8; F
1714; Jackson, m, son, 6; F
1715; Annie, f, daughter, 5; F
1716; Walker, m, son, 2; F

1717; **THOMPSON**, Ahsinnih, m, single, F

1718; **THOMPSON**, Wilson, m, husband, 22; F
1719; Rebecca, f, wife, 21; F
1720; Noah, m, son, 2; F

1721; **TOINEETA**, Nick, *Nick eh*, m, husband, 43; F
1722; Bettie, *Quai tah yih*, f, wife, 30; F
1723; Arneach, m, son, 18; F

1724; **TOLLIE**, Lizzie, f, wife, 24; H

1725; **TAHQUETTE**, John A, m, husband, 41; H
1726; Anna E., f, wife, 37; F
1727; Emily, f, daughter, 5; H
1728; Frank G., m, son, 4; H
1729; Howard W., m, son, 1 2/3; H
1730; Amy Elizabeth, f, daughter, ½, H
1731; Marian, m, son, ½, H
1732; Viola Twin, f, daughter, 2; H

1733; **TIMPSON**, James, m, husband, 58; L
1734; Callie M., f, daughter, 18; L

1735; **TIMPSON**, John S., m, single, 26; L

1736; **TIMPSON**, Columbus S., m, husband, 22; L

Census of the **Eastern Cherokee** *Indians of* **Cherokee, N. C.** *Agency, on* **June 30th, 1911,** *taken by* **Frank Kyselka, Supt. & S. D. Agent.**

KEY: Number; English Name, *Indian Name (if given)*, Sex, Relation, Age; Degree of Blood.
(NOTE: F - Full bloods, H - Mixed, but half more, L - Less than half blood)

1737; **TIMPSON**, James A, m, husband, 30; L
1738; Lawrence A, m, son, 2; L

1739; **TIMPSON**, Humphrey P., m, single, 53; L

1740; **TAHQUETTE**, John, m, sep'd husband, 55; F

1741; **THOMPSON**, Martha W., f, wife, 37; L
1742; William H, m, son, 16; L
1743; Mata, f, daughter, 14; L
1744; Minnie, f, daughter, 12; L
1745; Elbert G., m, son, 11; L
1746; Braska, f, daughter, 9; L
1747; Atha W., f, daughter, 8; L
1748; Jewel W., m, son, 6; L
1749; Marvin, m, son, 4; L
1750; Walter, m, son, 3; L

1751; **THOMPSON**, Mary W., f, wife, 35; L
1752; Iowa, f, daughter, 16; L
1753; Olin, m, son, 14; L
1754; Greeley, m, son, 12; L
1755; Verdie, f, daughter, 8; L
1756; Iris, f, daughter, 6; L
1757; Lawrence, m, son, 2; L

1758; **THOMAS**, Rhoda C., f, wife, 24; L
1759; Ella H, f, daughter, 5; L
1760; William H, m, son, 3; L
1761; Lula C. E., f, daughter, 2; L

1762; **UTE**, Mary, *Oo scoo tee*, f, widow, 69; F

1763; **WEST**, Will, *Wee le Wes te*, m, widower, 62; H
1764; James, m, son, 18; H

1765; Nellie, f, daughter, 15; H
1766; Buck, m, son, 13; H

1767; **WOLFE**, Catherine, f, single, 25; H

1768; **WOLFE**, Edward, m, single, 20; H

1769; **WALKINGSTICK**, Mike, *Mikeh*, m, husband, 66; F
1770; Caroline, *Ca too weh stih*, f, wife, 55; F

1771; **WALKINGSTICK**, James, m, husband, 26; F
1772; Lucy Ann, f, wife, 55; F

1773; **WELCH**, John C., m, widower, 67; H
1774; Lucinda, f, daughter, 18; H

1775; **WELCH**, Mark G, m, single, 34; H
1776; Lottie, f, single, 24; H
1777; Willie, m, single, 22; H
1778; Jimmie, m, single, 20; H

1779; **WASHINGTON**, Key, m, sep'd husband, 58; F

1780; **WASHINGTON**, Elizabeth, f, widow, 71; F

1781; **WASHINGTON**, Joseph, m, husband, 29; F
1782; Stella B., f, wife, 26; H
1783; Richard, m, son, 9/12; H

1784; **WASHINGTON**, Jesse, *Cheh sih tih*, m, husband, 36; F
1785; Ollie, f, wife, 36; H
1786; Rachel, f, daughter, 9; H

Census of the **Eastern Cherokee** *Indians of* **Cherokee, N. C.** *Agency, on* **June 30th, 1911,** *taken by* **Frank Kyselka, Supt. & S. D. Agent.**

KEY: Number; English Name, *Indian Name (if given)*, Sex, Relation, Age; Degree of Blood.
(NOTE: F - Full bloods, H - Mixed, but half more, L - Less than half blood)

1787; Amy, f, daughter, 6; H
1788; George, m, son, 4; H
1789; Jonas, m, son, 1¼, H
1790; [Reed], Luzene, f, stp-daughter, 12; H

1791; **WILDCAT**, Daniel, *Tah no lih*, m, husband, 30; F
1792; Elsie, f, wife, 45; F

1793; **WAIDSUTTE**, Davis, *Dah wih sih*, m, husband, 39; F
1794; Nancy, *Sah kin nih*, f, wife, 35; F
1795; Bird, m, stp-son, 11; F
1796; Addison, m, son, 1½, F

1797; **WELCH**, Jackson, *Jackson Axe*, m, sep'd husband, 41; H
1798; Sallie, f, sep'd wife, 32; F
1799; John, m, son, 17; H
1800; Edward R., m, son, 8; H
1801; Nannie R., f, daughter, 6; H

1802; **WELCH**, Mary, f, single, 19; H

1803; **WELCH**, James B., m, sep'd husband, 38; L

1804; **WALKINGSTICK**, Jasper, m, husband, 39; F
1805; Annie, *Ahyanih*, f, wife, 38; F
1806; Mason, m, son, 8; F
1807; Maggie, f, daughter, 6; F
1808; Willie, m, son, 4; F
1809; Adam, m, son, 1¼, F

1810; **WACHACHA**, Roxie, *Ya que sih*, f, widow, 50; F
1811; Jake C., m, son, 18; F
1812; Nancy, f, daughter, 18; F
1813; Posey, m, son, 17; F
1814; Susie, f, daughter, 15; F
1815; John, m, son, 13; F

1816; Jesse, m, son, 11; F
1817; Winnie, f, daughter, 10; F
1818; Oney, f, daughter, 7; F

1819; **WACHACHA**, Nessih, f, single, 30; F

1820; **WACHACHA**, Garrett, m, single, 27; F

1821; **WACHACHA**, James, m, single, 25; F

1822; **WACHACHA**, Sarah, f, single, 22; F

1823; **WACHACHA**, Charles, m, single, 21; F

1824; **WALKINGSTICK**, John, m, husband, 61; F
1825; Walsa, f, wife, 40; F
1826; Maggie, f, daughter, 18; F
1827; Moses, m, son, 15; F
1828; Mike, m, son, 9; F
1829; Enoch, m, son, 2; F

1830; **WALKINGSTICK**, Owen, m, husband, 22; F
1831; Linda, f, wife, 27; F
1832; Cinda, f, daughter, 2; F

1833; **WOLFE**, John, *Standing Turkey*, m, husband, 42; F
1834; Callie, *Cah le loh hih*, f, wife, 38; F

1835; **WILNOTY**, Ned, m, husband, 60; F
1836; Sallie, *Sico wih*, f, wife, 59; F

1837; **WAIDSUTTE**, Ben, *Woo wa sutte*, m, husband, 49; F

Census of the **Eastern Cherokee** *Indians of* **Cherokee, N. C.** *Agency, on* **June 30th, 1911,** *taken by* **Frank Kyselka, Supt. & S. D. Agent.**

KEY: Number; English Name, *Indian Name (if given)*, Sex, Relation, Age; Degree of Blood.
(NOTE: F - Full bloods, H - Mixed, but half more, L - Less than half blood)

1838; Kiney, f, wife, 29; F

1839; **WAYNE**, John, m, husband, 49; F
1840; Jennie, f, wife, 41; F

1841; **WELCH**, Sampson, *Sampson Boss*, m, husband, 53; F
1842; Lizzie, *Ah le kih*, f, wife, 46; F
1843; Nannie, f, daughter, 17; F

1844; **WELCH**, Epheseus, *Ah queh sih*, m, husband, 28; F
1845; Stacy, f, wife, 21; F
1846; Juna, m, son, 3; F
1847; Jannie, f, daughter, 1 1/6; F

1848; **WESLEY**, Judas, m, husband, 34; H
1849; Jennie, *Chin ni ih*, f, wife, 53; H
1850; [Lowen], John, m, stp-son, 14; H

1851; **WILL**, John, *Wah la ne tah*, m, husband, 49; F
1852; Jane, f, wife, 39; F
1853; James, m, son, 8; F
1854; Alice, f, daughter, 6; F
1855; David, m, son, 4; F
1856; Luzene, f, daughter, 2; F

1857; **WELCH**, Edward, m, widower, 26; F
1858; [Walkingstick], Tom, m, stp-son, 3; H

1859; **WAHYAHNETAH**, John, m, husband, 68; F
1860; Awee, f, wife, 58; F
1861; Posey, m, grnd-son, 11; F

1862; **WAHYAHNETAH**, Sampson, m, single, 28; F

1863; **WAHYAHNETAH**, Allen, m, husband, 37; F
1864; Sallie, f, wife, 42; F

1865; **WAHYAHNETAH**, William, m, husband, 41; F
1866; Kamie, f, wife, 34; H
1867; Maggie, f, daughter, 10; H
1868; Samuel, m, son, 7; H
1869; Le Roy, m, son, 4; H
1870; Bertha, f, daughter, 2; H
1871; Ethel Susan, f, daughter, 3/12; H

1872; **WAIDSUTTE**, Bird, *Too wah yah law*, m, husband, 34; F
1873; Mary, f, wife, 37; F
1874; Lee, m, son, 8; F
1875; [Axe], Peter, m, stp-son, 18; F
1876; [Axe], Manda, f, stp-daughter, 15; F

1877; **WELCH**, Nannie, *Ah ne new sih*, f, widow, 49; F

1878; **WELCH**, Lucinda, f, single, 28; F

1879; **WELCH**, Moses, m, single, 25; F

1880; **WELCH**, Davis, m, husband, 43; F
1881; Eve, *Ai wih*, f, wife, 40; F
1882; Jesse, m, son, 18; F
1883; Joseph, m, son, 13; F
1884; Ned, m, son, 7; F
1885; Lizzie, f, daughter, 5; F
1886; Jennie, f, daughter, 2; F

1887; **WELCH**, John, m, single, 23; F

1888; **WELCH**, James, m, single, 19; F

1889; **WELCH**, Elijah, *Larche*, m, husband, 49; F

Census of the **Eastern Cherokee** *Indians of* **Cherokee, N. C.** *Agency, on* **June 30th, 1911,** *taken by* **Frank Kyselka, Supt. & S. D. Agent.**

KEY: Number; English Name, *Indian Name (if given)*, Sex, Relation, Age; Degree of Blood.
(NOTE: F - Full bloods, H - Mixed, but half more, L - Less than half blood)

1890; Ann Eliza, f, wife, 56; F
1891; Mark, m, son, 11; F
1892; Ollie, f, daughter, 8; F
1893; [**Armachain**], Jonah, m, stp-won, 16; F

1894; **WELCH**, James Elijah, m, single, 22; F

1895; **WELCH**, Adam, m, husband, 25; F
1896; Ann Eliza, f, wife, 20; H
1897; Frank C, m, son, 3; H
1898; Wiggins, m, son, 1½, H

1899; **WILNOTY**, Mink, *Suh kih*, m, single, 66; F

1900; **WOLFE**, Jowan, *Cho we nih*, m, husband, 63; F
1901; Sallie, *Sah lih*, f, wife, 51; F

1902; **WOLFE**, William Johnson, m, husband, 34; F
1903; Martha, f, wife, 38; F
1904; Joe, m, son, 9; F
1905; Addison, m, son, 5; F
1906; Lilly, f, daughter, 2; F

1907; **WOLFE**, Susan, f, widow, 60; F

1908; **WOLFE**, Ward, m, single, 21; F

1909; **WOLF**, Running, *Wah yah de*, m, husband, 32; F
1910; Mollie, f, wife, 30; F
1911; Lloyd, m, son, 12; F
1912; Ammons, m, son, 8; F
1913; Tom, m, son, 7; F
1914; Sallie, f, daughter, 4; F

1915; **WATTY**, Coolarche, m, husband, 34; F

1916; Nessih, f, wife, 35; F
1917; Stephen, m, son, 16; F
1918; Kimsey, m, son, 11; F
1919; Lizzie, f, daughter, 9; F
1920; Polly, f, daughter, 5; F
1921; Olsie, f, daughter, 2; F

1922; **WATTY**, Watty, m, husband, 76; F
1923; Uhyahnih, f, wife, 68; F

1924; **WHIPPOORWILL**, Manley, m, single, 27; F

1925; **WOLFE**, John Lossie, m, husband, 48; F
1926; Nancy, f, wife, 58; F

1927; **WOLFE**, Dawson, m, single, 22; F

1928; **WOLFE**, Lloyd F, m, single, 22; F

1929; **WOLFE**, Jacob, m, husband, 40; F
1930; Nelcina, f, wife, 38; F
1931; Joseph, m, son, 14; F
1932; Jesse, m, son, 11; F
1933; Abel, m, son, 8; F
1934; Alice, f, daughter, 4; F
1935; Lucinda, f, daughter, 1¼, F

1936; **WOLFE**, Laura Jane, f, single, 21; F

1937; **WOLFE**, John, m, husband, 41; F
1938; Linda, f, wife, 38; F
1939; Walker, m, son, 6; F
1940; Salkinih, m, son, 11/12; F

1941; **WOLFE**, Junaluskie, f, single, 27; F

Census of the **Eastern Cherokee** *Indians of* **Cherokee, N. C.** *Agency, on* **June 30th, 1911,** *taken by* **Frank Kyselka, Supt. & S. D. Agent.**

KEY: Number; English Name, *Indian Name (if given)*, Sex, Relation, Age; Degree of Blood.
(NOTE: F - Full bloods, H - Mixed, but half more, L - Less than half blood)

1942; **WOLFE**, Taqua, m, single, 22; F

1943; **WOLFE**, Owen, m, single, 27; F

1944; **WOLFE**, Moses, *Wo sih*, m, husband, 64
1945; Jane, *Ah boo yah hih*, f, wife, 40
1946; Jonah, m, son, 17; F

1947; **WOLFE**, Martha, f, single, 22; F

1948; **WELCH**, Corneita, *Cun nah ne tah*, m, single, 31; F

1949; **WATTY**, Ute, *Cah wah wah stih*, m, husband, 46; H
1950; Mary, *Chic kuh wah*, f, wife, 40; H

1951; **WATTY**, John, m, single, 20; F

1952; **WOLFE**, Joseph H, m, husband, 39; F
1953; Jennie, f, wife, 31; F
1954; Callie, f, daughter, 13; F

1955; **WOLFE**, Polly, f, single, 65; F

1956; **WOLFE**, Mary E, f, single, 27; H

1957; **WOLFE**, James T, m, husband, 24; H
1958; Bettie Smoke, f, wife, ?, H

1959; **WOLFE**, Pearl M, f, single, 23; H

1960; **WOLFE**, Amanda W, f, single, 21; H

1961; **WILNOTY**, Lot, m, widower, 61; H

1962; **WILNOTY**, Moses, m, husband, 30; F
1963; Julius, m, son, 1½, H
1964; **[Greybeard]**, Sallie, f, stp-daughter, 13; H
1965; **[Greybeard]**, James, m, stp-son, 10; H

1966; **WILNOTY**, Nicey, f, single, 23; F
1967; Aggie, f, daughter, 5; F
1968; Nancy, f, daughter, 4; F

1969; **WILNOTY**, Simon, m, single, 20; F

1970; **WALLACE**, James, *Jim nih*, m, husband, 33; F
1971; Ollie, f, wife, 44; F
1972; Tahquette Owl, m, son, 8; F

1973; **WAYNE**, Will John, m, husband, 37; F
1974; Sarah, f, wife, 27; F

1975; **WOLFE**, George L, m, husband, 34; H
1976; John R, m, son, 7; H
1977; William H, m, son, 5; H
1978; Richard C, m, son, 3; H
1979; Jessie M, f, daughter, 2; H
1980; Charles Roy, m, son, ¾, H

1981; **WOLFE**, David, m, husband, 58; H

1982; **WARLICK**, Irene Ruddles, f, widow, 94; L
1983; Roxie, f, grnd-daughter, 2; L
1984; Edna M, f, grnd-daughter, 11; L

1985; **WOLFE**, Louis H, m, husband, 39; L

Census of the **Eastern Cherokee** *Indians of* **Cherokee, N. C.** *Agency, on* **June 30th, 1911,** *taken by* **Frank Kyselka, Supt. & S. D. Agent**.

KEY: Number; English Name, *Indian Name (if given)*, Sex, Relation, Age; Degree of Blood.
(NOTE: F - Full bloods, H - Mixed, but half more, L - Less than half blood)

1986; Louis D, m, son, 17; L
1987; Isabelle, f, daughter, 15; L
1988; Amanda J, f, daughter, 12; L
1989; Eliza G, f, daughter, 8; L
1990; James W, m, son, 5; L
1991; Frederick R, m, son, 2; L

1992; **WEBSTER**, Rachel A, f, widow, 69; L

1993; **WEBSTER**, William L, m, husband, 39; L
1994; Jetter C, m, son, 14; L
1995; Carrie, f, daughter, 11; L
1996; Norma, f, daughter, 8; L
1997; William Robert, m, son, 5; L

1998; **WALKINGSTICK**, Boscom, m, single, 22; F

1999; **YOUNGBIRD**, Ollie, *Ah lie slah nih*, f, widow, 43; F
2000; Wesley, m, son, 17; H
2001; James, m, son, 11; H
2002; Walkinnih, f, daughter, 6; H

2003; **YOUNGBIRD**, Rufus, m, single, 24; H

2004; **YOUNGBIRD**, Soggie, m, single, 21; H

2005; **YOUNGBIRD**, Yohnih, m, single, 20; H

2006; **YOUNGDEER**, John, *Ah wih nih tah*, m, husband, 55; F
2007; Betsy, *Quaitsih*, f, wife, 58; F
2008; Martha, f, daughter, 15; F
2009; Moody, m, son, 12; F

2010; **YOUNGDEER**, Eli, *Eli sh*, m, single, 30; F

2011; **YOUNGDEER**, Jonah, *Jo wah nih*, m, single, 28

2012; **YOUNGDEER**, Jesse, m, single, 24; F

2013; **YOUNGDEER**, Stephen, m, single, 22; F

2014; **YOUNGDEER**, Jacob, *Ja co bin*, m married, 39; F
2015; Lunsih, f, wife, 58; H

Census of the **Cherokee (Eastern)** *Indians of* **Cherokee, N. C.** *Agency, taken by* **Frank Kyselke, Superintendent & S.D.Agent**, *United States Indian Agent,* **June 30,** *1912*

KEY: Number; English Name, *Indian Name (if given)*, Sex, Relation, Age.

1; **AHNAWAKIN**, *Ahnawakin*, f, widow, 75

2; **AHNETONAH**, Nancy, *Ahnetonah, Nancy*, f, widow, 82

3; **ALLEN**, Will, m, husband, 67
4; Sallie, f, wife, 61

5; **ALLEN**, Junaluskie, m, single, 24

6; **ALLEN**, John, m, husband, 41
7; Eve, f, wife, 28
8; Rebecca, f, daughter, 16
9; **[Welch]**, Emeline, f, stp-daughter, 11

10; **ALLISON**, Nannie I, f, wife, 29
11; Roy Robert, m, son, 8
12; Albert Monroe, m, son, 5
13; Ida May, f, daughter, 3
14; Fealix[sic] Wilbur, m, son, 4m

15; **ANDERSON**, Addie L, f, wife, 23
16; Girtie, f, daughter, 2

17; **ANDERSON**, Louisa Jane, f, wife, 33
18; Bessie, f, daughter, 10
19; Cora, f, daughter, 8
20; Ella, f, daughter, 3
21; William Burl, m, son, 2/3

22; **ARCH**, David, m, husband, 51
23; Martha, f, wife, 28
24; Olivan, f, daughter, 18
25; Ross, m, son, 16
26; Jess, m, son, 4
27; **[Saunooke]**, Steve, m, ward, 15
28; Jimmie, m, son, 2

29; **ARCH**, Jenny, f, widow, 82

30; **JOHNSON**, Arch, m, husband, 28
31; Ella, f, wife, 22
32; Cora, f, daughter, 4
33; Horach, m, son, 3
34; Elma, f, daughter, 1

35; **ARMACHAIN**, Amy Backwater, f, sep'd wife, 63

36; **ARMACHAIN**, Lacy **[Backwater]**, m, husband, 36
37; Anna **[Backwater]**, f, wife, 37
38; James **[Backwater]**, m, son, 3

39; **ARMACHAIN**, Davis **[Backwater]**, m, husband, 57
40; Annie **[Backwater]**, f, wife, 41
41; Jesse **[Backwater]**, m, son, 16
42; Louis **[Backwater]**, m, son, 14
43; Rachel **[Backwater]**, f, daughter, 11
44; Sevier **[Backwater]**, m, son, 8

45; **ARMACHAIN**, Chewonih, m, sep'd husband, 68

46; **ARNEACH**, Will West, m, widower, 63
47; **[West]**, James, m, son, 19
48; **[West]**, Nellie, f, daughter, 16
49; **[West]**, Buck, m, son, 14

50; **ARNEACH**, Jefferson, m, husband, 38
51; Sarah, f, wife, 37
52; Margaret, f, daughter, 6
53; Samuel, m, son, 3
54; **[Bird]**, David, m, stp-son, 18
55; **[Bird]**, Lizzie, f, stp-daughter, 13
56; **[Bird]**, Bessie, f, stp-daughter, 11

Census of the **Cherokee (Eastern)** *Indians of* **Cherokee, N. C.** *Agency, taken by* **Frank Kyselke, Superintendent & S.D.Agent**, *United States Indian Agent,* **June 30,** *1912*

KEY: Number; English Name, *Indian Name (if given)*, Sex, Relation, Age.

57; John E. H, m, son, 1

58; **AXE**, Willie, m, widower, 41
59; Maggie, f, daughter, 17
60; Sarah, f, daughter, 15

61; **AXE**, John D, m, husband, 56
62; Eve, f, wife, 48

63; **AXE**, Josiah, m, husband, 48
64; Sarah, f, wife, 31
65; Amy, f, daughter, 10
66; Nancy, f, daughter, 9
67; Ella, f, daughter, 7
68; Corinthia, f, daughter, 5
69; Lazarus, m, son, 3
70; Lula, f, daughter, 1

71; **AXE**, Cindy, f, single, 22

72; **BAKER**, Elmire Cole, f, wife, 40
73; Luther, m, son, 19
74; Dona, f, daughter, 17
75; Worley, m, son, 14
76; Crickett, m, son, 8
77; Ben, m, son, 7
78; Ada, f, daughter, 3
79; Homer, m, son, 1/3

80; **BAKER**, Eliz. C. Bruce, f, wife, 50

81; **BAKER**, Ella McCoy, f, wife, 34
82; Stella McCoy, f, daughter, 14
83; Charley W, m, son, 9
84; Mary R, f, daughter, 7
85; Cora, f, daughter, 2

86; **BATES**, Delilah W. Smith, f, wife, 42
87; Selina Smith, f, daughter, 18
88; Marshall Smith, m, son, 15
89; Lizzie Smith, f, daughter, 10

90; **BATSON**, Henrietta Crow, f, wife, 25
91; Alfred G, m, son, 1

92; **BEARMEAT**, Mary, f, widow, 67

93; **BEN**, Cheik, m, husband, 47
94; Ollie, f, wife, 28
95; James, m, son, 8
96; Olivan, f, daughter, 6
97; Candy, m, son, 1

98; **BIGMEAT**, Robert, m, single, 20

99; **BIGMEAT**, Nicodemus, m, husband, 37
100; Nannie, f, wife, 47

101; **BIGMEAT**, Yona, m, single, 35

102; **BIGMEAT**, Ainihkih, m, widower, 64

103; **BIGMEAT**, Adam, m, single, 21

104; **BIGMEAT**, Isiah, m, husband, 34
105; Sarah, f, wife, 32

106; **BIRD**, Timpson, m, single, 27

107; **BIRD**, Squaincih, m, husband, 67
108; Eliza, f, wife, 72

109; **BIRD**, Lloyd, m, sep'd husband, 29

110; **BIRD**, Ollie, f, sep'd wife, 30
111; Annie, f, daughter, 6
112; Lucy, f, daughter, 3
113; Minnie Peckerwood, f, daughter, 1

114; **BIRD**, Stephen, m, husband, 59

Census of the **Cherokee (Eastern)** *Indians of* **Cherokee, N. C.** *Agency, taken by* **Frank Kyselke, Superintendent & S.D.Agent**, *United States Indian Agent,* **June 30,** *1912*

KEY: Number; English Name, *Indian Name (if given)*, Sex, Relation, Age.

115; Annie, f, wife, 56

116; **BIRD**, Teheeskie, m, husband, 72
117; Celia, f, wife, 59

118; **BIRD**, Going, m, husband, 43
119; Annie, f, wife, 48
120; **[Tooni]**, Garfield, m, ward, 8

121; **BIRD**, Eli, m, single, 19

122; **BLACKFOX**, Cindy, f, widow, 70

123; **BLACKFOX**, Charley, m, husband, 33
124; Nancy, f, wife, 29
125; Lloyd, m, son, 9
126; Nancy, f, daughter, 1/3

127; **BLACKFOX**, Josiah, m, husband, 61
128; Dinah C, f, wife, 55
129; Keaziah, m, stp-son, 17

130; **BLANKENSHIP**, Arizona, f, wife, 37
131; Lillie J, f, daughter, 3
132; Fred, m, son, 1

133; **BLUE OWL**, widower, m, 54

134; **BLYTHE**, Arch, m, husband, 35
135; Ida, f, wife, 31
136; Sampson, m, son, 8
137; Birdie Bell, f, daughter, 2

138; **BLYTHE**, Elizabeth, f, widow, 81

139; **BLYTHE**, William Henry, m, single, 38

140; **BLYTHE**, James, m, widower, 51
141; **[Bauer]**, Fred, m, ward, 15
142; **[Bauer]**, Owena, f, ward, 17

143; **BLYTHE**, Jarrett, m, single, 26
144; *(Omitted on original)*

145; **BLYTHE**, David, m, husband, 50
146; Nancy, f, wife, 38

147; **BLYTHE**, William Johnson, m, husband, 50
148; Lloyd, m, son, 3
149; **[Crow]**, Louisa, f, stp-daughter, 8
150; **[George]**, Green, m, adpt-son, 13
151; Allen, m, son, 1/3

152; **BRADLEY**, Henry, m, husband, 28
153; Nancy, f, wife, 31
154; James, m, son, 6; M
155; Nancy, f, daughter, 4
156; Dewesee[sic], m, son, 3
157; **[George]**, Goliath, m, stp-son, 10
158; Shon, m, son, 1

159; **BRADLEY**, Eliza Jane, f, wife, 40
160; Walter, m, son, 18
161; Amos, m, son, 16
162; Henry, m, son, 12
163; Judson, m, son, 10
164; Lydia, f, daughter, 7
165; Seaborn, m, son, 5
166; Bertha Ann, f, daughter, 2
167; Wallace Russel, m, son, 1/3

168; **BRADLEY**, Nancy, f, single, 36
169; Margaret, f, daughter, 13
170; Roy, m, son, 9
171; Minda, f, daughter, 7
172; Verdie Winterford, f, daughter, 3

Census of the **Cherokee (Eastern)** *Indians of* **Cherokee, N. C.** *Agency, taken by* **Frank Kyselke, Superintendent & S.D.Agent***, United States Indian Agent,* **June 30,** *1912*

KEY: Number; English Name, *Indian Name (if given)*, Sex, Relation, Age.

173; **BRADLEY**, Annie, f, orphan, 10
174; Dinah, f, orphan, 9
175; Rachel, f, orphan, 6
176; Thomas, m, orphan, 3

177; **BRADLEY**, Joseph, m, husband, 31
178; Johnson, m, son, 3
179; Lucinda, f, daughter, 1/3

180; **BRADLEY**, Morgan, m, single, 20

181; **BRADLEY**, Nick, m, single, 17

182; **BRADLEY**, Sarah, f, single, 12

183; **BRADLEY**, Johnson, m, husband, 33
184; Raymond, m, son, 4
185; Ethel, f, daughter, 2
186; Antoin[sic] Russel[sic], m, son, ½

187; **BRADY**, Susie Smith, f, wife, 26
188; James Lowen, m, son, 2
189; Samuel, m, son, ½

190; **BRADY**, Robert A, m, husband, 44
191; Eliza, f, daughter, 17
192; Sarah, f, daughter, 15
193; Arthur, m, son, 13
194; McKinley, m, son, 10
195; Luther, m, son, 8
196; Elizabeth, f, daughter, 6
197; Clyde, m, son, 4
198; Callie, f, daughter, 2

199; **BREWSTER**, Linnie L Jordan, f, wife, 20
200; Elly, f, daughter, 1

201; **BROWN**, Lydia, f, widow, 65

202; **BROWN**, Peter, m, divorced husband, 29

203; **BROWN**, Nancy Otter, f, divorced wife, 29

204; **BROWN**, Jonah, m, husband, 33
205; Agnes, f, wife, 33
206; Mark, m, son, 2

207; **BRUCE**, Arthur, m, single, 22

208; **BRUCE**, Thomas, m, husband, 26

209; **BRYANT**, Elizabeth H. G, f, wife, 51

210; **BURGESS**, Georgia Ann, f, wife, 43
211; Mary M, f, daughter, 19
212; Bessie L, f, daughter, 16
213; R. Floy, f, daughter, 13
214; Willie R, m, son, 10
215; George Alger, m, son, 6
216; Nellie Luella, f, daughter, 3
217; Frederick Homer, m, son, 1/3

218; **BUSHYHEAD**, Ben, m, husband, 26
219; Nancy, f, wife, 25
220; Joel, m, son, 1

221; **CALAWAY**, Bennie M. Nick, f, wife, 25

222; **CALHOUN**, Morgan, m, husband, 48
223; Sallie Ann, f, wife, 35
224; Polly, f, daughter, 18
225; Lloyd, m, son, 16
226; Eve, f, daughter, 14
227; Yihginneh, f, daughter, 12
228; Lawson, m, son, 10

Census of the **Cherokee (Eastern)** *Indians of* **Cherokee, N. C.** *Agency, taken by* **Frank Kyselke, Superintendent & S.D.Agent**, *United States Indian Agent,* **June 30,** *1912*

KEY: Number; English Name, *Indian Name (if given)*, Sex, Relation, Age.

229; Holly, m, son, 8
230; Sunday, m, son, 6
231; Diana, f, daughter, 2

232; **CALHOUN**, Lawyer, m, husband, 53
233; Ollie, f, wife, 41

234; *(Omitted on original)*

235; **CANNAUT**, Abel, m, husband, 32
236; Susie, f, wife, 24

237; **CANNAUT**, Columbus, m, husband, 38
238; Maggie, f, wife, 22
239; Addison, m, son, 3

240; **CAT**, Ben, m, husband, 45
241; Oney, f, wife, 52

242; **CAT**, Johnson, m, husband, 53
243; Sally, f, wife, 51
244; Jesse, m, son, 17
245; Amanda, f, daughter, 12
246; **[Hornbuckle]**, Andy, m, ward, 8
247; **[Hornbuckle]**, Johnson, m, ward, 12

248; **CAT**, Willie, m, husband, 25
249; Corinthia, f, wife, 22
250; David, m, son, 3
251; Robert, m, son, 1

252; **CAT**, Margaret, f, single, 11

253; **CATOLSTER**, Eve, f, widow, 70

254; **CATOLSTER**, Wallace, m, husband, 37
255; Elsie Feather, f, wife, 24

256; **CATOLSTER**, William, m, single, 33

257; **CATOLSTER**, Carson, m, husband, 31
258; Josie, f, wife, 21
259; Johnson, m, son, 3
260; David, m, son, 1

261; **CATOLSTER**, Tamar, m, husband, 40
262; Sally, f, wife, 26
263; Eliza Jane, f, daughter, 9
264; Alexander, m, son, 6
265; Nannie, f, daughter, 3
266; Guion M, m, son, 2

267; **CEARLY**, Lucy Emeline, f, wife, 33
268; William Luther, m, son, 12
269; Emery Lorenzo, m, son, 9
270; Robert Astor, m, son, 7
271; John Patrick, m, son, 1

272; **CHEKELELEE**, Stone, m, husband, 40
273; Mary, f, wife, 49
274; Simon, m, son, 13
275; Rosa, f, daughter, 8

276; **CHEKELELEE**, Andy, m, husband, 28
277; Bettie, f, wife, 23
278; Bessie, f, daughter, 2
279; Martha, f, daughter, 1/3

280; **CHEKELELEE**, Tom, m, husband, 46
281; Luella, f, daughter, 7
282; Wilson, m, son, 3

283; **CHILDERS**, Lula Frances, f, wife, 30

Census of the **Cherokee (Eastern)** *Indians of* **Cherokee, N. C.** *Agency, taken by* **Frank Kyselke, Superintendent & S.D.Agent**, *United States Indian Agent,* **June 30,** *1912*

KEY: Number; English Name, *Indian Name (if given)*, Sex, Relation, Age.

284; Robert, m, son, 7
285; Stella, f, daughter, 3
286; Maude, f, daughter, 1

287; **CHILSOSKIE**, Will, m, husband, 54
288; Charlotte, f, wife, 23
289; Wahdih, m, son, 13
290; James, m, son, 5

291; **CLAY**, Timpson, m, sep'd husband, 39

292; **CLAY**, Sallie, f, sep'd wife, 44
293; **[Teesateski]**, Arch, m, son, 15
294; **[Teesateski]**, Awee, f, daughter, 12
295; **[Teesateski]**, Jonah, m, son, 9

296; **CLARK**, Lottie, f, wife, 43

297; **CLIMBINGBEAR**, Ollie, f, widow, 57

298; **CLIMBINGBEAR**, Deliskee, m, single, 36

299; **COLE**, George Washington, m, husband, 43
300; Orna, f, daughter, 19
301; Walter, m, son, 14
302; Jewel, m, son, 12
303; John, m, son, 8
304; Lula, f, daughter, 5
305; Wilford, m, son, 2

306; **COLE**, Ida, f, single, 22

307; **COLE**, William A, m, husband, 33
308; Arley, m, son, 7; m
309; Hollie, m, son, 5
310; Ollie, m, son, 3

311; Attla, m, son, 2

312; **COLE**, Robert T, m, husband, 25
313; Lloyd, m, son, 1/3

314; **COLE**, George Emery, m, single, 21

315; **COLEMAN**, Harrison E, m, husband, 57
316; Birdie Arolee, f, daughter, 16
317; Lucius Calvin, m, son, 13

318; **COLEMAN**, Nancy M. E, f, single, 22

319; **COLEMAN**, John N, m, husband, 40
320; Julia M, f, daughter, 8
321; Henry J, m, son, 6

322; **COLEMAN**, Geo. Washington, m, husband, 33
323; Lillian M, f, daughter, 7
324; Jesse James, m, son, 6
325; May Emeline, daughter, 3

326; **COLEMAN**, William Edward, m, 31
327; Julius Roosevelt, m, son, 8
328; Sarah Eliz, f, daughter, 6
329; Lillie, f, daughter, 2

330; **COLEMAN**, Simon Peter, m, husband, 28
331; Oscar L, m, son, 2
332; Otealve G, f, daughter, 1

333; **CONLEY**, John, m, widower, 51
334; Luke, m, son, 16

335; **CONLEY**, John, Jr, m, single, 22

Census of the **Cherokee (Eastern)** *Indians of* **Cherokee, N. C.** *Agency, taken by* **Frank Kyselke, Superintendent & S.D.Agent**, *United States Indian Agent,* **June 30,** *1912*

KEY: Number; English Name, *Indian Name (if given)*, Sex, Relation, Age.

336; **CONSEEN**, Jack, m, husband, 25
337; Eliza George, f, wife, 19

338; **CONSEEN**, Thompson, m, husband, 21
339; Irene Arch, f, wife, 38
340; [Arch], Noah, m, stp-son, 17
341; [Arch], Codaskie, m, stp-son, 13
342; [Arch], Winnie, f, stp-daughter, 6
343; [Arch], Annie, f, stp-daughter, 3

344; **CONSEEN**, Breast, m, widower, 50
345; Dahney, f, daughter, 16
346; Willie, m, son, 13

347; **CONSEEN**, James, m, single, 24

348; **CONSEEN**, Jack, m, widower, 76

349; **CONSEEN**, Peter, m, husband, 33
350; Nancy, f, wife, 35
351; Harry, m, son, 7
352; Joe, m, son, 5
353; Ida, f, daughter, 3
354; Japson, m, son, 2

355; **CONSEEN**, John Ropetwister, m, husband, 52
356; Annie Arneach, f, wife, 58

357; **CONSEEN**, Kate, f, single, 48
358; Martha, f, daughter, 14

359; **COOK**, Jessie Leora, f, wife, 21
360; Vernie Lee, f, daughter, 3
361; Inez Gertrude, f, daughter, 1

362; **COOPER**, Stacy Jane, f, wife, 44
363; Curtis, m, son, 16
364; Frankie, f, daughter, 15
365; Lelia, f, daughter, 14

366; Fannie, f, daughter, 12
367; Myrtle, f, daughter, 10
368; Fred, m, son, 7
369; Selma, f, daughter, 4
370; Mary Joe, f, daughter, 2

371; **COOPER**, Arnold, m, single, 18

372; **CORNSILK**, Martha Rave, f, wife, 26
373; Frances Elizabeth, f, daughter, 2

374; **CORNSILK**, John, m, husband, 31
375; Famous, m, son, 1/3

376; **CORNSILK**, Armstrong, m, husband, 60
377; Annie, f, wife, 53
378; Hettie, f, daughter, 14
379; Howard, m, son, 12

380; **CORNSILK**, Dow, m, husband, 32
381; Nancy, f, wife, 30
382; Woody, m, son, 3
383; Emma, f, daughter, ½

384; **CORNSILK**, York, m, husband, 45
385; Eann, f, wife, 54
386; [Saunooke], Jennie, f, ward, 9

387; **HARDING**, Mary Josephine Craig, f, wife, 35
388; [Craig], George Donley, m, son, 7
389; Harold, m, son, 1/3

390; **CRAIG**, William W, m, single, 26

391; **CRAIG**, Frank, m, single, 18

Census of the **Cherokee (Eastern)** *Indians of* **Cherokee, N. C.** *Agency, taken by* **Frank Kyselke, Superintendent & S.D.Agent**, *United States Indian Agent,* **June 30,** *1912*

KEY: Number; English Name, *Indian Name (if given)*, Sex, Relation, Age.

392; **CROOKS**, Bessie Meroney, f, wife, 31

393; **CROW**, Ute, m, single, 25

394; **CROW**, John, m, husband, 30
395; Mary, f, wife, 39
396; Sallie, f, daughter, 8
397; Albert, m, son, 6
398; Lucy, f, daughter, 1

399; **CROW**, Caroline, f, widow, 75

400; **CROW**, Wesley R, m, single, 37

401; **CROW**, Joseph, m, husband, 42
402; Annie, f, wife, 47
403; Boyd, m, son, 17

404; **CROW**, John Wesley, m, husband, 23
405; Mollie Endros, f, wife, 34
406; **[Endros]**, Edwin, m, stp-son, 4
407; Joseph, m, son, ½

408; **CROW**, David, m, husband, 27
409; Sallie, f, wife, 22
410; Samuel, m, son, 5
411; Rachel, f, daughter, 4
412; Stacy, f, daughter, 2
413; Nancy, f, daughter, 1

414; **CROW**, Anona, f, single, 22

415; **CROW**, Squaishee, m, single, 24

416; **CROW**, Ossie, m, husband, 29
417; Martha Toineeta, f, wife, 23

418; **CROW**, Sevier, m, husband, 52
419; Robert, m, son, 18
420; Dora, f, daughter, 16
421; Arthur, m, son, 13

422; Luther, m, son, 13
423; Lossie, m, son, 11

424; **CUCUMBER**, Dorcas, f, widow, 61
425; Dakie, f, daughter, 15

426; **CUCUMBER**, William, m, single, 33

427; **CUCUMBER**, Gena, m, husband, 31
428; Katie, f, wife, 2? *(age marked out)*
429; Noah, m, son, 3
430; **[Saunooke]**, Ollie, f, stp-daughter, 7
431; Squincey, m, son, 2

432; **CUCUMBER**, Arch, m, husband, 24
433; Ollie Youngbird, f, wife, 44
434; **[Youngbird]**, Wesley, m, stp-son, 18
435; **[Youngbird]**, James, m, stp-son, 12
436; **[Youngbird]**, Walkinnih, f, stp-daughter, 7

437; **CUCUMBER**, James, m, husband, 20
438; Lizzie Reed, f, wife, 18
439; Jennie, f, daughter, 1

440; **CUCUMBER**, Moses, m, widower, 35
441; John D, m, son, 3

442; **SMOKE**, *Dahnenolih*, m, widower, 54

443; **DAILEY**, Gita, I. R, f, wife, 21

444; **DAVIS**, Wilste, m, husband, 65

217

Census of the **Cherokee (Eastern)** *Indians of* **Cherokee, N. C.** *Agency, taken by* **Frank Kyselke, Superintendent & S.D.Agent***, United States Indian Agent,* **June 30,** *1912*

KEY: Number; English Name, *Indian Name (if given)*, Sex, Relation, Age.

445; Elsie, f, wife, 59
446; [Wayne], Caroline, f, gr-niece, 13

447; **DAVIS**, Joe, m, husband, 39
448; Katie, f, wife, 54

449; **DAVIS**, Quaitih, f, widow, 75

450; **DAVIS**, Rebecca, f, wife, 59

451; **DAVIS**, John, m, husband, 50
452; Annie, f, wife, 57

453; **DAVIS**, Charley, m, husband, 39
454; Annie, f, wife, 36
455; Israel, m, son, 18
456; Isaac, m, son, 13
457; David, m, son, 11
458; George, m, son, 7
459; Sallie, f, daughter, 3
460; Maggie, f, daughter, 1

461; **DEAVER**, Mary E. Roberson, f, wife, 38
462; John Robert, m, son, 3

463; **DELEGESKIH**, John, m, head, 61
464; [Taylor], James Delegeskih, m, grnd-son, 9

465; **DELEGESKIH**, Elkinney, m, single, 29
466; [Taylor], Leander, m, son, 5
467; [Taylor], John, m, son, 2

468; **DOBSON**, John, m, husband, 90
469; Mary George, f, wife, 52
470; [George], Kane, m, grnd-son, 16
471; [Littlejohn], Aggie, f, ward, 17

472; **DOCKERY**, Emma J. Payne, f, wife, 30

473; Elsie Arlena, f, daughter, 7
474; Ralph Burton, m, son, 4
475; Cora P, f, daughter, 2

476; **DONLEY**, Robert L, m, single, 40

477; **DRIVER**, Wesley, m, husband, 40
478; Agnes, f, wife, 42
479; John, m, son, 13
480; Lucinda, f, daughter, 10
481; Sallie, f, daughter, 6

482; **DRIVER**, John Hill, m, husband, 57
483; Sallie Calhoun, f, wife, 75

484; **DRIVER**, Judas, m, husband, 43
485; Eliza, f, wife, 44

486; **DRIVER**, Annie, f, sep'd wife, 67

487; **DRIVER**, Jimmy, m, husband, 73
488; Betty, f, wife, 69

489; **DRIVER**, Russel B, m, husband, 38
490; Marion, f, daughter, 8
491; Elsie, f, daughter, 5
492; Wesley, m, son, 1

493; **DRIVER**, Goliath B, m, husband, 36
494; Helen Ester, f, daughter, 3

495; **DRIVER,** Chekelelee, m, husband, 28
496; Ollie, f, wife, 26
497; Rosa, f, daughter, 10
498; George, m, son, 8
499; Mason, m, son, 2

Census of the **Cherokee (Eastern)** *Indians of* **Cherokee, N. C.** *Agency, taken by* **Frank Kyselke, Superintendent & S.D.Agent**, *United States Indian Agent,* **June 30,** *1912*

KEY: Number; English Name, *Indian Name (if given)*, Sex, Relation, Age.

500; **DRIVER**, Dickey, m, husband, 62
501; Etta, f, wife, 33
502; Nannie, f, daughter, 6
503; DeHart, m, son, 3

504; **DRIVER**, William, m, single, 39

505; **DRIVER**, Eliza, m[sic], single, 41
506; Ned, m, son, 15
507; Adam, m, son, 11

508; **DUNCAN**, Lillian V, f, wife, 35
509; Sybil, f, daughter, 6

510; **EUBANK**, Lillie, f, wife, 24
511; Joseph, m, son, 6
512; Lillie N, f, daughter, 4
513; Verlin R, m, son, 3
514; Clarence, m, son, 1

515; **FEATHER**, Lawyer, m, husband, 49
516; Mary, f, wife, 43
517; Ancie, f, daughter, 14
518; Gahtayah, f, daughter, 12
519; Joah[sic], m, son, 6

520; **FEATHERHEAD**, Wilson, m, husband, 36
521; Nancy, f, wife, 68

522; **FINGER**, Sophronia C, f, wife, 35
523; Ramona C, f, daughter, 16
524; Samuel, m, son, 14
525; Leona, f, daughter, 7
526; Elmer Eugene, m, son, 4
527; Ruby Irene, f, daughter, 1
528; **FOX SQUIRREL**, m, single, 53

529; **FODDER**, Jennie, f, widow, 70

530; **[Hornbuckle]**, Daniel, m, grndson, 13
531; **FORTNER**, Sis, f, wife, 41

532; **FOSTER**, Alice, f, wife, 38
533; Elsie, f, daughter, 13
534; Robert, m, son, 11
535; Burton, m, son, 9
536; Lee Roy, m, son, 6

537; **FRENCH**, Awee, f, wife, 34
538; Maud, f, daughter, 18
539; Meroney, m, son, 15
540; Morgan, m, son, 12
541; Soggie, m, son, 10
542; George, m, son, 7
543; Jonah, m, son, 5
544; Lizzie, f, daughter, 3

545; **FRENCH**, Wallie, f, wife, 32
546; Elnora, f, daughter, 15
547; Ned, m, son, 12
548; Nellie, f, daughter, 10
549; Jesse, m, son, 7
550; Katy, f, daughter, 5

551; **GARLAND**, Elizabeth, f, widow, 82

552; **GARLAND**, Tellius B, m, husband, 62

553; **GARLAND**, John Basco, m, husband, 33
554; Frank, m, son, 6
555; Fred, m, son, 4
556; Edgar, m, son, 1

557; **GARLAND**, Elizabeth, f, single, 25

558; **GARLAND**, Roxanna, f, single, 54

Census of the **Cherokee (Eastern)** *Indians of* **Cherokee, N. C.** *Agency, taken by* **Frank Kyselke, Superintendent & S.D.Agent**, *United States Indian Agent,* **June 30,** *1912*

KEY: Number; English Name, *Indian Name (if given)*, Sex, Relation, Age.

559; **GARLAND**, William Sherman, m, single, 46

560; **GARLAND**, Jesse Lafayette, m, husband, 56
561; Emery, m, son, 9
562; Radie Elmer, f, daughter, 6

563; **GARLAND**, Leonzo, m, husband, 27
564; Homelee, m, son, 2

565; **TEAGUE**, Jessie May Garland, f, wife, 20

566; **GEORGE**, Dawson, m, husband, 52
567; Mary, f, wife, 53

568; **GEORGE**, Annie, f, single, 29

569; **GEORGE**, Manley, m, single, 22

570; **GEORGE**, Davis, m, husband, 61
571; Rosa E. Biddix, f, wife, 33
572; [**Biddix**], Jennie, f, stp-daughter, 9
573; [**Biddix**], Polly, f, stp-daughter, 5

574; **GEORGE**, Shon, m, single, 41

575; **GEORGE**, Elijah, m, husband, 38
576; Nicey Wilnotih, f, wife, 24
577; [**Wilnotih**], Aggie, f, stp-daughter, 6
578; [**Wilnotih**], Nancy, f, stp-daughter, 5
579; Loty, f, daughter, 1
580; Louis, m, son, 8
581; Martha, f, daughter, 7
582; Cornelia, f, daughter, 5

583; **GEORGE**, Joe Stone, m, husband, 55

584; Elizabeth, f, wife, 53
585; Jacob, m, son, 15
586; Celia, f, daughter, 12
587; Jackson, m, son, 9
588; Annie, *(Marked out on original)*

588; **GEORGE**, Mark, m, husband, 19
589; Bessie Taylor, f, wife, 15
590; Mandy, f, daughter, 1/3

591; **GEORGE**, Sutawaga, m, husband, 66
592; Esther, f, wife, 56

593; **GEORGE**, Elijah, m, single, 35

594; **GEORGE**, Logan, m, single, 24

595; **GEORGE**, Julia V, f, wife, 37
596; Lottie B, f, daughter, 6
597; Wallace L, m, son, 4

598; **GEORGE**, Shell, m, single, 52

599; **GOIN**, Sally, f, single, 63

600; **GOIN**, Bird Chopper, m, husband, 43
601; Ollie, f, wife, 40
602; Daniel, m, son, 13
603; Emeline, f, daughter, 3

604; **GOINGS**, James, m, widower, 80

605; **GOFORTH**, Minnie, f, wife, 25
606; Louise, f, daughter, 3
607; Arthur, m, (?), 1

608; **GOING SNAKE**, m, husband, 55
609; Nancy, f, wife, 46

610; **GREYBEARD**, Lillie, f, single, 20

Census of the **Cherokee (Eastern)** *Indians of* **Cherokee, N. C.** *Agency, taken by* **Frank Kyselke, Superintendent & S.D.Agent**, *United States Indian Agent,* **June 30,** *1912*

KEY: Number; English Name, *Indian Name (if given),* Sex, Relation, Age.

611; **GREYBEARD**, Ezekiel, m, single, 72

612; **GREYBEARD**, Aggie, f, single, 62

613; **GREEN**, Cora E Payne, f, wife, 28
614; Lurlie Beatrice, f, daughter, 5
615; Bonnie Lee, f, daughter, 3

616; **GRIFFIN**, Daisy Yonce, f, wife, 20
617; Nola, f, daughter, 1

618; **HAWKINS**, Dora Parilee, f, wife, 30
619; Charlie Leonard, m, son, 9
620; Luther, m, son, 3
621; Della May, f, daughter, 1

622; **HILL**, Soggy M, m, husband, 31
623; Henrietta, f, wife, 38

624; **HILL**, Maul, m, sep'd husband, widower, 65

625; **HILL**, Blain, m, husband, 26
626; Luzene, f, wife, 29
627; Viola Nellie, f, daughter, 3
628; Birdie Charlotte, f, daughter, 1

629; **HILL**, Ned, m, single, 26

630; **HILL**, Levi, m, husband, 22
631; Laura Jane Wolfe, f, wife, 22
632; Lawrence, m, son, ½

633; **HILL**, Abraham, m, husband, 48
634; Annie, f, wife, 40
635; Hensley, m, son, 13
636; Callie, f, daughter, 10

637; **HOLLAND**, Jennie, f, wife, 26
638; Grace, d, daughter, 5
639; David, m, son, 4

640; **HORNBUCKLE**, Rebecca, f, widow, 64

641; **HORNBUCKLE**, Maggie, f, single, 32

642; **HORNBUCKLE**, Israel, m, single, 27

643; **HORNBUCKLE**, William, m, husband, 30
644; Jennie O, f, wife, 26
645; Clarence, m, son, 2
646; Nora, f, daughter, 1/3

647; **HORNBUCKLE**, John Otter, m, husband, 41
648; Mattie, f, wife, 47
649; Ollie, f, daughter, 10
650; Dahnih, f, daughter, 7

651; **HORNBUCKLE**, Caroline, f, widow, 52

652; **HORNBUCKLE**, John L, m, husband, 28
653; Martha George, f, wife, 21

654; **HORNBUCKLE**, Jeff Davis, m, widower, 48

655; **HORNBUCKLE**, Jeff Davis, Jr, m, single, 20

656; **HORNBUCKLE**, George, m, husband, 35
657; Melissa, f, daughter, 16
658; Alice May, f, daughter, 14
659; Hartman, m, son, 22

Census of the **Cherokee (Eastern)** *Indians of* **Cherokee, N. C.** *Agency, taken by* **Frank Kyselke, Superintendent & S.D.Agent**, *United States Indian Agent,* **June 30,** *1912*

KEY: Number; English Name, *Indian Name (if given)*, Sex, Relation, Age.

660; Olive Ann, f, daughter, 9
661; John Russel, m, son, 7
662; William Allen, m, son, 4
663; Elvira, f, niece, 15
664; Clifford, m, son, 2

665; **HORNBUCKLE**, William, m, husband, 42
666; Fred, m, son, 16
667; Dora, f, daughter, 13
668; Wilson, m, son, 11
669; Maggie, f, daughter, 7
670; Jennie, f, daughter, 1

671; **JACK**, Nancy, f, widow, 75

672; **JACKSON**, John, m, husband, 76
673; Stacy, f, wife, 66

674; **JACKSON**, Sarah, f, single, 33

675; **JACKSON**, Jonah, m, single, 25

676; **JACKSON**, Jack, m, single, 20

677; **JACKSON**, Lawyer, m, husband, 39
678; Dakie, f, wife, 41
679; Ella, f, daughter, 17
680; Florence, f, daughter, 9

681; **JACKSON**, Eliza, f, widow, 64

682; **JACKSON**, Bob, m, husband, 36
683; Caroline, f, wife, 32
684; Wesley, m, son, 12
685; David, m, son, 10
686; Eddie, m, son, 8
687; Ikee, m, son, 3

688; **JACKSON**, Jacob, m, single, 18

689; **JESSAN**, Lydia, f, widow, 57

690; Joseph, m, son, 18

691; **JESSAN**, Danola, m, husband, 32
692; Mary, f, wife, 23
693; Elnora, f, daughter, 3
694; Lillian, f, daughter, 2

695; **JOHNSON**, Jim, m, single, 52

696; **JOHNSON**, Caroline, f, single, 49

697; **JOHNSON**, Addison, m, single, 26

698; **JOHNSON**, Yona, m, husband, 32
699; Dora, f, wife, 28
700; Frank T. R, m, son, 3

701; **JOHNSON**, Jimpsie, m, husband, 38
702; Ella, f, wife, 54

703; **JOHNSON**, Stephen, m, husband, 66
704; Jennie, f, wife, 62
705; **[Jessan]**, James [Sim] Dehart, m, grnd-son, 8

706; **JOHNSON**, Taskigee, m, husband, 34
707; Sally Oosowee, *Sally Oosowee*, f, wife, 34
708; **[Oosowee]**, Rachel, f, stp-daughter, 15
709; **[Oosowee]**, Tahquette, m, stp-son, 13
710; **[Oosowee]**, Ona, f, stp-daughter, 3

711; **JOHNSON**, Jane [Jennie], f, widow, 23

Census of the **Cherokee (Eastern)** *Indians of* **Cherokee, N. C.** *Agency, taken by* **Frank Kyselke, Superintendent & S.D.Agent**, *United States Indian Agent,* **June 30,** *1912*

KEY: Number; English Name, *Indian Name (if given)*, Sex, Relation, Age.

712; Tom, m, son, 3
713; Jonah, m, son, 1

714; **JOHNSON**, Tempa, f, single, 22

715; **JOHNSON**, Isaac, m, single, 19

716; **JUMPER**, Ute, m, husband, 40
717; Betsy, f, wife, 39
718; Stansil, m, son, 13
719; Edward, m, son, 11
720; James W, m, son, 8
721; Thomas, m, son, 6
722; Henry, m, son, 4
723; Ella, f, daughter, 3

724; **JUNALUSKIE**, Jim, m, single, 20

725; **JORDAN**, William Clark, m, husband, 64
726; Alfred, m, son, 18

727; **HODGES**, Ollie Jordan, f, wife, 17

728; **JORDAN**, William A, m, single, 24

729; **KALONUHESKIE**, Esiah, m, widower, 57
730; Martha, f, daughter, 10

731; **KALONUHESKIE**, Tom, m, single, 24

732; **KALONUHESKIE**, Abraham, m, single, 28

733; **KALONUHESKIE**, Charley, m, single, 26

734; **KALONUHESKIE**, Joe, m, single, 24

735; **KEG**, James, m, husband, 70
736; Katy, f, wife, 55

737; **KEG**, Matthew, m, husband, 46
738; Rebecca, f, daughter, 2

739; **KEY**, Delia Ann, f, wife, 21
740; William Harrison, m, son, 2

741; **KUNTEESKIH**, m, husband, 62
742; Sahwahski, f, wife, 66
743; **[Waidsutte]**, Bird, m, ward, 12

744; **LADD**, Bonney Rogers, f, wife, 20
745; Mark, m, son, 1

746; **LAMBERT**, John N, m, husband, 50

747; **LAMBERT**, Lloyd, m, husband, 29
748; Sallie, f, wife, 33
749; Luzene, f, stp-daughter, f, 11
750; Ollie, f, daughter, 7
751; Nellie, f, daughter, 5
752; Richard, m, son, 2

753; **LAMBERT**, Charley, m, husband, 26
754; Mary Arch, f, wife, 25
755; Jackson, m, son, 6
756; John Adam, m, son, 1

757; **LAMBERT**, High N, m, husband, 30
758; Alice Rosa, f, wife, 28
759; Paul Leroy, m, son, 3
760; Arthur J, m, son, 1

Census of the **Cherokee (Eastern)** *Indians of* **Cherokee, N. C.** *Agency, taken by* **Frank Kyselke, Superintendent & S.D.Agent**, *United States Indian Agent,* **June 30,** *1912*

KEY: Number; English Name, *Indian Name (if given)*, Sex, Relation, Age.

761; **LAMBERT**, Thomas R, m, husband, 28
762; Nannie, f, wife, 24
763; Florence, f, daughter, 4
764; Seymour, m, son, 3

765; **LAMBERT**, Samuel C, m, husband, 52
766; Verdie, f, daughter, 17
767; Corbett, m, son, 15
768; Cora Lee, f, daughter, 12
769; Julia, f, daughter, 11
770; Theodore, m, son, 8
771; Oney, f, daughter, 6
772; Gaylord, m, son, 3
773; Lillian, f, daughter, 1/3

774; **HIPPS**, Nannie Lambert, f, wife, 19

775; **LAMBERT**, Claude, m, single, 21

776; **LAMBERT**, Albert J, m, husband, 60

777; **LAMBERT**, Jesse B, m, husband, 35
778; Minnie Stiles, f, wife, 22
779; Carl Glen, m, son, 1

780; **LAMBERT**, James W, m, husband, 37
781; Bessie, f, daughter, 12
782; Hugh H, m, son, 10
783; Ida M, f, daughter, 3
784; Lula P, f, daughter, 1

785; **LAMBERT**, Thomas O, m, husband, 33
786; Joseph C, m, son, 9
787; Henry H, m, son, 8
788; John A, m, son, 6

789; Sallie M, f, daughter, 3
790; Nellie, f, daughter, 1

791; **LAMBERT**, Columbus, m, husband, 42
792; Harvey, m, son, 15
793; Carson, m, son, 8

794; **LAMBERT**, Hugh J, m, husband, 38
795; Pearl E, f, daughter, 13
796; Andrew J, m, son, 11
797; Isaac, m, son, 9
798; Lora, f, daughter, 4
799; George, m, son, 3
800; **[Lambert]**, Pearson, m, ward, 13

801; **LAMBERT**, J. Monroe, m, husband, 55
802; Jesse, m, son, 17
803; Fitzsimmons, m, son, 15
804; Flora, f, daughter, 11
805; **[Maney]**, Minnie Araminta, f, ward, 7
806; **[Maney]**, Ruth, f, ward, 5
807; **[Maney]**, Bruce Garrett, m, ward, 3

808; **LAMBERT**, Fred, m, single, 19

809; **LAMBERT**, Charles, m, single, 21

810; **LAMBERT**, Joseph Jackson, m, husband, 27
811; Cora Palestine, f, daughter, 6
812; Leonard Carson, m, son, 4
813; Willard, m, son, 2

814; **LAMBERT**, Ed, m, husband, 25
815; Edward Monroe, m, son, 5

816; **LARCH**, William, m, single, 36

Census of the **Cherokee (Eastern)** *Indians of* **Cherokee, N. C.** *Agency, taken by* **Frank Kyselke, Superintendent & S.D.Agent***, United States Indian Agent,* **June 30,** *1912*

KEY: Number; English Name, *Indian Name (if given)*, Sex, Relation, Age.

817; **LARCH**, David, m, single, 29

818; **LEE**, Samuel, m, husband, 22

819; **LEE**, Lebrada, f, single, 13

820; **LEE**, Edith, f, single, 16

821; **LEE**, Alonzo, m, husband, 38
822; Alice May, f, daughter, 10
823; Myrtle Gertrude, f, daughter, 5

824; **LEDFORD**, Sampson, m, single, 27

825; **LEDFORD**, Charlie, m, husband, 29
826; Maggie Walkingstick, f, wife, 20

827; **LEDFORD**, Jake, m, husband, 38
828; Mary, f, wife, 27
829; Amy, f, daughter, 4

830; **LEDFORD**, Onih, f, widow, 59

831; **LEDFORD**, Riley, m, husband, 27
832; Polly, f, wife, 31
833; Joe, m, son, 11
834; Kina, daughter, 9
835; Caroline, f, daughter, 5
836; Willie, m, son, 3
837; Maggie, f, daughter, 2

838; **LEDFORD**, Catherine M. R, f, wife, 37
839; Iowa, f, daughter, 18
840; Minnie, f, daughter, 16
841; Cora, f, daughter, 9
842; Adkins, m, son, 6
843; Charles Alvin, m, son, 4
844; Bonnie Marie, f, daughter, 2

845; **LEFEVERS**, Temoxzenah G, f, wife, 31
846; Linnie, f, daughter, 12
847; William, m, son, 11

848; **LITTLEJOHN**, Saunooke, m, husband, 49
849; Ann Eliza, f, wife, 44
850; Henson, m, son, 13
851; John, m, son, 10
852; Owen, m, son, 6
853; Addie, f, daughter, 4
854; Emeline, f, daughter, 3

855; **LITTLEJOHN**, Mindy, f, daughter, 18

856; **LITTLEJOHN**, Wiggins, husband, 21
857; Caroline Standingdeer, f, wife, 24
858; **[Standingdeer]**, Sallie Ann, f, stp-daughter, 3

859; **LITTLEJOHN**, Will, m, divorced husband, 44
860; Guy, m, son, 15
861; Katie, f, daughter, 14
862; Isaac, m, son, 12

863; **LITTLEJOHN**, Sallie, f, divorced wife, 32
864; Garrett, m, son, 6

865; **LITTLEJOHN**, Elowih, m, husband, 37
866; Annie, f, wife, 32
867; Sally Ann, f, daughter, 10
868; Sherman, m, son, 8
869; Jefferson, m, son, 5
870; Wesley, m, son, 3
871; **[Tooni]**, Rachel, f, ward, 17
872; Minda, f, daughter, ½
873; **[George]**, Goolarche, m, ward, 16

Census of the **Cherokee (Eastern)** *Indians of* **Cherokee, N. C.** *Agency, taken by* **Frank Kyselke, Superintendent & S.D.Agent**, *United States Indian Agent,* **June 30,** *1912*

KEY: Number; English Name, *Indian Name (if given)*, Sex, Relation, Age.

874; **LITTLEJOHN**, Ropetwister, m, husband, 47
875; Annie, f, wife, 35
876; Sallie, f, dau, 11
877; Isaac, m, son, 6
878; **[Wilnoty]**, Ned, m, stp-son, 16
879; Eugene, m, son, 1/3

880; **WILNOTY**, Joseph, m, single, 17

881; **LITTLEJOHN**, Goliath, m, husband, 42

882; **LITTLEJOHN**, John, m, husband, 60
883; Polly Ann, f, wife, 56

884; **LOCUST**, Noah, m, husband, 30
885; Lewis, m, son, 11
886; Laura B, f, daughter, 9
887; Tiney, f, daughter, 7
888; Martha, f, daughter, 3
889; Homer, m, son, 1

890; **LONG**, Adam, m, husband, 55
891; Polly, f, wife, 56
892; Eve, f, daughter, 14
893; Nola, f, daughter, 11

894; **LONG**, Joe, m, husband, 54
895; Nancy George, f, wife, 72

896; **LONG**, Charley, m, single, 18

897; **LONG**, Peter, m, single, 33

898; **HARRIS**, Rachel Long, f, single, 29

899; **LONG**, Dobson, m, husband, 54
900; Sallie, f, wife, 42
901; William Gaffney, m, son, 15
902; Elizabeth, f, daughter, 11

903; **LONG**, Johnson, m, husband, 50
904; Maggie, f, wife, 36
905; Annie, f, daughter, 5

906; **LONG**, Scott, m, husband, 60
907; Sallie, f, wife, 50
908; Agginy, f, daughter, 7
909; **[Davis]**, Anita, f, stp-daughter, 15
910; **[Davis]**, Emeline, f, stp-daughter, 12

911; **LONG**, John, m, husband, 38
912; Eve, f, wife, 47

913; **LONG**, Rachel, f, single, 38

914; **LONG**, Joseph Bigwitch, m, husband, 30
915; Sallie, f, wife, 33
916; **[Crow]**, Alice, f, stp-daughter, 15
917; Lucy, f, daughter, 7
918; Etta, f, daughter, 5
919; Lloyd, m, son, 3
920; John, m, son, 1

921; **LONG**, Nellie, f, widow, 68

922; **LONG**, Charley, m, single, 24

923; **LONG**, Jackson, m, husband, 57

924; **LONG**, Charley, m, husband, 42
925; Sallie, f, wife, 35
926; Long Bear, m, son, 14
927; Lucy, f, daughter, 12
928; Aggie, f, daughter, 10
929; Bettie, f, daughter, 8
930; Isaac, m, son, 6
931; Lena, f, daughter, 4

932; **LONG**, Will West, m, husband, 41
933; Annie Welch, f, wife, 21

Census of the **Cherokee (Eastern)** *Indians of* **Cherokee, N. C.** *Agency, taken by* **Frank Kyselke, Superintendent & S.D.Agent**, *United States Indian Agent,* **June 30, *1912***

KEY: Number; English Name, *Indian Name (if given)*, Sex, Relation, Age.

934; **LOSSIH**, John Dehart, m, husband, 42
935; Laura, f, wife, 42
936; John, Jr, m, son, 14
937; Jesse James, m, son, 5
938; Lizzie, f, daughter, 21

939; **LOSSIH**, Henry, m, husband, 41
940; Aggie, f, wife, 32
941; Rosa, f, daughter, 5
942; Cowel, m, son, 3
943; Able, m, son, 1
944; [Ross], McKinley, m, ward, 11

945; **LOSSIH**, Jonas, m, husband, 39
946; Nicey, f, wife, 32
947; [Walkingstick], Tom, m, ward, 4

948; **LOSSIE**, Jennie, f, widow, 54
949; Dom, m, son, 16
950; Candy, m, son, 14
951; John R, m, son, 9
952; Hayes, m, son, 7

953; **LOSSIE**, David, m, single, 19

954; **LOSSIE**, Leander, m, single, 27

955; **LOUDERMILK**, Josephine Garland, f, wife, 35
956; Nora, f, daughter, 10
957; Elmer, m, son, 8
958; Cora, f, daughter, 6
959; Clinton, m, son, 4
960; Luther, m, son, 1

961; **LOUDERMILK**, Cynthia Ann, wife, 51
962; Rebecca, f, daughter, 13

963; **LOUDERMILK**, John R, m, husband, 33
964; Thomas Luther, m, son, 12

965; William R, m, son, 8
966; Julia, f, daughter, 6
967; Lee Roy, m, son, 3

968; **LOWEN**, John B, m, single, 51

969; **LOWEN**, John, m, husband, 51
970; Sis, f, wife, 50
971; Nannie, stp-daughter, 15

972; **MANEY**, Eve, f, wife, 26
973; Mary, f, daughter, 8
974; John, m, son, 6
975; Allen Jacob, m, son, 4
976; Alice, f, daughter, 2

977; **MARTIN**, Suate, m, widower, 66

978; **MARTIN**, Thomas, m, single, 25

979; **MARTIN**, George, m, husband, 51
980; Lucy, f, wife, 40
981; Charles, m, son, 4

982; **MARTIN**, Wesley, m, husband, 17
983; Margaret Smoker, f, wife, 16

984; **MASHBURN**, Harriet A, f, wife, 34
985; Frank, m, son, 12
986; Bessie, f, daughter, 11
987; James L, m, son, 8
988; Sarah, f, daughter, 6
989; Thomas, m, son, 1

990; **MASHBURN**, Leora R, f, wife, 28
991; Minnie, f, daughter, 10
992; Mattie, f, daughter, 8
993; Bertha, f, daughter, 5
994; Minia, f, daughter, 4

Census of the **Cherokee (Eastern)** *Indians of* **Cherokee, N. C.** *Agency, taken by* **Frank Kyselke, Superintendent & S.D.Agent***, United States Indian Agent,* **June 30,** *1912*

KEY: Number; English Name, *Indian Name (if given)*, Sex, Relation, Age.

995; **MATTHEWS**, Lillian L. L, f, wife, 31
996; Eva Addie, f, daughter, 7
997; Gradie R, m, son, 4
998; Mary Laurena, f, daughter, 1

999; **McALLISTER**, Harriet A. Garland, f, wife, 46

1000; **McCOY**, David, m, husband, 39
1001; Marinda, f, daughter, 12
1002; James, m, son, 10
1003; Julia, f, daughter, 8
1004; Stella, f, daughter, 6
1005; Jesse, m, son, 3
1006; Bessie, f, daughter, 1

1007; **McCOY**, John, m, husband, 37
1008; Pearson, m, son, 15
1009; Mary, f, daughter, 11
1010; James, m, son, 7
1011; Walter, m, son, 3

1012; **McCOY**, James, m, hus, 31
1013; William T, m, son, 7
1014; Joseph H, m, son, 5
1015; Frank, m, son, ½

1016; **McLEYMORE**, John L, m, husband, 58
1017; Cora May, f, daughter, 7

1018; **McLEYMORE**, Samuel H, m, husband, 57
1019; Morrell, m, son, 11;
1020; Samuel Ross, m, son, 6
1021; Elsie Bonnie, f, daughter, 3
1022; William Glenn, m, son, 2

1023; **MERONEY**, Martha Ann, f, widow, 77

1024; **MERONEY**, John S, m, husband, 4y[sic]
1025; Sallie Belle, f, daughter, 17
1026; Mays, f, daughter, 15
1027; Gertrude, f, daughter, 13
1028; Bailey B, m, son, 11
1029; Dellax, f, daughter, 6

1030; **TAYLOR**, Lula Meroney, f, wife, 22
1031; [Meroney], Fred, m, son, 6

1032; **MERONEY**, Bailey Barton, m, husband, 46
1033; Margaret A, f, daughter, 13
1034; Richard B, m, son, 10
1035; Felix P, m, son, 8

1036; **MERONEY**, William H, m, single, 35

1037; **MILLER**, Flourney Rogers, f, wife, 23
1038; Vessey, f, daughter, 4
1039; Bessie, f, daughter, 3
1040; Vertie, f, daughter, 1

1041; **MONROE**, Nora A, f, wife, 32
1042; Charles A, m, son, 5
1043; Hugh N, m, son, 2

1044; **MUMBLEHEAD**, John D, m, husband, 48
1045; Dahney, f, wife, 31
1046; Roger L, m, son, 16
1047; Elizabeth, f, daughter, 6

1048; **MUMBLEHEAD**, James B, m, single, 23

1049; **MUMBLEHEAD**, James W, m, single, 32

Census of the **Cherokee (Eastern)** *Indians of* **Cherokee, N. C.** *Agency, taken by* **Frank Kyselke, Superintendent & S.D.Agent***, United States Indian Agent,* **June 30,** *1912*

KEY: Number; English Name, *Indian Name (if given)*, Sex, Relation, Age.

1050; **MURPHY**, Martin, m, husband, 77
1051; Fred, m, son, 5

1052; **MURPHY**, Howard, m, single, 18

1053; **MURPHY**, Louisa, f, wife, 26

1054; **MURPHY**, Margaret, f, single, 24

1055; **MURPHY**, Isabella, f, single, 22

1056; **MURPHY**, Jesse, m, husband, 49
1057; Mary McC, f, wife, 35
1058; Lillian Arch, f, cousin of wife, 7

1059; **MURPHY**, William, m, husband, 22
1060; Lafayette, m, son, 2
1061; Robert, m, son, ½

1062; **MURPHY**, David, m, husband, 82

1063; **NED**, Ezekiel, m, husband, 50
1064; Susan, f, wife, 50
1065; Julia, f, daughter, 10

1066; **NICK**, Chiltoskie W, m, single, 30

1067; **NOTTY TOM**, Peter, m, husband, 43
1068; Nancy, f, wife, 30

1069; **OKWATAGEE**, Elizabeth, f, widow, 81

1070; **OOCUMMA**, James, m, widower, 58
1071; Annie, f, daughter, 17

1072; **OOCUMMA**, Wilson, m, husband, 34

1073; **OOCUMMA**, Enoch, m, single, 23

1074; **OOCUMMA**, Alex, m, husband, 46
1075; Annie, f, wife, 23
1076; Fannie, f, daughter, 3
1077; John, m, son, ½

1078; **OOSOWEE**, John, Jr, m, husband, 35
1079; Sally Conseen, f, wife, 41
1080; Rebecca, f, daughter, 4
1081; George Washington, m, son, 2
1082; **[Conseen]**, Lloyd, m, stp-son, 9
1083; **[Conseen]**, Buck, m, stp-son, 6

1084; **OOSOWEE**, Samuel Davis, m, husband, 40
1085; Susie, f, wife, 35
1086; Paul, m, son, 10

1087; **OTTER**, Andrew, m, husband, 41
1088; Sarah, f, wife, 47
1089; Jackson, m, son, 13
1090; Matilda, f, daughter, 11
1091; Ollick, m, son, 9

1092; **FRENCH**, Linda Otter, f, widow, 18

1093; **OTTER**, Allen, m, husband, 33
1094; Winnie, f, wife, 35
1094; *Sally, f, daughter, 11
(*NOTE: Number given twice.)

1095; **OTTER**, Ollie, f, widow, 62

1096; **OWL**, Sokiney, f, single, 23

Census of the **Cherokee (Eastern)** *Indians of* **Cherokee, N. C.** *Agency, taken by* **Frank Kyselke, Superintendent & S.D.Agent***, United States Indian Agent,* **June 30,** *1912*

KEY: Number; English Name, *Indian Name (if given)*, Sex, Relation, Age.

1097; **OWL**, Suate, m, husband, 84
1098; Dinah, f, wife, 52
1099; Enoch, m, son, 13
1100; Betsy, f, daughter, 7

1101; **OWL**, William, m, single, 19

1102; **OWL**, Jonah, m, husband, 30
1103; Julia, f, wife, 21
1104; Philip, m, son, 3

1105; **OWL**, Ammons, m, single, 22

1106; **OWL**, David, m, single, 18

1107; **OWL**, George, m, single, 17
1108; Henry, m, brother, 15
1109; Frell, m, brother, 13
1110; Thomas, m, brother, 7
1111; Charlotte, f, sister, 3

1112; **OWL**, Lula, f, single, 20

1113; **OWL**, John, m, husband, 53
1114; Mandy, f, wife, 28
1115; Margaret, f, daughter, 9
1116; Annie Nicey, f, daughter, 6
1117; Lewis, m, son, 4
1118; Silas, m, son, 2

1119; **OWL**, Sampson, m, husband, 58
1120; Agnes, f, ward, 17

1121; **OWL**, Johnson, m, husband, 34
1122; Stacy, f, wife, 34
1123; Ernest, m, son, 2

1124; **OWL**, Adam, m, husband, 52
1125; Cornelia, f, wife, 55
1126; Samuel, m, son, 15
1127; David, m, son, 15
1128; Martha, f, daughter, 12
1129; Quincey, m, son, 7

1130; **OWL**, William, m, husband, 28

1131; **OWL**, Thomas, m, husband, 25

1132; **OWL**, John, m, single, 20

1133; **OWL**, James, m, husband, 25
1134; Lloyd, m, son, 3
1135; Charlotte, f, wife, 18
1136; Stephenson, m, son, 1

1137; **OWL**, Allen, m, single, 24

1138; **OWL**, Solomon, m, husband, 48
1139; Martha Jane, f, daughter, 17
1140; Alfred Bryan, m, son, 15
1141; Lloyd S, m, son, 12
1142; Cornelius, m, son, 10
1143; Ethel, f, daughter, 6
1144; William David, m, son, 5
1145; DeWitt, m, son, 3
1146; Edward, m, son, 2

1147; **OWL**, Theodore, m, single, 26

1148; **OWL**, Callie, f, single, 24

1149; **PALMER**, Dora Owl, f, wife, 22
1150; Linfred, m, son, 1/3

1151; **OWL**, Mark, m, husband, 20
1152; Belva Smith, f, wife, 20
1153; Jarrette, m, son, 1

1154; **PANTHER**, Joe, m, husband, 28
1155; Bettie, f, wife, 54

1156; **PANTHER**, Mark, m, husband, 37
1157; Windy Littlejohn, f, wife, 24

1158; **PANTHER**, Anna Thompson, f, divorced wife, 49

Census of the **Cherokee (Eastern)** *Indians of* **Cherokee, N. C.** *Agency, taken by* **Frank Kyselke, Superintendent & S.D.Agent***, United States Indian Agent,* **June 30,** *1912*

KEY: Number; English Name, *Indian Name (if given)*, Sex, Relation, Age.

1159; **PARTRIDGE**, Bird, m, husband, 33
1160; Elsie, f, wife, 38
1161; Sarah, f, daughter, 2
1162; [George], Elmo Don, m, stp-son, 9
1163; John, m, son, 1

1164; **PARTRIDGE**, Winnie E, f, single, 26
1165; [French], Juanita M. P, f, daughter, 3
1166; [French], Coleman B, m, son, ½

1167; **PARTRIDGE**, Moses, m, husband, 31
1168; Sallie, f, wife, 24
1169; Savannah, f, daughter, 5
1170; Sarah, f, daughter, 1

1171; **PARRIS**, Catherine Cole, f, wife, 28
1172; Laura May, f, daughter, 5
1173; Parilee, f, daughter, 3
1174; Lola, f, daughter, ½

1175; **PASSMORE**, Nancy Jane, f, wife, 34
1176; Thomas M, m, son, 10
1177; Charles Alonzo, m, son, 9
1178; Rose Cordelia, f, daughter, 7
1179; Oscar, m, son, 5
1180; David, m, son, 1/3

1181; **PATTERSON**, Lula W, f, wife, 33
1182; Oldham, m, son, 10
1183; Almer, m, son, 5
1184; Alwain, m, son, 2

1185; **PATTERSON**, Ella Cole, f, wife, 35
1186; Alonzo, m, son, 16

1187; Ethel, f, daughter, 14
1188; Elizabeth, f, daughter, 12
1189; Celia, f, daughter, 10
1190; Hobart, m, son, 8
1191; Arvil, m, son, 6
1192; Beadie, f, daughter, 4
1193; Kenneth, m, son, 3
1194; Zida, f, daughter, 1

1195; **PAYNE**, Thomas, m, husband, 67

1196; **PAYNE**, Oliver Clem, m, single, 20

1197; **PAYNE**, William E, m, husband, 40
1198; Paley E, m, son, 16
1199; William Alfred, m, son, 8
1200; Lydia M, f, daughter, 6
1201; Cynthia, f, daughter, 4
1202; Gertrude, f, daughter, 2

1203; **PAYNE**, James M, m, husband, 35
1204; Rollin T, m, son, 14
1205; Albert F, m, son, 12
1206; Grace Lee, f, daughter, 10
1207; Erma, f, daughter, 4
1208; Carra, f, daughter, 2

1209; **PECKERWOOD**, John, m, husband, 64
1210; Rebecca, f, wife, 49

1211; **PECKERWOOD**, Lucy Ann, f, widow, 54
1212; McKinley, m, son, 10
1213; [Welch], Edward R, m, ward, 9
1214; [Welch], Nannie H, f, ward, 7

1215; **PHEASANT**, John, m, husband, 59
1216; Maggie, f, wife, 57

Census of the **Cherokee (Eastern)** *Indians of* **Cherokee, N. C.** *Agency, taken by* **Frank Kyselke, Superintendent & S.D.Agent**, *United States Indian Agent,* **June 30,** *1912*

KEY: Number; English Name, *Indian Name (if given)*, Sex, Relation, Age.

1217; **PHEASANT**, Willie, m, husband, 29
1218; Rachel Emma, f, wife, 20
1219; Jacob, m, son, 1

1220; **PHEASANT**, Dora Jane, f, single, 21

1221; **PORTER**, Florence, f, widow, 49

1222; **PORTER**, DeWitt, m, husband, 22

1223; **PORTER**, Iris, f, single, 20

1224; **POWELL**, Dooga, f, widow, 42
1225; Sarah, f, daughter, 13
1226; Holmes, m, son, 10
1227; Winnie, f, daughter, 5
1228; Noah, m, son, 4

1229; **POWELL**, Moses, m, husband, 25
1230; Elkiny, f, wife, 29
1231; Stacy, f, daughter, 3

1232; **POWELL**, Stansill, m, single, 21

1233; **POWELL**, John Alvin, m, husband, 60

1234; **QUEEN**, Levi, m, husband, 41
1235; Mary, f, wife, 32
1236; Minda, f, daughter, 16
1237; Abraham, m, son, 12
1238; Addie, f, daughter, 10
1239; Malinda, f, daughter, 7
1240; Lottie, f, daughter, 5
1241; Dinah, f, daughter, 3
1242; Lillie, f, daughter, ½

1243; **QUEEN**, Simpson, m, husband, 39

1244; Sallie, f, wife, 31
1245; Jasper, m, son, 17
1246; Olliney, f, daughter, 13
1247; Nolan, m, son, 11
1248; Mary, f, daughter, 9
1249; Bessie, f, daughter, 7
1250; John, m, son, 5
1251; Rachel, f, daughter, 3
1252; Lucy, f, daughter, 1/3

1253; **RAPER**, Alexander, m, husband, 66

1254; **RAPER**, William Thomas, m, husband, 44
1255; Edgar, m, son, 17
1256; Verdie, f, daughter, 15
1257; Daffney, f, daughter, 14
1258; Augustus, m, son, 9
1259; James Gurley, m, son, 8
1260; William Arthur, m, son, 4
1261; Bertha May, f, daughter, 2
1262; Windel Efton, m, son, 1/3

1263; **RAPER**, James Lafayette, m, husband, 41
1264; Cly Victor, m, son, 14
1265; Claude Emery, m, son, 13
1266; Curley Clinton, m, son, 11
1267; Minnie Corinne, f, daughter, 5

1268; **RAPER**, Marshall, m, husband, 36
1269; Clarence Alvin, m, son, 14
1270; Clinton, m, son, 10
1271; Eva, f, daughter, 8
1272; Bonnie Bell, f, daughter, 5
1273; William Taft, m, son, 3
1274; Rose Ella, f, daughter, 1

1275; **RAPER**, Martin Alexander, m, husband, 19

Census of the **Cherokee (Eastern)** *Indians of* **Cherokee, N. C.** *Agency, taken by* **Frank Kyselke, Superintendent & S.D.Agent**, *United States Indian Agent,* **June 30,** *1912*

KEY: Number; English Name, *Indian Name (if given)*, Sex, Relation, Age.

1276; **MULL**, Effie Leora Raper, f, wife, 18

1277; **RAPER**, Charlie Breckenridge, m, husband, 36
1278; Denver Lee, m, son, 14
1279; Dela Clifford, f, daughter, 12
1280; Pearl, f, daughter, 7
1281; Homer W, m, son, 1

1282; **RAPER**, Henry John, m, husband, 31
1283; Viola Ellen, f, daughter, 9
1284; Ivan, m, son, 7
1285; Delia, f, daughter, 4
1286; Iril, m, son, 2

1287; **RAPER**, Thomas Martin, m, husband, 56
1288; James, m, son, 16
1289; Lizzie, f, daughter, 14
1290; Julia, f, daughter, 12
1291; Clifton, m, son, 5
1292; Lula, f, daughter, 3

1293; **RAPER**, Whoola B, m, single, 24

1294; **RAPER**, Martin T, m, single, 24

1295; **RAPER**, William B, m, husband, 32
1296; William, m, son, 1

1297; **RAPER**, Lon, m, husband, 31
1298; Edna, f, daughter, 3

1299; **RAPER**, Gano, m, widower, 29

1300; **RATLEY**, Lucy, f, sep'd wife, 60

1301; **RATLER**, George Washington, m, husband, 39
1302; Polly, f, wife, 39
1303; Rachel, f, daughter, 16
1304; Henson, m, son, 14
1305; Morgan, m, son, 12
1306; Mindah, f, daughter, 9
1307; Bessie, f, daughter, 3
1308; Ammons, m, son, 1

1309; **RATLER**, John, m, husband, 25
1310; Emeline, f, wife, 26
1311; John West, m, son, 5
1312; Lucy, f, daughter, 3
1313; Willie, m, son, 1

1314; **RATLER**, Nancy, f, widow, 57

1315; **RATLER**, Jonah, m, single, 23

1316; **RATLER**, Robert, m, single, 11
1317; Walter, m, single, 8

1318; **RATLIFF**, William, m, husband, 39
1319; Elizabeth, f, wife, 36
1320; Emma, f, daughter, 10
1321; Jacob, m, son, 8
1322; Ella, f, daughter, 5
1323; Jonah, m, son, 2

1324; **RATLIFF**, Lawyer, m, son, 32

1325; **RATLIFF**, James, m, husband, 64

1326; **REAGAN**, Hester Lambert, f, wife, 23
1327; Earnest, m, son, 4
1328; Polena, m, son, 3
1329; Pollard, m, son, 1/3

1330; **REED**, Jennie, f, widow, 88

1331; **REED**, James, m, single, 58

1332; **REED**, Rachel, f, widow, 62

Census of the **Cherokee (Eastern)** *Indians of* **Cherokee, N. C.** *Agency, taken by* **Frank Kyselke, Superintendent & S.D.Agent**, *United States Indian Agent,* **June 30,** *1912*

KEY: Number; English Name, *Indian Name (if given)*, Sex, Relation, Age.

1333; Minda, f, grnd-daughter, 17

1334; **REED**, Fiddell, m, single, 37
1335; Addie H. Lee, m, wife, 19;
1336; [**Lee**], Josie, f, stp-daughter, 2

1337; **REED**, David, m, single, 51

1338; **REED**, Peter, m, widower, 60
1339; Cindy, f, grnd-daughter, 15

1340; **REED**, Jimmie, m, single, 24

1341; **REED**, Lloyd, m, single, 24

1342; **REED**, William, m, husband, 28
1343; Kate K, f, wife, 21
1344; Jackson, m, son, 3
1345; Cornelia, f, daughter, 2

1346; **REED**, Adam, m, sep'd husband, 34

1347; **REED**, Rachel, f, sep'd wife, 28
1348; Johnson, m, son, 7
1349; Samuel, m, son, 1

1350; **REED**, Deweese, m, sep'd husband, 32

1351; **REED**, Nannie, f, sep'd wife, 28
1352; Susanne, f, daughter, 4

1353; **REED**, Maggie, f, widow, 62

1354; **REED**, James W, m, husband, 44
1355; Agnes, f, daughter, 6
1356; Willie Elmer, m, son, 2
1357; Meekerson, m, son, 1

1358; **REED**, Maggie Goleach, f, single, 24

1359; **RICHARDS**, Mamie Payne, f, wife, 25
1360; Ruby Kate, f, daughter, 5
1361; Willard Frances, m, son, 3

1362; **RILEY**, James, m, single, 11

1363; **ROBERSON**, Iowa Isabella, f, wife, 23
1364; Etta, f, daughter, 4
1365; A. J, m, son, 1

1366; **ROBERSON**, Edward E, m, husband, 35
1367; Charlie Hobart, m, son, 7
1368; Howard Geoffrey, m, son, 4
1369; Henry H, m, son, 2
1370; Alvin W, m, son, 1/3

1371; **ROBERSON**, Willis Q, m, single, 32

1372; **ROBERSON**, Thomas L, m, husband, 29
1373; William R, m, son, 8
1374; Harley T, m, son, 4
1375; Sarah Edith, f, daughter, 1

1376; **ROBERTS**, Lottie Smith, f, wife, 35
1377; Callie, f, daughter, 10
1378; Walter, m, son, 9
1379; Fred, m, son, 6
1380; Lula, f, daughter, 5
1381; Edna, f, daughter, 1/3

1382; **ROBINSON**, Ellen Raper, f, wife, 47
1383; Emeline, f, daughter, 15
1384; Hadley, m, son, 13

1385; **BEAVERS**, Fannie Robinson, f, wife, 18

Census of the **Cherokee (Eastern)** *Indians of* **Cherokee, N. C.** *Agency, taken by* **Frank Kyselke, Superintendent & S.D.Agent**, *United States Indian Agent,* **June 30,** *1912*

KEY: Number; English Name, *Indian Name (if given)*, Sex, Relation, Age.

1386; **ROGERS**, Jeanette E. Payne, f, wife, 65

1387; **GREEN**, Martha Caroline Rogers, f, wife, 43

1388; **ROGERS**, William, m, husband, 48
1389; Oscar, m, son, 16
1390; Villa, f, daughter, 13
1391; Floyd, m, son, 10
1392; Astor, m, son, 7
1393; Inez, f, daughter, 5

1394; **ROPETWISTER**, Manley, m, single, 54

1395; **ROSE**, Florence, f, wife, 40
1396; Jake, m, son, 16
1397; Grace, f, daughter, 12
1398; Nora, f, daughter, 10
1399; Cora, f, daughter, 7
1400; Benjamin, m, son, 5
1401; Thurman, m, son, 2

1402; **ROSE**, William, m, single, 19

1403; **MORGAN**, Bonnie Rose, f, wife, 21
1404; Agnes, f, daughter, 1/3

1405; **RUNNING WOLFE**, *(No name)* m, husband, 33
1406; Mollie, f, wife, 31
1407; Lloyd, m, son, 13
1408; Ammons, m, son, 9
1409; Tom, m, son, 8
1410; Sallie, f, daughter, 5
1411; Callie, f, daughter, 1

1412; **SAKEY**, Nellie, f, single, 63

1413; **SAMPSON**, James, m, husband, 59
1414; Sallie, f, wife, 49
1415; **[Cucumber]**, Arch, m, ward, 7

1416; **SANDERS**, Cudge Ellis, m, husband, 51
1417; Polly, f, wife, 55
1418; Moses, m, son, 16
1419; **[Twin]**, Viola, f, grnd-daughter, 2

1420; **SAUNOOKE**, Nancy, f, widow, 60

1421; **SAUNOOKE**, Jim, m, single, 23

1422; **SAUNOOKE**, Sally, f, widow, 24
1423; Kane, m, son, 4
1424; Katie, f, daughter, 2
1425; Essick, m, son, 1/3

1426; **SAUNOOKE**, William, m, husband, 42
1427; Edward, m, son, 12
1428; Anderson, m, son, 8
1429; Osler, m, son, 6
1430; Cowanah, m, son, 3
1431; Friedman, m, son, 1

1432; **SAUNOOKE**, Joseph, m, husband, 40
1433; Margaret, f, wife, 25
1434; Emma, f, daughter, 2
1435; Nicodemus Boyd, m, son, 1/3

1436; **SAUNOOKE**, Stillwell, m, widower, 71
1437; Cindy, f, daughter, 13
1438; Lillie, f, daughter, 6

1439; **SAUNOOKE**, Emeneeta, m, single, 18

Census of the **Cherokee (Eastern)** *Indians of* **Cherokee, N. C.** *Agency, taken by* **Frank Kyselke, Superintendent & S.D.Agent**, *United States Indian Agent,* **June 30,** *1912*

KEY: Number; English Name, *Indian Name (if given)*, Sex, Relation, Age.

1440; **SAUNOOKE**, Malinda, f, single, 26

1441; **SAUNOOKE**, Nan, f, single, 22

1442; **SAUNOOKE**, Samuel, m, single, 33

1443; **SAUNOOKE**, Rachel, f, single, 24

1444; **SAUNOOKE**, Stillwell, m, single, 21

1445; **SAUNOOKE**, Jackson, m, single, 29

1446; **SAUVE**, Minnie E. Nick, f, wife, 31
1447; Marie Mabel, f, daughter, 4
1448; Josephine E, f, daughter, 3
1449; Joseph Peter, m, son, 1

1450; **SAWYER**, Kiney, f, sep'd wife, 28
1451; Thomas, m, son, 6

1452; **SAWYER**, Allen, m, sep'd husband, 35

1453; **SCREAMER**, David, m, single, 21

1454; **SCREAMER**, James, m, husband, 54
1455; Cindy, f, wife, 30

1456; **SCREAMER**, Soggy, m, single, 18

1457; **SCREAMER**, Manus, m, husband, 30
1458; Nannie, f, wife, 35

1459; **SCREAMER**, Kane, m, single, 20

1460; **SCREAMER**, Enox, m, divorced, 46

1461; **SEQUOHYEH**, Zachariah, m, husband, 53
1462; Louisa Hill, f, wife, 51
1463; [Hill], Linda, f, stp-daughter, 14
1464; Susan, f, daughter, 11
1465; Alice, f, daughter, 9

1466; **SEQUOHYEH**, Noah J, m, single, 27

1467; **SEQUOHYEH**, Lizzie E, f, single, 23

1468; **SEQUOHYEH**, *(No name)*, m, widower, 65

1469; **SHAK-EAR**, Fidella, m, husband, 41
1470; Lizzie, f, wife, 48

1471; **SHELL**, John, m, husband, 60
1472; Sallie, f, wife, 52
1473; [Feather], Hettie, f, ward, 15

1474; **SHELL**, Ute, m, husband, 34
1475; Mattie, f, wife, 27
1476; Joseph, m, son, 10
1477; Joshua, m, son, 4
1478; Boyd, m, son, 1

1479; **SHERRILL**, William, m, husband, 33
1480; Rita Irene, f, daughter, 2

1481; **SHERRILL**, John, m, husband, 37
1482; Mollie, f, wife, 33

Census of the **Cherokee (Eastern)** *Indians of* **Cherokee, N. C.** *Agency, taken by* **Frank Kyselke, Superintendent & S.D.Agent**, *United States Indian Agent,* **June 30,** *1912*

KEY: Number; English Name, *Indian Name (if given)*, Sex, Relation, Age.

1483; Solemon, f, daughter, 10
1484; Julia, f, daughter, 6
1485; Samuel, m, son, 3
1486; **[Tramper]**, Kiney, f, stp-daughter, 13

1487; **SHULER**, Georgia Craig, f, wife, 28

1488; **SIMPSON**, Martha Owl, f, wife, 35

1489; **SKITTY**, Sevier, m, single, 64

1490; **SMITH**, Jacob L, m, husband, 33
1491; Olive, f, wife, 33
1492; Lawrence, m, son, 5
1493; Charles Henry, m, son, 1

1494; **SMITH**, Mark Tiger, m, husband, 59
1495; Mary Melvina, f, wife, 50
1496; Oliver, m, son, 16

1497; **SMITH**, James David, m, widower, 34

1498; **SMITH**, Duffy, m, single, 32

1499; **SMITH**, Francis Elwood, m, husband, 26
1500; Bettie Welch, f, wife, 31
1501; Victor C, m, son, 1

1502; **MANEY**, Charity Smith, f, wife, 31
1503; Richard, m, son, 1/3

1504; **SMITH**, Noah, m, husband, 29
1505; Earl E, m, son, 5
1506; Ella A, f, daughter, 3
1507; Grace Rose, f, daughter, 1

1508; **SMITH**, Martha Ann, f, widow, 75

1509; **SMITH**, Lewis H, m, husband, 66
1510; Nancy, f, wife, 61

1511; **SMITH**, Ross B, m, husband, 72
1512; Cynthia, f, wife, 60

1513; **SMITH**, Samuel A, m, husband, 46
1514; Goldman, m, son, 16
1515; David McKinley, m, son, 11
1516; Jesse H, m, son, 9
1517; Margaret, m, daughter, 1

1518; **SMITH**, William Blain, m, husband, 34
1519; Lucy Ann Davis, f, wife, 21
1520; Annie, f, daughter, 1

1521; **SMITH**, Joseph N, m, single, 22

1522; **SMITH**, Lorena M, f, widow, 47

1523; **SMITH**, Thaddeus Sibbald, m, husband, 34
1524; Hartman, m, son, 14
1525; Mary, f, daughter, 12
1526; Grace, f, daughter, 6
1527; Mildred, f, daughter, 3

1528; **SMITH**, Lloyd H, m, husband, 39
1529; Roberson, m, son, 11
1530; Elizabeth, f, daughter, 10
1531; Noah, m, son, 8
1532; Tennie, f, daughter, 6
1533; John D, m, son, 5
1534; Duffy, m, son, 2

1535; **SMITH**, George Lewis, m, single, 33

Census of the **Cherokee (Eastern)** *Indians of* **Cherokee, N. C.** *Agency, taken by* **Frank Kyselke, Superintendent & S.D.Agent**, *United States Indian Agent,* **June 30,** *1912*

KEY: Number; English Name, *Indian Name (if given)*, Sex, Relation, Age.

1536; **SMITH**, Henry, m, husband, 63
1537; Russell, m, son, 7
1538; Hettie, f, daughter, 5
1538; Myrtle, m, daughter, 3
1540; [Rogers], Wesley Crow, m, stpson, 11

1541; **ROGERS**, Maggie, f, single, 19

1542; **SMITH**, Roxie, f, single, 28

1543; **SMITH**, Thomas, m, husband, 30
1544; Buford Roy, m, son, 3
1545; Leaina, f, daughter, 1

1546; **SMITH**, John Q. A, m, husband, 42
1547; Josephine, f, daughter, 16
1548; Rose Anna, f, daughter, 13
1549; Bessie, f, daughter, 10
1550; Robert, m, son, 8
1551; Ross B, m, son, 4

1552; **SMITH**, James G. W, m, single, 18

1553; **SMOKER**, Aggie, f, widow, 37
1554; Willie, m, son, 13
1555; Peter, m, son, 10
1556; Charles, m, son, 6

1557; **SMOKER**, James, m, husband, 22
1558; Luzene Washington, f, wife, 18
1559; Davison, m, son, 1

1560; **SMOKER**, Will Sawyer, m, husband, 41
1561; Alkinney, f, wife, 34
1562; Moses, m, son, 16
1563; Awee, f, daughter, 15
1564; Hunter, m, son, 10
1565; Lizzie, f, daughter, 7

1566; Lucy, f, daughter, 5
1567; Martha, f, daughter, 3
1568; Nute, m, son, 1/3

1569; **SMOKER**, Samuel, m, husband, 30
1570; Stacy, f, wife, 29
1571; Bascom, m, son, 9
1572; Ollie, f, daughter, 7
1573; Cornelia, f, daughter, 5
1574; Bettie, f, daughter, 4
1575; Caroline, f, daughter, 1

1576; **SMOKER**, Lloyd, m, husband, 41
1577; Nancy, f, wife, 54

1578; **SNEED**, William Sherman, m, husband, 50

1579; **SNEED**, Samuel, m, husband, 55
1580; Mary C, f, daughter, 15
1581; Annie L, f, daughter, 14
1582; Maud E, f, daughter, 13

1583; **SNEED**, John H, m, husband, 59

1584; **SNEED**, Manco, m, husband, 25

1585; **SNEED**, Osco, m, husband, 33
1586; Thomas Mack, m, son, 5
1587; William Harley, m, son, 3
1588; Alma, f, daughter, 2
1589; James E, m, son, 1/3

1590; **SNEED**, Campbell, m, husband, 24
1591; Mindy, f, wife, 22
1592; Carrie, f, daughter, 3
1593; Ernest, m, son, 2
1594; Pocahontas, f, daughter, 1

1595; **SNEED**, Peco, m, husband, 37

Census of the **Cherokee (Eastern)** *Indians of* **Cherokee, N. C.** *Agency, taken by* **Frank Kyselke, Superintendent & S.D.Agent**, *United States Indian Agent,* **June 30,** *1912*

KEY: Number; English Name, *Indian Name (if given)*, Sex, Relation, Age.

1596; Sarah, f, daughter, 11
1597; Blakely, m, son, 7
1598; Stella L, f, daughter, 4
1599; Lillian K, f, daughter, 2

1600; **SALOLANEETA**, Bird, m, husband, 70
1601; Lucy, f, wife, 60

1602; **SALOLANEETA**, Leander, m, husband, 47
1603; Annie, f, wife, 33
1604; [Kalonuheskie], Edith, f, niece of wife, 3

1605; **SALOLANEETA**, John Lossie, m, widower, 74

1606; **SALOLANEETA**, Linda, f, single, 47

1607; **SOUTHER**, Dora Cole, f, wife, 23
1608; Delpha, m, son, 3
1609; Harford, m, son,

1610; **SPRAY**, Gertrude Henrianna, f, single, 25

1611; **SQUIRREL**, George, m, husband, 48
1612; Rebecca, f, wife, 37
1613; Nola, f, daughter, 15
1614; Sequechee, m, son, 12
1615; Mary, f, daughter, 9
1616; Lillie, f, daughter, 1

1617; **SQUIRREL**, David, m, husband, 40
1618; Nancy, f, wife, 32
1619; Kimsey, m, son, 15
1620; Nora, f, daughter, 13
1621; Dinah, f, daughter, 11

1622; Daniel, m, son, 8
1623; Ollie, f, daughter, 6
1624; Shepherd, m, son, 4
1625; Abel, m, son, 2
1626; Olsie, f, daughter, 1/3

1627; **STANDINGDEER**, Nancy, f, widow, 61

1628; **STANDINGDEER**, Lowen, m, single, 29

1629; **STANDINGDEER**, Wesley, m, husband, 55
1630; Nancy, f, wife, 48

1631; **STANDINGDEER**, Junaluska R, m, husband, 30

1632; **STANDINGDEER**, Carl, m, husband, 30
1633; Mary Smith, f, wife, 28
1634; Cecelia, f, daughter, 5
1635; Virginia, f, daughter, 3
1636; Roxanna, f, daughter, 1

1637; **STANDINGDEER**, Andy, m, husband, 53
1638; Margaret, f, wife, 53

1639; **STANDINGWATER**, Alexander, m, widower, 55

1640; **STAMPER**, Ned, m, husband, 43
1641; Sallie Ann, f, wife, 36
1642; Hetty, f, daughter, 15
1643; Caroline, f, daughter, 13
1644; William, m, son, 11
1645; Lizzie, f, daughter, 9
1646; Sarah, f, daughter, 5
1647; Emma, f, daughter, 3

Census of the **Cherokee (Eastern)** *Indians of* **Cherokee, N. C.** *Agency, taken by* **Frank Kyselke, Superintendent & S.D.Agent***, United States Indian Agent,* **June 30,** *1912*

KEY: Number; English Name, *Indian Name (if given)*, Sex, Relation, Age.

1648; **STILES**, Mary E. Payne, f, wife, 42
1649; Gilbert, m, son, 18

[*NOTE: From this point forward numbered incorrectly - as is on original.*]

1640; Oliver, m, son, 14
1641; Clem, m, son, 8
1642; Hal, m, son, 6

1643; **BURRELL**, Emma Stiles, f, wife, 16

1644; **STILES**, Theodocia E. Payne, f, wife, 32
1645; Thomas Luster, m, son, 14
1646; Rufus Virgil, m, son, 12
1647; Cora Alma, f, daughter, 10
1648; Lloyd, m, son, 7
1649; Ella, f, daughter, 5
1650; Wilfred, m, son, 3

1651; **STILES**, Hallie L, f, wife, 23
1652; Floyd, m, son, 2

1653; **ST. JERMAIN**, Nicey I, f, wife, 41

1654; **SUTAGIH**, Anna, f, widow, 58

1655; **SUTAGIH**, *(No name)*, m, husband, 72
1656; Mary, f, wife, 57
1657; Sallie, f, grnd-daughter, 7

1658; **SWAYNEY**, Laura J, f, wife, 54
1659; Luzena, f, daughter, 13

1660; **SWAYNEY**, Calcina, f, single, 18

1661; **SWAYNEY**, Jesse W, m, sep'd husband, 24

1662; **SWAYNEY**, Lorenzo Dow, m, husband, 34
1663; Amanda, f, daughter, 10
1664; Frank D, m, son, 7
1665; Thurman A, m, son, 4
1666; Grace, f, daughter, 2
1667; Dora E, f, daughter, 1/3

1668; **SWAYNEY**, John Wesley, m, husband, 29
1669; Alvin Walker, m, son, 2

1670; **SWIMMER**, Mary, f, single, 53

1671; **SWIMMER**, John, m, husband, 35
1672; Lucy Ann, f, wife, 28
1673; Obediah, m, son, 6
1674; Grace, f, daughter, 4
1675; Luke, m, son, 3
1676; George, m, son, 2

1677; **SWIMMER**, Runaway, m, husband, 34
1678; Annie, f, wife, 29
1679; **[Conley]**, Linda, f, husband's half sister, 8

1680; **SWIMMER**, Thomas, m, husband, 57
1681; Annie, f, wife, 53

1682; **TAHQUETTE**, John, m, sep'd husband, 56

1683; **TAHQUETTE**, Martha, f, single, 48

1684; **TAHQUETTE**, John Alfred, m, husband, 42
1685; Anna Elizabeth, f, wife, 38
1686; Emily, f, daughter, 6
1687; Frank Glenn, m, son, 5

Census of the **Cherokee (Eastern)** *Indians of* **Cherokee, N. C.** *Agency, taken by* **Frank Kyselke, Superintendent & S.D.Agent**, *United States Indian Agent,* **June 30,** *1912*

KEY: Number; English Name, *Indian Name (if given)*, Sex, Relation, Age.

1688; Howard Wayne, m, son, 3
1689; Amy Elizabeth, f, daughter, 2
1690; Marion, f, daughter, 2

1691; **TAIL**, Jim, m, single, 71

1692; **TAYLOR**, Eliza, f, widow, 55
1693; Julius, m, son, 13
1694; Timpson, m, son, 12
1695; David, m, son, 10
1696; William, m, son, 5

1697; **TAYLOR**, Jack, m, single, 22

1698; **TAYLOR**, Sallie, f, widow, 71

1699; **TAYLOR**, Julius, m, husband, 34
1700; Stacy, f, wife, 37

1701; **TAYLOR**, Sherman, m, husband, 30
1702; Maggie, f, wife, 25
1703; Alkinney, f, daughter, 7
1704; George, m, son, 3
1705; Eva, f, daughter, 1

1706; **TAYLOR**, Jesse, m, husband, 46
1707; Stacy, f, wife, 37

1708; **TAYLOR**, John, m, husband, 21
1709; Nannie Welch, f, wife, 18
1710; Eva, f, daughter, 1/3

1711; **TEESATESKEE**, John, m, husband, 52
1712; Jennie, f, wife, 52
1713; Welch, m, son, 14
1714; Lloyd, m, son, 12

1715; **TEESATESKI**, Sampson, m, husband, 21
1716; Annie George, f, wife, 17

1717; **TEESATESKI**, Jesse, m, husband, 25
1718; Polly Bird, f, wife, 28
1719; **[Bird]**, Bettie, f, stp-daughter, 11
1720; **[Bird]**, Solomon, m, stp-son, 9
1721; **[Bird]**, Lucy Ann, f, Stp-daughter, 6
1722; Adam, m, son, 2
1723; Sarah, f, daughter, 13

1724; **TEESATESKI**, Will, m, husband, 59
1725; Nessih, f, wife, 57
1726; **[Ledford]**, Allen, m, ward, 7
1727; **[Teesateskie]**, Steve, m, ward, 6
1728; **[Teesateskie]**, Josie, f, ward, 4

1729; **TEESATESKIE**, Illinois, m, us, 37
1730; Cindy Smoker, f, wife, 24

1731; **TEESATESKI**, Noah, m, husband, 27
1732; Ella, f, wife, 26
1733; Willie, m, son, 5
1734; George, m, son, 2

1735; **TELESKIE**, Ezekiel, m, widower, 69

1736; **TELESKIE**, Jesse, m, husband, 21

1737; **TEOTALE**, Nancy, f, single, 87

1738; **TEWATLEY**, Jim, m, husband, 60
1739; Rose, f, wife, 62

1740; **TEWATLEY**, Kane, m, single, 26

Census of the **Cherokee (Eastern)** *Indians of* **Cherokee, N. C.** *Agency, taken by* **Frank Kyselke, Superintendent & S.D.Agent**, *United States Indian Agent,* **June 30,** *1912*

KEY: Number; English Name, *Indian Name (if given)*, Sex, Relation, Age.

1741; **TEWATLEY**, Willie, m, single, 23

1742; **TEWATLEY**, Adam, m, husband, 37
1743; Desdemonia Crow, f, wife, 15

~~1744; TEWATLEY, Amanda~~
(Marked out on original.)

1744; **THOMPSON**, Enos, m, widower, 51
1745; Wilson, m, son, 19
1746; Goliah, m, son, 14

1746* **THOMPSON**, Peter, m, single, 25
*(*Number given twice)*

1747; **THOMPSON**, Johnson, m, husband, 45
1748; Nancy, f, wife, 44
1749; David, m, son, 15
1750; James W, m, son, 12
1751; Jonanni, m, son, 8
1752; Jackson, m, son, 7
1753; Annie, f, daughter, 6

1754; **THOMPSON**, Ahsinnih, m, husband, 28
1755; Sallie Welch, f, wife, 33

1756; **THOMPSON**, Mary W, f, wife, 36
1757; Iowa, f, daughter, 17
1758; Olin, m, son, 15
1759; Greely, m, son, 13
1760; Verdie, f, daughter, 9
1761; Iris, f, daughter, 7
1762; Lawrence, m, son, 3
1763; Willard, m, son, 1

1764; **THOMPSON**, Wilson, m, husband, 24
1765; Rebecca, f, wife, 22
1766; Tahquette ~~Noah~~*, m, son, 1
[**NOTE:* Marked out on original]

1767; **THOMPSON**, Martha W, f, wife, 38
1768; William H, m, son, 17
1769; Mata, f, daughter, 15
1770; Minnie, f, daughter, 13
1771; Elbert, m, son, 12
1772; Braska L, f, daughter, 10
1773; Atha W, f, daughter, 9
1774; Newel,, m, son, 7
1775; Jmarvin[sic], m, son, 6
1776; Walker, m, son, 4

1777; **THOMAS**[sic], Rhoda R. C, f, wife, 25
1778; Ella Henrietta, f, daughter, 6
1779; William Harrison, m, son, 4
1780; Lula C. E, f, daughter, 3
1781; James Henry, m, son, 1

1782; **TIMPSON**, James, m, husband, 59
1783; Callie M, f, daughter, 19

1784; **TIMPSON**, John S, m, husband, 27

1785; **TIMPSON**, Columbus H, m, husband, 23

1786; **TIMPSON**, James A, m, husband, 31
1787; Lawrence Arthur, m, son, 3
1788; Lexie May, f, daughter, 1

1789; **TIMPSON**, Humphrey P, m, single, 54

Census of the **Cherokee (Eastern)** *Indians of* **Cherokee, N. C.** *Agency, taken by* **Frank Kyselke, Superintendent & S.D.Agent**, *United States Indian Agent,* **June 30,** *1912*

KEY: Number; English Name, *Indian Name (if given)*, Sex, Relation, Age.

1790; **TOE**, Johnson, m, husband, 55
1791; Nancy Welch, f, wife, 51
1792; **[Saunooke]**, Nannie, f, ward, 14
1793; **[Saunooke]**, Polly, f, ward, 6

1794; **TOE**, Campbell, m, single, 42

1795; **TOINEETA**, Loney, m, husband, 52
1796; Sallie, f, wife, 52
1797; Caroline, f, daughter, 17
1798; **[Lossie]**, Solomon, m, ward, 13

1799; **TOINEETA**, West, m, single, 330[sic]

1800; **TOINEETA** George, m, husband, 29
1801; Mary E. Welch, f, wife, 38
1802; Edwin T, m, son, 3
1803; F. Geneva, f, daughter, 1
1804; **[Welch]**, Lloyd, m, stp-son, 17
1805; **[Welch]**, Theodore A, m, stp-son, 15
1806; **[Welch]**, Clarence, m, stp-son, 13
1807; **[Welch]**, Richard, m, stp-son, 9

1808; **TOINEETA**, Nick, m, husband, 44
1809; Bettie, f, wife, 31

1810; **TOINEETA**, Arneach, m, single, 19

1811; **TOINEETA**, Suagih, m, single, 23

1812; **TOLLIE**, Lizzie, f, wife, 25

1813; **TOONI**, Squiencey, m, husband, 72
1814; Lydia, f, wife, 56

1815; **TOONI**, Moses, m, single, 23

1816; **TOONI**, Mike, m, husband, 38
1817; Anna, f, wife, 36
1818; Elijah, m, son, 12
1819; Nancy, f, daughter, 9
1820; Lizzie, f, daughter, 1

1821; **TOONI**, Joseph, m, husband, 56

1822; **TOONI**, Andy, m, single, 20

1823; **TOONI**, Nicey, f, single, 26

1824; **TOONI**, Jukins, m, husband, 36
1825; Lizzie, f, wife, 30
1826; Rachel, f, daughter, 3
1827; Lossel, m, son, 2

1828; **TOONI**, Nancy, f, widow, 33
1829; Nannie, f, daughter, 9
1830; Isaac, m, son, 7
1831; Mary, f, daughter, 13
1832; Wannie, f, daughter, 3

1833; **TRAMPER**, Chiltoskie, m, single, 31

1834; **TRAMPER**, Amineeta, m, single, 22

1835; **TRAMPER**, Lottie, f, single, 18

1836; **UTE**, Mary, f, widow, 70

1837; **WACHACHA**, Roxie, f, widow, 51
1838; Susie, f, daughter, 16
1839; John Wayne, m, son, 14
1840; Jesse, m, son, 12
1841; Winnie, f, daughter, 11
1842; Oney, f, daughter, 8

Census of the **Cherokee (Eastern)** *Indians of* **Cherokee, N. C.** *Agency, taken by* **Frank Kyselke, Superintendent & S.D.Agent**, *United States Indian Agent,* **June 30,** *1912*

KEY: Number; English Name, *Indian Name (if given)*, Sex, Relation, Age.

1843; **WACHACHA**, Jake C, m, single, 19

1844; **WACHACHA**, Nancy, f, single, 19

1845; **WACHACHA**, Posey, m, single, 18

1846; **WACHACHA**, Nessih, m, single, 31

1847; **WACHACHA**, Garrett, m, single, 28

1848; **WACHACHA**, James, m, single, 26

1849; **WACHACHA**, Sarah, f, single, 23

1850; **WACHACHA**, Charles, m, husband, 22
1851; Amanda Teesateskie, f, wife, 17

1852; **WAHYAHNETAH**, John, m, husband, 69
1853; Awee, f, wife, 59
1854; Posey, m, grnd-son, 12

1855; **WAHYAHNETAH**, Sampson, m, single, 29

1856; **WAHYAHNETAH**, Allen, m, husband, 38
1857; Sallie, f, wife, 43

1858; **WAHYAHNETAH**, William, m, husband, 42
1859; Kamie, f, wife, 35
1860; Maggie, f, daughter, 11
1861; Samuel, m, son, 8
1862; LeRoy, m, son, 5

1863; Bertha, f, daughter, 3
1864; Ethel, f, daughter, 1

1865; **WAIDSUTTE**, Bird, m, husband, 35
1866; Mary, f, wife, 38
1867; Lee, m, son, 9
1868; [Axe], Peter, m, stp-son, 19
1869; [Axe], Manda, f, stp-daughter, 16

1870; **WAIDSUTTE**, Davis, m, husband, 40
1871; Nancy, f, wife, 36
1872; Addison, m, son, 3

1873; **WAIDSUTTE**, Ben, m, husband, 50
1874; Kiney, f, wife, 30
1875; Margaret, f, daughter, ½

1876; **WALKINGSTICK**, Mike, m, husband, 67
1877; Caroline, f, wife, 56

1878; **WALKINGSTICK**, James, m, husband, 27
1879; Lucy Ann, f, wife, 28

1880; **WALKINGSTICK**, Jasper, m, husband, 40
1881; Annie, f, wife, 29
1882; Mason, m, son, 9
1883; Maggie, f, daughter, 7
1884; Willie, m, son, 5
1885; Adam, m, son, 3
1886; John, m, son, 1

1887; **WALKINGSTICK**, John, m, husband, 62
1888; Walsa, f, wife, 41
1889; Moses, m, son, 16
1890; Mike, m, son, 10
1891; Enoch, m,, son, 3

Census of the **Cherokee (Eastern)** *Indians of* **Cherokee, N. C.** *Agency, taken by* **Frank Kyselke, Superintendent & S.D.Agent**, *United States Indian Agent,* **June 30,** *1912*

KEY: Number; English Name, *Indian Name (if given)*, Sex, Relation, Age.

1892; Collie Maud, f, daughter, ½

1893; **WALKINGSTICK**, Owen, m, husband, 23
1894; Linda, f, wife, 28
1895; Cinda, f, daughter, 3
1896; Lizzie, f, daughter, 1

1897; **WALKINGSTICK**, Bascom, m, single, 23

1898; **WALLACE**, James, m, husband, 34
1899; Tahquette Owl, m, son, 9

1900; **WARLICK**, Edna May, f, single, 12
1901; Roxie, f, single, 3

1902; **WATTY**, Coolarche, m, husband, 33
1903; Nessih, f, wife, 36
1904; Stephen, m, son, 15
1905; Nina, f, daughter, 12
1906; Lizzie, f, daughter, 10
1907; Polly, f, daughter, 6
1908; Olsie, f, daughter, 3

1909; *WATTY*, m, husband, 77
1910; *Uhnahyih*, f, wife, 69

1911; **WATTY**, Ute, m, husband, 47
1912; Mary, f, wife, 41

1913; **WASHINGTON**, Key, m, sep'd husband, 59

1914; **WASHINGTON**, Elizabeth, f, widow, 72

1915; **WASHINGTON**, Joseph, m, husband, 30
1916; Stella B, f, wife, 27

1917; Richard B, m, son, 2

1918; **WASHINGTON**, Jesse, m, husband, 37
1919; Ollie, f, wife, 37
1920; Amy, f, daughter, 7
1921; George, m, son, 5
1922; Jonas, m, son, 2
1923; [Reed], Luzene, f, stp-daughter, 13

1924; **WAYNE**, John, m, husband, 50
1925; Jennie, f, wife, 42

1926; **WAYNE**, Will John, m, husband, 38
1927; Sarah, f, wife, 28
1928; Yeh-kin-nie, f, daughter, 1

1929; **WEBSTER**, Rachel A, f, widow, 70

1930; **WEBSTER**, William Lawrence, m, husband, 40
1931; Jetter Columbus, m, son, 15
1932; Carrie, f, daughter, 12
1933; Norma, f, daughter, 9
1934; William Robert, m, son, 6

1935; **WELCH**, John G, m, widower, 68

1936; **WELCH**, Lucinda G, f, single, 19

1937; **WELCH**, Mark G, m, single, 35

1938; **WELCH**, Willie, m, single, 23

1939; **WELCH**, Jimmy, m, single, 21

1940; **WELCH**, Jackson, m, sep'd husb, 42

Census of the **Cherokee (Eastern)** *Indians of* **Cherokee, N. C.** *Agency, taken by* **Frank Kyselke, Superintendent & S.D.Agent***, United States Indian Agent,* **June 30,** *1912*

KEY: Number; English Name, *Indian Name (if given)*, Sex, Relation, Age.

1941; **WELCH**, John, m, single, 18

1942; **WELCH**, Mary, f, single, 20

1943; **WELCH**, James B, m, sep'd husband, 39

1944; **WELCH**, Sampson, m, husband, 54
1945; Lizzie, f, wife, 47

1946; **WELCH**, Ephesus, m, husband, 29
1947; Stacy, f, wife, 22
1948; Juna, m, son, 4
1949; Martha, f, daughter, 1

1950; **WELCH**, Edward, m, husband, 27
1951; Lydia Thompson, f, wife, 21
1952; David, m, son, 1

1953; **WELCH**, Nannie, f, widow, 50

1954; **WELCH**, Lucinda, m[sic], single, 29

1955; **WELCH**, Moses, m, single, 26

1956; **WELCH**, Davis, m, husband, 44
1957; Eve, f, wife, 41
1958; Joseph, m, son, 14
1959; Ned, m, son, 8
1960; Lizzie, f, daughter, 6
1961; Jenne, f, daughter, 3

1962; **WELCH**, Jesse, m, single, 19

1963; **WELCH**, John, m, single, 24

1964; **WELCH**, James, m, single, 20

1965; **WELCH**, Elijah, m, husband, 50

1966; Ann Eliza, f, wife, 57
1967; Mark, m, son, 12
1968; Ollie, f, daughter, 9
1969; **[Armachain]**, Jonah, m, stp-son, 17

1970; **WELCH**, James Elijah, m, single, 23

1971; **WELCH**, Adam, m, husband, 26
1972; Ann Eliza, f, wife, 21
1973; Frank Churchill, m, son, 4
1974; Russel, m, son, 1

1975; **WELCH**, Corneeta, m, husband, 32
1976; Nancy Hill, f, wife, 20

1977; **WESLEY**, Judas, m, husband, 36;
1978; Jennie, f, wife, 54
1979; **[Lowen]**, John, m, stp-son, 17

1980; **WHIPPOORWILL**, Manley, m, single, 28

1981; **WILDCAT**, *(No name)*, m, widower, 78

1982; **WILDCAT**, Daniel, m, husband, 31
1983; Elsie, f, wife, 46

1984; **WILL**, John, m, husband, 50
1985; Jane, f, wife, 40
1986; James, m, son, 9
1987; Alice, f, daughter, 7
1988; David, m, son, 5
1989; Luzene, f, daughter, 3

1990; **WILNOTIH**, Simon, m, husband, 21
1991; Amanda Tewatley, f, wife, 22

Census of the **Cherokee (Eastern)** *Indians of* **Cherokee, N. C.** *Agency, taken by* **Frank Kyselke, Superintendent & S.D.Agent**, *United States Indian Agent,* **June 30,** *1912*

KEY: Number; English Name, *Indian Name (if given)*, Sex, Relation, Age.

1992; **WILNOTIH**, Lot, m, widower, 62

1993; **WILNOTY**, Ned, m, husband, 61
1994; Sallie, f, wife, 60

1995; **WILNOTY**, Mink, m, single, 67

[*From this point on renumbered incorrectly - as is on original.*]

1994; **WILNOTY**, Moses, m, husband, 31
1995; Julius, m, son, 3
1996; [Greybeard], James, m, stp-son, 11
1997; [Greybeard], Sallie, stp-daughter, 14

1998; **WOLFE**, Katherine Macon, f, wife, 26

1999; **WOLFE**, Edward, m, single, 21

2000; **WOLFE**, John [Standing Turkey] m, husband, 43
2001; Callie, f, wife, 39

2002; **WOLFE**, William Johnson, m, husband, 35
2003; Martha, f, wife, 29
2004; Joe, m, son, 10
2005; Addison, m, son, 6
2006; Lilly, f, daughter, 3
2007; Eli, m, son, 1

2008; **WOLFE**, Susan, f, widow, 61

2009; **WOLFE**, Ward, m, single, 22

2010; **WOLFE**, John Lossie, m, husband, 49
2011; Nancy Lossie, f, wife, 59

2012; **WOLFE**, Dobson [Dawson], m, single, 21

2013; **WOLFE**, Lloyd Lossie, m, single, 23

2014; **WOLFE**, Jacob, m, husband, 41
2015; Nelcina, f, wife, 39
2016; Joseph, m, son, 15
2017; Jesse, m, son, 12
2018; Alice, f, daughter, 5
2019; Lucinda, f, daughter, 2
2020; Abel, m, son, 9

2021; **WOLFE**, John [W], m, husband, 42
2022; Linda, f, wife, 39
2023; Walker, m, son, 7
2024; Salkiny, f, daughter, 2

2025; **WOLFE**, Junaluska, m, single, 28

2026; **WOLFE**, Owen, m, husband, 28
2027; Susie Armachain, f, wife, 53

2028; **WOLFE**, Taqua, m, husband, 23

2029; **WOLFE**, Moses, m, husband, 65
2030; Jane, f, wife, 51
2031; Jonah, m, son, 18

2032; **WOLFE**, Martha, f, single, 23

2033; **WOLFE**, Joseph H, m, husband, 40
2034; Jennie, f, wife, 42
2035; Callie, f, daughter, 14

2036; **WOLFE**, Polly, f, single, 66

2036*; **WOLFE**, Mary Elizabeth, f, single, 28
(*Number given twice)

Census of the **Cherokee (Eastern)** *Indians of* **Cherokee, N. C.** *Agency, taken by* **Frank Kyselke, Superintendent & S.D.Agent**, *United States Indian Agent,* **June 30,** *1912*

KEY: Number; English Name, *Indian Name (if given)*, Sex, Relation, Age.

2037; **WOLFE**, James T, m, husband, 25
2038; Betty Smoke, f, wife, 17
2039; William W, m, son, 1/3

2040; **WOLFE**, Pearl Margaret, f, single, 24
2041; **[Kaloniheskie]**, Josephine, f, ward, 6

2042; **WOLFE**, Amanda, f, single, 22

2043; **WOLFE**, Charlie Hicks, m, single, 20

2044; **WOLFE**, George Lloyd, m, husband, 35

2045; **WOLFE**, John Russel, m, single, 8
2046; William Harley, m, single, 6
2047; Richard Collins, m, single, 4
2048; Jessie May, f, single, 3
2049; Charles Ray, single, 2
2050; Helen Mildred, f, single, 1

2051; **WOLFE**, David, m, husband, 69

2052; **WOLFE**, Louis Henry, m, husband, 40
2053; S. Isabella, f, daughter, 16
2054; Amanda Jane, f, daughter, 13
2055; Eliza Pauline, f, daughter, 9
2056; James William, m, son, 6
2057; Frederick Sanford, m, son, 3

2058; **WOLFE**, Louis David, m, single, 18

2059; **WOLFE**, Lowen, m, husband, 64
2060; Sallie, f, wife, 52

2061; **YONCE**, Nancy S, f, wife, 62

2062; **YOUNGBIRD**, Rufus, m, single, 25

2063; **YOUNGBIRD**, Soggie, m, single, 22

2064; **YOUNGBIRD**, Yohnih, f, single, 20

2065; **YOUNGDEER**, John, m, husband, 56
2066; Betsy, f, wife, 59
2067; Moody, m, son, 13

2068; **YOUNGDEER**, Eli, m, single, 31

2069; **YOUNGDEER**, Jonah, m, single, 29

2070; **YOUNGDEER**, Martha, f, single, 16
2071; Amons, son, ½

2072; **YOUNGDEER**, Jesse, m, single, 25

2073; **YOUNGDEER**, Stephen, m, single, 23

2074; **YOUNGDEER**, Jacob, m, husband, 40
2075; Lunsih, f, wife, 59

2076; **OWL**, Moses, m, single, 23

2077; **SEQUOHYEH**, Ammons, m, stp-son of #635; 7

2078; **THOMPSON**, Ammon, m, single, 18

RECAPITULATION OF
THE EASTERN CHEROKEE INDIANS OF NORTH CAROLINA
FOR FISCAL YEAR 1912, AS TO POPULATION. * *

All Indians are unallotted.

	MINORS			**ADULTS**		
	Able bodied	Ment. or Phys. dis.	**TOTAL**	Able bodied	Ment. or Phys. dis.	**TOTAL**
Males - - -	600	23	623	473	40	513
Females -	469	18	487	425	30	455

Total Number Males, able bodied – 1073, Disabled, etc. 63, **Total** 1136
" " Females, able bodied – 894, Disabled, etc. 48, **Total** 942
Grand total - - - 2078

	Males	**Females**	**Total**
Full bloods	467	393	860
Mixed, but half more	267	220	487
Less Than half blood	402	329	731
Total	1136	942	2078

Distribution by degree of blood:

Full blood - - - - - 860	11/16 - - - - - 6	1/8 - - - - - 149
31/32 - - - - - - - - - 15	21/32 - - - - - 11	3/32 - - - - 13
15/16 - - - - - - - - - 52	5/8 - - - - - - - - 44	5/64 - - - - 1
29/32 - - - - - - - - - 8	9/16 - - - - - - 7	1/32 - - - - 116
7/8 - - - - - - - - - - - 111	1/2 - - - - - - - - 86	1/16 - - - - 268
27/32 - - - - - - - - - 2	7/16 - - - - - - 11	
13/16 - - - - - - - - - 11	3/8 - - - - - - - - 33	
25/32 - - - - - - - - - 4	5/16 - - - - - - 15	
3/4 - - - - - - - - - - - 129	1/4 - - - - - - - 105	
23/32 - - - - - - - - - 1	3/16 - - - - - - 18	**Total** - - - - - - 2078

Respectfully submitted.

Frank Kyselka Supt. & S. D. Agent.

Department of the Interior

United States Indian Service

Cherokee, N. C., July 17, 1914

The Commissioner of Indian Affairs,

    Washington, D.C.

Sir:

    I am inclosing herewith Census of the Eastern Cherokee Indians, North Carolina for the Fiscal Year, 1914.

Very respectfully,

James E. Henderson

Superintendent.

CBB.
Enclosures

Census of the **Eastern Cherokee** *Indians of* **Cherokee** *Agency, N. C. taken by* **James E. Henderson Supt. & S.D.A.,** *on* **June 30; 1914.**

KEY: Number; English Name, *Indian Name (if given)*, Sex, Relation, Age.

1; **AHNETONAH**, Nancy, f, widow, 77

2; **ALLEN**, Will, m, husband, 69
3; Sallie, f, wife, 63
4; Junaluskie, m, son, 26

5; **ALLEN**, John, m, husband, 43
6; Eve, f, wife, 30
7; Rebecca, f, daughter, 18
8; [Welch], Emeline, f, stp-daughter, 13

9; **ALLISON**, Nannie I, f, wife, 31
10; Roy Robert, m, son, 10
11; Albert Monroe, m, son, 7
12; Ida May, f, daughter, 5
13; Fealix Wilbur, m, son, 1½

14; **ANDERSON**, Addie L. G, f, wife, 25
15; Girtie, f, daughter, 4

16; **ANDERSON**, Louisa Jane, f, wife, 35
17; Bessie, f, daughter, 12
18; Cora, f, daughter, 10
19; Ella, f, daughter, 4
20; William Burl, m, son, 1½

21; **ARCH**, David, m, husband, 55
22; Martha, f, wife, 30
23; Ross, m, son, 18
24; Jess, m, son, 6
25; Jimmie, m, son, 4
26; Eva Stella, f, daughter, 3
27; Olivan, f, daughter, 20
28; [Saunooke], Steve, m, ward, 17

29; **ARCH**, Jenny, f, widow, 84

30; **ARCH**, Johnson, m, husband, 30
31; Ella, f, wife, 24
32; Cora, f, daughter, 6

33; Harach, m, son, 5
34; Elma, f, daughter, 3

35; **ARMACHAIN**, Amy, f, sep'd wife, 65

36; **ARMACHAIN**, Lacy, m, husband, 38
37; Anna, f, wife, 39
38; James, m, son, 5

39; **ARMACHAIN**, Davis, m, husband, 59
40; Annie, f, wife, 43
41; Jesse, m, son, 18
42; Louis, m, son, 168
43; Rachel, f, daughter, 13
44; Sevier, m, son, 10

45; **ARMACHAIN**, Chewonih, m, sep'd husband, 70

46; **ARNEACH**, Will West, m, widower, 65
47; Nellie West, f, daughter, 18
48; Buck West, m, son, 16
49; James West, m, son, 20

50; **ARNEACH**, Jefferson, m, husband, 40
51; Sarah, f, wife, 39
52; Margaret, f, daughter, 8
53; Samuel, m, son, 5
54; John E. H, m, son, 3
55; Stella Pocahontas, f, daughter, 1
56; [Bird], Lizzie, f, stp-daughter, 15
57; [Bird], Bessie, f, stp-daughter, 13
58; [Bird[, David, m, son, 20

59; **AXE**, Willie, m, widower, 43
60; Maggie, f, daughter,, 19
61; Sarah, daughter, 18

62; **AXE**, John, m, husband, 60

Census of the **Eastern Cherokee** *Indians of* **Cherokee** *Agency,* **N. C.** *taken by* **James E. Henderson Supt. & S.D.A.,** *on* **June 30;** *1914.*

KEY: Number; English Name, *Indian Name (if given)*, Sex, Relation, Age.

63; Eve, f, wife, 50

64; **AXE**, Josiah Trinity, m, husband, 50
65; Sarah, f, wife, 33
66; Amy, f, daughter, 12
67; Nancy, f, daughter, 11
68; Ella, f, daughter, 9
69; Corinthia, f, daughter, 7
70; Lazarus, m, son, 5
71; Lula, f, daughter, 4
72; Dora, f, daughter, 1
73; Cindy, f, daughter, 24

74; **BAKER**, Elmira, f, wife, 42
75; Dona, f, daughter, 19
76; Crickett, m, son, 10
77; Ben, m, son, 9
78; Ada, f, daughter, 5
79; Homer, m, son, 2
80; Luther, m, son, 21

81; **BAKER**, Ella C. Bruce, f, wife, 52

82; **BAKER**, Ella McCoy, f, wife, 36
83; Stella, f, daughter, 16
84; Charley W, m, son, 11
85; Mary R, f, daughter, 9
86; Cora, f, daughter, 4
87; Alice, f, daughter, 1

88; **BATES**, Delilah W. Smith, f, wife, 44
89; Marshall Smith, m, son, 17
90; Lizzie, f, daughter, 12

91; **WINKLER**, Selina Smith Bates, f, wife, 20

92; **BATSON**, Henrietta Crow, f, wife, 27
93; Alfred G, m, son, 3
94; Olivia Jane, f, daughter, 1 mo

95; **BEARMEAT**, Mary, f, widow, 69

96; **BEN**, Cheick, m, husband, 49
97; Ollie, f, wife, 30
98; James, m, son, 10
99; Olivan, f, daughter, 8
100; Candy, m, son, 3
101; Callie, f, daughter, 1
102; **[Bigmeat]**, Robert, m, son, 20
103; **[Bigmeat]**, Charlotte L. Crow, f, wife, ?
104; **[Bigmeat]**, Minnie Crow, f, daughter, 1

105; **BIGMEAT**, Nicodemus, m, husband, 39
106; Nannie, f, wife, 49
107; Yona, m, son, 37[sic]

108; **BIGMEAT**, Ainihkih, m, widower, 66
109; Adam, m, son, 23

110; **BIGMEAT**, Isiah, m, husband, 36
111; Sarah, f, wife, 32
112; John, m, son, 2
113; **[Bird]**, Timpson, m, son, 29[sic]

114; **BIRD**, Squaincih, m, husband, 69
115; Eliza, f, wife, 74

116; **BIRD**, Ollie, f, sep'd wife, 32
117; Annie, f, daughter, 8
118; Lucy, f, daughter, 5
119; Minnie Peckerwood, f, daughter, 3
120; Joe, m, son, 1

121; **BIRD**, Lloyd, m, sep'd husband, 31

122; **BIRD**, Stephen, m, husband, 61
123; Annie, f, wife, 58

Census of the **Eastern Cherokee** *Indians of* **Cherokee** *Agency,* **N. C.** *taken by* **James E. Henderson Supt. & S.D.A.,** *on* **June 30;** *1914.*

KEY: Number; English Name, *Indian Name (if given)*, Sex, Relation, Age.

124; **BIRD**, Teheskie, m, husband, 74
125; Celia, f, wife, 61

126; **BIRD**, Going, m, husband, 45
127; Annie, f, wife, 50
128; **[Tooni]**, Garfield, m, ward, 8
129; Eli, m, son, 21

130; **BLACKFOX**, Cindy, f, widow, 72

131; **BLACKFOX**, Charley, m, husband, 35
132; Nancy, f, wife, 31
133; Lloyd, m, son, 11
134; Nancy, f, daughter, 2

135; **BLACKFOX**, Josiah, m, husband, 63
136; Dinah C, f, wife, 57
137; Keaziah, m, stp-son, 19

138; **BLANKENSHIP**, Arizona, f, wife, 39
139; Lillie J, f, daughter, 5
140; Fred, m, son, 3
141; Helen Kathalene, f, daughter, 1

142; **BLUE OWL**, *(No name)*, m, widower, 56

143; **BLYTHE**, Arch, m, husband, 37
144; Ida, f, wife, 33
145; Sampson, m, son, 10
146; Birdie Bell, f, daughter, 4
147; Francis Marion, f, daughter, 1
148; William Henry, m, son, 38

149; **BLYTHE**, James, m, widower, 53
150; **[Bauer]**, Fred, m, ward, 17
151; **[Bauer]**, Owena, f, ward, 19
152; Jarrett, m, son, 28

153; **BLYTHE**, David, m, husband, 52

154; Nancy, f, wife, 40

155; **BLYTHE**, William Johnson, m, husband, 42
156; Lloyd, m, son, 5
157; **[Crow]**, Louisa, f, stp-daughter, 10
158; Allen, m, son, 2

159; **BRADLEY**, Henry, m, husband, 30
160; Nancy, f, wife, 33
161; James, m, son, 8
162; Nancy, f, daughter, 6
163; Dewesee, m, son, 5
164; Shon, m, son, 3
165; **[George]**, Goliath, m, stp-son, 12

166; **BRADLEY**, Eliza Jane, f, wife, 42
167; Amos, m, son, 18
168; Henry, m, son, 14
169; Judson, m, son, 12
170; Lydia, f, daughter, 9
171; Seaborn, m, son, 7
172; Bertha Ann, f, daughter, 4
173; Wallace Russel, m, son, 2

174; **BRADLEY**, Nancy, f, daughter[sic], 38
175; Margaret, f, daughter, 15
176; Roy, m, son, 11
177; Minda, f, daughter, 9
178; Verdie Winterford, f, daughter, 5
179; Annie, f, daughter, 12
180; Dinah, f, daughter, 11
181; Rachel, f, daughter, 8
182; Thomas, m, son, 6

183; **BRADLEY**, Joseph, m, husband, 33
184; Johnson, m, son, 5
185; Lucinda, f, daughter, 2
186; Lewis, m, son, 1

Census of the **Eastern Cherokee** *Indians of* **Cherokee** *Agency,* **N. C.** *taken by* **James E. Henderson Supt. & S.D.A.,** *on* **June 30;** *1914.*

KEY: Number; English Name, *Indian Name (if given)*, Sex, Relation, Age.

187; Walter, m, son, 12
188; Nick, m, son, 19
189; Morgan, m, son, 22
190; Sarah, f, daughter, 14

191; **BRADLEY**, Johnson, m, husband, 35
192; Raymond, m, son, 6
193; Ethel, f, daughter, 4
194; Antoin Russel, m, son, 2

195; **BRADY**, Susie Smith, f, wife, 28
196; James Lowen, m, son, 4
197; Samuel, m, son, 2
198; William, m, son, 6 mo

199; **BRADY**, Robert A, m, husband, 46
200; Eliza, f, daughter, 19
201; Sarah, f, daughter, 17
202; Arthur, m, son, 15
203; McKinley, m, son, 12
204; Luther, m, son, 10
205; Elizabeth, f, daughter, 7
206; Clyde, m, son, 6
207; Callie, f, daughter, 3

208; **BREWSTER**, Linnie L. Jordan, f, wife, 22
209; Elly, f, daughter, 4

210; **BROWN**, Lydia, f, widow, 67

211; **BROWN**, Peter, divorced, husband, m, 31

212; **BROWN**, Nancy, f, divorced wife, 31

213; **BROWN**, Jonah, m, husband, 35
214; Agnes, f, wife, 35
215; Mark, m, son, 4
216; Lizzie, f, daughter, 2

217; **BRUCE**, Arthur, m, husband, 24

218; **BRUCE**, Thomas, m, husband, 28

219; **BRYANT**, Elizabeth H. G, f, wife, 53

220; **BURGESS**, Georgia Ann, f, wife, 45
221; Bessie L, f, daughter, 18
222; R. Floy, f, daughter, 15
223; Willie R, f, daughter, 12
224; George Alger, m, son, 8
225; Nellie Luella, f, daughter, 5
226; Frederick Homer, m, son, 3
227; Mary M, f, daughter, 21

228; **BUSHEYHEAD**, Ben, m, husband, 28
229; Nancy, f, wife, 27
230; Joel, m, son, 3

231; **CALAWAY**, Bessie M. Nick, f, wife, 27

232; **CALHOUN**, Morgan, m, husband, 50
233; Sallie Ann, f, wife, 37
234; Lloyd, m, son, 18
235; Eve, f, daughter, 16
236; Yihginneh, f, daughter, 14
237; Lawson, m, son, 12
238; Holly, m, son, 10
239; Sunday, m, son, 8
240; Diana, f, daughter, 4
241; Smathers, m, son, 2
242; Polly, f, daughter, 20

243; **CALHOUN**, Lawyer, m, husband, 55
244; Ollie, f, wife, 43

245; **CANNAUT**, Abel, m, husband, 34

Census of the **Eastern Cherokee** *Indians of* **Cherokee** *Agency,* **N. C.** *taken by* **James E. Henderson Supt. & S.D.A.** *on* **June 30;** *1914.*

KEY: Number; English Name, *Indian Name (if given)*, Sex, Relation, Age.

246; Susie, f, wife, 25

247; **CANNAUT**, Columbus, m, husband, 30
248; Maggie, f, wife, 24
249; Addison, m, son, 5

250; **CAT**, Ben, m, husband, 47
251; Oney, f, wife, 54

252; **CAT**, Johnson, m, husband, 55
253; Sally, f, wife, 53
254; Jesse, m, son, 19
255; Amanda, f, daughter, 14
256; [**Hornbuckle**], Andy, m, ward, 10
257; [**Hornbuckle**], Johnson, m, ward, 14

258; **CAT**, Willie, m, husband, 27
259; Corinthia, f, wife, 24
260; David, m, son, 5
261; Robert, m, son, 3
262; Margaret, f, daughter, 23[sic]

263; **CATOLSTER**, Eve, f, widow, 72

264; **CATOLSTER**, Wallace, m, husband, 39
265; Elsie Feather, f, wife, 36
266; Eliza, f, daughter, 7 mo
267; William, m, son, 35[sic]

268; **CATOLSTER**, Carson, m, husband, 33
269; Josie, f, wife, 23
270; Johnson, m, son, 5
271; David, m, son, 4
272; Margaret, f, daughter, 5 mo

273; **CATOLSTER**, Sally, f, wife, 28
274; Eliza Jane, f, daughter, 10
275; Alexander, m, son, 8
276; Nannie, f, daughter, 5
277; Guion M, m, son, 4

278; Lucy, f, daughter, 1

279; **CEARLEY**, Lucy Emeline, f, wife, 35
280; William Luther, m, son, 14
281; Emery Lorenzo, m, son, 11
282; Robert Astor, m, son, 9
283; John Patrick, m, son, 3

284; **CHEKELELEE**, Stone, m, husband, 42
285; Mary, f, wife, 51
286; Simon, m, son, 15
287; Rosa, f, daughter, 10

288; **CHEKELELEE**, Andy, m, husband, 30
289; Bettie, f, wife, 25
290; Bessie, f, daughter, 4
291; Martha, f, daughter, 2

292; **CHEKELELEE**, Tom, m, husband, 48
293; Luella, f, daughter, 9
294; Wilson, m, son, 5

295; **CHILDERS**, Lula Frances, f, wife, 32
296; Robert, m, son, 9
297; Stella, f, daughter, 5
298; Maude, f, daughter, 3
299; Clifford E, m, son, 1

300; **CHILTOSKIE**, Will, m, husband, 56
301; Charlotte, f, wife, 25
302; Wahdih, m, son, 15
303; James, m, son, 7

304; **CLAY**, Timpson, m, sep'd husband, 41
305; Sallie, f, wife, 46
306; [**Teesateski**], Arch, m, son, 17

Census of the **Eastern Cherokee** *Indians of* **Cherokee** *Agency,* **N. C.** *taken by* **James E. Henderson Supt. & S.D.A.,** *on* **June 30;** *1914.*

KEY: Number; English Name, *Indian Name (if given)*, Sex, Relation, Age.

307; **[Teesateski]**, Awee, f, daughter, 14
308; **[Teesateski]**, Jonah, m, son, 11

309; **CLARK**, Lottie A, f, wife, 45
310; **[Pattee]**, Frederick H, m, son, 20
311; **[Pattee]**, Sophia F, f, daughter, 18

312; **CLIMBINGBEAR**, Ollie, f, widow, 59
313; Deliskie, m, son, 38

314; **COLE**, George Washington, m, husband, 45
315; Walter, m, son, 16
316; Jewel, m, son, 14
317; John, m, son, 10
318; Lula, f, daughter, 7
319; Wilford, m, son, 5
320; Orna, f, daughter, 21
321; Ida, f, daughter, 24

322; **COLE**, William A, m, husband, 35
323; Arley, m, son, 9
324; Hollie, m, son, 7
325; Ollie, m, son, 5
326; Attla, m, son, 4

327; **COLE**, Robert T, m, husband, 27
328; Lloyd, m, son, 2
329; George Emery, m, son, 23[sic]

330; **COLEMAN**, Harrison E, m, husband, 59
331; Birdie A, f, daughter, 18
332; Lucius Calvin, m, son, 15
333; Nancy M.E, f, daughter, 24

334; **COLEMAN**, John N, m, husband, 42
335; Julia N, f, daughter, 10
336; Henry J, m, son, 8

337; **COLEMAN**, Geo. Washington, m, husband, 35
338; Lillian M, f, daughter, 9
339; May Emeline, f, daughter, 5
340; Jesse James, m, son, 8

341; **COLEMAN**, William Edward, m, husband, 33
342; Julius Roosevelt, m, son, 10
343; Sarah Eliz, f, daughter, 8
344; Lillie M, f, daughter, 4
345; Wm. Robert, m, son, 1½

346; **COLEMAN**, Simon Peter, m, husband, 30
347; Oscar, m, son, 4
348; Otealve G, f, daughter, 3
349; Pearl May, f, daughter, 7 mo

350; **CONLEY**, John, m, widower, 53
351; Luke, m, son, 18
352; John, Jr, m, son, 24

353; **CONSEEN**, Jack, m, husband, 27
354; Eliza George, f, wife, 21
355; Annie George, f, daughter, 1

356; **CONSEEN**, Thompson, m, husband, 23
357; Irene Arch, f, wife, 40
358; Wilson, m, son, 1
359; **[Arch]**, Noah, m, stp-son, 19
360; **[Arch]**, Codaskie, m, stp-son, 15
361; **[Arch]**, Winnie, f, stp-daughter, 8
362; **[Arch]**, Annie, f, stp-daughter, 5

363; **CONSEEN**, Breast, m, widower, 52
364; Dahney, f, daughter, 18
365; Willie, m, son, 15
366; James, m, son, 26

367; **CONSEEN**, Jack, m, widower, 78

Census of the **Eastern Cherokee** *Indians of* **Cherokee** *Agency, N. C. taken by* **James E. Henderson Supt. & S.D.A.,** *on* **June 30; 1914.**

KEY: Number; English Name, *Indian Name (if given)*, Sex, Relation, Age.

368; **CONSEEN**, Peter, m, husband, 35
369; Nancy, f, wife, 37
370; Harry, m, son, 9
371; Joe, m, son, 7
372; Ida, f, daughter, 5
373; Japson, m, son, 4

374; **CONSEEN**, John Ropetwister, m, husband, 54
375; Annie Arneach, f, wife, 60
376; Kate, f, daughter, 50
377; Martha, f, daughter, 16

378; **COOK**, Jessie Loora, f, wife, 23
379; Vernie Lee, f, daughter, 5
380; Inez Gertrude, f, daughter, 3
381; Randel Edgar, m, son, 1

382; **COOPER**, Stacy Jane, f, wife, 46
383; Curtis, m, son, 18
384; Frankie, f, daughter, 17
385; Leila, f, daughter, 16
386; Fannie, f, daughter, 14
387; Myrtle, f, daughter, 12
388; Fred, m, son, 9
389; Selma, f, daughter, 6
390; Mary Joe, f, daughter, 4
391; Arnold, m, son, 20

392; **RAVE**, Martha Cornsilk, f, wife, 28
393; Morris Washington, m, son, 1

394; **CORNSILK**, John, m, husband, 23
395; Famous, m, son, 2

396; **CORNSILK**, Armstrong, m, husband, 62
397; Annie, f, wife, 55
398; Hettie, f, daughter, 16
399; Howard, m, son, 14

400; **CORNSILK**, L. Dow, m, husband, 33
401; Nancy, f, wife, 32
402; Woody, m, son, 5
403; Emma, f, daughter, 3
404; Jacob, m, son, 2 mo

405; **CORNSILK**, York, m, husband, 47
406; Eann, f, wife, 56
407; [Saunooke], Jennie, f, ward, 11

408; **HARDING**, Mary Josephine Craig, f, wife, 37
409; [Craig], George Donley, m, son, 9
410; Harold, m, son, 2

411; **CRAIG**, William W, m, husband, 28
412; Frank, m, son, 20[sic]

413; **CROOKS**, Bessie Meroney, f, wife, 33

414; **CROW**, Ute, m, son, 27

415; **CROW**, John, m, husband, 32
416; Mary, f, wife, 41
417; Callie, f, daughter, 10
418; Albert, m, son, 8
419; Lucy, f, daughter, 3
420; Iva, f, daughter, 1

421; **CROW**, Caroline, f, widow, 77
422; Wesley R, m, son, 39

423; **CROW**, Joseph, m, husband, 45
424; Annie, f, wife, 49
425; Boyd, m, son, 19

426; **CROW**, John Wesley, m, husband, 25
427; Mollie Endros, f, wife, 36
428; Joseph, m, son, 3

257

Census of the **Eastern Cherokee** *Indians of* **Cherokee** *Agency,* **N. C.** *taken by* **James E. Henderson Supt. & S.D.A.,** *on* **June 30;** *1914.*

KEY: Number; English Name, *Indian Name (if given)*, Sex, Relation, Age.

429; [Endros], Edwin, m, stp-son, 6

430; CROW, Davis, m, husband, 29
431; Sallie, f, wife, 24
432; Samuel, m, son, 7
433; Rachel, f, daughter, 6
434; Stacy, f, daughter, 5
435; Nancy, f, daughter, 3

436; CROW, Anona, f, daughter, 24

437; CROW, Aquaishoe, m, son, 26

438; CROW, Ossie, m, husband, 31
439; Martha Toineeta, f, wife, 25
440; Dinah, f, daughter, 8 mo

441; CROW, Sevier, m, husband, 54
442; Dora, f, daughter, 18
443; Arthur, m, son, 15
444; Luther, m, son, 15
445; Lossie, m, son, 13
446; Robert, m, son, 20

447; CUCUMBER, Dorcas, f, widow, 63
448; Dakie, f, daughter, 17
449; William, m, son, 35

450; CUCUMBER, Gena, m, husband, 33
451; Katie, f, wife, 33

452; CUCUMBER, Noah, m, son, 31
453; Squincey, m, son, 4
454; [Saunooke], Ollie, f, stp-daughter, 9

455; CUCUMBER, Arch, m, husband, 26
456; Ollie Youngbird, f, wife, 46
457; [Youngbird], James, m, stp-son, 14

458; [Youngbird], Walkinnih, f, stp-daughter, 9

459; CUCUMBER, James, m, husband, 20
460; Lizzie Reed, f, wife, 20
461; Jennie, f, daughter, 3
462; Mason, m, son, 1

463; CUCUMBER, Moses, m, widower, 37
464; John D, m, son, 5

465; DAHNENOLIH or SMOKE, m, widower, 56

466; DAILEY, Gita I. R, f, wife, 23

467; DAVIS, Wilste, m, husband, 67
468; Elsie, f, wife, 61
469; [Wayne], Caroline, f, grnd-niece, 15

470; DAVIS, Joe, m, husband, 41
471; Katie, f, wife, 56

472; DAVIS, Quaitih, f, widow, 77

473; DAVIS, Rebecca, f, wife, 61

474; DAVIS, John, m, husband, 52
475; Annie, f, wife, 59

476; DAVIS, Charley, m, husband, 41
477; Isaac, m, son, 15
478; David, m, son, 13
479; George, m, son, 9
480; Callie, f, daughter, 5
481; Israel, m, son, 20

482; DENVER, Mary E. Roberson, m, wife, 40
483; John Robert, m, son, 5

Census of the **Eastern Cherokee** *Indians of* **Cherokee** *Agency, N. C. taken by* **James E. Henderson Supt. & S.D.A.,** *on* **June 30; 1914.**

KEY: Number; English Name, *Indian Name (if given)*, Sex, Relation, Age.

484; **DELEGESKIH**, John, m, widower, 63
485; [Taylor], James Delegeskih, m, grnd-son, 11
486; Alkinney, m, son, 31

487; **TAYLOR**, Leander, m, son, 8
488; John, m, son, 5

489; **DOBSON**, John, m, husband, 92
490; Mary George, f, wife, 54
491; [George], Kane, m, grnd-son, 18
492; [Littlejohn], Aggie, f, ward, 19

493; **DOCKERY**, Emma J. Payne, f, wife, 32
494; Elsie Arlena, f, daughter, 9
495; Ralph Burton, m, son, 6
496; Cora P, f, daughter, 4
497; Dora Lee, f, daughter, 1

498; **DONLEY**, Robert L, m, son, 42

499; **DRIVER**, Wesley, m, husband, 42
500; Agnes, f, wife, 44
501; John, m, son, 15
502; Lucinda, f, daughter, 12
503; Sallie, f, daughter, 8

504; **DRIVER**, John Hill, m, husband, 59
505; Sallie Calhoun, f, wife, 77

506; **DRIVER**, Judas, m, husband, 45
507; Eliza, f, wife, 46

508; **DRIVER**, Annie, f, sep'd wife, 69

509; **DRIVER**, Jimmy, m, husband, 76
510; Betty, f, wife, 71

511; **DRIVER**, Russel B, m, husband, 40

512; Marion, f, daughter, 10
513; Elsie, f, daughter, 7
514; Wesley, m, son, 3½

515; **DRIVER**, Goliath B, m, husband, 38
516; Helen Ester, f, daughter, 5

517; **DRIVER**, Chekelelee, m, husband, 30
518; Ollie, f, wife, 28
519; Rosa, f, daughter, 12
520; George, m, son, 10
521; Mason, m, son, 5
522; Sag, m, son, 1

523; **DRIVER**, Dickey, m, husband, 64
524; Etta, f, wife, 35
525; Nannie, f, daughter, 8
526; Dehart, m, son, 5
527; John, m, son, 2
528; William, m, son, 41
529; Eliza, f, daughter, 43
530; Ned, m, son, 17
531; Adam, m, son, 13

532; **DUNCAN**, Lillian V, f, wife, 37
533; Sybil, m, daughter, 8

534; **EUBANK**, Lillie, f, wife, 26
535; Joseph, m, son, 8
536; Lillie M, f, daughter, 6
537; Verlin R, m, son, 5
538; Clarence, m, son, 3

539; **FEATHER**, Lawyer, m, husband, 51
540; Mary, f, wife, 45
541; Ancie, f, daughter, 16
542; Gahtayah, f, daughter, 14
543; Jonah, m, son, 8

544; **FEATHERHEAD**, Wilson, m, husband, 38

Census of the **Eastern Cherokee** *Indians of* **Cherokee** *Agency,* **N. C.** *taken by* **James E. Henderson Supt. & S.D.A.,** *on* **June 30;** *1914.*

KEY: Number; English Name, *Indian Name (if given)*, Sex, Relation, Age.

545; Nancy, f, wife, 70

546; **FINGER**, Sophronia C, f, wife, 38
547; Samuel A, m, son, 16
548; Leona, f, daughter, 9
549; Elmer Eugene, m, son, 6
550; Ruby Irene, f, daughter, 3

551; **LEO**, Remona C. Finger, f, wife, 18
552; [Fox], Squirrel, m, son, 55[sic]

553; **FODDER**, Jennie, f, widow, 72
554; [Hornbuckle], Daniel, m, grndson, 18

555; **FORTNER**, Sis, f, wife, 43

556; **FOSTER**, Alcie[sic], f, wife, 38
557; Elsie, f, daughter, 15
558; Robert, m, son, 13
559; Burton, m, son, 11
560; Lee Roy, m, son, 8

561; **FRENCH**, Linda Otter, f, widow, 20

562; **FRENCH**, Awee, f, wife, 36
563; Meroney, m, son, 17
564; Morgan, m, son, 14
565; Soggie, m, son, 12
566; George, m, son, 9
567; Jonah, m, son, 7
568; Lizzie, f, daughter, 5
569; Maud, f, daughter, 20

570; **FRENCH**, Wallie, f, sep'd wife, 34
571; Ned, m, son, 14
572; Nellie, f, daughter, 12
573; Katy, f, daughter, 7
574; Jesse, m, son, 9
575; Elnora, f, dau, 17

576; **GARLAND**, Elizabeth, f, widow, 84

577; **GARLAND**, Tullius B, m, husband, 64

578; **GARLAND**, John Basco, m, husband, 35
579; Frank, m, son, 8
580; Fred, m, son, 6
581; Edgar, m, son, 3

582; **GARLAND**, Roxanna, f, daughter, 56

583; **GARLAND**, Elizabeth, f, daughter, 27

584; **GARLAND**, William Sherman, m, son, 48

585; **GARLAND**, Jesse Lafayette, m, husband, 58
586; Emery, m, son, 11
587; Radie Elmer, f, daughter, 8

588; **GARLAND**, Leonzo, m, husband, 29
589; Homelee, m, son, 4

590; **TEAGUE**, Jessie May Garland, f, wife, 22

591; **GEORGE**, Dawson, m, husband, 54
592; Mary, f, wife, 55
593; Annie, f, daughter, 31
594; Manley, m, son, 24

595; **GEORGE**, Davis, m, husband, 63
596; Rosa E Biddix, f, wife, 35
597; [Biddix], Jennie, f, stp-daughter, 11
598; [Biddix], Polly, f, stp-daughter, 7

Census of the **Eastern Cherokee** *Indians of* **Cherokee** *Agency,* **N. C.** *taken by* **James E. Henderson Supt. & S.D.A.** *on* **June 30;** *1914.*

KEY: Number; English Name, *Indian Name (if given)*, Sex, Relation, Age.

599; Shon, m, son, 43

600; **GEORGE**, Elijah, m, husband, 40
601; Logan, m, son, 26

602; **GEORGE**, Julia V, f, wife, 39
603; Lottie B, f, daughter, 8
604; Wallace L, m, son, 6
605; Shell, m, son, 54[sic]

606; **GOIN**, Sally, f, daughter, 65

607; **GOIN**, Bird Chopper, m, husband, 45
608; Ollie, f, wife, 42
609; Daniel, m, son, 15
610; Emeline, f, daughter, 5

611; **GOINGS**, James, m, widower, 82

612; **GOFORTH**, Minnie, f, wife, 27
613; Louisa, f, daughter, 5
614; Arthur, m, son, 3

615; **GOING SNAKE**, *(No name)*, m, husband, 57
616; Nancy, f, wife, 48
617; **[Greybeard]**, Lillie, f, daughter, 22
618; Ezekiel, m, son, 74[sic]
619; Aggie, f, daughter, 64[sic]

620; **GREEN**, Cora E Payne, f, wife, 30
621; Lurlie Beatrice, f, daughter, 7
622; Bonnie Lee, f, daughter, 5
623; Blanche J, f, daughter, 2

624; **GRIFFIN**, Daisy Yonce, f, wife, 22
625; Nola, f, daughter, 3
626; Ima, f, daughter, 1½

627; **HAWKINS**, Dora Parilee, f, wife, 32
628; Charlie Leonard, m, son, 10
629; Luther, m, son, 5
630; Delia May, f, daughter, 3

631; **HILL**, Soggy M, m, husband, 33
632; Henrietta, f, wife, 40

633; **HILL**, Maul, m, sep'd husband, 67

634; **HILL**, Blain, m, husband, 28
635; Luzene, f, wife, 31
636; **[Sequohyeh]**, Ammons, m, stp-son, 9

637; **HILL**, Viola Nellie, f, daughter, 5
638; Birdie Charlotte, f, daughter, 3
639; Ned, m, son, 26

640; **HILL**, Levi, m, husband, 24
641; Laura Jane Wolfe, f, wife, 24
642; Lawrence, m, son, 2½

643; **HILL**, Abraham, m, husband, 50
644; Annie, f, wife, 42
645; Heneley, m, son, 15
646; Callie, f, daughter, 12

647; **HOLLAND**, Jennie, f, wife, 28
648; Grace, f, daughter, 10
649; David, m, son, 6

650; **HORNBUCKLE**, Rebecca, f, widow, 66
651; Maggie, f, daughter, 34
652; Israel, m, son, 29

653; **HORNBUCKLE**, William, m, husband, 32
654; Jennie C, f, wife, 28
655; Clarence, m, son, 4
656; Nora, f, daughter, 2

Census of the **Eastern Cherokee** *Indians of* **Cherokee** *Agency,* **N. C.** *taken by* **James E. Henderson Supt. & S.D.A.,** *on* **June 30;** *1914.*

KEY: Number; English Name, *Indian Name (if given)*, Sex, Relation, Age.

657; **HORNBUCKLE**, John Otter, m, husband, 43
658; Mattie, f, wife, 49
659; Ollie, f, daughter, 12
660; Dahnih, f, daughter, 9

661; **HORNBUCKLE**, Caroline, f, widow, 54

662; **HORNBUCKLE**, John L, m, husband, 30
663; Martha George, f, wife, 22
664; Ben, m, son, 7 mo

665; **HORNBUCKLE**, Jeff Davis, m, widower, 50
666; Jeff Davis, Jr, m, son, 22

667; **HORNBUCKLE**, George, m, husband, 37
668; Melissa, f, daughter, 18
669; Alice May, f, daughter, 16
670; Hartman, m, son, 13
671; Olive Ann, f, daughter, 11
672; John Russel, m, son, 9
673; William Allen, m, son, 6
674; Clifford, m, son, 4
675; Thurman, m, son, 2
676; Elvira, f, niece, 17

677; **HORNBUCKLE**, William, m, husband, 44
678; Fred, m, son, 18
679; Dora, f, daughter, 15
680; Wilson, m, son, 13
681; Maggie, f, daughter, 9
682; Jennie, f, daughter, 3

683; **JACK**, Nancy, f, widow, 77

684; **JACKSON**, John, m, husband, 78
685; Stacy, f, wife, 68
686; Sarah, f, daughter, 35
687; Jonas, m, son, 27
688; Jack, m, son, 22

689; **JACKSON**, Lawyer, m, husband, 41
690; Dakie, f, wife, 43
691; Florence, f, daughter, 11
692; Ella, f, daughter, 19

693; **JACKSON**, Eliza, f, widow, 66

694; **JACKSON**, Bob, m, husband, 38
695; Caroline, f, wife, 34
696; Wesley, m, son, 14
697; David, m, son, 12
698; Eddie, m, son, 10
699; Ikee, m, son, 5
700; Jacob, m, son, 20

701; **JESSAN**, Lydia, f, widow, 59
702; Joseph, m, son, 20

703; **JESSAN**, Dahnola, m, husband, 34
704; Mary, f, wife, 25
705; Elnora, f, daughter, 5
706; Lillian, f, daughter, 4
707; John Jacob Astor, m, son, 1

708; **JOHNSON**, Jim, m, son, 64
709; Caroline, f, son[sic], 51
710; Addison, m, son, 28

711; **JOHNSON**, Yona, m, husband, 34
712; Dora, wife, 30
713; Frank T. R, m, son, 5
714; Margaret Genevieve, f, daughter, 2

715; **JOHNSON**, Jimpsie, m, husband, 40
716; Ella, f, wife, 56

717; **JOHNSON**, Stephen, m, husband, 68

Census of the **Eastern Cherokee** *Indians of* **Cherokee** *Agency, N. C. taken by* **James E. Henderson Supt. & S.D.A.,** *on* **June 30;** *1914.*

KEY: Number; English Name, *Indian Name (if given)*, Sex, Relation, Age.

718; Jennie, f, wife, 64
719; [Jessan], Sim Dehart, m, grndson, 10

720; **JOHNSON**, Taskigee, m, husband, 36
721; Sally Oosowee, f, wife, 36
722; [Oosowee], Rachel, f, stpdaughter, 17
723; [Oosowee], Tahquette, stp-son, 15

724; **JOHNSON**, Jane [Jennie], f, widow, 25
725; Tom, m, son, 5
726; Jonah, m, son, 3

727; **JOHNSON**, Tempa, f, daughter, 24
728; Isaac, m, son, 21

729; **JUMPER**, Ute, m, husband, 42
730; Betsey, f, wife, 41
731; Stansil, m, son, 15
732; Edward, m, son, 13
733; James U, m, son, 10
734; Thomas, m, son, 8
735; Henry, m, son, 6
736; Ella, f, daughter, 5
737; Sarah, f, daughter, 2
738; [Junaluskie], Jim, m, son, 22

739; **JORDAN**, William Clark, m, husband, 66
740; Alfred, m, son, 20

741; **HODGES**, Ollie Jordan, f, wife, 19

742; **JORDAN**, William H, m, son, 26

743; **KALONUHESKIE**, Esiah, m, widower, 59
744; Martha, f, daughter, 12
745; Tom, m, son, 26

746; **KALONUHESKIE**, Abram, m, husband, 30

747; **KALONUHESKIE**, Charley, m, son, 28
748; Joe, m, son, 26

749; **KEG**, James, m, husband, 72
750; Katy, f, wife, 57

751; **KEG**, Matthew, m, husband, 48
752; Rebecca, f, daughter, 4
753; Fannie, f, daughter, 1

754; **KEG**, Delia Ann, f, wife, 23
755; William Harrison, m, son, 4
756; Clarence Emerson, m, son, 1½

757; **KUNTEESKIH**, *(No name)*, m, husband, 64
758; Sahwahchi, f, wife, 68
759; [Waidsutte], Bird, m, nephew, 14

760; **LADD**, Bonney Rogers, f, wife, 22
761; Mark, m, son, 3

762; **LAMBERT**, John N, m, husband, 52

763; **LAMBERT**, Lloyd, m, husband, 31
764; Sallie, f, wife, 34
765; Luzone, f, stp-daughter, 13
766; Ollie, f, daughter, 9
767; Nellie, f, daughter, 7
768; Richard, m, son, 5
769; Ruth, f, daughter, 1

770; **LAMBERT**, Charley, m, husband, 28
771; Mary Arch, f, wife, 27
772; Jackson, m, son, 8

Census of the **Eastern Cherokee** *Indians of* **Cherokee** *Agency,* **N. C.** *taken by* **James E. Henderson Supt. & S.D.A.,** *on* **June 30;** *1914.*

KEY: Number; English Name, *Indian Name (if given)*, Sex, Relation, Age.

773; John Adams, m, son, 3

774; **LAMBERT**, Hugh N, m, husband, 32
775; Alice Rosa, f, wife, 30
776; Paul Leroy, m, son, 5
777; Arthur J, m, son, 3
778; Albert Smith, m, son, 4 mo

779; **LAMBERT**, Thomas R, m, husband, 30
780; Nannie, f, wife, 26
781; Florence, f, daughter, 6
782; Seymour, m, son, 5

783; **LAMBERT**, Samuel C, m, husband, 54
784; Verdie, f, daughter, 19
785; Corbett, m, son, 17
786; Cora Lee, f, daughter, 14
787; Julia, f, daughter, 13
788; Theodore, m, son, 10
789; Oney, f, daughter, 8
790; Gaylord, m, son, 5
791; Lillian N, f, daughter, 2

792; **HIPPS**, Nannie Lambert, f, wife, 21
793; Nina Marie, f, daughter, 1

794; **LAMBERT**, Claude, m, husband, 23

795; **LAMBERT**, Albert J, m, husband, 62

796; **LAMBERT**, Jesse B, m, husband, 37
797; Minnie Stiles, f, wife, 24
798; Carl Glen, m, son, 3
799; Jessie Evelyn, f, daughter, 3 mo

800; **LAMBERT**, James W, m, husband, 39

801; Bessie, f, daughter, 14
802; Hugh H, m, son, 12
803; Ida M, f, daughter, 5
804; Lula P, f, daughter, 3
805; Mintha A, f, daughter, 1½

806; **LAMBERT**, Thomas O, m, husband, 35
807; Joseph C, m, son, 11
808; Henry H, m, son, 10
809; John A, m, son, 8
810; Sallie N, f, daughter, 5
811; Nellie, f, daughter, 3

812; **LAMBERT**, Columbus, m, husband, 44
813; Harvey, m, son, 17
814; Carson, m, son, 10

815; **LAMBERT**, Hugh J, m, husband, 40
816; Pearl B, f, daughter, 15
817; Andrew J, m, son, 13
818; Isaac, m, son, 11
819; Dora, f, daughter, 6
820; George, m, son, 5
821; [**Lambert**], Pearson, m, ward, 15
822; Ethel, f, daughter, 2

823; **LAMBERT**, J. Monroe, m, husband, 57
824; Jesse, m, son, 19
825; Fitzsimmons, m, son, 17
826; Flora, f, grnd-daughter, 13
827; [**Maney**], Minnie Araminta, f, grnd-daughter, 9
828; [**Maney**], Ruth, f, grnd-daughter, 7
829; [**Maney**], Bruce Garrett, m, grnd-son, 5
830; Fred, m, son, 21
831; Charles, m, son, 23

832; **LAMBERT**, Joseph Jackson, m, husband, 29

Census of the **Eastern Cherokee** *Indians of* **Cherokee** *Agency, N. C. taken by* **James E. Henderson Supt. & S.D.A.,** *on* **June 30;** *1914.*

KEY: Number; English Name, *Indian Name (if given)*, Sex, Relation, Age.

833; Cora Palestine, f, daughter, 8
834; Leonard Carson, m, son, 6
835; Willard, m, son, 4
836; Gillian, m, son, 2

837; **LAMBERT**, Ed, m, husband, 27
838; Edward Monroe, m, son, 7

839; **LARCH**, William, m, son, 38
840; David, m, son, 31

841; **LEE**, Samuel, m, husband, 24
842; William Clyde, m, son, 2
843; Debrada, f, daughter, 15
844; Edith, f, daughter, 18

845; **LEE**, Alonzo, m, husband, 40
846; Alice Mae, f, daughter, 12
847; Myrtle Gertrude, m, daughter, 7
848; **[Ledford]**, Sampson, m, son, 29

849; **LEDFORD**, Charlie, m, husband, 31
850; Maggie Walkingstick, f, wife, 22

851; **LEDFORD**, Jake, m, husband, 40
852; Mary, f, wife, 29
853; Amy, f, daughter, 6

854; **LEDFORD**, Onih, f, widow, 61

855; **LEDFORD**, Riley, m, husband, 39
856; Polly, f, wife, 32
857; Joe, m, son, 13
858; Kina, f, daughter, 11
859; Caroline, f, daughter, 7
860; Willie, m, son, 5
861; Maggie, f, daughter, 4

862; **LEDFORD**, Caroline M.R, f, wife, 39
863; Minnie, f, daughter, 18
864; Cora, f, daughter, 11

865; Adkins, m, son, 8
866; Charles Alvin, m, son, 6
867; Bonnie Marie, f, daughter, 4
868; Cyrus Atlas, m, son, 2
869; Iowa, f, daughter, 20

870; **LEFEVERS**, Temoxzenah G, f, wife, 33
871; Linnie, f, daughter, 14
872; William, m, son, 13

873; **LITTLEJOHN**, Saunooke, m, husband, 51
874; Ann Eliza, f, wife, 46
875; Henson, m, son, 15
876; John, m, son, 12
877; Owen, m, son, 8
878; Addie, f, daughter, 6
879; Emeline, f, daughter, 5

880; **LITTLEJOHN**, Wiggins, m, husband, 23
881; Caroline Standingdeer, f, wife, 26
882; **[Standingdeer]**, Sallie Ann, f, stp-daughter, 5
883; Edward James, m, son, 1½

884; **LITTLEJOHN**, Will, m, divorced husband, 46
885; Guy, m, son, 17
886; Katie, f, daughter, 16
887; Isaac, m, son, 14

888; **LITTLEJOHN**, Elowih, m, husband, 39
889; Annie, f, wife, 34
890; Sally Ann, f, daughter, 12
891; Sherman, m, son, 10
892; Jefferson, m, son, 7
893; Wesley, m, son, 5
894; Lizzie, f, daughter, 1
895; **[Tooni]**, Rachel, f, ward, 19
896; Minda, f, daughter, 2½
897; **[George]**, Coolarche, m, ward, 12

Census of the **Eastern Cherokee** *Indians of* **Cherokee** *Agency,* **N. C.** *taken by* **James E. Henderson Supt. & S.D.A.,** *on* **June 30;** *1914.*

KEY: Number; English Name, *Indian Name (if given)*, Sex, Relation, Age.

898; **LITTLEJOHN**, Ropetwister, m, husband, 49
899; Annie, f, wife, 37
900; [Wilnoty], Joseph, m, stp-son, 19
901; [Wilnoty], Ned, m, stp-son, 18
902; Sallie, f, daughter, 13
903; Isaac, m, son, 8
904; Eugene, m, son, 2
905; Bessie, f, daughter, 4 mo

906; **LITTLEJOHN**, Goliath, m, husband, 44

907; **LOCUST**, John, m, husband, 62
908; Polly Ann, f, wife, 58

909; **LOCUST**, Noah, m, husband, 32
910; Lewis, m, son, 13
911; Laura B, f, daughter, 11
912; Tiney, f, daughter, 9
913; Martha, f, daughter, 4
914; Homer, m, son, 3
915; Josephine, f, daughter, 1

916; **LONG**, Adam, m, husband, 67
917; Polly, f, wife, 58
918; Eve, f, daughter, 16
919; Nola, f, daughter, 13

920; **LONG**, Joe, m, husband, 56
921; Nancy George, f, wife, 75
922; Charley, m, son, 20
923; Peter, m, son, 35

924; [HARRIS], Rachel Long, f, wife, 31

925; **LONG**, Dobson, m, husband, 56
926; Sallie, f, wife, 44
927; William Gaffney, m, son, 17
928; Elizabeth, f, daughter, 13

929; **LONG**, Johnson, m, husband, 52
930; Maggie, f, wife, 38

931; Annie, f, daughter, 7

932; **LONG**, Scott, m husband, 62
933; Sallie, f, wife, 52
934; [Davis], Anita, f, stp-daughter, 17
935; [Davis], Emeline, f, stp-daughter, 14
936; Agginy, f, daughter, 9

937; **LONG**, John, m, husband, 41
938; Eve, f, wife, 49
939; **LONG**, Rachel, f, daughter, 40

940; **LONG**, Joseph Bigwitch, m, husband, 32
941; Sallie, f, wife, 35
942; [Crow], Alice, f, stp-daughter, 17
943; Lucy, f, daughter, 9
944; Etta, f, daughter, 7
945; Lloyd, m, son, 5
946; John, m, son, 3

947; **LONG**, Nellie, f, widow, 70
948; Charley Bigwitch, m son, 26

949; **LONG**, Jackson, m, husband, 59

950; **LONG**, Charley, m, husband, 44
951; Sallie, f, wife, 37
952; Long Bear, m, son, 16
953; Lucy, f, daughter, 14
954; Aggie, f, daughter, 12
955; Bettie, f, daughter, 10
956; Isaac, m, son, 8
957; Lena, f, daughter, 6
958; Martha, f, daughter, 1

959; **LONG**, Will West, m, husband, 43
960; Annie Welch, f, wife, 23

961; **LOSSIH**, John Dehart, m, husband, 44

Census of the **Eastern Cherokee** *Indians of* **Cherokee** *Agency,* **N. C.** *taken by* **James E. Henderson Supt. & S.D.A.** *on* **June 30;** *1914.*

KEY: Number; English Name, *Indian Name (if given)*, Sex, Relation, Age.

962; Laura, f, wife, 44
963; John, Jr, m, son, 16
964; Jesse James, m, son, 7
965; Jonas, m, son, ?
966; Lizzie, f, daughter, 23

967; **LOSSIH**, Henry, m, husband, 43
968; Aggie, f, wife, 34
969; Rosa, f, daughter, 7
970; Cowel, m, son, 5
971; Able, m, son, 3
972; Mary, f, daughter, 8 mo
973; **[Ross]**, McKinley, m, stp-son, 13

974; **LOSSIH**, Jonas, m, husband, 41
975; Nicey, f, wife, 34
976; **[Walkingstick]**, Tom, m, ward, 6

977; **LOSSIE**, Jennie, f, widow, 56
978; Dom, m, son, 18
979; Candy, m, son, 16
980; John R, m, son, 11
981; Hayes, m, son, 9
982; David, m, son, 21
983; Leander, m, son, 29

984; **LOUDERMILK**, Josephine Garland, f, wife, 37
985; Nora, f, daughter, 12
986; Elmer, m, son, 10
987; Cora, f, daughter, 8
988; Clinton, m, son, 6
989; Luther, m, son, 3

990; **LOUDERMILK**, Cynthia Ann, f, wife, 53
991; Rebecca, f, daughter, 15

992; **LOUDERMILK**, John R, m, husband, 35
993; Thomas Luther, m, son, 14
994; William R, m, son, 10
995; Julia, f, daughter, 8
996; Lee Roy, f, son, 5

997; Willford Thurston, m, son, 1

998; **LOWEN**, John B, m, son, 53

999; **LOWEN**, John, m, husband, 53
1000; Sis, f, wife, 52
1001; **[Kalonuheskie]**, Nannie, f, stp-daughter, 17

1002; **MANEY**, Eve, f, wife, 28
1003; Mary, f, daughter, 10
1004; John, m, son, 8
1005; Allen Jacob, m, son, 6
1006; Alice, f, daughter, 4
1007; Caroline, f, daughter, 1

1008; **MARTIN**, Suate, m, widower, 58
1009; Thomas, m, son, 27

1010; **MARTIN**, George, m, husband, 53
1011; Lucy, f, wife, 42
1012; Charles, m, son, 6

1013; **MARTIN**, Wesley, m, husband, 19
1014; Margaret Smoker, f, wife, 18

1015; **MASHBURN**, Harriet A, f, wife, 36
1016; Frank, m, son, 14
1017; Bessie, f, daughter, 13
1018; James L, m, son, 10
1019; Sarah, f, daughter, 8
1020; Thomas, m, son, 3

1021; **MASHBURN**, Leora R, f, wife, 30
1022; Minnie, f, daughter, 12
1023; Mattie, f, daughter, 10
1024; Bertha, f, daughter, 7
1025; Nina, f, daughter, 6

Census of the **Eastern Cherokee** *Indians of* **Cherokee** *Agency,* **N. C.** *taken by* **James E. Henderson Supt. & S.D.A.,** *on* **June 30; 1914.**

KEY: Number; English Name, *Indian Name (if given)*, Sex, Relation, Age.

1026; **MATTHEWS**, Lillian W. L, f, wife, 33
1027; Eva Addie, f, daughter, 9
1028; Gradie R, m, son, 6
1029; Mary Laurena, f, daughter, 3

1030; **McALLISTER**, Harriet A. Garland, f, wife, 48

1031; **McCOY**, David, m, husband, 41
1032; Marinda, f, daughter, 14
1033; James, m, son, 12
1034; Julia, f, daughter, 10
1035; Stella, f, daughter, 8
1036; Jesse, m, son, 4
1037; Bessie, f, daughter, 3
1038; Eva, f, daughter, 1

1039; **McCOY**, John, m, husband, 38
1040; Pearson, m, son, 17
1041; Mary, f, daughter, 13
1042; James, m, son, 9
1043; Walter, m, son, 5

1044; **McCOY**, James, m, husband, 33
1045; William T, m, son, 9
1046; Joseph H, m, son, 7
1047; Frank, m, son, 2½, m

1048; **McLEYMORE**, John L, m, husband, 60
1049; Cora May, f, daughter, 9

1050; **McLEYMORE**, Samuel H, m, husband, 59
1051; Morrell, m, son, 13
1052; Samuel Ross, m, son, 8
1053; Elsie Bonnie, f, daughter, 5
1054; William Glenn, m, son, 4
1055; Kimmit E, m, son, 1

1056; **MERONEY**, Martha Ann, f, widow, 79

1057; **MERONEY**, John S, m, husband, 49
1058; Sallie Belle, f, daughter, 19
1059; Mays, f, daughter, 17
1060; Gertrude, f, daughter, 15
1061; Bailey B, m, son, 13
1062; Dellax[sic], f, daughter, 8

1063; **TAYLOR**, Lula Meroney, f, wife, 24
1064; **[Meroney]**, Fred, m, son, 8

1065; **MERONEY**, Bailey Barton, m, husband, 48
1066; Margaret A, f, daughter, 15
1067; Richard B, m, son, 12
1068; Felix P, m, son, 10
1069; William H, m, son, 37[sic]
1070; Raymond, m, son, 1

1071; **MILLER**, Flourney Rogers, f, wife, 25
1072; Vessey, f, daughter, 6
1073; Bessie, f, daughter, 5
1074; Vertie, f, daughter, 3

1075; **MONROE**, Nora A, f, wife, 34
1076; Charles A, m, son, 7
1077; Hugh N, m, son, 4

1078; **MUMBLEHEAD**, John D, m, husband, 50
1079; Dahney, f, wife, 33
1080; Roger L, m, son, 18
1081; Elizabeth, f, daughter, 8
1082; James B, m, son, 25
1083; James W, m, son, 34

1084; **MURPHY**, Martin, m, husband, 79
1085; Fred, m, son, 7
1086; Howard, m, son, 20

1087; **MURPHY**, Louisa, f, wife, 28

Census of the **Eastern Cherokee** *Indians of* **Cherokee** *Agency,* **N. C.** *taken by* **James E. Henderson Supt. & S.D.A.,** *on* **June 30;** *1914.*

KEY: Number; English Name, *Indian Name (if given)*, Sex, Relation, Age.

1088; **MURPHY**, Margaret, f, daughter, 26

1089; **MURPHY**, Isabella, f, daughter, 24

1090; **MURPHY**, Jesse, m, husband, 51
1091; Mary McC, f, wife, 37
1092; [Arch], Lillian, f, cousin of wife, 9

1093; **MURPHY**, William, m, husband, 24
1094; Lafayette, m, son, 4
1095; Robert, m, son, 2

1096; **MURPHY**, David, m, husband, 84

1097; **MURPHY**, Joseph Marion, m, husband, 60
1098; Cinthia Minerva, f, daughter, 19
1099; Clifford, m, grnd-son, 10

1100; **GARRETT**, Lillie A. Murphy, f, wife, 34
1101; Alger, m, son, 6
1102; Hollis, f, daughter, 5
1103; Allen, m, son, 2

1104; **GARRETT**, Mary J, f, daughter, 32

1105; **PATTERSON**, Eustice J. Murphy, f, wife, 29
1106; Bob, m, son, 9
1107; Mae, f, daughter, 8

1108; **STROUD**, Flora B.M. Murphy, f, wife, 27
1109; Dessie, f, daughter, 5
1110; Ethel, f, daughter, 2

1111; **MURPHY**, Lloyd C, m, son, 22

1112; **MURPHY**, Henry L, m, husband, 36
1113; Edgar, m, son, 15
1114; Rayburn, m, son, 11
1115; Maud, f, daughter, 9
1116; Verdie B, f, daughter, 5

1117; **OKWATAGA**, Elizabeth, f, widow, 83

1118; **OOCUMMA**, James, m, widower, 60
1119; Annie, f, daughter, 19

1120; **OOCUMMA**, Wilson, m, husband, 36
1121; Enoch, m, son, 25

1122; **OOCUMMA**, Alex, m, husband, 48
1123; Annie, f, wife, 25
1124; Fannie, f, daughter, 5
1125; John, m, son, 2

1126; **NED**, Ezekiel, m, husband, 52
1127; Susan, f, wife, 52

1128; **NICK**, Chiltoskie W, m, son, 32

1129; **NOTTY TOM**, Peter, m, husband, 45
1130; Nancy, f, wife, 32

1131; **OOSOWEE**, John, Jr, m, husband, 37
1132; Sally Conseen, f, wife, 43
1133; [Conseen], Buck, m, stp-son, 8

1134; **OOSOWEE**, Samuel Davis, m, husband, 42
1135; Susie, f, wife, 37

1136; **OTTER**, Andrew, m, husband, 43
1137; Sarah, f, wife, 49

Census of the **Eastern Cherokee** *Indians of* **Cherokee** *Agency,* **N. C.** *taken by* **James E. Henderson Supt. & S.D.A.,** *on* **June 30;** *1914.*

KEY: Number; English Name, *Indian Name (if given)*, Sex, Relation, Age.

1138; Jackson, m, son, 15
1139; Matilda, f, daughter, 13
1140; Ollie, f, daughter, 11

1141; **OTTER**, Allen, m, husband, 35
1142; Winnie, f, wife, 38
1143; Sally, f, daughter, 13

1144; **OTTER**, Ollie, f, widow, 64
1145; [**Owl**], Sokiney, m, son, 25

1146; **OWL**, Dinah, f, wife, 53
1147; Enoch, m, son, 15
1148; Betsy, f, daughter, 9
1149; William, m, son, 21

1150; **OWL**, Jonah, m, husband, 32
1151; Julia, f, wife, 23
1152; Philip, m, son, 5
1153; Ellis, m, son, 1½

1154; **OWL**, Ammons, m, son, 24
1155; George, m, son, 19
1156; Henry, m, son, 17
1157; Frell, m, son, 15
1158; Thomas, m, son, 9
1159; Charlotte, f, daughter, 5

1160; **OWL**, David, m, son, 20
1161; Lula, f, daughter, 22

1162; **OWL**, John, m, husband, 55
1163; Margaret, f, daughter, 10
1164; Annie Nicey, f, daughter, 8
1165; Lewis, m, son, 4

1166; **OWL**, Sampson, m, husband, 60
1167; [**Owl**], Agnes, f, ward, 19

1168; **OWL**, Johnson, m, husband, 36
1169; Stacy, f, wife, 36
1170; Ernest, m, son, 4
1171; Joseph, m, son, 1

1172; **OWL**, Adam, m, husband, 54
1173; Cornelia, f, wife, 57
1174; Samuel, m, son, 17
1175; Davis, m, son, 17
1176; Martha, f, daughter, 14
1177; Quincey, m, son, 9

1178; **OWL**, William, m, husband, 30

1179; **OWL**, Thomas, m, husband, 27

1180; **OWL**, Moses, m, son, 25
1181; John, m, son, 22

1182; **OWL**, James, m, husband, 27
1183; Lloyd, m, son, 5
1184; Stephenson, m, son, 3

1185; **OWL**, Charlotte, f, wife, 12

1186; **OWL**, Allen, m, son 26

1187; **OWL**, Solomon, m, husband, 50
1188; Alfred Bryson, m, son, 17
1189; Lloyd S, m, son, 14
1190; Cornelius, m, son, 12
1191; Ethel, f, daughter, 8
1192; William David, m, son, 7
1193; Dewitt, m, son, 5
1194; Edward, m, son, 4
1195; Martha Jane, f, daughter, 19

1196; **OWL**, Theodore, m, husband, 28

1197; **OWL**, Callie, f, daughter, 26

1198; **OWL**, Mark, m, husband, 22
1199; Belva Smith, f, wife, 22
1200; Jarrette, m, son, 3
1201; *(No name)*, m, son, 6 mo

1202; **PALMER**, Dora Owl, f, wife, 24
1203; Linford, m, son, 2
1204; Haddington Davis, m, son, 7 mo

Census of the **Eastern Cherokee** *Indians of* **Cherokee** *Agency,* **N. C.** *taken by* **James E. Henderson Supt. & S.D.A.,** *on* **June 30;** *1914.*

KEY: Number; English Name, *Indian Name (if given),* Sex, Relation, Age.

1205; **PANTHER**, Job, m, husband, 30
1206; Bettie, f, wife, 56

1207; **PANTHER**, Mark, m, husband, 39
1208; Windy Littlejohn, f, wife, 26
1209; Simeon, m, son, 1½

1210; **PANTHER**, Anna, f, divorced wife, 51

1211; **PARTRIDGE**, Bird, m, husband, 35
1212; Elsie, f, wife, 40
1213; [George], Elmo Don, m, stp-son, 11
1214; Sarah, f, daughter, 4
1215; John, m, son, 3

1216; **PARTRIDGE**, Winnie E, f, daughter, 28
1217; [French], Juanita M.P, f, daughter, 5
1218; [French], Coleman B, m, son, 2

1219; **PARTRIDGE**, Moses, m, husband, 33
1220; Sallie, f, wife, 26
1221; Savannah, f, daughter, 7
1222; Sarah, f, daughter, 3
1223; Jonas, m, son, 1 mo

1224; **PARRIS**, Catherine Cole, f, wife, 30
1225; Laura May, f, daughter, 7
1226; Lola, f, daughter, 2

1227; **PASSMORE**, Nancy Jane, f, wife, 36
1228; Thomas M, m, son, 12
1229; Charles Alonzo, m, son, 11
1230; Rose Cordelia, f, daughter, 9
1231; Oscar, m, son, 7
1232; David, m, son, 2

1233; **PATTERSON**, Lula W, f, wife, 35
1234; Oldham, m, son, 12
1235; Almer, m, son, 7
1236; Alwain, m, son, 4

1237; **PATTERSON**, Ella Cole, f, wife, 37
1238; Alonzo, m, son, 18
1239; Ethel, f, daughter, 16
1240; Elizabeth, f, daughter, 14
1241; Celia, f, daughter, 12
1242; Hobart, m, son, 10
1243; Arvil, m, son, 8
1244; Beadie, f, daughter, 6
1245; Kenneth, m, son, 5
1246; Zida, f, daughter, 3

1247; **PAYNE**, Thomas, m, husband, 69
1248; Oliver Clem, m, son, 22

1249; **PAYNE**, William E, m, husband, 42
1250; Paly E, m, son, 18
1251; William Alfred, m, son, 10
1252; Lydia M, f, daughter, 8
1253; Cynthia, f, daughter, 6
1254; Gertrude, f, daughter, 4

1255; **PAYNE**, James M, m, husband, 37
1256; Rollin T, m, son, 16
1257; Albert F, m, son, 14
1258; Grace Lee f, daughter, 10
1259; Erma, f, daughter, 6
1260; Carra, f, daughter, 4
1261; Margie Eunice, f, daughter, 1

1262; **PECKERWOOD**, John, m, husband, 66
1263; Rebecca, f, wife, 51

1264; **PECKERWOOD**, Lucy Ann, f, widow, 56

Census of the **Eastern Cherokee** *Indians of* **Cherokee** *Agency,* **N. C.** *taken by* **James E. Henderson Supt. & S.D.A.,** *on* **June 30;** *1914.*

KEY: Number; English Name, *Indian Name (if given)*, Sex, Relation, Age.

1265; McKinley, m, son, 12

1266; **PHEASANT**, John, m, husband, 61
1267; Maggie, f, wife, 59

1268; **PHEASANT**, Willie, m, husband, 31
1269; Rachel Emma, f, wife, 22
1270; Jacob, m, son, 3
1271; Dora Jane, f, daughter, 23

1272; **PORTER**, Florence, f, widow, 51

1273; **PORTER**, Dewitt, m, husband, 24

1274; **PORTER**, Iris, f, daughter, 22

1275; **POWELL**, Dooga, f, widow, 44
1276; Sarah, f, daughter, 15
1277; Holmes, m, son, 12
1278; Winnie, f, daughter, 9
1279; Noah, m, son, 6

1280; **POWELL**, Moses, m, husband, 27
1281; Elkiny, f, wife, 31
1282; Stacy, f, daughter, 5

1283; **POWELL**, Stansill, m, son, 23

1284; **POWELL**, John Alvin, m, husband, 61

1285; **QUEEN**, Levi, m, husband, 43
1286; Mary, f, wife, 34
1287; Minda, f, daughter, 18
1288; Abraham, m, son, 14
1289; Addie, f, daughter, 12
1290; Melinda, f, daughter, 9
1291; Lottie, f, daughter, 7
1292; Dinah, f, daughter, 5
1293; Lillie, f, daughter, 2½

1294; **QUEEN**, Simpson, m, husband, 41
1295; Sallie, f, wife, 33
1296; Olliney, f, daughter, 15
1297; Nolan, m, son, 13
1298; Mary, f, daughter, 11
1299; Bessie, f, daughter, 9
1300; John, m, son, 7
1301; Rachel, f, daughter, 5
1302; Lucy, f, daughter, 2
1303; Jasper, m, son, 19

1304; **RAPER**, Alexander, m, husband, 68

1305; **RAPER**, William Thomas, m, husband, 46
1306; Edgar, m, son, 19
1307; Verdie, f, daughter, 17
1308; Daffney, f, daughter, 16
1309; Augustus, m, son, 11
1310; James Gurley, m, son, 10
1311; William Arthur, m, son, 6
1312; Bertha May, f, daughter, 4
1313; Windell Efton, m, son, 2

1314; **RAPER**, Jesse Lafayette, m, husband, 43
1315; Cly Victor, m, son, 16
1316; Claude Emery, m, son, 15
1317; Gurley Clinton, f, daughter, 13
1318; Minnie Corinne, f, daughter, 7
1319; William Cecil, m, son, 1

1320; **RAPER**, Marshall, m, husband, 36
1321; Clarence Alwin, m, son, 16
1322; Clinton, m, son, 12
1323; Eva, f, daughter, 10
1324; Bonnie Bell, f, daughter, 7
1325; William Taft, m, son, 5
1326; Rosa Ella, f, daughter, 3

Census of the **Eastern Cherokee** *Indians of* **Cherokee** *Agency,* **N. C.** *taken by* **James E. Henderson Supt. & S.D.A.**, *on* **June 30;** *1914.*

KEY: Number; English Name, *Indian Name (if given)*, Sex, Relation, Age.

1327; **RAPER**, Martie Alexander, m, husband, 21

1328; **MULL**, Effie Leora Raper, f, wife, 20

1329; **RAPER**, Charlie Breckenridge, m, husband, 38
1330; Denver Lee, m, son, 16
1331; Delta Clifford, f, daughter, 14
1332; Pearl, f, daughter, 9
1333; Homer W, m, son, 3

1334; **RAPER**, Henry John, m, husband, 33
1335; Viola Ellen, f, daughter, 11
1336; Ivan, m, son, 9
1337; Delia, f, daughter, 6
1338; Iril, m, son, 3

1339; **RAPER**, Thomas Martin, m, husband, 58
1340; James, m, son, 18
1341; Lizzie, f, daughter, 16
1342; Julia, f, daughter, 14
1343; Clifton, m, son, 7
1344; Lula, f, daughter, 5
1345; Whoola B, m, son, 26
1346; Martin T, m, son, 26

1347; **RAPER**, William B, m, husband, 34
1348; William, m, son, 3

1349; **RAPER**, Lon, m, husband, 33
1350; Edna, f, daughter, 4

1351; **RAPER**, Gano, m, widower, 31

1352; **RATLEY**, Lucy, f, sep'd wife, 62

1353; **RATLER**, George Washington, m, husband, 41
1354; Polly, f, wife, 41

1355; Rachel, f, daughter, 18
1356; Henson, m, son, 16
1357; Morgan, m, son, 14
1358; Mindah, f, daughter, 11
1359; Bessie, f, daughter, 5
1360; Ammons, m, son, 3

1361; **RATLER**, John, m, husband, 27
1362; Emeline, f, wife, 28
1363; John West, m, son, 7
1364; Lucy, f, daughter, 5
1365; Willie, m, son, 3

1366; **RATLER**, Nancy, f, widow, 59
1367; Jonah, m, son, 25
1368; Robert, m, son, 13
1369; Walter, m, son, 10

1370; **RATLIFF**, William, m, husband, 41
1371; Elizabeth, f, wife, 38
1372; Emma, f, daughter, 12
1373; Jacob, m, son, 10
1374; Ella, f, daughter, 7
1375; Jonah, m, son, 4
1376; Myrtle Magdalene, f, daughter, 1

1377; **RATLIFF**, Lawyer, m, son, 34

1378; **RATLIFF**, James, m, husband, 66

1379; **REAGAN**, Hester Lambert, f, wife, 25
1380; Earnest, m, son, 6
1381; Polena, f, daughter, 4
1382; Pollard, m, son, 2

1383; **REED**, Jennie, f, widow, 90
1384; James, m, son, 60

1385; **REED**, Rachel, f, widow, 64
1386; Minda, f, grnd-daughter, 19

1387; **REED**, Fiddell, m, husband, 39

Census of the **Eastern Cherokee** *Indians of* **Cherokee** *Agency,* **N. C.** *taken by* **James E. Henderson Supt. & S.D.A.**, *on* **June 30;** *1914*.

KEY: Number; English Name, *Indian Name (if given)*, Sex, Relation, Age.

1388; Addie H. Lee, f, wife, 21
1389; **[Lee]**, Josie, f, stp-daughter, 4

1390; **REED**, David, m, son, 53

1391; **REED**, Peter, m widower, 62
1392; Cindy, f, grnd-daughter, 17
1393; Jimmie, m, son, 26
1394; Lloyd, m, son, 26

1395; **REED**, William, m, husband, 30
1396; Kate K, f, wife, 23
1397; Jackson, m, son, 5
1398; Cornelia, f, daughter, 3

1399; **REED**, Adam, m, sep'd husband, 36

1400; **REED**, Rachel, f, sep'd wife, 30
1401; Johnson, m, son, 9
1402; Samuel, m, son, 3

1403; **REED**, Deweese, m, sep'd husband, 34

1404; **REED**, Nannie, f, sep'd wife, 30
1405; Susanne, f, daughter, 6
1406; Sarah, f, daughter, 2

1407; **REED**, Maggie, f, wife, 64

1408; **REED**, James W, m, husband, 46
1409; Agnes, f, daughter, 8
1410; Willie Elmer, m, son, 4
1411; Meekerson, m, son, 3

1412; **GEORGE**, Maggie Goleach Reed f, wife, 26

1413; **RICHARDS**, Mamie Payne, f, wife, 27
1414; Ruby Kate, f, daughter, 7
1415; Willard Frances, m, son, 5
1416; Grace Lara, f, daughter, 2

1417; **[Riley]**, James, m, son, 13

1418; **ROBERSON**, Iowa Isabella, f, wife, 25
1419; Etta, f, daughter, 6
1420; A. J, m, son, 3

1421; **ROBERSON**, Edward E, m, husband, 37
1422; Charlie Hobart, m, son, 9
1423; Howard Geoffrey, m, son, 6
1424; Henry H, m, son, 4
1425; Alvin W, m, son, 2

1426; **ROBERSON**, Willis O, m, son, 34

1427; **ROBERSON**, Thomas L, m, husband, 31
1428; William R, m, son, 10
1429; Harley T, m, son, 6
1430; Sarah Edith, f, daughter, 3

1431; **ROBERTS**, Lottie Smith, f, wife, 37
1432; Callie, f, daughter, 12
1433; Walter, m, son, 10
1434; Fred, m, son, 7
1435; Lula, f, daughter, 7
1436; Edna, f, daughter, 2

1437; **ROBINSON**, Ellen Raper, f, wife, 49
1438; Emeline, f, daughter, 17
1439; Hadley, m, son, 15

1440; **BEAVERS**, Fannie Robinson, f, wife, 20

1441; **ROGERS**, Jeanette R. Payne, f, widow, 67

1442; **ROGERS**, Martha Caroline, f, wife, 44

Census of the **Eastern Cherokee** *Indians of* **Cherokee** *Agency, N. C. taken by* **James E. Henderson Supt. & S.D.A.,** *on* **June 30;** *1914.*

KEY: Number; English Name, *Indian Name (if given)*, Sex, Relation, Age.

1443; **ROGERS**, William, m, husband, 50
1444; Oscar, m, son, 18
1445; Villa, f, daughter, 15
1446; Floyd, m, son, 12
1447; Astor, m, son, 9
1448; Inez, f, daughter, 7

1449; **ROPETWISTER**, Manley, m, son, 56

1450; **ROSE**, Florence, f, wife, 42
1451; Jake, m, son, 18
1452; Grace, f, daughter, 14
1453; Nora, f, daughter, 12
1454; Cora, f, daughter, 9
1455; Benjamin, m, son, 6
1456; Thurman, m, son, 4
1457; Wayne, m, son, 1
1458; William, m, son, 21

1459; **MORGAN**, Bonnie Rose, f, wife, 23
1460; Agnes, f, daughter, 2

1461; **RUNNING WOLFE**, *(No name)*, m, husband, 35
1462; Mollie, f, wife, 33
1463; Lloyd, m, son, 15
1464; Ammons, m, son, 11
1465; Tom, m, son, 10
1466; Sallie, f, daughter, 7
1467; Callie, f, daughter, 3
1468; Wm. McKinley, m, son, 1½

1469; **SAMPSON**, James, m, husband, 61
1470; Sallie, f, wife, 51
1471; **[Cucumber]**, Arch, m, ward, 9

1472; **SANDERS**, Cudge Ellis, m, husband, 53
1473; Polly, f, wife, 57
1474; Moses, m, son, 18

1475; **[Twin]**, Viola, f, grnd-daughter, 4

1476; **SAUNOOKE**, Nancy f, widow, 6
1477; Jim, m, son, 25

1478; **SAUNOOKE**, Sally, f, widow, 36
1479; Kane, m, son, 6
1480; Essick, m, son, 2

1481; **SAUNOOKE**, William, m, husband, 44
1482; Edward, m, son, 14
1483; Anderson, m, son, 10
1484; Osler, m, son, 8
1485; Cowanah, m, son, 5
1486; Friedman, m, son, 3
1487; Nettie, f, daughter, 1

1488; **SAUNOOKE**, Joseph, m, husband, 42
1489; Margaret, f, wife, 27
1490; Emma, f, daughter, 4
1491; Nicodemus Boyd, m, son, 2

1492; **SAUNOOKE**, Stillwell, m, widower, 72
1493; Cindy, f, daughter, 15
1494; Lillie, f, daughter, 8
1495; Emeneeta, m, son, 20
1496; Malinda, f, daughter, 28
1497; Nan, f, daughter, 24

1498; **SAUNOOKE**, Samuel, m, husband, 35

1499; **WARDE**, Rachel Saunooke, f, wife, 26
1500; Priscilla, f, daughter, 4

1501; **SAUNOOKE**, Stillwell, m, son, 23

1502; **SAUNOOKE**, Jackson, m, son, 31

Census of the **Eastern Cherokee** *Indians of* **Cherokee** *Agency,* **N. C.** *taken by* **James E. Henderson Supt. & S.D.A.,** *on* **June 30;** *1914.*

KEY: Number; English Name, *Indian Name (if given)*, Sex, Relation, Age.

1503; **SAUVE**, Minnie E. Nick, f, wife, 33
1504; Marie Mabel, f, daughter, 6
1505; Josephine E, f, daughter, 5
1506; Joseph Peter, m, son, 3

1507; **SAWYER**, Kiney, f, sep'd wife, 30
1508; Thomas, m, son, 8

1509; **SAWYER**, Allen, m, sep'd husband, 37

1510; **SCREAMER**, James, m, husband, 56
1511; Cindy, f, wife, 32
1512; David, m, son, 23
1513; Soggy, m, son, 20

1514; **SCREAMER**, Manus, m, husband, 32
1515; Nannie, f, wife, 37

1516; **SCREAMER**, Kane, m, son, 22

1517; **SCREAMER**, Enos, m, divorced, husband, 48

1518; **SEQUOHYEH**, Zachariah, m, husband, 55
1519; Louisa Hill, f, wife, 53
1520; Susan, f, daughter, 13
1521; Alice, f, daughter, 11
1522; **[Hill]**, Minda, f, stp-daughter, 16
1523; Noah J, m, son, 29
1524; Lizzie E, f, daughter, 25

1525; **SEQUOHYEH**, *(No name)*, m, widower, 67

1526; **SHAKE-EAR**, Fidella, m, husband, 43
1527; Lizzie, f, wife, 50

1528; **SHELL**, John, m, husband, 62
1529; Sallie, f, wife, 54
1530; **[Feather]**, Hettie, f, ward, 17

1531; **SHELL**, Ute, m, husband, 36
1532; Mattie, f, wife, 29
1533; Joseph, m, son, 12
1534; Joshua, m, son, 6
1535; Boyd, m, son, 3

1536; **SHERRILL**, John, m, husband, 39
1537; Mollie, f, wife, 46
1538; **[Tramper]**, Kiney, f, stp-daughter, 15
1538; Solemn[sic], m, son, 12
1540; Julia, f, daughter, 8
1541; Samuel, m, son, 5
1542; Andy, m, son, 1

1543; **SHULER**, Georgia Craig, f, widow, 30

1544; **SIMPSON**, Martha Owl, f, wife, 37

1545; **SKITTY**, Sevier, m, son, 66

1546; **SMITH**, Jacob L, m, husband, 35
1547; Olive, f, wife, 35
1548; Lawrence, m, son, 7
1549; Charles Henry, m, son, 3

1550; **SMITH**, Mary Malvina, f, wife, 52
1551; Oliver, m, son, 18

1552; **SMITH**, James David, m, widower, 36
1553; Lawrence, m, son, 1

1554; **SMITH**, Duffy, m, son, 34

Census of the **Eastern Cherokee** *Indians of* **Cherokee** *Agency, N. C. taken by* **James E. Henderson Supt. & S.D.A.,** *on* **June 30;** *1914.*

KEY: Number; English Name, *Indian Name (if given)*, Sex, Relation, Age.

1555; **SMITH**, Francis Elwood, m, husband, 28
1556; Bettie Welch, f, wife, 33
1557; Victor C, m, son, 3
1558; Edgar A, m, son, 1 mo
1559; Clifford, m, son, 1 mo

1560; **MANEY**, Charity Smith, f, wife, 23
1561; Richard David, m, son, 2
1562; James Oliver, m, son, 7 mo

1563; **SMITH**, Noah, m, husband, 31
1564; Earl H, m, son, 7
1565; Ella A, f, daughter, 5
1566; Grace Rose, f, daughter, 3

1567; **SMITH**, Martha Ann, f, widow, 77

1568; **SMITH**, Lewis H, m, husband, 68
1569; Nancy, f, wife, 63

1570; **SMITH**, Ross B, m, husband, 74
1571; Cynthia, f, wife, 62

1572; **SMITH**, Samuel A, m, husband, 48
1573; Goldman, m, son, 18
1574; David McKinley, m, son, 13
1575; Jesse H, m, son, 11
1576; Margaret, f, daughter, 3
1577; Morton, m, son, 1½

1578; **SMITH**, William Blain, m, husband, 26
1579; Lucy Ann Davis, f, wife, 23
1580; Annie, f, daughter, 3

1581; **SMITH**, Joseph M, m, son, 24

1582; **SMITH**, Lorena M, f, widow, 49

1583; **SMITH**, Thaddeus Sibbald, m, husband, 36
1584; Hartman, m, son, 16
1585; Mary, f, daughter, 14
1586; Grace, f, daughter, 8
1587; Mildred, f, daughter, 4
1588; Helen, f, daughter, 1½

1589; **SMITH**, Lloyd H, m, husband, 41
1590; Roberson, m, son, 13
1591; Elizabeth, f, daughter, 12
1592; Noah, m, son, 10
1593; Tennie, f, daughter, 8
1594; John D, m, son, 7
1595; Duffy, m, son, 4
1596; Jarrett Jackson, m, son, 1½

1597; **SMITH**, George Lewis, m, son, 35

1598; **SMITH**, Henry, m, husband, 65
1599; Russel, m, son, 9
1600; Hettie, f, daughter, 7
1601; Myrtle, f, daughter, 5
1602; **[Rogers]**, Wesley Crow, m, stpson, 13
1603; **[Rogers]**, Bessie, f, daughter, 2
1604; **[Rogers]**, Maggie, f, daughter, 21
1605; Roxie, f, daughter, 30

1606; **SMITH**, Thomas, m, husband, 32
1607; Buford Roy, m, son, 5
1608; Leaina, f, daughter, 3
1609; Hosea Gilbert, m, son, 1

1610; **SMITH**, John G.A, m, husband, 44
1611; Josephine, f, daughter, 18
1612; Rosena, f, daughter, 15
1613; Bessie, f, daughter, 12
1614; Robert, m, son, 10
1615; Ross B, m, son, 6
1616; John C.W, m, son, 20

Census of the **Eastern Cherokee** *Indians of* **Cherokee** *Agency,* **N. C.** *taken by* **James E. Henderson Supt. & S.D.A.,** *on* **June 30;** *1914.*

KEY: Number; English Name, *Indian Name (if given)*, Sex, Relation, Age.

1617; **SMOKER**, Aggie, f, widow, 39
1618; Willie, m, son, 15
1619; Peter, m, son, 12
1620; Charles, m, son, 8

1621; **SMOKER**, James, m, husband, 24
1622; Luzene Washington, f, wife, 20
1623; Davison, m, 2½

1624; **SMOKER**, Will Sawyer, m, husband, 43
1625; Alkinney, f, wife, 36
1626; Moses, m, son, 17
1627; Awee, f, daughter, 17
1628; Hunter, m, son, 12
1629; Lizzie, f, daughter, 9
1630; Lucy, f, daughter, 7
1631; Martha, f, daughter, 5
1632; Hute, m, son, 2

1633; **SMOKER**, Samuel, m, husband, 32
1634; Stacy, f, wife, 31
1635; Bascom, m, son, 11
1636; Ollie, f, daughter, 9
1637; Cornelia, f, daughter, 7
1638; Bettie, f, daughter, 5
1639; Caroline, f, daughter, 3

1640; **SMOKER**, Lloyd, m, husband, 43
1641; Nancy, f, wife, 56

1642; **SNEED**, William Sherman, m, husband, 52

1643; **SNEED**, Samuel, m, husband, 57
1644; Mary C, f, daughter, 17
1645; Annie L, f, daughter, 16
1646; Maud E, f, daughter, 14

1647; **SNEED**, John H, m, husband, 61

1648; **SNEED**, Manco, m, husband, 27
1649; Sherman, m, son, 2

1650; **SNEED**, Osco, m, husband, 35
1651; Thomas Mack, m, son, 7
1652; William Harley, m, son, 5
1653; Alma, f, daughter, 4
1654; James E, m, son, 2

1655; **SNEED**, Campbell, m, husband, 26
1656; Mindy, f, wife, 24
1657; Carrie, f, daughter, 5
1658; Ernest, m, son, 4
1659; Pocahontas, f, daughter, 3

1660; **SNEED**, Peco, m, husband, 39
1661; Sarah, f, daughter, 13
1662; Blakely, m, son, 9
1663; Stella L, f, daughter, 6
1664; Lillian K, f, daughter, 4
1665; Woodrow, m, son, 1

1666; **SALOLANEETA**, Bird, m, husband, 72

1667; **SALOLANEETA**, Leander, m, husband, 49
1668; Annie, f, wife, 35
1669; **[Kalonuheskie]**, Edith, f, niece of wife, 5

1670; **SALOLANEETA**, John Lossie, m, widower, 76
1671; Linda, f, daughter, 49

1672; **SOUTHER**, Dora Cole, f, wife, 27
1673; Dolpha, m, son, 5
1674; Harford, m, son, 4

1675; **SPRAY**, Gertrude Henrianna, f, daughter, 27

Census of the **Eastern Cherokee** *Indians of* **Cherokee** *Agency,* **N. C.** *taken by* **James E. Henderson Supt. & S.D.A.,** *on* **June 30; 1914.**

KEY: Number; English Name, *Indian Name (if given)*, Sex, Relation, Age.

1676; **SQUIRREL**, George, m, husband, 50
1677; Rebecca, f, wife, 39
1678; Hola, f, daughter, 17
1679; Sequechee, m, son, 14
1680; Mary, f, daughter, 11
1681; Lillie, f, daughter, 3

1682; **SQUIRREL**, Nancy, f, wife, 34
1683; Kimsey, m, son, 17
1684; Dora, f, daughter, 15
1685; Dinah, f, daughter, 13
1686; Daniel, m, son, 10
1687; Ollie, f, daughter, 8
1688; Shepherd, m, son, 6
1689; Abel, m, son, 4
1690; Olsie May, f, daughter, 2

1691; **STANDINGDEER**, Nancy, f, widow, 63
1692; Lowen, m, son, 31

1693; **STANDINGDEER**, Wesley, m, husband, 57
1694; Nancy, f, wife, 51

1695; **STANDINGDEER**, Junaluska R, m, husband, 32

1696; **STANDINGDEER**, Carl, m, husband, 32
1697; Mary Smith, f, wife, 30
1698; Cecelia f, daughter, 7
1699; Virginia, f, daughter, 5
1700; Roxanna, f, daughter, 3
1701; Mary, f, daughter, 1

1702; **STANDINGDEER**, Andy, m, husband, 55
1703; Margaret, f, wife, 55

1704; **STANDINGWATER**, Alexander, m, widower, 57

1705; **STAMPER**, Ned, m, husband, 45
1706; Sallie Ann, f, wife, 38
1707; Netty, f, daughter, 17
1708; Caroline, f, daughter, 15
1709; William, m, son, 13
1710; Lizzie, f, daughter, 11
1711; Sarah, f, daughter, 7
1712; Emma, f, daughter, 5
1713; Robertson, m, son, 1

1714; **STILES**, Mary E Payne, f, wife, 44
1715; Oliver, m, son, 16
1716; Clem, , son, 10
1717; Hal, m, son, 8
1718; Gilbert, m, son, 20

1719; **BURRELL**, Emma Stiles, f, wife, 18

1720; **STILES**, Theodocia A. Payne, f, wife, 34
1721; Rufus Virgil, m, son, 14
1722; Thomas Luster, m, son, 16
1723; Cora Alma, f, daughter, 12
1724; Lloyd, m, son, 9
1725; Ella, f, daughter, 7
1726; Wilfred, m, son, 5

1727; **STILES**, Hallie L, f, wife, 26
1728; Floyd, m, son, 4
1729; Sadie Lee, f, daughter, 2

1730; **ST. JERMAIN**, Nicey I, f, wife, 43

1731; **SUAGIH**, Anna, f, widow, 60

1732; **SUAGIH**, *(No name)*, m, husband, 74
1733; Mary, f, wife, 59
1734; [Sutaga], Sallie, f, grnd-daughter, 9

Census of the **Eastern Cherokee** *Indians of* **Cherokee** *Agency,* **N. C.** *taken by* **James E. Henderson Supt. & S.D.A.**, *on* **June 30;** *1914.*

KEY: Number; English Name, *Indian Name (if given)*, Sex, Relation, Age.

1735; **SWAYNEY**, Laura J, f, wife, 56
1736; Luzena, f, daughter, 15
1737; Calcina, f, daughter, 20

1738; **SWAYNEY**, Jesse Wm, sep'd husband, 26

1739; **SWAYNEY**, Lorenzo Dow, m, husband, 36
1740; Amanda, f, daughter, 12
1741; Frank D, m, son, 9
1742; Shurman A, m, son, 6
1743; Grace, f, daughter, 4
1744; Dora N, f, daughter, 2

1745; **SWAYNEY**, John Wesley, m, husband, 31
1746; Alvin Walker, m, son, 4
1747; Laura Josephine, f, daughter, 2

1748; **SWIMMER**, Mary, f, widow, 55

1749; **SWIMMER**, John, m, husband, 37
1750; Lucy Ann, f, wife, 30
1751; Obediah, m, son, 8
1752; Grace, f, daughter, 6
1753; Luke, m, son, 5
1754; George, m, son, 3

1755; **SWIMMER**, Runaway, m, husband, 36
1756; Annie, f, wife, 31
1757; **[Conley]**, Linda, 1/2 sister of wife, 10

1758; **SWIMMER**, Thomas, m, husband, 59
1759; Annie, f, wife, 55

1760; **TAHQUETTE**, John, m, sep'd husband, 58

1761; **TAHQUETTE**, Martha, f, daughter, 50

1762; **TAHQUETTE**, John Alfred, m, husband, 44
1763; Anna Elizabeth, f, wife, 40
1764; Emily, f, daughter, 8
1765; Frank Glenn, m, son, 7
1766; Howard Wayne, m, son, 5
1767; Amy Elizabeth, f, daughter, 4
1768; Marion, f, daughter, 4
1769; Alfred, m, son, m

1770; **TAIL**, Jim, m, son, 73

1771; **TAILOR**, Eliza, f, widow, 57
1772; Julius, m, son, 15
1773; Timpson, m, son, 14
1774; David, m, son, 12
1775; William, m, son, 7
1776; Jack, m, son, 24

1777; **TAYLOR**, Sallie, f, widow, 73

1778; **TAYLOR**, Julius, m, husband, 36
1779; Stacy, f, wife, 39

1780; **TAYLOR**, Sherman, m, husband, 32
1781; Maggie, f, wife, 27
1782; Alkinney, f, daughter, 9
1783; George, m, son, 5
1784; Eva, f, daughter, 3
1785; Largie, m, son, 6 mo

1786; **TAYLOR**, Jesse, m, husband, 48
1787; Stacy, f, wife, 53

1788; **TAYLOR**, John, m, husband, 23
1789; Nannie Welch, f, wife, 20
1790; Eva, f, daughter, 2
1791; Seymore, m, son, 6 mo

Census of the **Eastern Cherokee** *Indians of* **Cherokee** *Agency,* **N. C.** *taken by* **James E. Henderson Supt. & S.D.A.,** *on* **June 30;** *1914.*

KEY: Number; English Name, *Indian Name (if given)*, Sex, Relation, Age.

1792; **TEESATESKEE**, John, m, husband, 54
1793; Jennie, f, wife, 54
1794; Welch, m, son, 16
1795; Lloyd, m, son, 14

1796; **TEESATESKI**, Sampson, m, husband, 23
1797; Annie George, f, wife, 19
1798; Sallie, f, daughter, 2

1799; **TEESATESKI**, Jesse, m, husband, 27
1800; Polly Bird, f, wife, 30
1801; [Bird], Bettie, f, stp-daughter, 13
1802; [Bird], Solomon, m, stp-son, 11
1803; [Bird], Lucy Ann, f, stp-daughter, 7
1804; [Bird], Adam, m, stp-son, 4
1805; Sarah, f, daughter, 2

1806; **TEESATESKI**, Will, m, husband, 61
1807; Nessih, f, wife, 59
1808; [Ledford], Allen, m, ward, 9
1809; [Teesateskie], Steve, m, ward, 8
1810; [Teesateskie], Josie, f, ward, 6

1811; **TEESATESKIE**, Illinois, m, husband, 39
1812; Cindy Smoker, f, wife, 26

1813; **TEESATESKI**, Noah, m, husband, 29
1814; Ella, f, wife, 28
1815; Willie, m, son, 7
1816; George, m, son, 4

1817; **TELESKIE**, Ezekiel, m, widower, 61

1818; **TELESKIE**, Jesse, m, husband, 23
1819; Sallie Littlejohn, f, wife, 34

1820; [Littlejohn], Garrett, m, stp-son, 8

1821; **TOOTALE**, Nancy, f, daughter, 89

1822; **TEWATLEY**, Rose, f, wife, 64
1823; Kane, m, son, 28
1824; William, m, son, 25

1825; **TEWATLEY**, Adam, m, husband, 39
1826; Desdemonia Crow, f, wife, 17

1827; **THOMPSON**, Enos, m, widower, 53
1828; Goliah, m, son, 16
1829; Wilson, m, son, 21
1830; Peter, m, son, 27

1831; **THOMPSON**, Johnson, m, husband, 48
1832; Nancy, f, wife, 46
1833; David, m, son, 17
1834; James W, m, son, 14
1835; Jonanni, m, son, 11
1836; Annie, f, daughter, 7
1837; Simon, m, son, 20
1838; Jackson, m, son, 9

1839; **THOMPSON**, Ahsinnih, m, husband, 30
1840; Sallie Welch, f, wife, 35

1841; **THOMPSON**, Mary W, f, wife, 38
1842; Iowa, f, daughter, 19
1843; Olin, m, son, 17
1844; Greely, m, son, 15
1845; Verdie, f, daughter, 11
1846; Iris, f, daughter, 9
1847; Lawrence, m, son, 5
1848; Willard, m, son, 3

Census of the **Eastern Cherokee** *Indians of* **Cherokee** *Agency,* **N. C.** *taken by* **James E. Henderson Supt. & S.D.A.,** *on* **June 30;** *1914.*

KEY: Number; English Name, *Indian Name (if given)*, Sex, Relation, Age.

1849; **THOMPSON**, Wilson, m, husband, 26
1850; Rebecca, f, wife, 24
1851; Tahquette, m, son, 3
1852; Elizabeth, f, daughter, 1

1853; **THOMPSON**, Martha W, f, widow, 40
1854; William H, m, son, 19
1855; Mata, f, daughter, 17
1856; Minnie, f, daughter, 15
1857; Elbert, m, son, 14
1858; Braska L, f, daughter, 12
1859; Atha W, f, daughter, 11
1860; Jewel, m, son, 9
1861; Marvin, m, son, 6
1862; Walter, m, son, 6

1863; **THOMAS**, Rhoda R. C, f, wife, 27
1864; Ella Henrietta, f, daughter, 8
1865; William Harrison, m, son, 6
1866; Lula C.E, f, daughter, 5
1867; James Henry, m, son, 2½
1868; Andrew Roosevelt, m, son, 1½

1869; **TIMPSON**, James, m, husband, 61

1870; **COLEMAN**, Callie M. Timpson, f, wife, 21

1871; **COLEMAN**, Leslie, m, husband, ?
1872; Ida Evelin, f, daughter, 1

1873; **TIMPSON**, John S, m, husband, 29
1874; Vestry, f, daughter, 1

1875; **TIMPSON**, Columbus H, m, husband, 25

1876; **TIMPSON**, James A, m, husband, 33
1877; Lawrence Arthur, m, son, 5
1878; Lexie May, f, daughter, 3

1879; **TIMPSON**, Humphrey P, m, son, 56

1880; **TOE**, Johnson, m, husband, 57
1881; **[Saunooke]**, Nannie, f, grnd-daughter, 16
1882; **[Saunooke]**, Polly, f, grnd-daughter, 8
1883; Campbell, m, son, 44

1884; **TOINEETA**, Loney, m, husband, 54
1885; Sallie, f, wife, 54
1886; Caroline, f, daughter, 19
1887; **[Lossie]**, Solomon, m, ward, 15
1888; West, m, son, 32

1889; **TOINEETA**, George, m, husband, 31
1890; Mary E. Welch, f, wife, 40
1891; **[Welch]**, Lloyd, m, stp-son, 19
1892; **[Welch]**, Theodore A, m, stp-son, 17
1893; **[Welch]**, Clarence, m, stp-son, 15
1894; **[Welch]**, Richard R, m, stp-son, 11
1895; Edwin T, m, son, 5
1896; F. Geneva, f, daughter, 3
1897; Janet, f, daughter, 1

1898; **TOINEETA**, Nick, m, husband, 46
1899; Bettie, f, wife, 33
1900; Arneach, m, son, 21
1901; Suagih, m, son, 25

1902; **TOLLIE**, Lizzie, f, wife, 27

Census of the **Eastern Cherokee** *Indians of* **Cherokee** *Agency,* **N. C.** *taken by* **James E. Henderson Supt. & S.D.A.,** *on* **June 30;** *1914.*

KEY: Number; English Name, *Indian Name (if given)*, Sex, Relation, Age.

1903; **TOONI**, Squiencey, m, husband, 74
1904; Lydia, f, wife, 58
1905; Moses, m, son, 25

1906; **TOONI**, Mike, m, husband, 40
1907; Anna, f, wife, 38
1908; Elijah, m, son, 14
1909; Nancy, f, daughter, 11
1910; Lizzie, f, daughter, 3

1911; **TOONI**, Joseph, m, widower, 58
1912; Andy, m, son, 22
1913; Nicey, f, daughter, 28

1914; **TOONI**, Jukius[sic], m, husband, 38
1915; Lizzie, f, wife, 32
1916; Rachel, f, daughter, 5
1917; Lossel, m, son, 4

1918; **TOONI**, Nancy, f, wife, 35
1919; Nannie, f, daughter, 11
1920; Isaac, m, son, 9
1921; Mary, f, daughter, 15
1922; Wannie, f, daughter, 5
1923; Ollie, f, daughter, 1½

1924; **TRAMPER**, Chiltoskie, m, son, 38
1925; Amineeta, m, son, 26
1926; Lottie, f, daughter, 20

1927; **UTE**, Mary, f, wife, 72

1928; **WACHACHA**, Roxie, f, widow, 53
1929; Susie, f, daughter, 18
1930; John Wayne, m, son, 16
1931; Jesse, m, son, 14
1932; Winnie, f, daughter, 13
1933; Oney, f, daughter, 10
1934; John C, m, son, 21
1935; Nancy, f, daughter, 21

1936; Posey, m, son, 20
1937; Nessih, f, daughter, 33

1938; **WACHACHA**, Jarrett, m, husband, 30
1939; Amanda Teesateskie, f, wife, 19
1940; *(No name)*, ?, 1

1941; **WACHACHA**, James, m, son, 28
1942; Sarah, f, daughter, 25

1943; **WACHACHA**, Charles, m, husband, 24

1944; **WAHYAHNETAH**, John, m, husband, 71
1945; Awee, f, wife, 61
1946; Posey, m, grnd-son, 14
1947; Sampson, m, son, 31

1948; **WAHYAHNETAH**, Allen, m, husband, 40
1949; Sallie, f, wife, 45

1950; **WAHYAHNETAH**, William, m, husband, 44
1951; Kamie, f, wife, 37
1952; Maggie, f, daughter,, 13
1953; Samuel, m, son, 10
1954; LeRoy, m, son, 7
1955; Bertha, f, daughter, 5
1956; Ethel, f, daughter, 3
1957; Robert Austin, m, son, 6 mo

1958; **WAIDSUTTE**, Bird, m, husband, 37
1959; Mary, f, wife, 40
1960; **[Axe]**, Manda, f, stp-daughter, 18
1961; Lee, m, son, 11
1962; **[Axe]**, Peter, m, son, 21

1963; **WAIDSUTTE**, Davis, m, husband, 42
1964; Nancy, f, wife, 38

Census of the **Eastern Cherokee** *Indians of* **Cherokee** *Agency,* **N. C.** *taken by* **James E. Henderson Supt. & S.D.A.,** *on* **June 30;** *1914.*

KEY: Number; English Name, *Indian Name (if given)*, Sex, Relation, Age.

1965; Addison, m, son, 4

1966; **WAIDSUTTE**, Ben, m, husband, 52
1967; Kiney, f, wife, 32
1968; Margaret, f, daughter, 2

1969; **WALKINGSTICK**, Mike, m, husband, 69
1970; Caroline, f, wife, 58

1971; **WALKINGSTICK**, James, m, husband, 29
1972; Lucy Ann, f, wife, 31

1973; **WALKINGSTICK**, Jasper, m, husband, 42
1974; Annie, f, wife, 31
1975; Mason, m, son, 11
1976; Maggie, f, daughter, 9
1977; Willie, m, son, 7
1978; Adam, m, son, 5
1979; John, m, son, 3

1980; **WALKINGSTICK**, John, m, husband, 64
1981; Walsa, f, wife, 43
1982; Moses, m, son, 18
1983; Mike, m, son, 12
1984; Enoch, m, son, 4
1985; Collie Maud, f, daughter, 2

1986; **WALKINGSTICK**, Owen, m, husband, 25
1987; Linda, f, wife, 30
1988; Cinda, f, daughter, 5
1989; Lizzie, f, daughter, 3

1990; **WALKINGSTICK**, Bascom, m, son, 25

1991; **WALLACE**, James m, husband, 36
1992; Tahquette Owl, m, son, 11

1993; **[Warlick]**, Edna May, f daughter, 14
1994; **[Ramsey]**, Roxie, f, daughter, 5

1995; **WATTY**, Coolarche, m, husband, 37
1996; Nessih, f, wife, 38
1997; Stephen, m, son, 17
1998; Kiney, f, daughter, 14
1999; Lizzie, f, daughter, 12
2000; Polly, f, daughter, 8
2001; Olsie, f, daughter, 5

2002; **WATTY**, *(No name)*, m, husband, 79
2003; Uhnahyih, f, wife, 71

2004; **WATTY**, Ute, m, husband, 49
2005; Mary, f, wife, 43

2006; **WASHINGTON**, Key, m, sep'd-husband, 61

2007; **WASHINGTON**, Elizabeth, f, widow, 74

2008; **WASHINGTON**, Joseph, m, husband, 32
2009; Stella B, f, wife, 29
2010; Richard B, m, son, 4
2011; Josephine, f, daughter, 1

2012; **WASHINGTON**, Jesse, m, husband, 39
2013; Ollie, f, wife, 39
2014; **[Reed]**, Luzene, f, stp-daughter, 17
2015; Amy, f, daughter, 9
2016; George, m, son, 7
2017; Jonas, m, son, 4

2018; **WAYNE**, John, m, husband, 52
2019; Jennie, f, wife, 44

Census of the **Eastern Cherokee** *Indians of* **Cherokee** *Agency,* **N. C.** *taken by* **James E. Henderson Supt. & S.D.A.,** *on* **June 30;** *1914.*

KEY: Number; English Name, *Indian Name (if given)*, Sex, Relation, Age.

2020; **WAYNE**, Will John, m, husband, 40
2021; Sarah, f, wife, 30
2022; Yahkinnie, f, daughter, 3

2023; **WEBSTER**, Rachel A, f, widow, 72

2024; **WEBSTER**, William Lawrence, m, husband, 42
2025; Jetter Columbus, m, son, 17
2026; Carrie, f, daughter, 14
2027; Norma, f, daughter, 11
2028; William Robert, m, son, 8
2029; William Lewis, m, son, 2

2030; **WELCH**, John C, m, widower, 70
2031; Lucinda C, f, daughter, 21
2032; Mark G, m, son, 37
2033; Lottie, f, daughter, 27
2034; Willie, m, son, 23
2035; Jimmy, m, son, 23

2036; **WELCH**, Lotty, f, wife, 23
2037; Elizabeth Regina, f, daughter, 2

2038; **WELCH**, John, m, son, 20
2039; Edward R, m, son, 11
2040; Nannie H, f, daughter, 9

2041; **WELCH**, Mary, f, daughter, 22

2042; **WELCH**, James B, m, sep'd husband, 41

2043; **WELCH**, Sampson, m, husband, 56
2044; Lizzie, f, wife, 49

2045; **WELCH**, Ephesus, m, husband, 31
2046; Stacy, f, wife, 24
2047; Juna, m, son, 6
2048; Martha, f, daughter, 3

2049; **WELCH**, Edward, m, husband, 29
2050; Lydia Thompson, f, wife, 23
2051; Davis, m, son, 3

2052; **WELCH**, Nannie, f, widow, 52
2053; Lucinda, f, daughter, 31
2054; Moses, m, son, 28

2055; **WELCH**, Davis, m, husband, 46
2056; Eve, f, wife, 43
2057; Ned, m, son, 10
2058; Lizzie, f, daughter, 8
2059; Jennie, f, daughter, 5
2060; Jesse, m, son, 21

2061; **WELCH**, John, m, husband, 26
2062; Martha Wolfe, f, wife, 25
2063; Calinah, f, daughter, 1

2064; **WELCH**, James, m, son, 22

2065; **WELCH**, Elijah, m, husband, 52
2066; Ann Eliza, f, wife, 59
2067; **[Armachain]**, Jonah, m, stp-son, 19
2068; Mark, m, son, 14
2069; Ollie, f, daughter, 11
2070; James Elijah, m, son, 25

2071; **WELCH**, Adam, m, husband, 28
2072; Ann Eliza, f, wife, 23
2073; Frank Churchill, m, son, 6
2074; Russel, m, son, 3
2075; Charlotte, f, daughter, 7 mo

2076; **WELCH**, Corneeta, m, husband, 34
2077; Nancy Hill, f, wife, 22
2078; Charles Davis, m, son, 1

2079; **WESLEY**, Judas, m, husband, 38
2080; Jennie, f, wife, 56
2081; **[Lowen]**, John, m, stp-son, 19

Census of the **Eastern Cherokee** *Indians of* **Cherokee** *Agency,* **N. C.** *taken by* **James E. Henderson Supt. & S.D.A.,** *on* **June 30; 1914.**

KEY: Number; English Name, *Indian Name (if given)*, Sex, Relation, Age.

2082; **WHIPPOORWILL**, Manley, m, son, 30

2083; **WILDCAT**, *(No name)*, m, widower, 80

2084; **WILDCAT**, Daniel, m, husband, 33
2085; Elsie, f, wife, 48

2086; **WILL**, John, m, husband, 52
2087; Jane, f, wife, 42
2088; James, m, son, 11
2089; Alice, f, daughter, 9
2090; David, m, son, 7
2091; Luzene, f, daughter, 5
2092; Nellie, f, daughter, 1½

2093; **WILNOTIH**, Simon, m, husband, 23
2094; Amanda Tewatley, f, wife, 24

2095; **WILNOTIH**, Lot, m, widower, 64

2096; **WILNOTY**, Ned, m, husband, 63
2097; Sallie, f, wife, 62

2098; **WILNOTY**, Mink, m, son, 69

2099; **WILNOTY**, Moses, m, husband, 33
2100; Julius, m, son, 5
2101; Elizabeth, f, daughter, 3 mo
2102; [**Greybeard**], James, m, stp-son, 13
2103; [**Greybeard**], Sallie, f, stp-daughter, 16

2104; **MACON**, Katherine Wolfe, f, wife, 28

2105; **WOLFE**, Edward, m, son, 23

2106; **WOLFE**, Standing Turkey, m, husband, 45
2107; Callie, f, wife, 41

2108; **WOLFE**, William Johnson, m, husband, 37
2109; Martha, f, wife, 41
2110; Joe, m, son, 12
2111; Addison, m, son, 8
2112; Lilly, f, daughter, 5
2113; Eli, m, son, 2½

2114; **WOLFE**, Susan, f, widow, 63
2115; Ward, m, son, 24

2116; **WOLFE**, John Lossie,
2117; Nancy Lossie, f, wife, 61

2118; **WOLFE**, Dawson, m, husband, 23
2119; Diannah, f, daughter, 4 mo

2120; **WOLFE**, Lloyd Lossie, m, son, 25

2121; **WOLFE**, Jacob, m, husband, 42
2122; Nelcina, f, wife, 41
2123; Joseph, m, son, 17
2124; Jesse, m, son, 14
2125; Alice, f, daughter, 7
2126; Lucinda, f, daughter, 4
2127; Abel, m, son, 11
2128; Jacob Jake, m, son, 1

2129; **WOLFE**, John W, m, husband, 44
2130; Linda, f, wife, 41
2131; Walker, m, son, 9
2132; Salkiny, f, daughter, 4
2133; Jogohe, f, daughter, 1

2134; **WOLFE**, Junaluska, m, son, 30

2135; **WOLFE**, Owen, m, husband, 30
2136; Susie Armachain, f, wife, 55

Census of the **Eastern Cherokee** *Indians of* **Cherokee** *Agency,* **N. C.** *taken by* **James E. Henderson Supt. & S.D.A.,** *on* **June 30;** *1914.*

KEY: Number; English Name, *Indian Name (if given)*, Sex, Relation, Age.

2137; **WOLFE**, Taqua, m, widower, 25
2138; Alice, f, daughter, 2

2139; **WOLFE**, Moses, m, husband, 67
2140; Jane, f, wife, 53
2141; Jonah, m, son, 20

2142; **WOLFE**, Joseph H, m, husband, 42
2143; Jennie, f, wife, 44
2144; Callie, f, daughter, 16

2145; **WOLFE**, Polly, f, daughter, 68
2146; Mary Elizabeth, f, daughter, 30

2147; **WOLFE**, James T, m, husband, 27
2148; Betty Smoke, f, wife, 19
2149; William W, m, son, 2

2150; **WOLFE**, Pearle Margaret, f, daughter, 26
2151; **[Kalonuheskie]**, Josephine, f, niece, 8

2152; **WOLFE**, Amanda Wakie, f, daughter, 24

2153; **WOLFE**, Charlie Hicks, m, son, 22

2154; **WOLFE**, George Lloyd, m, sep'd hus 37
2155; John Russel, m, son, 10
2156; William Harley, m, son, 8
2157; Richard Collins, m, son, 6
2158; Jessie May, f, daughter, 5
2159; Charles Ray, m, son, 4

2160; **WOLFE**, David, m, husband, 71

2161; **WOLFE**, Louis Henry, m, husband, 42
2162; Isabella, f, daughter, 18

2163; Amanda Jane, f, daughter, 15
2164; Eliza Pauline, f, daughter, 11
2165; James William, m, son, 8
2166; Frederick Sanford, m, son, 5
2167; Dessie Cleo, f, daughter, 7 mo
2168; Louis David, m, son, 20

2169; **WOLFE**, Jowan, m, husband, 66
2170; Sallie, f, wife, 54

2171; **YONCE**, Nancy S, f, wife, 62
2172; **[Youngbird]**, Wesley, m, son, 20
2173; **[Youngbird]**, Rufus, m, son, 27
2174; **[Youngbird]**, Soggie, m, son, 24
2175; **[Youngbird]**, Yohnih, f, daughter, 22

2176; **YOUNGDEER**, John, m, husband, 58
2177; Betsy, f, wife, 61
2178; Martha, f, daughter, 18
2179; Ammons, m, son, 2
2180; Moody, m, son, 15
2181; Eli, m, son, 33
2182; Jonah, m, son, 31
2183; Jesse, m, son, 27
2184; Stephen, m, son, 25

2185; **YOUNGDEER**, Jacob, m, husband, 42
2186; Lunsih, f, wife, 61
2187; **[Littlejohn]**, Mindy, f, daughter, 20
2188; **[Murphy]**, Manco, f, daughter, 23

Males, over 21 yrs of age	530
Males under 21 yrs of age	648
Females over 18 yrs of age	395
Females under 18 yrs of age	615
Total	**2,188**

Index

[UNKNOWN] 21
AH NAH WAH KIH 170
AH-NA-WA-KIH 109,147
AHNAWAKIN 210
AHNAWAKIN 210
AHNETOHAH, Nancy............143,169
AHNETONAH, Nancy..............210,251
AHNETONAH, Nancy 210
ALLEN
    Can Out-run................................... 2
    Chi-ya-ah-ni-nah 2
    Di-da-ki-jor-ki 21
    Di-da-ki-yos-ki............................... 2
    E wih...142
    Eva..68
    Eve............ 43,104,142,169,210,251
    E-wih...104
    Ewih..169
    Iskee kee......................................142
    John 43,104,142,169,210,251
    Junaluska......................................21
    Junaluski... 2
    Junaluskie.. 43,104,142,169,210,251
    Junalusky......................................68
    Nannie 21
    Nanny 2
    Otters At Home............................. 2
    Rebecca2,21,68,104,142,169,210,251
    Sallie 21,43,68,104,142,169,210,251
    Skee kee 169
    Skee-kee 104
    Ski-ki.. 2
    Sku-kee 21
    Sleega 68
    Te la kee yah skih 169
    Te ta kee yah skih 142
    Te-la-kee-yah-skih 104
    Will2,21,43,68,104,142,169,210,251
ALLISON
    Albert Monroe 117,170,210,251
    Albert Munroe 156
    Fealix Wilbur......................210,251
    Ida May 117,156,210,251
    Nannie 156

Nannie I........................117,210,251
Nannie J.......................................170
Rollie Roert 117
Roy Robert 156,170,210,251
AMAH CHEE NAH, Lacy................169
ANDERSON
    Addie L..210
    Addie L C 170
    Addie L G 164,251
    Addie L Garland 124
    Annual..43
    Bessie 164,170,210,251
    Bessie Rosetta............................124
    Cora........................164,170,210,251
    Cora Odell 124
    Ella 164,170,210,251
    Georgia..43
    Girtie.......................................210,251
    J M...43
    Louisa J 164,170
    Louisa Jane 124,210,251
    Myrtle.......................124,164,170
    Pearly...43
    William Burl........................210,251
ANNEKGI
    A..43
    Adam 43
AN-NE-TON-AH
    Ih-hee-tuh 105
    Nancy 105
A-QUA-DE-GI 5
    Jefferson 5
    Lizzie... 5
ARCH
    [No Name Given] 170
    Annie 43,132,169,216,256
    Bessie 21,43
    Cadaskie 132
    Che-ni-yih....................................95
    Codaskie 169
    Codaskie....................95,216,256
    Cora 117,156,170,251
    Dave 68
    David 21,43,93,130,169,210,251

Index

Eliza...95
Ella 68,117,156,170,251
Elma 251
Eva Stella...................................251
Harach 156,170,251
Irene....................7,41,95,132,169
Ire-nih..95
Irenih 132,169
Jennie........................7,41,43,68,169
Jenny......................95,132,210,251
Jess 130,169,210,251
Jesse...93
Jimmie 210,251
Johnson21,43,68,117,132,156,170,251
Lillian 115,269
Martha 93,130,169,210,251
Mary 21,43
Moss..43
Noah7,41,43,68,95,132,169,216,256
Olivan 130,169,210,251
Olivann..68
Olive Ann 21,93
Oliveann 43
Ross 21,68,93,130,169,210,251
Sarah Jane 21
Shade 43
Stacy 132
Ta wah 130
Ta Wah 169
Ta-wah 93
Will 68
Winnie 95,132,169,216,256
ARMA CHA NAH, Lacy....................131
ARMACHAIN
   Agin...43
   Ah he an kah 130,169
   Ah-a-k-ga..................................21
   Ah-he-an-kah 93
   Ahlana 43
   Ai-nih-li-sih 113
   Amy.......................93,130,169,251
   Amy Backwater 210
   Ann 21
   Ann E..68

Ann Eliza...................................113
Anna 21,68,131,169,251
Annie
  . 12,14,21,43,110,148,169,210,251
Annie L......................................43
Awee...12
Bettie 21
Can sih ih.................................113
Che-wa-ha 21
Chewonih......... 116,155,169,210,251
Che-wo-nih 116
Conseen 14,21,43,68,113
Daresih 110,148,169
David 169
Davis........21,43,68,110,148,251
Davis Backwater........................210
Elsie..22
Emma.......................................21
Gigai..43
James 131,169,251
Janoh..113
Jess..68
Jesse........... 43,110,148,169,210,251
Jonah.. 14,21,43,68,150,207,246,285
Kate 17
Katie 93
Katy 21
Lacy................ 12,21,131,169,251
Lacy Backwater 210
Lesley..43
Lewis...43
Louie..68
Louis............. 110,148,169,210,251
Lydia..21
Lydia Ann 14
Nick 21
Ollie......................................43,93
Olsah..68
Olsie..41
Phillip 43
Rachel......... 68,110,148,169,210,251
Sevier
  . 14,21,43,68,110,148,169,210,251
Susie 14,21,43,68,113,152,169

Susih 113
Tsih-kih-eh 110
ARMACHANE
   Annie 7
   Bettie 7
   Davis... 7
   Jesse.. 7
ARNEACH
   Ah-qua-da-ga............................... 21
   Buck 21
   Buck West 251
   Elizabeth...................................... 68
   James 6
   James R 21
   James West 251
   Jeff.. 68
   Jefferson 22,99,137,169,210,251
   John E H 251
   Liz Zie 22
   Maggie.. 6,21
   Margaret 99,137,169,210,251
   Mary 5,21,68
   Mike W 21
   Nancy 17,21
   Nellie 6,21
   Nellie West 251
   Samuel 100,137,169,210,251
   Sarah........... 68,99,137,169,210,251
   Stella Pocahontas....................... 251
   Susan 21
   Susie 5
   Un-yun-li 21
   Will W 5,21
   Will West................................ 210,251
ARNECH, Margaret 68
ARNEECH
   Buck 43
   James 43
   Maggie... 43
   Mary 43
   Nancy 43
   Nellie 43
   Will.. 43
AXE
   Amy 135,169,211,252
   Andy 20,43
   Annie 19,20,21
   Annie Lee 19
   Caroline 19,21,68
   Cinda 68
   Cindy 20,21,108,146,169,211,252
   Corinthia................ 135,169,211,252
   David 6,21,43,100,116
   Davis... 169
   Davud 155
   Dora.. 252
   Edward 100
   Ella 135,169,211,252
   Eva.. 21
   Eve.......... 19,43,68,140,169,211,252
   Ewih.................................... 140,169
   Ga-loo-yo-sti 13
   I-di-gu-na-hih 21
   J Davis 20
   Jackson 100
   Jennie................................. 20,21,43,68
   Joe 20
   John 6,21,43,100,251
   John D 19,21,68,140,169,211
   John Davis 43
   John X 21
   Josiah....................... 135,169,211
   Josiah Trinity............................. 252
   Lazarus 135,169,211,252
   Lee... 68
   Lucindy.. 43
   Lula....................................... 211,252
   Maggie19,21,68,101,139,169,211,251
   Manda................. 146,206,244,283
   Mandy................... 20,21,43,68,108
   Margaret 20
   Mary 20,21,100
   Morgan 20,21,43
   Nancy 135,169,211,252
   Nannie 100
   Oo-yos-kah-law-te-ge-skih 116
   Peter20,21,43,68,108,146,206,244,283
   Polly 20

Index

Sah lah nih 135
Sah loh nih 169
Sallie 20,21
Sarah68,101,135,139,169,211,251,252
Sslly 100
Stacy 19
Tsu-sah-kau 21
We li kih 139,169
We-li-kih 101
Wilic 68
Will 21
Willie 101,139,169,211,251
Williw 19
AXE
   Jackson 138,205
   Joshiah 97
BACKWATER
   Anna 210
   Annie 94,210
   James 210
   Jesse 210
   Lacey Amah-chu-nah 94
   Lacy 94
   Louis 210
   Rachel 210
   Sevier 210
BAKER
   Ada 166,173,211,252
   Alice 252
   Ben 127,166,172,211,252
   Charles 64,121
   Charley W 160,172,211,252
   Cora 172,211,252
   Cricket 127,166,172
   Crickett 211,252
   Dana 166,172
   Dona 127,211,252
   Eliz B 173
   Eliz C Bruce 211
   Eliza B 166
   Ella 64
   Ella C Bruce 252
   Ella McCoy 121,160,172,211,252
   Elmira 166,172,252

Elmira Cole 127
Elmire Cole 211
Homer 211,252
Luther 127,166,172,211,252
Mary 121
Mary L 172
Mary R 160,211,252
Myrtle 160
Myrtle M 121,172
Stella 64,121,160,172,252
Stella McCoy 211
Wiley 127
Worley 166,172,211
BATES
   Delilah 162
   Delilah W 172
   Delilah W Smith 211,252
   Lizzie 252
   Lizzie Smith 211
   Marshall Smith 211,252
   Selina Smith 211
BATSON
   Alfred G 211,252
   Henrietta C 159,172
   Henrietta Crow 211,252
   Lorena 159,172
   Olivia Jane 252
BAUER
   Fred 212,253
   Fred Blythe 17,92,133,170
   Owena 92,212,253
BAUR
   Fred B 22
   Owena 22
BEAR DEVIL
   Annie 1
   Jordan 1
   Judas 1
   Mark 1
   Martha 1
   Mollie 1
   Nancy 1
   Yona Skina 1
BEARMEAT

Index

Alsie 1
Ben 1,22
Betsy 100
Elsie 22
Loyd 1
Ma lee 143,171
Ma-lee 105
Mary 1,22,105,143,171,211,252
Quait-sih 100
BEAVERS, Fannie Robinson ... 234,274
BECK
   Ella 65
   Sam 65
   Savannah 65
   Stacy 65
BEN
   Ah kin ney 144,171
   Cah-ye-nih 104
   Callie 252
   Candy 171,211,252
   Che-che 3
   Che-che 22
   Cheek 43
   Cheick 106,171,252
   Cheik 211
   Chuck 144
   James 106,144,171,211,252
   Kiney 104
   Nancy 22
   Nellie 105
   Olivan 106,144,171,211,252
   Ollie 106,144,171,211,252
   Oo ne cho ga quee tih 144
   Oo ne cho gah guee tih 171
   Oo-ne-cho-gee-tih 106
   Waidsutte 104
   Walsie 3
   Wattie 105
   Woo-wa-sutte 104
BIDDEX
   Jennie 118
   Polly 118
   Rosa E 118
BIDDIX
   Jane 43
   Jennie 158,172,220,260
   Nute 43
   Polly 158,172,220,260
   Rosa 43
   Rosa E 158,172
BIDIX
   Jennie 69
   Rose 68
BIG JIM 15
   Bettie 15
   Chickallili 15
   Gillow 15
   Lossil 15
   Nickadiya 15
BIGFAT
   Kate 18,69
   Martha 18,69
   Sallie 18,69
BIGJIM 43
   Aggie 44
   Agnes 15
   Chickakaela 44
   Eliza 14
   George 44
   Goliath 43
   John 15,44
   Josie 44
   Judas 14,43
   Larsil 43
   Lillie 44
   Lucindy 44
   Lydia 44
   Quatie 43
   Rosa 44
   Wesley 15,44
BIGMEAT
   Abel 22
   Adam 22,69,116,155,172,211,252
   Ai nih kih 172
   Ainihkih 211,252
   Ai-nih-kih 116,155
   Andy 69
   Annie 10,22,69

Index

Bear 22
Charlotte L Crow 252
Coo-toh-sih 107
Diana 10
Ezekiel 10,22
Isaiah 10,22
Isaih 69,116
Isiah 44,155,172,211,252
John 252
Lacy 22
Larky 19
Martha 22
Minnie Crow 252
Nance 69
Nancy 22
Nannie 107,145,171,211,252
Nickademus 22
Nicodemus 107,145,171,211,252
Nico-dum-sih 107
Piler 10
Robert 22,44,98,135,170,211,252
Sa le nih 172
Sa le-nih 155
Sa-le-nih 116
Sallie 69
Sampson 44
Sarah 44,116,155,172,211,252
Te yeh ste skih 172
Te-yeh-ste-skih 116,155
Yona 10,44,109,148,171,211,252
Yona ne tah 148,171
Yona-ne-lah 109

BIGWITCH
Ah-li-sah 23
Charley L 23
Elsie 10
Joe L 23
John Dobson 23
John Long 23
Mary 23
Mary L 23
Olsie 23
Oo-u-stoo-hih 23
Ti-coo-gis-kih 23

BIRD
Adam 281
Ah lin wah 137,170
Ah-lin-nah 99
Alfred 44
Annie 22,44,99,114,137,141,153,170,171,211,212,252,253
Bessie ... 44,68,100,137,169,210,251
Bettie 44,103,141,171,241,281
Billie 22
Bitty 69
Ceily 22
Celia 150,171,212,253
Celie 111
Chees quah wah ih 153,171
Chees-quah-wah-th 114
Che-sa-wa-nah-ih 22
Colinda 44
Colley 44
Dah sih gih kih 137,170
Dah-no-lah 103
Dah-sih-gih-kih 99
Dan 22,44,69
Daniel 103
Dave 68
David . 5,22,44,100,137,169,210,251
Dinah 5,22,44
Eli 22,44,114,153,171,212,253
Eliza ... 12,22,68,96,133,170,211,252
Elsie 22
Going 22,153,171,212,253
Going Or Bird Toheskee 114
Jacob 44
Jake 5,22
Jennie 5
Joe 252
John 44
John E 5,22
John E H 211
Liv Zzie 100
Lizzie 44,68,137,169,210,251
Lloyd 44,137,211,252
Los-ih 103

Loyd 5,22,69,99,170
Lucy 137,170,211,252
Lucy Ann 103,141,171,241,281
Lucy Harris 99
Margaret 22
Mary 69
Mary T 22
Minnie Peckerwood 211,252
Nancy 22
Ollie 22,44,69,99,103,137,170,211,252
Ollie Ann 22
Polly 22,69,141,171
Quallih 103
Quaty 5
Rebecca 22,111
Rosa 69
Rosew 103
Rosy 5
Sallie 23
Sarah 5,22,44
Se-lih 111
Solomon 44,69,103,141,171,241,281
Spencer 12,44
Sqaincih 170
Squaincih 211,252
Squaineih 133
Squain-sih 96
Squincy 22
Squnch 68
Ste-nih Chees-qua 103
Stephen 103,141,171,211,252
Steve 5,22,44,69
Taheeskie 150,171
Tah-hees-kie 111
Taw-hee-skih 111
Teheeskie 212
Teheskie 253
Timpson 69,93,129,170,211,252
Tohie-shih 22
Tohiskih 22
Waig gih 111
Wal-kin-ih 114
Walkinnih 153,171
BLACKFOX

Ahl-sih 94
Cal-lah-tah-yih 111
Chah-lih 111
Charley 9,22,44,69,149,171,212,253
Cindy . 9,22,44,111,149,171,212,253
Dinah 69
Dinah C 153,212,253
Dinah c 171
Dinah Calhoun 114
Gahluday 69
Galurdagi 44
Josiah
 . 12,22,44,69,114,153,171,212,253
Kaziah 114
Keasiah 212
Keaziah 253
Keziah 153,171
Lloyd 44,149,171,212,253
Loyd 69,111
Nancy 149,171,212,253
Nannie 44
Ohl sih 131
Olsie 94,131
Sallie 7
Sally 22
Tah yah nih 153
Tah yah noh 171
Tah-yah-nih 114
Tso stow nah 153
Tso Stow Wah 171
Two-stow-wah 114
Wesley 149,171
BLANKENSHIP
Arizona 163,172,212,253
Arizona Swayney 123
Fred 212,253
Fred Turner 172
Helen Kathalene 253
Lillian Josephine 123
Lillie 172
Lillie J 163,212,253
BLUE OWL 212
BLUE OWN 253
BLYTHE

295

Index

Adelia 92
Adilia J 132
Allen 212,253
Arch16,22,44,69,92,129,170,212,253
Bessie 16
Birdie Bell 129,170,212,253
Campson 44
Cecil 69
Dave 16,69
David 11,22,44,98,170,212,253
Davie 136
Dis quah nih 132
Dis-quah-nih 95,170
Elizabeth 6,22,69,95,132,170,212
Estella 44
Francis Marion 253
Fred 44,69
Henry 6,22,44,69
Ida 44,69,92,129,170,212,253
Jackson 6,22
James 17,22,95,132,170,212,253
James B 101
Jarett 44
Jarrett 17,69,133,170,212,253
Jarretta 92
Jarriet 22
Jennie 16
Jim 68
Johnson 16
Josie 22,44,69
Jsoephine 17
Lizzie 44
Lloyd 154,172,212,253
Mary 16
Nancy 98,136,170,212,253
Nannie 22,44
Nanny 69
Olive Ann 16
Oo la whah tih 172
Oo-la-what-tih 154
Ross 16
Sampson 69,92,129,170,212,253
Stella 17,22,69,92
Texie 16

William H 95,132,170
William Henry 212,253
William Johnson 154,172,212,253
BLYTHE, Newman Welch 101
BOSS, *Sampson* 143,206
BRADLEY
Ah-nih-nah-zih 99
Amos 69,114,153,171,212,253
Amos W 23
Anna R 44
Annie 69,119,158,172,213,253
Antoin Russel 213,254
Bertha A 153,171
BErtha Ann 212
Bertha Ann 253
Couah 23
Deweese 137,170
Dewesee 212,253
Dinah 44,69,119,158,172,213,253
Eliza 13
Eliza J 69,114
Eliza Jane 22,45,153,171,212,253
Ethel 158,172,213,254
George 8,23,44,69,119,158,172
Henry
 8,23,45,69,99,114,137,153,170,171,2
 12,253
James 45,137,170,212,253
James W 23
Jas W 13
Jasper 119
Joe 8,69
Johnson
 8,23,45,69,119,158,172,213,253,254
Jonah 99
Joseph 45,119,158,172,213,253
Judson ... 45,69,114,153,171,212,253
Julia 44
Lewis 253
Lidda 69
Lizzie 8,45,69
Lucinda 23,45,172,213,253
Lucindy 8
Lydia 114,153,171,212,253

296

Index

Mabel 22
Margaret 69,115,153,171,212,253
May Bell 45
McKinley 23
Minda 45,69,153,171,212,253
Minda E 69
Mindy 8,23
Mindy E 115
Morgan
... 8,23,45,69,119,158,172,213,254
Nancy
12,22,45,69,99,115,137,153,170,171, 212,253
Nick 8,23,45,69,119,158,172,213,254
Rachel 119,158,172,213,253
Ray D 23
Raymond 158,172,213,254
Raymond E 119
Roy .. 13,45,69,115,153,171,212,253
Sarah 45,69,119,158,172,213,254
Seaborn 153,171,212,253
Seabost Hyatt 114
Shon 212,253
Suzzie 23
Thomas 119,158,172,213,253
Vandala 44
Verdie Winterford 212,253
W Amos 13
Wallace Russel 212,253
Walter 69,114,153,171,212,254
William A 45
BRADLY, James 99
BRADY
Arthur 166,173,213,254
Callie 213,254
Clyde 166,173,213,254
Eliza 166,173,213,254
Elizabeth 166,173,213,254
James Lowen 156,172,213,254
Luther 166,173,213,254
McKinley 166,173,213,254
Robert A 127,213,254
Robt A 166,173
Samuel 213,254

Sarah 166,173,213,254
Susie J 172
Susie S 156
Susie Smith 213,254
William 254
BREWSTER
Elly 213,254
Linnie 165,172
Linnie L Jordan 213,254
BROWN
Aginia 45
Agnes 68,102,141,170,213,254
Alice 23
Allie 5
Annie 41
Ella 45,68
Eva 23,170
Eve 5,102,141
John 5,23,45
Jonah 23,68,102,141,170,213,254
Jonas 45
Jones 5
Liddie 5
Lit-tih 108
Lizzie 254
Lydia 23,45,68,108,146,171,213,254
Mark 213,254
Martha 68
Nancy 1,146,171,254
Nancy Otter 213
Nan-sih 102
Ollie 23
Peter 5,23,45,68,108,146,171,213,254
Sah-da-yih 1
Tinison 41
Wah-sih 170
Wan sih 141
BRUCE
Arthur 166,173,213,254
Arthyr 127
Elizabeth Cole 127
Thomas 127,166,173,213,254
BRYANT
Elizabeth 164,172

Index

Elizabeth H G 213,254
Elizabeth H Garland 124
BURGES
   Bessie 69
   Floy 69
   George 69
   Georgia 69
   Mary 69
   Willie 69
BURGESS
   Bessie 4,45,104
   Bessie L 171,213,254
   Bessie S 142
   Floy 45,104,142,171
   Frederick Homer 213,254
   George 104
   George Alger 142,171,213,254
   Georgia 45
   Georgia A 4
   Georgia Ann 142,171,213,254
   Georgia Ann Sneed 104
   Lizzie 45
   Mary 4,45,104
   Mary M 142,171,213,254
   Nellie Luella 142,171,213,254
   R Floy 213,254
   Willie 45,104,142,171
   Willie R 213,254
BURGISS
   Bessie 23
   Georgia A 23
   Mary Myslle 23
   Rob Floy 23
BURRELL, Emma Stiles 240,279
BUSHEYHEAD
   Ben 68,143,254
   Joel 254
   John 68
   Nancy 143,254
BUSHYHEAD
   Ben 45,105,171,213
   Joel 213
   John 45
   Nancy 105,171,213

CALAWAY
   Bennie M Nick 213
   Bessie E Nick 123
   Bessie M Nick 254
   Bessie N 176
CALHOUN
   Able 45
   Ah-le-wa-kih 116
   Ance 71
   Au gun staw tah 175
   Au-gun-staw-tch 114
   Awee 12
   Aw-gon-slo-la 23
   Climbing Bear 23
   Dah-kin 23
   Dah-li-skih 23
   Daleskee 71
   Diana 152,175,214,254
   Dinah 15,23
   Eliza 45
   Eva 23
   Eve 15,45,71,114,175,213,254
   eve 152
   Flostawa 45
   Gan dah qua skih 152
   Gaw dah qua skih 175
   Gaw-dah-qua-skih 114
   Gawdaquaski 71
   An gun stan teh 152
   Gun-ta-gi 23
   Holley 114,152,175
   Holly 71,214,254
   Jawstaw 71
   Joe 23
   Joe W 23
   Joe, Sr 15
   Kahi-lah 23
   Kate 71
   Lawson 71,114,152,175,213,254
   Lawyer 12,45,70,116,154,175,214,254
   Levi 114
   Lloyd 45,152,175,213,254
   Lowen 45
   Loyd 15,23,71,114

Index

Lucy 15,23
Mabel 71
Morgan
. 15,23,45,71,114,152,175,213,254
Ollie. 23,70,71,116,154,175,214,254
Olloie 12
Olnegi 45
Pollie 23
Polly 15,114,152,175,213,254
Sallie 15,45
Sallie Ann .. 23,114,152,175,213,254
Sallyann 71
Sawyer 23
SDunday 152
Si-ti-yo-hi-hi 23
Smathers 254
Smith 45
Sunday 114,175,214,254
Te te yah hih 175
Te-te-yah-hih 116,154
Waluyah 71
Willie 45
Yah gin nih 152
Yahginnih 175
Yakkinnie 45
Yekin 71
Yih-gin-neh 114
Yihginneh 213,254
Yona-kala-ka 23
CALNUHESKI, Tom 19
CALONEHESKEE
 Esiah 71
 Mark 71
 Martha 71
 Nan 71
CALONOOHISKI
 Abraham 23
 Charley 23
 Di-gaw-his-diski 23
 Katy 23
 Nannie 23
 Sissie 23
CALONUHESKI
 Abraham 12

Ehguish 11
Jesse 11
Joe 12
Sissie 12
CALONUHESKY
 Charley 10
 Kate 11
 Lillie 10
 Oney 10
CALTOLSTER
 Alexander 131
 Eliza Jane 131
 Nannie 131
 Sally 131
 Tamas 131
 Toh nih 131
CAMPBELL 41
 Wilburn 15
CANNAUGHT, Eliza 139,182
CANNAUT
 Abel 103,214,254
 Addison 106,214,255
 Columbus 106,214,255
 Maggie 106,214,255
 Susie 103,214,255
CANNOT
 Eliza 19
 John 19
CANNOUGHT, Eliza 101
CANNOUT
 Abel 141,174
 Addison 145,175
 Columbus 145,175
 Maggie 145,175
 Susie 141,174
CANOT
 Abel 5
 Columbus 5,71
 Eliza 72
 Maggie 71
CANOTTE
 Abel 23
 Columbus 23
 Eliza 23

299

Index

Ki-lan-cega 23
CARLEY
   Emery Lorenzo 122
   Lucy Emeline 122
   Myrtle Leona 122
   Robert Astor 122
   William Luther 122
CAROLINE 105
CAT
   Ah hean kaw 140
   Ah heau kau 174
   Ah-heaw-kaw 102
   Alkin nih 146,175
   Amanda 146,175,214,255
   Annie.. 2
   Ben 45,102,140,174,214,255
   Benjamin 102,140,174
   Bette 45
   Bettie 23,70
   Betty 6,108
   Carinthia 175
   Chin-nih 103
   Corinthia......................146,214,255
   Corinthia Bird.............................108
   David 108,146,175,214,255
   Jackson 20
   Jane...103
   Jesse...6,45,70,108,146,175,214,255
   Jessie...23
   John 70
   Johnson6,23,45,108,146,175,214,255
   Kuh heh 174
   Lucy..70
   Manda...45
   Mandy...................................23,70,108
   Margaret
     23,45,70,108,146,175,214,255
   Margarette 6
   Oney 140,174,214,255
   Oney Ropetwister 102
   Robert...................................214,255
   Saken 20
   Sal kin ih......................................174
   Sal kin nih 141

Sal-kin-nih 103
Sallie. 6,23,24,45,70,71,108,146,175
Sally.............20,103,141,174,214,255
Scah-kle-los-kih 108
Seah kle loo kih...........................146
Seah kle los kih 175
Wild..174
Willei..45
Willie. 6,23,70,108,146,175,214,255
CATOLST
   Ca-li-son-ee 24
   Charley 17,24,71
   Colsowi..17
   Elic 71
   Elize...71
   Elsie...24
   Etta..17
   Ettie...24
   Eva...17
   Eve...24,71
   Ga-tol-sta......................................24
   Gulsney...71
   Malkam...24
   Nancy 24
   Olsa..71
   Sallie...71
   Sa-lo-la-nu-ta 24
   Sololy 71
   Tamar 24,71
   Tanur 17
   Uah-lus-ki 24
   Wallace......................................17,71
   William 17
CATOLSTER 45
   Aleck 94
   Alexander 173,214,255
   Alseny 45
   Cal sou wih.................................130
   Carson...............93,130,173,214,255
   Charley 45
   Charlie 93,129,173
   Col son wih 173
   Colsarwee 45
   Col-sou-nih 93

David 214,255
Eliza 94,255
Eliza Jane 46,173,214,255
Elsie Feather 214,255
Eve 45,93,129,173,214,255
E-wih 93
Ewih 129,173
Foxsquirrel 45
Guion M 214,255
Guion Miller 173
Johnson 93,130,173,214,255
Josie 130,173,214,255
Lucy 255
Margaret 255
Nancy 45
Nannie 94,173,214,255
Sallie 46
Sally 94,173,214,255
Tah lih 129,173
Tah mih 173
Tah-lih 93
Tah-mih 94
Tamar 46,94,173,214
Tarliskie 45
Wa law gih 173
Wa law vgih 130
Wah lih nih 130,173
Wa-las-gih 93
Wallace 130,173,214,255
Wih-lih-nih 93
Wiley 93
William 45,93,130,173,214,255
CEARLEY
  Emery L 176
  Emery Lorenzo 255
  John Patrick 255
  Lucy E 176
  Lucy Emeline 255
  Robert A 176
  Robert Astor 255
  William L 176
  William Luther 255
CEARLY
  Emery Lorenzo 214

John Patrick 214
Lucy Emeline 214
Robert Astor 214
William Luther 214
CHA WEE SKA, Joe 129
CHEEALEEQUAHLANAH, John 138
CHEEALEEQUIAHLANAH, John ... 187
CHEES QUA, Ste nih 141
CHEES QUA, Ste nih 171
CHEKEKLELEE
  Mary 174
  Rosa 174
  Saw nih 174
  Simon 174
  Stone 174
CHE-KE-LE-LEE
  Cah-e-ta-hih 121
  Ca-te-clo-ih 102
  Mary 102
  Rosa 102
  Saw-nih 102
  Simon 102
  Stone 102
  Tom 121
CHEKELELEE
  Andy 108,146,175,214,255
  Bessie 146,175,214,255
  Bettie 146,175,214,255
  Coh e tah hih 176
  Luella 160,176,214,255
  Martha 214,255
  Mary 140,214,255
  Rosa 140,214,255
  Saw nih 140
  Simon 140,214,255
  Stone 140,214,255
  Tom 160,176,214,255
  Wilson 160,176,214,255
CHE-WAH-NIH 102
CHICKALEELA
  Andy 46
  Annie 46
  Jacob 46
  John 46

Index

Mary 46
Rosa 46
Simon 46
Stone 46
CHICKALILI
   Andy 25
   Annie 18,24
   Elsie 18
   Jacob 18,24
   Jeff 24
   Jeptha 18
   John 18,24
   Mary 18,24
   Nancy 24
   Simon 24
   Stone 18,24
   Tom 18,24
CHICKALILY 72
   Annie 72
   Jacob 72
CHICKILLY, Andy 68
CHICKLILY
   Mary 72
   Rose 72
   Simon 72
   Stone 72
CHIKLTOSKY, Chiltosk 71
CHILDERS
   Clifford E 255
   Lula 46,117
   Lula B 157
   Lula F 176
   Lula Frances 214,255
   Maude 215,255
   Maude M 176
   Robert 157,176,215,255
   Robert Marion 117
   Stella 157,176,215,255
   Walter 46
CHILDES
   Lula 71
   Robt M 71
   Walter C 71
CHILSOSKIE

Charlotte 215
James 215
Wahdih 215
Will 215
CHILTOSKE
   Betsey 41
   Go yee-nee 41
CHILTOSKI 14
   Bettie 14
   Caroline 15
   Charlotte 15
   David 46
   Quatie 46
   Sallie 46
   Sarah 46
   Ute 15,46
   Walter 46
   Wattie 16
   Will 15,46
CHILTOSKIE
   Charlott 131
   Charlotte 173,255
   Charlstle 94
   Guw-wch-nun-stih 94
   James 94,131,173,255
   Ute 94
   Wah dih 131,173
   Wahdih 255
   Wah-dih 94
   Will 94,131,173,255
CHILTOSKIH
   Bettie 25
   Caroline 25
   Charlotte 25
   Chiltoskih 25
   Ute 25
   Walter 25
   Will 25
CHILTOSKY
   Bittie 71
   Quaty 71
   Sallie 71
   Watty 71
   Will 71

Index

CHOW-SO-IH, *Joshua* 109
CHU-LAW-KA-LOH, *Lo-sih* 111
CILTOSKY, Esie 71
CLARK
   Lottie 215
   Lottie A 120,159,176,256
CLAY
   Sallie 131,139,173,174,215,255
   Tecumsey 70
   Timpson 94,131,173,215,255
   Timson 18
   Wah su ge tah 131,173
   Wah-su-ge-tah 94
CLIMBING BEAR 13
   Ah le nih 151
   Annie 151
   Daking 13
   Daleska 13
   Delesku 151
   Gudakey 13
   Katherine 13
   Katie 151
   Ollie 151
   Olney 13
CLIMBINGBEAR 46
   Ah le nih 175
   Ah-le-nih 112
   Ancie 112,175
   Cudagee 46
   Daginnie 46
   Daliskee 46
   Deleskie 175
   Deliskee 215
   Deliskie 112,256
   Katie 112,175
   Katy 46
   Ollie 46,112,175,215,256
   Ta-kin-nih 112
   Ta-le-skih 112
CLOUD
   Luciney 11
   Lusene 25
   Rosa 46
   Rose 11,25

   Sallie 11,46,71
CLUETOSKI, Jennie 12
COCKRAN
   Arch 9,24
   Casey 9
   Darcus 9,24
   De ga do ga 24
   George 9
   I yun to g 24
   Kasy 24
   Keener 9,24
   Moses 9,24
   Ross 9,24
   Standing 9
   Will 9,24
COLARSAR, *Wah-hi-yah* 160
COLE
   Anley 127
   Arley 166,177,215,256
   Attla 215,256
   GE Wash 166
   Geo E 166
   George E 177
   George Emery 127,256
   George Emry 215
   George Washington 127,177,215,256
   Hollie 166,177,215,256
   Holly 127
   Ida 127,166,177,215,256
   Jewel 127,166,177,215,256
   John 127,166,177,215,256
   Lloyd 215,256
   Lula 127,166,177,215,256
   Ollie 166,177,215,256
   Orna 166,177,215,256
   Orney 127
   Robert T 127,177,215,256
   Robt T 166
   Walter 127,166,177,215,256
   Wilford 166,177,215,256
   William A 127,166,177,215,256
COLEACH, Maggie 65
COLEMAN
   Berdie A 165,176

Birdie A 256
Birdie Anolee 126
Birdie Arolee 215
Birsiw 64
Callie M Timpson 282
Calvin 64
Geo Washington 215,256
George 64
George W 165,176
George Washington 126
Harrison 64
Harrison E 126,165,176,215,256
Henry 126
Henry J 165,176,215,256
Ida Evelin 282
Jesse 126
Jesse James 165,176,215,256
John 64
John N 126,165,176,215,256
Joseph 64
Julia 126,165,176
Julia M 215
Julia N 256
Julie 64
Julius Roosevelt 166,176,215,256
Leslie 282
Lillian 126
Lillian M 165,176,215,256
Lillie 215
Lillie M 256
Lilly May 176
Luciua C 176
Lucius C 165
Lucius Calvin 215,256
Lucius Colvin 126
Lula 64
May E 165,176
May Emeline 215,256
Nancy 64,165,176
Nancy M E 215,256
Nancy Mary Ellen 126
Oscar 166,177,256
Oscar 1 215
Otealve G 215,256

Pearl May 256
Peter 64
Rebecca 64
Sarah Eliz 176,215,256
Sarah Eliza 166
Simon Peter 126,166,177,215,256
Will 64
William Edward 176,215,256
WM EdW 165
Wm Robert 256
COLONEHESKY
  Abraham 70
  Charley 70
  Jesse 70
  Joe 70
  Katie 70
  Nannie 70
COLONHESKI
  Charley 46
  Isiah 46
  Joe 46
  Mark 46
  Martha 46
COLONOHESKY, Lilly 70
COLONOOHESKIB
  Isaiah 25
  Lillie 25
COLONOOHISKEH, Tom 25
CONLEY
  Che ki ah 24
  Cosagogeeda 46
  Dakie 46
  Geegeea 46
  Jennie 24
  John 24,46,113,152,175,215,256
  John, Jr 113,152,175,215,256
  Linda 199,240,280
  Lindie 113
  Luke 24,46,113,152,175,215,256
  Sinda 150
  Wah hi co nih 152
  Wah hih co nih 175
  Wah-hi-co-co-nih 113
CONLY

Index

Elias 15
Jennie 15
John 15
John, Jr 15
Luke 15
CONNOLLY
  Jenny 71
  John 71
  Linda 71
  Luke 71
CONNOT
  Able 71
  Susie 71
CONSEEN
  Aggie 18,24
  Ah-le-lees-kih 102
  Ah-li-tis-hi 24
  Annie 18,24,174
  Annie Arneach 216,257
  Annie George 256
  Auganahyah 70
  Ayangah 47
  Beast 72
  Becca 102
  Breast 19,46,139,174,216,256
  Briash 101
  Buck 70,117,148,190,229,269
  Ca-tin 102
  Dahney 46,72,102,139,216,256
  Dina 20
  Dinah 25
  Eliza George 216,256
  Elsie 72
  Garrett 71
  Gaw-che-che 24
  George 72
  Guganigh 46
  Hah-lih 102
  Harry 102,140,174,216,257
  Henson 72
  Ida 140,174,216,257
  Irene Arch 216,256
  Jack
    24,46,70,117,140,155,174,175,216,2 56
  Jackson 4
  Jake 18,24,46,72,102
  James 46,102,140,174,216,256
  Janus 19
  Japson 216,257
  Jim 71,72
  Joe 102,140,174,216,257
  John 19,24,46,72
  John Ropetwister ... 140,174,216,257
  Junaluska 4,46
  Junaluskee 24
  Ka chi chi 139,174
  Kalotti 24
  Ka-luh-di 24
  Kate 24,102,140,174,216,257
  Katie 46
  Kee-ch-chi 101
  King 24
  Kun oo ta ye ih 174
  Kun oo ta yo ih 140
  Lauzene 72
  Lloyd 46,148,190,229
  Loyd 70,117
  Manley 47
  Manly 18
  Martha .. 24,47,102,140,174,216,257
  Mary 19,24,46,72
  Minda 72
  Molly 46
  Morgan 72
  Nancy
    19,24,46,71,72,102,140,174,216,257
  Nan-sih 102
  Nansih 102
  Nicey 102
  Oluganiah 24
  Organiah 4
  Peter ... 18,24,46,71,140,174,216,257
  Polly 72
  Quai-key 102
  Rachel 72
  Ropetwister 18,47,140,174
  Sallie 19,24,46,70

Index

Sallie Bigfat 24
Tah ya los tah 140
Tahyandai 46
Thompson 4,24,46,70,117,155,176,216
Thomspon 256
Tiney 19,24
Tiny 71
Toh ya los tah 174
Will 72
William 46
Willie 139,174,216,256
Willis 102
Wilson 256
CONTESKA 4
  Caroline 4
CONTESKIE 47
  Caroline 47
COOK
  Inez Gertrude 176,216,257
  Jesse Leora 176
  Jessie Leora 161,216
  Jessie Loora 257
  Randel Edgar 257
  Vernie L. 161,176
  Vernie Lee 216,257
COOPER
  Arnold
    . 19,25,47,70,118,157,176,216,257
  Celia 47
  Curtis 25,47,70,118,157,176,216,257
  Fannie ... 47,70,118,158,176,216,257
  Frankey 70
  Frankie .. 25,47,118,157,176,216,257
  Fred 70,118,158,176,216,257
  Leila 70,257
  Lelia 41,118,176,216
  Lilia 158
  Mary Joe 216,257
  Myrtle ... 47,70,118,158,176,216,257
  Selma 158,176,216,257
  Selma Dorris 118
  Stacy 19,25,47,70
  Stacy Jane 118,157,176,216,257
COOTAGUSKI

Soo gee-ta 25
Timson 25
CORNSILK
  [Illegible] 25
  Ai nih 174
  Ain nih 139
  Ain-nih 101
  Annie 25,47,70,101,139,174,216,257
  Armstrong
    . 20,25,47,70,101,139,174,216,257
  Colludayi 20
  Con no tsa yah 139
  Con-notsa-yah 101
  Dow 20,25,71,216
  Eann 109,147,175,216,257
  Eljan 71
  Emaline 20
  Emeline 25,71
  Emma 216,257
  Eyahni 47
  Eyah-nih 109
  Eyahnih 147
  Eyaney 13
  Eyehnih 175
  Famous 216,257
  Frances Elizabeth 216
  Hattie 25,47
  Hettie 139,174,216,257
  Hetty 70
  Howard . 47,70,101,139,174,216,257
  Howart 20
  Hrlly 101
  Jacob 257
  John . 25,47,70,101,139,174,216,257
  Jonah 20
  L Dow 141,257
  Lorenzo Dow 103
  Lorenzo Dow 103
  Maline 47
  Martha 20,47,70,101,139
  Martha Rave 216
  Moody 141
  Nancy 141,174,216,257
  Noody 174

Index

Oo no tsa yah 174
S Dow 174
Will 13
Woody 216,257
Ya cah 175
Yah cah 147
York. 13,47,71,109,147,175,216,257
CRAIG
   Bill 71
   Don 71
   Frank 5,25,47,71,107,145,175,216,257
   George D 145,175
   George Donley 107,216,257
   Georgia 25,71
   Georgie 47
   John 5,47,71
   John K 25
   Mary 47
   Mary J 5,25,71,145,175
   Mary Josephine 107
   Sarah 5,47
   Sarazh 25
   Wid 5
   Will 5
   William 25,47
   William W 107,145,175,216,257
CRAIG
   Adelia J 107
   Robert Lee Donley 120
CROOKS
   Bessie M 160,176
   Bessie Meroney 216,257
CROW
   Aguish 25
   Ahl sah 135,174
   Ahl-sah 98
   Ai nih 135,174
   Ai-nih 98
   Albert 70,98,135,174,216,257
   Alice 11,76,226,266
   Alika 47
   Alsie 25
   Annie . 12,47,70,98,135,174,216,257
   Annie S 155

Anona 148,175,216,258
Aqquaishee 111
Aquaishee 175
Aquaisher 149
Aquaishoe 258
Aquish 70
Arthur 9,41,70,125,164,176,216,258
Boyd .. 12,47,70,98,135,174,216,257
Callie 70,257
Caroline .. 11,70,98,135,174,216,257
Colarch 47
David . 17,25,47,70,110,148,175,216
Davis 258
Desdemonia 99,137,170
Dinah 258
Dora 9,41,125,164,176,216,258
Doradel 70
Easley 25
Elige 25
Ella 25
Epps 47
Etta 9,25,65
Henrietta 120
Hot house 155,176
Iva 257
Joe 47,70
John 9,47,70,98,135,173,216,257
John Wesley ... 104,142,175,216,257
Jose 12
Joseph 98,135,174,216,257
Lah seh lah 135
Lah-sih-loh 98
Loddie 125
Loh-sih-lah 174
Lossie 164,176,216,258
Lossil 70
Louisa 70,115,154,172,212,253
Lucy 257
Luther 9,41,70,125,164,176,216,258
Maggie 9
Margaret 17
Martha Toineeta 216,258
Martin 25
Mary 47,70,98,135,173,216,257

Index

Mindy 47
Minnie 12,47,70,98,135,174
Mollie Endros 216,257
Namie 110
Nancy 216,258
Nannie 25
Nanny 17
Olsie 25
Oo loo lsa 137
oo loo tsa 170
Oo-loo-lsa 99
Osi 25
Osih 117
Ossie 11,47,117,155,176,216,258
Rachel 47,110,148,175,216,258
Riley 70,115
Robert 9,41,47,70,125,164,176,216,258
Robert E 11
Sallie
   11,25,47,70,110,135,148,174,175,216,258
Sally 98
Sam 70
Samuel 110,148,175,216,258
Sarah 47
Sevier 9,25,125,164,176,216,258
Squaishee 216
Stacy 148,175,216,258
Tooh nih 173
Tsoh nih 135
Tsoh-nih 98
Ute 131,173,216,257
Wes 70
Wesley 9,11,25,47,71,98
Wesley R 135,174,216,257
Westley R 11
Wiley 47
CROW, Etta Jane 120
CUCUMBER
  Arch
    47,70,97,134,149,173,199,216,235,258,275
  Cah-kih 97
  Casey 70

Daggi 47
Dagi 47
Dah lih 173
Dakey 70
Dakie 134,173,216,258
Deh-kie 97
Dekie 97
Doney 70
Dorcas 97,134,173,216,258
Gassey 47
Gena 47,134,173,216,258
Gina 97
James 47,97,134,173,216,258
Jennie 216,258
Jim 70
Jim D 97
John D 134,173,216,258
Katie 97,134,173,216,258
Keener 70
Lillie 97,134,173
Lizzie Reed 173,216,258
Mason 258
Mose 70
Moses 47,97,134,173,216,258
Mos-sih 97
Noah 97,127,134,173,216,258
Ollie Saunooke 173
Ollie Youngbird 216,258
Squincey 216,258
We-lih 97
Will 47,70
William 97,134,173,216,258
DAH NIH NO LIK 147,177
DAHNENOLIH 258
DAH-NIH-NO-LIK 109
DAILEY, Gita I R 216,258
DAILY
  Gita J R 178
  Gita S R 162
DAVID
  Emeline 184
  Joe 3
  Katie 3
  Rebecca 124

Index

DAVIS
  [Illegible] 25,26
  Alsie 2,26,48
  Al-sie 106
  Angeline 15
  Anita 144,184,226,266
  Anna 72
  Annie
   13,25,47,72,106,111,113,150,152,17
   7,178,218,258
  Callie 111,150,177,258
  Catih 106
  Charley 13,25,218,258
  Charlie 47,111,150,177
  Chully 72
  Collonusku 15
  David 48,72,111,150,177,218,258
  Elsie 106,144,177,218,258
  Emeline 106,144,226,266
  Emmerline 48
  Gah-na-ih 113
  Gah-na-yi 14
  Garlonuskee 48
  George 73,111,150,177,218,258
  Iarial 72
  Irene 25
  Isaac . 25,47,72,111,150,177,218,258
  Israel 177,218,258
  Isreal 13,25,47,111,150
  Joe ... 26,48,72,106,144,177,218,258
  Jogohi 2
  John14,25,47,72,113,152,178,218,258
  Junulaska 26
  Katie 72,144,177,218,258
  Katy 26,48,106
  Liddy 14
  Lizzie 14,26,47,72
  Lucy Ann 15,25,48,106
  Ludia 26
  Maggie 218
  Mollie 14
  Nancy 25,47
  An nih 111
  Quai-tih 113
  Quaitih 151,177,218,258
  Quai-tih 113
  Rebecca 164,178,218,258
  Sallie 15,25,26,218
  Sallie A 14
  Sarah 26
  Scoh-cle-los-kih 106
  Stacy 26
  Tah chun tih 152,178
  Tah-chun-tih 113
  Tsoh lih 177
  Tsoh-lih 150
  We-loo-stes 106
  Wieste 177
  Will Ste 48
  Willie 2
  Wilste 26,106,144,216,258
DE LEGEESKIH
  Cow wah noo 177
  John 177
DEAVER
  John E 178
  John R 162
  John Robert 218
  Mary E R 162,178
  Mary E Roberson 218
DEEJEQYSJU
  Didanlki 41
  Quaker 41
  Sallie 41
DE-GI-GISKI
  Kanawili 19
  Oo-tolki 19
  Rebecca 19
DEKEGEESKEH
  Caw wah noo 136
  John 136
DE-LE-GE-SKIH
  Alkinney 99
  Al-kin-nih 99
  Cow-wah-noo 98
  John 98
  Leander 99
  Lucinda 99

Index

Lu-cui-dah 99
DELEGESKIH
   Alkinney 259
   Elkinney 218
   John 218,259
DENVER
   John Robert 258
   Marey E Roberson 258
DEQUSKIH
   Ceily 26
   Jim 26
DEVERS, Mary Elizabeth Robinson 123
DEWATLEY
   Adam 15,36
   Addison 36
   Adison 15
   Ben 36
   Cain 15,36
   James 15,36
   Sam 15,36
   Will 36
   William 15
   Winnie 15,36
DICKENS
   Donih 14
   Watson 14
DICKEY
   Abraham 48,72
   Adam 48
   Doonib 26
   Eliza 8
   Etta 48
   John 48
   Leander 72
   Louisa 48
   Morgan 8
   Moses 8
   Nat 48
   Olkiney 72
   Watson 26
   Will 8,48
DICKKEESKEE
   Carolina 72
   Jesse 72

   McKinley 72
DIGEESKEE
   Celie 48
   Jesse 48
   McKinley 48
DIGGIN, Watson 72
DOBSON
   John 8,48,72,99,137,177,218,259
   Kane 137,177
   Ma lih 137
   Mah lih 177
   Ma-lih 99
   Mary 8,48,72,99
   Mary George 137,177,218,259
   Ool stoo ih 137,177
   Ool-stoo-ih 99
   Tah-lah-yeh 99
DOCKERY
   Cora P 218,259
   Dora Lee 259
   Elsie A 162,178
   Elsie Arlena 218,259
   Emma J P 162,178
   Emma J Payne 218,259
   Ralph B 162,178
   Ralph Burton 218,259
DOCKINS, Tabitha 3,41
DOCREY
   Elsie 73
   Emma 73
DONLEY, Robert L 120,159,178,218,259
DONLY, Robert 5
DRIVER
   Abraham 26,116,155
   Abraham D 12
   Adam 72,116,155,178,219,259
   Aggin 72
   Agnes 26,112,150,177,218,259
   Ah kin nih 177
   Ahejostie 26
   Ah-quah-hah-mah 116
   Ai kin nih 150
   Ai-kin-nih 112
   Ain-e-kih 113

Index

Amka 26
Ance 72
Annie 113,151,177,218,259
Bettie 26,72
Betty 113,151,177,218,259
Bigjim 72
Bigman 26
Che kelelee 113
Chee too sih 177
Chekelelee 152,178,218,259
Chick 72
Chickalili 26
Chu too sih 113,151
Coo-low-ih 113
De Hart 154,178
DeHart 115,219
Dehart 259
Dick-eh 115
Dickey 12,26,72,115,219,259
Dicky 154,178
Eliza
  26,72,116,151,155,177,178,218,219,
  259
Eliza L 26
Elizaq 113
Ellen 113
Elsie 113,151,178,218,259
Etta 154,178,219,259
Etta Jane 115
Ettie 72
George 72,113,152,178,218,259
Goliath 26,72
Goliath B 151,178,218,259
Googita 26
Helen Ester 151,178,218,259
Helen Esther 113
Irene 15
James B 113
Jimmy 113,151,177,218,259
John . 12,26,72,112,150,177,218,259
John Hill 26,218,259
Judas 72,113,151,177,218,259
Judas B 26
Lah-se-loh 113

li ye sah 177
Li ye sah 151
Li-ye-sah 113
Liza 72
Lossal 72
Lucinda 72,112,150,177,218,259
Lucy 72,116,155,178
Marion 113,151,178,218,259
Mason 152,178,218,259
Nancy 15,72
Nannie 115,154,178,219,259
Ned 72,116,155,178,219,259
Ollei 72
Ollie 113,152,178,218,259
Quati yeh 151
Quatih yeh 177
Qua-ti-yeh 113
Rachel 12,26
Rosa 72,113,152,178,218,259
Russel B 177,218,259
Russell B 113,151
Sag 259
Sallie 26,112,150,177,218,259
Sallie Calhoun 218,259
Sam 72
Sorrel 26
Te-ha-le-taw-hih 113
Tehatetaw hih 177
Tehati ton hih 151
We-lih 116
Wesley .. 26,72,112,150,177,218,259
Weslih 112
Will 72
Will D 26
William 116,155,178,219,259
DUNCAN
  Lillian V 138,177,219,259
  Lilly Viola 100
  Sybil 100,138,177,219,259
DUNLAP
  Alice 3,65
  Berry 3,41,65
  Celia 41
  Mary 3,64

311

Mollie 41
Robert 3,41,65
Stella 3,41,64
Willie 65
ENDROS, Edwin 216,258
ENDROSS
   Edwin 132
   Edwin C 95
   Mollie 132
   Molliw 178
   Wsqin 178
ENLOE
   Alice 48
   Annie 48
   Gracie 48
   Grover 48
EUBANK
   Clarence 219,259
   Joseph 165,219,259
   Lillie 165,219,259
   Lillie M 259
   Lillie N 219
   Verlin 165
   Verlin R 219,259
EUBANKS, Lillie Jordan 126
EWBANK
   Joseph 178
   Lillie 178
   Verlin 178
FEATHER 26
   Aggie 48
   Ancie 94,131,178,219,259
   Ancy 48
   Ansee 73
   Callie 16
   Cataya 73
   Elsie 94,131,178
   Ga ta ya 178
   Gah ta yah 131
   Gahtayah 219,259
   Gah-ta-yah 94
   Gartaga 48
   Hettie 236,276
   Hetty 73,94,131,196

Joah 219
Joe 17
Johnson 16
Jonah 73,94,178,259
Jonsh 131
Joseph 131
Joshua 131
Kawter 178
Law-yee 94
Lawyee 131,178
Lawyer 16,73,94,131,219,259
Loy 48
Lucy 17
Mary 16,73,94,131,178,219,259
Mattie 131
Nancy 73
Ool star stee 178
Ool starsste 131
Ool-star-ste 94
Sallie 16,48
Ute 131
Uteh 131
Wesley 17,26,48
Wilson 73
Yona-gushi 16
Yuwensty 16
FEATHERHEAD
   Ah ne yeh 179
   Ah-ne-heh 155
   Ah-ne-yeh 116
   Annie 26
   Nancy 116,155,179,219,260
   Will sin nih 179
   Will-sin-nih 155
   Wil-sih-nih 116
   Wilson 1,26,116,155,179,219,259
FINGER
   Elmer 159,179
   Elmer Eugene 219,260
   Eugene 120
   Leona 120,159,179,219,260
   Ramona 120
   Ramona C 179,219
   Romona C 159

Index

Ruby Irene 219,260
Samuel 120,219
Samuel A 159,179,260
Sophronia 179
Sophronia C 120,159,219,260
FODDER
   Ah le nih 129,178
   Ah-le-nih 93
   Annie 5
   Jennie 93,129,178,219,260
   Jinnie 48
   Ollie 73
   Timson 5,48
FORTNER
   Sis 126,219,260
   Sister 165,179
FOSTER
   Alcie 124,164,179,260
   Alice 219
   Al-sih 124
   Burton 124,164,179,219,260
   Elsie 124,164,179,219,260
   Lee Roy 164,179,219,260
   LeRoy 124
   Rob 124
   Robert 164,179,219,260
FOX
   Charlotte 8
   Maggie 8
   Nannie 8
   Oosqueney 8
   Owata 8
   Squirrel 260
   Swimmer 8
FOX SQUIRREL 219
FRENCH 100
   Ai-wih 107
   Awee .. 4,26,73,107,145,178,219,260
   Awee M 48
   Charlotte 3,26,48,73,100
   Coleman B 231,271
   Ella 3,26
   Ella D 48
   Elnora 73,100,138,178,219,260

Elnora 178
George 3,48,73,107,145,178,219,260
George B 48
Jesse 73,100,138,178,219,260
Jonah 107,145,179,219,260
Juanita 271
Juanita M P 143,191,231
Katy 100,138,178,219,260
Linda Otter 229,260
Lizzie 145,179,219,260
Maggie 48,73
Maloney 73
Marian 48
Maroney 48
Marony McKinley 4
Maud 4,26,48,145,178,219,260
Maude 73,107
McKinley 26
Meroney 145,178,219,260
Morgan . 48,73,107,145,178,219,260
Moroney 107
Ned .. 26,48,73,100,138,178,219,260
Ned 178
Nellie 73,100,138,178,219,260
Nellie P 143,191
Ron 41
Ross 3,48,73,105,143,178
Soggie 107,145,178,219,260
Soggy 73
W L 4
Wah le nih 138,178
Wah-le-nih 100
Walla 73
Walli 48
Wallie 3,26,100,138,178,219,260
William L 48
GALAWAY, Bessie N 163
GARLAND
   Edgar 219,260
   Elizabeth 123,163,180,219,260
   Elizabeth 2nd 124
   Emery 124,164,180,220,260
   Frank 163,180,219,260
   Fred 124,163,180,219,260

Hamilee 180
Homelee 220,260
HOmilee 164
Jesse L 164
Jesse Lafayette 124,180,220,260
Jessie M 164,180
Jessie May 124
John B 163,180
John Basco 219,260
John Bosco 124
Julia V 180
Leonzo 180,220,260
Lonzo 164
Lorinzo 124
Lottie B 180
Radia 124
Radie E 164,180
Radie Elmer 220,260
Roxana 163
Roxanna 124,180,219,260
Tellius B 124,163,180,219
Tullius B 260
Wallace L 180
William S 163,180
William Sherman 124,220,260
GARRETT
  Alger 269
  Allen 269
  Hollis 269
  Lillie A Murphy 125,269
  Mary J 269
GEARLEY
  Emery L 161
  Lucy E 161
  Roaber A 161
  William L 161
GEORG
  Cain 99
  Kane 99
GEORGE
  [Illegible] 27
  [Illegible] B 27
  Abraham 27
  Aggie 73,99

Ah-ne-yah-lih 110
Alice 26
Alogista 26
Alsie 48
Anna 49,73
Annie
  11,26,27,48,49,73,98,105,136,144,17
  9,220,260
Annie S 12
Bear Devil 27
Bessie Taylor 220
Bettie 99,137
Bird 179
Cain 8,26,73
Carwana 48
Celia 27,144,179,220
Celie 48,106
Cha stah nih 179
Cha stoh nih 144
Charleston 48
Cha-stah-nih 106
Cindy 110
Co wah skah wah toh 179
Coo ta yih 26
Coolarche 265
Cornelia 99,137,179,220
Cowany 27
Dabney 41
Dahney 12
David 99
Davis 9,49,73,136,179,220,260
Dawson
  ... 11,26,49,73,98,136,179,220,260
De su qui ski 136,179
De-su-qui-ski 98
Dinah 48
Dvis 26
Elemand 48
Elijah
  8,11,26,49,99,110,137,148,179,180,2
  20,261
Elijah S 27
Eliza 48,106,144,179
Elizabeth 106,144,179,220

Index

Elmo Don .. 73,105,143,191,231,271
Elsie 73,105
Emma 41
Esther 11,26,49,110,148,220
Ga-ta-ya 8
Goliath 137,170,212,253
Goolarch 136
Goolarche 225
Green 73,99,137,179,212
Jack 73
Jackson 48,73,106,144,179,220
Jacob 27,48,106,144,179,220
James 110
Joe Stone 27,106,179,220
Joe Stono 73
Joh Stone 144
Jordan B 27
Judas 48,73
Julia V 125,165,220,261
Kane 110,218,259
Kinner 48
La-sih 106
Le sih 144
Le-sih 179
Lewis 73,99,137,179
Linda 73
Lindy 27,48,106
Liza 73
Lizzie 27,48,73
Logan 12,41,73,116,154,180,220,261
Lottie B 125,165,220
Lottie G 261
Loty 220
Louis 220
Ma lih 136
Maggie Goleach Reed 274
Ma-lih 98
Ma-nah-sih 110
Mandy 11,220
Manila 26
Manley 98,136,179,220,260
Manly 11,26,73
Mark 27,48,105,144,179,220
Martha

11,26,49,73,98,99,136,137,179,220
Mary 11,26,49,73,98,136,179,220,260
N J 73
Nancy 10,26,48,73
Nannie Saunooke 110
Nicey Wilnotih 220
Ola 11
Olive 49
Ollie 73,98,136,179
Oo la wa di 26
Oo la wah tih 137,179
Oo lay wah hi duh 137
Oo lay wah hi huh 179
Oo noh shah wah toh 136
Oo-la-nah-lih 99
Oo-wah-skah-wah-tah 98
Oua tih 137
Qua-lih 99
Quatty 73
Rosa E Biddix 220,260
Sah nih 136,179
Sah-nih 99
Sallie 9
Sallie Ann 73
Sarah 48
Sealy 73
Shell 10,26,49,73,98,136,179,220,261
Shon ... 18,26,49,99,136,179,220,261
Shonn 73
Sin-dih 110
Sit-a-wa-ki 109
Soggie 110
Sutawaga 109,148,220
Suttawaga 26
Suttawagi 49
Suttyway 11
Tah-wie-sih 99
Taw wee sih 136,179
Wallace L 125,165,220,261
Wallie 27,48
Yahnaskin 48
Yona Skana 27
Yonahskin 73
Yonaskin 105

315

Yo-nes-ski-wah 105
GEWANNA 49
GODAWYAHI............................49
GOFORTH
    Arthur 180,220,261
    Louisa 119,158,261
    Louise 180,220
    Minie 220
    Minnie 119,158,180,261
GOIN
    Ah lih 132,179
    Ah-lih 95
    Bird Chopper 95,132,179,220,261
    Chesquah kah luy ah..................132
    Ches-quah-kah-lu-yah 95
    Chesquiah kah lu yah 179
    Dan 95
    Daniel 132,179,220,261
    Daniel 179
    Emeline.............95,132,179,220,261
    Ollie 95,132,179,220,261
    Sah-lih 95
    Sallie 132,179
    Sally..............................95,220,261
GOINES 74
    Ben C 73
    Bird 73
    Dan 73
    Ollie 73
GOING SNAKE 220,261
    Aggie 261
    Een Yon wan ih 132
    Eentou waa ih 196
    Ena da nah ih 34
    Ezekiel 261
    Nancy 34,132,196,220,261
    Steve 34,132,196
GOINGBIRD........................15
GOINGS, James 160,180,220,261
GOINGSNAKE
    En-ton-wan-ih 95
    Nancy 8,95
    Sam I 8
    Steve 8,95

GOINS
    Ben 7,27
    Bird..................................7,27,49
    Callie 7
    Charlotte 49
    Conelia 7
    Corintha................................17,41
    Corvillia..................................27
    Dan 27,49
    James 7,27,49,121
    Jane.. 7
    John 7,49
    Lottie 7
    Lucinda 7,49
    Mandy....................................27
    Mark 7
    Mollie 7
    Nancy 6,27,49
    Nannie 27
    Olive......................................49
    Ollie 7,27
    Sallie..................................27,49
    Wah-hi-yah-Oo-lor-sac 121
    Willie 7,49
GOLEACH
    Alsie 27
    Maggie...................................27
GOOLARCHE, George................201
GRAYBEARD
    Aggie 27,49
    Dillard....................................18
    Ezakiel 27
    Ga-da-yo-ah 27
    John 27
    Johnson 27
    Julkie 27
    Lilie.......................................49
    Lillie 140
    Polly 6,27
    Stacy 19,27,49
    Zeke 49
GREEN
    Blanche J 261
    Bonnie 162,180

Index

Bonnie Lee 221,261
Cara 74
Cora E P 162,180
Cora E Payne 221,261
Cora Elizabeth 122
Lurlie B 162,180
Lurlie Beatrice 122,221,261
Martha Caroline Rogers...............235
GREYBEARD
   Aggie 103,141,179,221
   Aggy 74
   Exekiel.......................................141
   Ezekiel 20,103,179,221
   James 125,154,208,247,286
   Jim 73
   John 11
   Johnson.......................................20
   Katy 20
   Lillie 102,179,220,261
   Lilly 74
   Maggie..20
   Sallie 73,125,154,208,247,286
   Simon 9
   Stacy 11,74
   Zeke 74
GRIFFIN
   Daisy Y 145
   Daisy Yonce 221,261
   Ima...261
   Nola 221,261
GUNTEESKEE................................73
   Caroline 73
HARDING
   Harold 216,257
   Mary Josephine Craig..........216,257
HARRIS
   DeWitt S 67
   Lottie 17
   Rachel Long 226,266
   Rosa...17
HAWKINS
   Charles Leonard.........................122
   Charley L...............................161,181
   Charlie Leonard 221,261

Delia May 261
Della 181
Della May 221
Dora P......................................161,181
Dora Parilee 122,221,261
Jean Alden 122
Luther 161,181,221,261
HENDERSON, James E..................250
HICKORYNUT
   Nelly..97
   Seh-wah 97
HICKS, Charlie 153,181
HILL
   [Illegible] M 27
   Abraham
   13,27,49,109,147,181,221,261
   Alice 146,198
   Annie 12,109,147,181,221,261
   Birdie Charlotte 181,221,261
   Blain 109,147,180,221,261
   Blain M..27
   Blaine 49,74
   Callie 147,181,221,261
   Carolie 109
   Caroline 49,74,147,180
   Caroline M...................................27
   Etta..108
   Ettie 74
   Heneley......................................261
   Henrietta 49,147,180,221,261
   Hensley 109,147,221
   hensley......................................181
   Iyostoh 112
   Jacob..12
   John 14,49,112,150,181
   Laura Jane Wolfe.................221,261
   Lawrence 221,261
   Len...109
   Levi............ 49,74,147,181,221,261
   Levi M 27
   Linda..236
   Louisa..27
   Lucy...49
   Luzene 147,180,221,261

Index

Luzene Sequohyeh 109
Mall 108
Maul 27,49,74,147,180,221,261
Minda 146,198,276
Nancy 12,109,147,181
Nathaniel M 27
Ned 49,74,108,147,181,221,261
A-nih 109
Sah kee lah yeh 147
Sahkee lah yeh 180
Sah-kee-luh-yeh 108
Sallie 15,49,109,112,150,181
Soggie 27,49
Soggie M 108
Soggy 74,147
Soggy M 180,221,261
Susan 146,198
Te squala di ga 27
Te-goo-gee-tah 112
Tes quah ta gih 147
Tesquah ta gih 180
Te-squal-ta-gih 108
A-tih 108
Viola Nellie 147,180,221,261
HIPPS
   Nannie Lambert 224,264
   Nina Marie 264
HOAG, Lucy 74
HODGES, Ollie Jordan 223,263
HOLLAND
   David 153,181,221,261
   Grace 115,153,181,221,261
   Jennie 115,153,181,221,261
   Jennie Arch 68
   William J 115
HORNBUCKLE
   Abraham 74
   Addie 8,49,74
   Ady7 255
   Ahyahsta 74
   Alice 50
   Alice M 6,74
   Alice May 158,181,221,262
   Alice W 28

Alvan 50
Andy 74,116,214
Anna 74
Artie 8,28,49,74
B 74
Ben 74,262
Callie 74
Car line 116
Caroline
   ... 9,27,49,74,116,155,181,221,262
Clarence 221,261
Clifford 181,222,262
Dah nih 137
Dah-ney 99
Dah-nih 180
Dahnih 221,262
Daniel5,27,50,74,93,129,178,219,260
Dave 74
David 49
Davis 5,27
Dora 49,74,119,158,181,222,262
Elick 74
Ella May 119
Elvira 74,119,158,181,222,262
Fred 49,74,119,158,181,222,262
Freddie 8
George
   ... 6,28,50,74,119,158,181,221,262
Hartman 74,119,158,181,221,262
Hartmann 50
Henry 4,27,50,74
Howell 74
Israel 74,221,261
Isreal 8,27,50,96,134,180
Jacob 49
Jeff 49,74
Jeff Davis 116,155,181,221,262
Jeff Davis, Jr 116,221,262
Jeff P 27
Jefferson D 5
Jennie 222,262
Jennie C 261
Jennie O 134,180,221
Jenny N 181

318

Index

John 8,9,27,49,74
John L 116,155,181,221,262
John Otter 99,137,180,221,262
John R 74
John Russel 158,222,262
John Russelll 181
John Y 49
Johnson116,146,155,175,181,214,255
Lewis 9,27,116,155
Lillie 6
Lilly 50
livann 181
Lorenzo 42
Louis 49,74
Lucy 11,49
Maggie
  8,27,50,74,96,134,159,180,181,221,2
  22,261,262
Mah tih 137,180
Malissa 28,50
Malissie 6
Martha 27,74
Martha George 221,262
Mattie 27,137,180,221,262
Melissa 74,119,221,262
Minda 50
Mollie 99
Nancy 74
Nelissa 158,181
Nora 221,261
Oliceann 74
Olivann 119
Olive Ann 158,222,262
Ollie 49,99,137,180,221,262
Polly 5
Quai kih 134,180
Quai-kih 96
Rachel 74
Rebecca 8,27,50,74,134,180,221,261
Rebeccca 96
Ross 12
Sallie 74
Taeasy 8
Thurman 262

Tracy 49
Tsah ne yeh sih 137,180
Tsah-ne-yeh-sih 99
Tse qu a dih hih 181
Tse-qu-a-dih-lih 155
Wah-lih 99
Watie 49
Watter 8
We-la-mih 96
Wesley 11,27,49
Will 8,28,49,50,74
William
  96,119,134,158,180,181,221,222,261
  ,262
William A 158,181
William Allen 119,222,262
Willie 8,27,74
Wilson .. 49,74,119,159,181,222,262
HORNBUCKLE
  Addie 117
  Becca 124
IKE
  Nancy 50
  Sam 50
  Steve 50
JACK
  Cah toh yah ew 182
  Cah-tah-yah-en 155
  Cah-tah-yaw-eh 116
  Jack 262
  Jonas 262
  Nancy 75,116,155,182,222,262
  Sarah 262
  Stacy 262
JACKSON
  Addison 50
  Bob .. 20,42,50,101,139,182,222,262
  Carolien 222
  Caroline .. 20,42,50,101,139,182,262
  Dakey 19,75
  Dakie 42,101,139,182,222,262
  David 50,75,101,139,182,222,262
  Ed 75
  Eddie 139,182,222,262

Index

Edward 101
Eliza 101,139,182,222,262
Ella 19,42,101,139,182,222,262
Ellen 75
Ellie 50
Fanny 17
Florence 50,75,101,139,182,222,262
Fox S 19
Fox Squirrel 42,101,139,182
Foxsquirrel 50,75
Ikee 139,182,222,262
J 42
Jack 11,44,98,101,136,182,222
Jacob 19,42,50,139,182,222,262
Jacob 101
John 3,28,50,95,133,181,222
Jonah 28,50,222
Jonas 95,133,182
Jones 17
Lah-ye-nih 101
Lawyer18,42,75,101,139,182,222,262
Liney 75
Lloyd 50
Loh ye nih 139,182
Mollie 19,42
Moses 19,42
Nancy 17
Nickodemus 50
Ollie 19,42,50,75
Oo-wa-hun-ti 3
Qua quah 139,182
Quadie 50
Qua-quah 101
Rebecca 19,42
Robert 75
Sakih 182
Sarah 17,28,50,95,182,222
Soggy 20
Sol lo la wah tih 139,182
Sol-lo-la-wah-tih 101
Son 75
Stacey 95
Stacy 28,50,133,181,222
Tag-gih 95

Tahquette 75
Tah-the-lah 101
Takey 50
Ta-kih 101
Takih 182
Takin 139
Tarquette 50
Tog gih 133
Toggih 181
Uh no hoo tih 133
Uh wo hoo tih 181
Uh-wo-hoo-tih 95
Wesley .. 50,75,101,139,182,222,262
JAKE, Nancy 8
JESSAN 17
Ah ne lih 129,181
Ah-ne-lih 92
Dahnola 50,92,262
Dahnolih 129,181
Danola 222
DeHart 50
Ella 92
Elnara 129
Elnora 181,222,262
James [Sim] Dehart 222
Jessan 50
Joe 92,129,181
Joe Cha wee ska 181
Joe Cha-wee-ska 92
Joe R 50
John 17,50,92,129
John Jacob Astor 262
Jones 17
Joseph 222,262
Josie 17,50
Katy 50
Liddy 50
Lillian 181,222
Lillie 262
Lydia 17,92,129,181,222,262
Mary 92,129,181,222,262
Rogers 17
Sim Dehart 144,263
Sine DeHart 106

Sini Dehart..............................182
Tah no lih..............................129,181
Tah skih gin tih hih...............144,182
Tah-no-lih...............................92
Tinola 17
JESSANN.................................75
   Joe 75
   John 75
   Lydian......................................75
   Sim D.......................................75
   Tinola 75
JESSEAN 42
   Dahnola 42
   John 42
   Joseph 42
   Josephine 42
   Lydia..42
JIMPEY....................................75
   Olney 75
JOHNSON
   Addison 9,28,96,134,182,222,262
   Ah-tah-luh-es-kih...................96
   Ahtahluheskih 134
   Ahtahluhheskih 182
   Ai lih...............................136,182
   Ai-lih......................................99
   Aley 74
   Arch 210
   Bear 4,28
   Carolina 75
   Caroline9,28,50,96,134,182,222,262
   Cider 4,28,50,75,106
   Cora 210
   Dora 50,75,93,130,181,222,262
   E choo le huh 182
   Echoo le huh 144
   E-choo-le-huh 106
   Echu-la-ha 4
   Edison......................................50
   Ella 8,50,99,136,182,210,222,262
   Elma 210
   Frank T R.............130,181,222,262
   Frank Theodore Russell.............93
   Golinda....................................75

Horach....................................210
Isaac......65,75,127,166,183,223,263
Jake..65
James 7,28,50,96
Jane...................................144,182
Jane [Jennie].....................222,263
Jennie.4,28,50,106,144,182,222,263
Jenny..75
Jim 75,134,182,222,262
Jim[Sie....................................99
Jimpsey....................................74
Jimpsie.........28,50,136,182,222,262
Jim-sih 99
Jine lin kih 144,182
Jin-e-lin-kih 106
Jonah...............................223,263
Junsey..8
Ka-lah-yah-nih 96
Kalahyahnih 134,182
Kate 4
Katy..28
Lilly..75
Loyd.......................................115
Lucy..50
Luncha......................................28
Luskie kee................................28
Mahalie....................................28
Margaret 75
Margaret Genevieve 262
Margret....................................28
Margrette.................................50
Nancy.......................................65
Nannie.....................................50
Ona...................................144,182
Oo-la-whoh-tih 115
Peter...75
Rachel....................................144
Sallie...................................10,28
Sally Oosowee..............144,222,263
Sally Oosowee 222
Sally Osowee.........................182
Simon 28,50,96
Simon E............................134,182
Si-ye-lih 106

Stacy 9,28
Stephen 106,144,182,222,262
Steve 4,28,50,75
Tahquette 144
Tah-skih-gih-tih-hih 106
Taskigee 106,182,222,263
Taskigee 182
Tem[a 223
Tempa 127,166,183,263
Tempy 65,75
Tom 144,182,223,263
Toskigee 144
Toskigee 144
Tosklgee 50
Tuskeegy 75
Tuskeeke 4
Will 9,28
William 75,115
Yahna 50
Yona 75,93,130,181,222,262
Yona 28
JORDAN
    Alfred 126,165,183,223,263
    Linnie L 126
    Ollie 126,165,183
    William A 126,165,183,223
    William C 165,182
    William Clark 126,223,463
    William H 263
JUMPER
    Ahwaneeta 51
    Betsey 115,263
    Betsy 28,154,182,223
    Bettie 10,74
    Edward 74,115,154,182,223,263
    Ella 154,223,263
    ella 182
    Henry 115,154,182,223,263
    James U 263
    James W 154,182,223
    James Walkingstick 115
    Julodartake 51
    Nute 51
    Quait seh 154,182

Quait-she 115
Quatie 51
Sarah 263
Stancel 115
Stancil 51
Stansely 74
Stansil 28,223,263
Stansill 154,182
Thomas 74,115,154,182,223,263
Ute ... 10,28,74,115,154,182,223,263
Utih 115,154,182
Youngdeer 74
JUNALUSKA
    June 3
    Ollie 1
    Sarah 3
    Wattie 1,28
JUNALUSKIE, Jim106,144,182,223,263
JUNNALUSKIE, Junnaluskie 75
JUNULUSKIE
    Sarah 51
    William 51
KALANAHESKIE, Josephine 133
KALONEEHESKIE
    Abraham 154
    Ah-quah-hah-nih 154
    Charley 154
    Joe 154
KALONFUHESKIE
    Abraham 223
    Charley 223
    Esiah 223
    Joe 223
    Martha 223
    Tom 223
KALONIHESKIE, Josephine 248
KALONUHEAKI, Edith 129
KALONUHEKIE
    Abraham 183
    Charley 183
    Delia Ann 183
    Joe 183
    William Hf 183
KALONUHESKEL

Index

Esiah 137
Martha 137
KALONUHESKI, Edith 195
KALONUHESKIE
  Abram 263
  Charley 263
  Edith 239,278
  Esiah 100,183,263
  Joe 263
  Josephine 100,170,287
  Martha 100,183,263
  Nannie 267
  Tom 140,183,263
  Ton 102
KALUGATAKE 51
KANOTT
  Annie 51
  Columbus 51
KATOLSTER 17
  Elsie 17
  Nancy 17
KEG
  Clarence Emerson 263
  Delia Ann 263
  Eve 28
  Fannie 263
  Goin 28
  James 28,104,142,183,223,263
  Jim 75
  Jim-my 104
  Kate 75
  Katy 28,104,142,183,223,263
  Kun ta kih 183
  Kun-to-kih 104
  Kus ta kih 142
  Mathew 104
  Matthew 28,142,183,223,263
  Min-di 104
  Nancy 28
  Rebecca 142,183,223,263
  William Harrison 263
KEGG
  James 3
  Jim 51

Katie 3
Katy 51
Mathew 3
Matthew 51
KEY
  Delia Ann 163,223
  William H 163
  William Harrison 223
KNOTTYTOM
  Annie 17,75
  Martha 75
  Nancy 75
  Peter 18,75
  Sallie 75
  Soggie 75
  Steve 75
KOLONUHESKIE
  Abraham 116
  Ah-quah-hah-nih 116
  Charley 116
  Joe 116
  Katie 116
  Nannie 116
KUN TEE SKIH 183
KUNTEESKIH 223,263
  Sahwahchi 263
  Sahwahski 223
KUN-TIES-KIH 105
KYN TEE SLAH 143
  Sah wohehi 143
KYSELKA, Frank 249
KYSILKA, Frank 91
LADD
  Bonney R 167,187
  Bonney Rogers 223
  Bonnie Rogers 263
  Mark 223,263
LAMBERT
  [Illegible] 28
  Albert 18,28,51
  Albert J 117,156,186,224,264
  Albert Smith 264
  Alice Rosa 155,185,223,264
  Alleck 114,153,185

Index

Andrew J 156,186,224,264
Andrew Jackson.......................... 125
Arthur J................................223,264
Baby 76
Bessie 51,156,186,224,264
Bessie Andice 125
Birdie..51
Carl Glen 224,264
Carl Green 186
Carlos 28
Carson............... 156,186,224,264
Celia 5,29
Charles................... 157,186,224,264
Charley
. 13,28,42,77,114,153,185,223,263
Claude........ 51,117,156,186,224,264
Cloud 18,28
Columbus.......... 28,156,186,224,264
Columbus F 117
Cora 76
Cora Lee28,51,117,156,186,224,264
Cora P...................................159,186
Cora Palestine............... 126,224,265
Corbet......................................18,51
Corbett....... 76,117,156,186,224,264
Cordelia 28
Dora...264
Ed 165,187,224,265
Edw M...187
Edward 125
Edward M...................................165
Edward Monroe............ 125,224,265
Ellen 118
Ethel 264
Fibs Simmons 28
Fitzsimmon............................... 186
Fitzsimmons 157,224,264
Flora 157,186,224,264
Florence.......... 117,156,185,224,264
Frances J..51
Fred................... 157,186,224,264
Freddie..28
Gaylord........... 117,156,186,224,264
George 156,186,224,264

Gillian..265
Harley..51
Hartman......................................51
Harvey................ 156,186,224,264
Harvey J..28
Henry H 156,186,224,264
Henry Herman 125
Herman 51
Hester 28
High N.......................................223
Hugh 18,28,29,51,77,127,186
Hugh H 156,224,264
Hugh Hartman 125
Hugh J 117,224,264
Hugh N 77,155,185,264
Hugh Nolan 117
Hughnola......................................51
Ida M 156,186,224,264
Ida Myrtle..................................117
Isaac....... 51,77,125,156,186,224,264
J Hugh 156,186
J Monroe......... 118,157,186,224,264
Jack............................... 18,28,51,77
Jackson . 51,77,114,153,185,223,263
Jaley...77
James 18,28
James W 117,156,186,224,264
Jesse. 18,28,51,117,157,186,224,264
Jesse B 156,186,224,264
Jessie Evelyn 264
Jim 51
Joe 51
John 17,28,51,77
John A 125,156,186,224,264
John Adam..................................223
John Adams 264
John N 137,184,223,263
Joseph 156,185,186
Joseph C 224,264
Joseph G 125
Joseph J 159,186
Joseph Jackson....... 120,126,224,264
Julia 76,117,156,186,224,264
Leonard......................................187

324

Index

Leonard C 159
Leonard Carson 126,224,265
Lillian 224
Lillian N 264
Lillie 28
Lloyd 146,184,223,263
Lola P 186
Lora 125,156,186,224
Loyd 2,51,77,107
Lula P 224,264
Luzene 146,184,223
Luzone 263
Marh Arch 153
Mary 77,114
Mary Arch 185,223,263
Minnie S 156,186
Minnie Stiles 224,264
Mintha A 264
Moses C 28
Nannei 51
Nannie 28,51,76,117,156,185,224,264
Nanny 18
Nanny Y 117
Nellie 146,184,223,224,263,264
Olive Ann 51
Ollie 146,184,223,263
Ollie Ann 77
Oney 156,186,224,264
Onie 117
Paul Le Roy 185
Paul Leroy 155,223,264
Pearl 156,186
Pearl B 264
Pearl E 224
Pearl Elizabeth 125
Pearley 77
Pearly 51
Pearly E 29
Pearson . 51,76,126,156,186,224,264
Richard 146,185,223,263
Rosa 51,77,117
Roy 51
Ruth 263
Sah-lih 107
Sallie 51,107,146,184,223,263
Sallie M 156,186,224
Sallie N 264
Sam 18,28,76
Samuel 51
Samuel C 117,156,185,224,264
Seymons 156
Seymour 185,224,264
Theodore 51,76,156,186,224,264
Theodore R 117
Thomas 18,28,51
Thomas O 117,125,156,186,224,264
Thomas R .. 28,117,156,185,224,264
Verda 76
Verdie 18,117,156,185,224,264
Viddie 28
Willard 187,224,265
William 77
LAMBERT, Caroline 118
LARCH
   Dah-nih-lih 97
   Daniel 8,29,51,76,97
   Dau nih 135
   Dau wih 184
   Dau-wih 97
   Dave 76
   David ... 8,29,51,97,135,184,225,265
   Doni 51
   Dooneb 30
   Olive 29,51
   Ollie 8,76
   Tooni 11
   We leh 135,184
   We-lih 97
   William ... 51,76,97,135,184,224,265
   Willie 8,29
   Yetsie 29
   Yetsy 8
LAST LONG, Will 30
LAWSON
   Dawson 30
   John 30
   Loyd 30
   Nancy 30

Index

LEADFORD
Eve 76
Jake 76
Joe 76
John 76
Kiney 76
Lucyann 76
Mary 76
Mose 76
Ollie 76
Oney 76
Riley 76

LEDFORD
Adkins 164,187,225,265
Allen 78,103,141,202,241,281
Amy 146,185,225,265
Annie 5,51
Bonnie Marie 225,265
Caroline 108,146,185,225,265
Caroline M R 265
Catherine 164,187
Catherine M R 225
Catherine M Rogers 124
Chaney 30
Charles 103
Charles A 164,187
Charles Alvin 124,225,265
Charley 19,78,141,184
Charlie 51,225,265
Cora 124,164,187,225,265
Cyrus Atlas 265
Emma 108
Eva 30
Eve 19,51
Iosa 164
Iowa 77,124,187,225,265
Jack 5
Jake 30,51,108,146,185,225,265
Joe 51,108,146,185,225,265
John 51
Kina 108,146,185,225,265
Li lih 185
Li-lih 108,146
Lucy Ann 108

Ma lih 185
Maggie 225,265
Maggie Walkingstick 225,265
Mah lih 146
Ma-lih 108
Manevia 77
Mary 51,108,146,185,225,265
Minnie 77,124,164,187,225,265
Moses 51
Nancy 78,103
Nansih 103
Onie 30
Onih 108,146,185,225,265
Polly 51,108,146,185,225,265
Raleigh 30
Reley 108
Riley 5,51,146,185,225,265
Sah ke lah yeh 146,185
Sah-ke-lah-yeh 108
Sampson
...... 30,51,78,103,141,184,225,265
Samson 19
Sdkins 124
Willei 265
Willie 146,225
Wo;;oe 185

LEE
[Illegible] 29
[No Name Given] 76
Addie H 117,156,186
Adolphus Alonzo 125
Alice M 125
Alice Mae 265
Alice May 164,187,225
Alonzo 1,164,187,225,265
D 76
Debrada 117,157,186,265
Debrader 1,29
Debrador 52
Edit 265
Edith 52,117,157,186,225
Ividi 29
J M 51
Josie 234,274

Index

Julia 1,29
L A 52
Laura 1,29,76
Lebrada 225
Lula 1,29
Myrtle 165,187
Myrtle Gertrude 225,265
Myrtle Y 125
Nancy 1,29
Nora 1
Oberlana 29
Oberlander 1,52,76,117
Oriole 1
Sam 52,76
Samuel 1,29,117,156,186,265
samuel 225
William Clyde 265
LEFEVERS
Linnie 163,187,225,265
Temoxyewah Garland 124
Temoxzena 163
Temoxzenah G 225,265
Temozena 187
Williaem 265
William 163,187,225
LEO, Remona C Finger 260
LIT6TLEJOHN
Annie 185
Isaac 185
Ollie 185
Ropetwister 185
Sallie 185
Tekah wooteyohih 185
LITTLE JOHN, Windy 95
LITTLEJOHN
[Illegible] 29
Addie 133,183,225,265
Aggie 137,179,218,259
Agnes 29
Agnese 16
Ah hah yte yah 136
Ah kah yte yah 184
Ah nelesih 133
Ah-kah-yte-yah 98

Ah-ne-le-sih 96
Ahnelesih 183
Ainnih 110
Akgatiyah 52
Ann Eliza 76,96,133,183,225,265
Anna E 11
Annie
  16,52,75,98,110,136,148,225,226,265,266
Annie Eliza 29
Anson 11
Bessie 266
Bettie 29
Caroline Standingdeer 225,265
Colawee 52
Cuh lose skih 186
Cuh-lare-skih 119
Cuh-lose-skih 159
Dawson 7
Edward James 265
Elaway 52
Eli 98,184
Elo wih 136,184
Elowee 29
Elowey 75
Elowi 16
Elowih 225,265
Elo-wih 98
Emeline 133,183,225,265
Etta 96
Eugene 226,266
Ewart 98
Garrett 135,184,225,281
Gay 77,97
Gillow 16,76
Giyirbu 52
Golarch 52
Goliath 119,159,186,226,266
Goloiath 29
Goo-lah-cha 98
Goolige 76
Guy 77,97,134,184,225,265
Hanson 29
Henson 52,76,96,133,183,225,265

Index

Higgins 133
Isaac
  52,77,97,110,135,148,184,225,226,265,266
Jefferson 75,98,136,184,225,265
Jennie Reed..................................42
John 29,76,133,183,225,226,265
John H 52,96
Kate 7,77
Katie 52,135,184,225,265
Katy 97
Kiney 7
Linda..29
Lizzie...265
Minda 52,76,225,265
Mindy 11,96,133,183,225,287
Oa-lah-whoh-tih 97
Ollie...148
Onnie..184
Oo la whah tih 134,183
Orvney...76
Owen 96,127,133,183,225,265
Polly Ann....................................226
Rachel..76
Ropetwister............110,148,226,266
Sah lih....................................134,184
Sah wih noo kih 133,183
Sahlih...97
Sah-wih-noo-kih 96
Sallie
  7,29,52,75,76,110,148,225,226,266
Sallie Ann 52
Sally.........................97,98,134,184
Sally Ann 136,184,225,265
Sarah..75
Saunooke29,52,76,96,133,183,225,265
Sherman 136,184,225,265
Simeon...98
Simon 52
Smon..75
Sonooke..11
Tekah wooteh yohih....................148
Te-kah-noo-tah-yo-hih.................110
Thomason 29
Twister................................12,29,52
Walley 136,184
Wesley...........................98,225,265
Wiggins 11,29,76,96,183,225,265
Will. 7,29,52,76,97,134,183,225,265
Will Wayne....................................75
William...52
Winda 75
Windy 7,29,132,183
Wli 136
LOCUST
  Beasley 52
  Homer................................226,266
  James B 11
  John 7,29,52,75,94,131,266
  Josephine 266
  Laura....................................159,186
  Laura B 77,119,226,266
  Lewis 52,119,159,186,226,266
  Lewis M....................................77
  Lucy.....................................29,52
  Lucy Ann.................................. 7
  Martha 159,226,266
  martha.......................................186
  Nellie 11,29,52,76,94,132,183
  Nellih.................................94,132,183
  Noah 52,77,119,159,186,226,266
  Oo-dah-ne-yun-duh 94
  Peter...................11,29,52,76,94,132
  Polly 7,29,52,75
  Polly Aenn...............................266
  Polly Ann.............................94,131
  Qualla Ann 94
  Tina...52
  Tincy.......................................119
  Tiney
    .11,29,76,94,132,159,183,226,266
  Tinney......................................77
  Welih Cah Laie Skih 132
  We-lih Cah-laie-skih....................94
  Welih sah laie skih.....................183
  Will 11,29,52,76
  William...........................94,132,183
  William Homer........................186

328

Index

William Noah 119
LOCUST, Ai-nih 94
LONG 185
  Achin-nih 99
  Adam 11,29,53,75,97,135,184,226,266
  Ageney 77
  Aggie 76,119,159,186,226,266
  Agginey 105
  Agginny 184
  Agginy 105,143,226,266
  Ah coo yah 136,184
  Ah tah ink 135,184
  Ah-coo-yah 98
  Ahgooye 52
  Ahlisa 52
  Ah-tah-wih 97
  Ahyohster 52
  Ail-sih 97
  Alice 53,109
  Amos 52,76
  Amy 97
  Annie 77,105,143,184,226,266
  Annie W 151,185
  Annie Welch 112,226,266
  Aul chih 154,185
  Aul-chih 116
  Bear 29
  Bettie 76,119,159,186,226,266
  Betty 52
  Cah wah he tah 144,184
  Cah whih lih 186
  Cah-whih-lih 119,159
  Ca-na-wee-lih 100
  Charles 52
  Charley
    8,10,11,29,76,116,119,136,154,159,184,185,186,226,266
  Charley Bigwitch 266
  Charley, Jr 98
  Coh-wah-he-tah 106
  Coo loo eh 138,184
  Coo-low-eh 100
  Corinthia 97
  Dobson . 30,52,100,138,184,226,266

Dubson 78
Edward 109
Eggimi 52
Elizabeth 101,138,184,226,266
Ella 17,30,53,97
Elsie 52,76,97
Emeline 77
Emma 1,29
Etta 148,185,226,266
Eva 106,135,184
Eve 2,11,29,53,144,184,226,266
Ewih nih 144,184
Ewin 77
Ewin-nih 106
Ezekiel 97
Garfield 76
Georgia 10
Goh-wee-lih 98
Isaac 76,119,159,186,226,266
Jackson
  . 17,30,53,77,117,155,185,226,266
Jackson ih 117,155,185
Jesse 52
Jessie 29
Joah 11
Job 29
Joe 8,11,52,53,76,98,136,184,226,266
John
  8,29,52,53,76,77,78,106,144,184,226,266
John G 30
John L 102,140,184
John, Jr 2
John, Sr 2,29
Johnson 5,52,77,105,143,226,266
Jonah 29
Joseph 29
Joseph Bigwitch 109,148,185,226,266
Josiah 52,76,97
Josie 11
la na wee lih 184
Lelia 97
Lena 53,119,159,186,226,266
Lewee 29

329

Lewis 105
Lilly 75
Liucy 52
Lizzie 78
Lloyd 148,185,226,266
Lone Bear 52
Long Bear 119,159,186,226,266
Longber 10
Luciam 77
Lucy
   29,52,76,109,119,148,159,185,186,2
   26,266
Maggie 77,105,143,184,226,266
Maggih 105
Martha 52,266
Mary 1,8
Nancy 52,76,97
Nancy Geirge 266
Nancy George 98,136,184,226
Nellie 116,154,185,226,266
Nickademus 29
Noal 226
Nola 97,135,184,266
Nolie 75
Nollie 53
Olsia 76
Olsie 8
Peggie 53
Peter10,29,52,76,99,136,184,226,266
Polly11,29,53,75,97,135,184,226,266
Rachel
   10,29,65,77,99,106,137,144,184,226,
   266
Racherl 184
Sah lih 143,184
Sah-lah-nih 97
Sah-la-nih 109
Sal lo nih 185
Sallie
   29,52,53,76,77,105,109,119,143,148,
   159,184,185,186,226,266
Sallo nih 148
Sally 78,97,100,138,184
Scott1,29,53,77,105,143,184,226,266

Segela 52
Se-kih-lih 97
Sha-chi-los-ki 1
Shah kle low skih 143
Skahkle low skih 184
Skah-kle-low-skih 105
Sophia 77
Susie 30
Tauh tah yah lah tah 184
Toilson 52
Too wah 148
Tso wah 185
Tso-nah 109
Tsuh tah yah lah tah 136
Tsuh-tah-yah-lah-lah 99
W M Gafney 138
Wah lih 184
Wah tih 135
Wah-lih 97
Wa-tsih-lih 106
Will West ... 15,112,151,185,226,266
Will West 112
William Gaffney 226,266
William Gafney 101,184
Wilson 78,101
Yonah 76
Zeigler 76
LONGBEAR
   Dobson 18
   John 18
   Susan 18
LOSSEN
   Annie 14
   Armstrong 14
   Callie 14
   Charley 14
   Dave 14
   Jennie 14
   Leander 14
   Maggie 14
   Thompson 14
LOSSIE
   Aggie 53
   Aggy 77

Index

Annekie 53
Annie 53,77
Candy ... 53,77,115,153,185,227,267
Charley 53,77
Chin-nih-yeh 115
Coleman 53
Dave D...77
David 53,115,153,185,227,267
Dawson..77
Dobson 14,53
Dom..................................185,227,267
Dorn..153
Hayes..77,227,267
Hays................................115,153,185
Henry..........................17,30,53,77
Jennie............115,153,185,227,267
Jenny...77
Jesse J 77
Jessie..53
Joes...53
John 14,17,30,53,77
John D 17,53,77
John L.................................17,30,77
John R............115,153,185,227,267
Johnson...30
Jonah...77
Jonas...30
Jones...17
Kiney...17,30
Laura.............................17,30,53,77
Lawyer..14
Leander. 53,77,115,153,185,227,267
Lee..12,30,53
Linda...77
Lindy...17,30,53
Little John...53
Lizzie.......................................17,30,53
Loy...53
Loyah..77
Mary..17,30,53
Nancy...14,53,77
Nicer...53
Nicy..77
Onnei..30

Rachel...12
Roxy...77
Solomon 93,201,243,282
Thomas...53,115
Tom..77
LOSSIH
   Able 227,267
   Aggie 131,183,227,267
   Aig in nih 131,183
   Annie 93
   Cowel 227,267
   Cowell 131,183
   Eliza...94
   Henry 131,183,227,267
   Isaac...94
   Jesse James 131,183,227,267
   John 92,94
   John Dehart...... 94,131,183,227,266
   John, JR 131
   John, Jr 183,227,267
   Jonas 131,142,184,227,267
   Jones..104
   Laura................. 94,131,183,227,267
   Leander..93
   Linda..92
   Lin-sih...92
   Lizzie............... 94,131,183,227,267
   Mary..267
   Nicey 104,142,184,227,267
   Rosa..................... 131,183,227,267
   Wah ge yah 184
   Wah ye yah.................................142
   Woh-ye-sah.................................104
LOSSIH, John Wesley......................94
LOUDERMILK
   Clint...124
   Clinton.................. 163,187,227,267
   Co4ra..124
   Cora 163,187,227,267
   Cynthia A 164,187
   Cynthia Ann 124,227,267
   Elmer 124,163,187,227,267
   Hallie..124
   John R............ 124,164,187,227,267

Josephine G 163,187
Josephine Garland 124,227,267
Julia 124,164,187,227,267
Lee Roy 164,187,227,267
Luther 227,267
Nora 124,163,187,227,267
Rebecca 124,164,187,227,267
Thomas L 124
Thomas Luther....... 164,187,227,267
Willford Thurston......................267
William R 124,164,187,227,267

LOWEN
Annie 10
Bushybead 30
Co lo wo wah 187
Coi lo wo wah 148
Darcus... 7
Dek 10
Gaw-hih-stee-skih 116
Jen-na-yah 2
Jennie..30
Jenny... 2
Joe 2,30
John
  8,30,53,77,105,143,154,185,206,227,
  246,267,285
John B.......... 8,109,148,187,227,267
John, Jr 10,30,116
Katie 53
Lucy...8,30
Mike 10
Mink 7
Nanie 53
Nannie 154,185,227
Neelon 30
Nelon 2,53
Oo-la-sta-ah 2
Sis 77,116,154,185,227,267
Susie 53
Ta-sah-ne-hih 116
Te sah ne hin...........................185
Te-sah-ne-hih..........................154
Tucaneskih....................................42
Wakey...53

Yah hih stu skih..........................185
Yah-hih-ster-skih 154
MACON, Katherine Wolfe..............286
MANEY
Alice 187,227,267
Allen Jacob 116,155,187,227,267
Annie 53
Bessie 65
Bruce 188
Bruce G 157
Bruce Garrett 224,264
C Cordelia Lambert 118
Caroline 267
Catherine 65
Charity Smith 237,277
Cordelia L....................... 157,187
Dessie 65
Eva...53,78
Eve................. 116,155,187,227,267
George 65
Hattie 65
Hazel T 53
Ivy 65
James 53,65
James Oliver 277
Jasper..65
John 53,78,116,155,187,227,267
Laura B 53
Leander 53
Mary 53,78,116,155,187,227,267
Mary Ann 53
Minnie 65,157
Minnie A 187
Minnie Araminta 224,264
Minta Arminta 125
Pearly..53
Richard 237
Richard David............................277
Ruth 125,157,187,224,264
Sallie 53
Sam..53
MARTIN
Angeline 105
Catharine 30

332

Index

Charles............ 106,144,187,227,267
Da kin ni 30
Da lis kih 30
Dakin 30
Dalesky...78
Daliskie...54
Daliskih 30
De-gin-ny....................................... 2
Deleski.. 2
Diginny...54
An-ge-li-nih 105
George
  ... 2,30,53,78,106,144,187,227,267
Jefferson 2
Lasareth 2
Lazrath...53
Loo-cil-nih 106
Loyd L 30
Lucinda..53
Lucindy.. 2
Lucy........... 78,106,144,187,227,267
Luzene 30
Maggie.....................................2,30,53
Margaret Smoker 227,267
Mary 105
Oo stoo yeh tuh choo choo...143,187
Ooncenago....................................53
Oo-stoo-yeh-tuh-choo-choo 105
Ska qua 30
Ska quah 144,187
Ska-qua... 2
Ska-quahg..................................106
Sorrel 30
Suat..78
Suate .. 2,30,53,105,143,187,227,267
Thomas... 30,54,78,143,187,227,267
Thomasa 105
Tom 2
Wesley 78,106,144,187,227,267
MASHBURN
  Bertha 78,120,160,188,227,267
  Bessie 78,120,160,188,227,267
  Cora R 160
  Frank.......... 78,120,160,188,227,267

Harriet A.... 78,120,160,188,227,267
James A 120
James L................ 160,188,227,267
Jas L..78
Leora R 120,188,227,267
Lory B 78
Mattie 78,120,160,188,227,267
Minia 227
Minnie 78,120,160,188,227,267
Nina 120,160,188,267
Sarah..................... 160,188,227,267
Sarah A 78,120
Thomas 227,267
MATTHEWS
  Eva Addie..........................228,268
  Eve Addie................... 125,157,188
  Gadie R.................................125
  Gradie R 157,188,228,268
  Lillian Iowa 118
  Lillian Iowa Lambert 125
  Lillian J P 188
  Lillian L L 228
  Lillian S L 157
  Lillian W L 268
  Mary Laurena 228,268
MAUL
  Alice 78
  Mandy..78
MAULE
  Blaine 13
  Caroline 13
  Levi..13
  Luiza..13
  Ned N 13
  Running W 13
  Soggy...13
  William.......................................13
MCALLISTER
  Harriet A Garland 228
  Harriet G.............................164,189
MCALLISTER
  Harriet A Garland 268
  Harriet C Garland 124
MCCOY

Bessie 228
David 160,188,228
Eliza 160
Frank 228
James 160,188,228
Jesse 160,188,228
John 160,188,228
Joseph 160,188
Joseph H 228
Julia 160,188,228
Marinda 160,188,228
Mary 160,188,228
Pearson 160,188,228
Stella 160,188,228
Walter 160,188,228
William F 160
William T 188,228

MCCOY
Bessie 268
David 65,120,268
Eva 268
Frank 268
James 65,121,268
James W 120
Jesse 268
John 120,268
Joseph 121
Joseph H 268
Julia 120,268
Lien 65
Louisa 120
Manda 120
Marinda 65,268
Mary 121,268
Pearson 121,268
Stella 120,268
Susie 120
Thomas 121
Walter 268
William T 268

MCLEMORE
Cora 120
Cora M 78
John L 78,120

Morel M 78
Murrell 120
Niley 78
Samuel H 78,120
Samuel R 78,120

MCLEYMORE
Cora M 159,188
Cora May 228,268
Elsie B M 160,188
Elsie Bonnie 228,268
John L 159,188,228,268
Kimmit E 268
Morrell 160,188,228,268
Samuel H 160,188,228,268
Samuel R 160,188
Samuel Ross 228,268
William Glenn 188,228,268

MCLEYMORE
J L 20
John 42
S H 20
Sam 42

MERONEY
Bailey B 188,228,268
Bailey Bar4ton 268
Bailey Barton 121,228
Bailey Barton, 2nd 121
Barley B 161
Della 121,161,188
Dellas 228
Dellax 268
Elizabeth Welch 121
Felix P 121,161,188,228,268
Fred 121,188,228,268
Gertrude 121,161,188,228,268
John 188
John S 161,228,268
John Stanley 121
Lula 121,161,188
Margaret A 161,188,228,268
Margaret Axley 121
Martha A 160,188
Martha Ann 121,228,268
Mayes 121

Index

Mays 161,188,228,268
Raymond 268
Richard B........ 121,161,188,228,268
Sallie B 161,188
Sallie Belle 121,228,268
William H 121,161,188,228,268
MERONY
  [Illegible] 30
  B B 30
  Bessie 30
  John S 30
  Lula...30
  Margaret A 30
  Martha A 30
  Sallie Bell 30
  William H 30
MILLER
  Bessie 167,189,228,268
  Flourney 167,189
  Flourney Rogers 228,268
  Vertie 228,268
  Vessey 167,189,228,268
MINK
  Bettie 30
  Sun kee..30
MONROE
  Charles 164,189
  Charles A 125,228,268
  Hugh N 189,228,268
  Nora A 125,164,189,228,268
MORGAN
  Agnes 235,275
  Bonnie Rose 235,275
MULL
  Effie Leora Raper 233,273
  Effie Raper 161,189
MUMBLEHEAD
  Charles 6
  Charley 54,78
  Charley B 30
  Cindy 6
  Dah ney 187
  Dahnay 138
  Dahney 228,268

Elizabeth 78,138,187,228,268
J D 30
James 6,54
James B 138,187,228,268
James W 110,148,187,228,268
Jas B 30
Jim 78
John 6,54,78,138,187
John D 228,268
Lucindy 30
Lucy 6,31
M M 30
Mandy 12
Nancy 6,54
R L 30
Roger L 138,187,228,268
Rogers 6,54,78
Rosebell 78
Tahnih 187
Tawney 54,78
Tohneh 138
Willi 6
William 54
Willie 6,31
MURPHY
  Belva J 164
  Callie 78
  Cinthia Minerva 269
  Clifford 269
  Dave 78
  David . 5,30,54,116,155,187,229,269
  Edgar 269
  Fred 164,189,229,268
  Henry L 269
  Howard 78,125,164,189,229,268
  Ida 78
  Inez 78
  Isabella 78,125,164,189,229,269
  Jess 78
  Jesse ... 5,31,54,119,158,188,229,269
  Joseph 78
  Joseph Marion 125,269
  Lafayette 158,188,229,269
  Leander 78

Lillian Arch 78,158,188,229
Lloyd C...269
Louisa............125,164,189,229,268
Louiza..78
Loyd Garfield 125
Manco..............78,125,164,189,287
Margaret 78,125,164,189,229,269
Martin.............124,164,189,229,268
Mary...65,78
Mary J..125
Mary McC 229,269
Mary McCoy 119,158,188
Maud..269
Maude..78
Minnie 5,31,54,78
Oliver..78
Rayburn..269
Robert..229,269
Sallie..78
Samuel Abraham 117
Solomon D...........................125,164
Tilly..78
Verdie B 269
William.54,78,119,158,188,229,269
Willie..5,31
MURPHY
 Lorena..117
 Samuel A..............................156,199
 Sarah Jane................................119
NAGA, Annie............................41
NED
 Ci-gih-leh...................................106
 Ezekial..54
 Ezekiel...................144,189,229,269
 Ezekill...106
 Julia...................54,106,144,189,229
 Seagilly..78
 Segali..2
 Segoli..42
 Susan2,42,54,78,106,144,189,229,269
NEETONE, Nancy............................78
NELORNE
 Armstrong......................................31
 Callie 31

Callunday...31
Charley..31
Dave 31
Jennie...31
Leander..31
Maggie..31
Thompson..31
NEQUAJACK
 Cain..54
 George 54
 Jennie...54
NICHOLSON
 Charlotte....................................120
 George Lewis...............................120
NICK
 Bessie...18,65
 Chiltoski......................................18,65
 Chiltoskie..123
 Chiltoskie W..........163,189,229,269
 Ninnie...18
NITONUI 1
 Ah-gi-da.. 1
NOTTY TOM
 Margaret...31
 Nancy 93,130,229,269
 Peter....................31,93,130,229,269
 Que tih..130
 Que-tih...93
NOTTYTOM
 Anneki...54
 Nancy 54,189
 Peter..54,189
 Quetih..189
OKTAGA
 Elizabeth..54
 Jefferson..54
OKWATAGA
 Elizabeth...........................137,269
 Le sih..137
OK-WA-TA-GA
 Jefferson 99
 Le-sih...100
 Lizzie..100
 Sarah 99

OKWATAGA
   Jefferson 137
   Sarah 137
OKWATAGE
   Elizabth..190
   Le sih 190
OKWATAGE, Jefferson 169
OKWATAGEE, Elizabeth..............229
OO-CUM-MA
   Alex 106
   Annie 106
   Fanny..106
OOCUMMA
   [Illegible].......................................31
   Alex 54,144,190,229,269
   Annie
     10,31,54,79,96,134,144,190,229,269
   Coo is ta 134,190
   Elick 9,31
   Enoch10,31,54,79,96,134,190,229,269
   Esther......................................9,31,54,79
   Fannie....................144,190,229,269
   James ... 9,31,54,96,134,190,229,269
   Jennie......................10,31,54,79,96
   Jim 79
   John 229,269
   Nannie 10
   Oochu lah 190
   Oochu-lah....................................144
   Sa lo la wote 31
   Sah la lah nah tih.......................134
   Sah-la-lah-wah-tih 96
   Sahlalahwahtih..........................190
   Wilson . 9,31,54,96,134,190,229,269
OO-GOO-COO, So-co-ni-ga............. 4
OOLARSAR, Wah hi yah 180
OOLAYOHA
   Caroline 42
   Contiska...42
OOLUNANTY, Mink 80
OOSAY
   Ahyisa..54
   David 54
   Nesi..54
   Paul..54
   Sam..54
   Susie..54
OOSOWEE
   Coo wo he lan skih 148
   Coo wo he law skih....................190
   Coo-wo-he-law-skih..................110
   George W 148,190
   George Washington...................229
   John, Jr 110,148,190,229,269
   Ona.......................................110,222
   Paul......................110,148,190,229
   Rachel...........................110,222,263
   Rebecca 110,148,190,229
   Sallie..110
   Sally C 148,190
   Sally Conseen 229,269
   Samuel David 190
   Samuel Davis..........110,148,229,269
   Samuel Davis...............................110
   Susie 110,148,190,229,269
   Tahquette......................110,222,263
OOSOWI
   [Illegible].......................................32
   Alsie 32
   Caroline 32
   Dagaday...54
   Dagi 54
   Daquitina 54
   Gallaquasi......................................32
   Jennie...7,32
   John 54
   John, Jr 32,54
   John, Sr......................................7,32
   Naginney 54
   Nagiti 54
   Nessie 7
   Olsie 7
   Rachel..7,32
   Sallie..7,32,54
   Sam...7,32
   Shell...7,32,54
   Susie 7,32
   Tahquitte.......................................32

Index

Vacie 32
Willei 32
Willie 7
OOSOWIE
   Annie 6
   Davis 6
   Gail 6
   John, Jr 6
OOTAHKIH
   Becca 190
   Quaikey 190
OOTAHKIK
   Becca 140
   Quai key 140
OOTALKI, Ncnay 31
OOTALKY, Nancy 18
OOTOLKY, Rebecca 80
ORRLEY, B H 168
OSOWEE
   Rachel 182
   Tahquette 182
OTTER
   Ah-lin-ih 108
   Ai-lun-mih 108
   Alice 80
   Allen .. 5,32,79,108,146,190,229,270
   Andrew
      ... 6,32,54,79,107,145,190,229,269
   Daniel 5
   Elizabeth 80
   Jackson
      ... 6,32,54,79,107,145,190,229,270
   Linda 79,145,190
   Lindsy 6
   Lindy 32,54,107
   Martha 54
   Matilda 79,107,145,190,229,270
   Minnie 32
   Nancy 32
   Oliver 107
   Ollick 107,229
   Ollie
      5,32,54,55,79,108,145,146,190,229,270

Sallie 79,108,146,190
Sal-lih 107
Sally 229,270
Sampson 32
Sarah 6,32,54,79,107,145,190,229,269
Tsuh-sah-hih 107
Wilson 5,32,55,79
Winnie 79,108,146,190,229,270
OU WEH CA TA GIH, Wesley 133
OUSOWIE
   Annie 79
   Jennie 79
   John 79,80
   Nicie 79
   Olsie 79
   Olssie 79
   Paul 79
   Rachel 79
   Sallie 79
   Sam 79
   Shell 79
   Susie 79
   Tahquette 79
   Willie 79
OUWEHCATAGIH, Wesley 196
OWL
   (No Name) 270
   Adam 4,31,54,78,100,138,190,230,270
   Agnes. 31,55,79,93,130,189,230,270
   Alfred A 3
   Alfred B 31
   Alfred Bryan 118,158,230
   Alfred bryan 190
   Alfred Bryson 270
   Allen 4,31,54,79,107,145,190,230,270
   Ammon 92
   Ammons 16,79,129,189,230,270
   Amons 31
   Anna N 79
   Annie 16,31,92
   Annie Nicey 129,189,230,270
   Baby 55
   Belva Smith 230,270
   Betsey 129,189

Index

Betsy 230,270
Bettie 92
Billie 79
Blue 4,31,54,79,107,145,190
Bryan 54,79
Callie 3,31,54,79,118,158,191,230,270
Caroline 79
Caw-ne-lih 100
Charlott 145,190
Charlotte 129,189,230,270
Charlotte Evangeline 92
Corneila 190
Cornelia 78,100,138,230,270
Cornelius ... 54,118,158,190,230,270
Dahney 16,55
Dave 79
David
 3,4,16,31,55,79,92,100,129,138,189,
 190,230,270
Davis.. 270
DeWit S 119
DeWitt 158,190,230
Dewitt 270
Dina 16
Dinah 31,79,92,129,189,230,270
Dora 3,31,54,79,118,158,191
Edward 158,190,230,270
Ellis 270
Enoch 31,79,92,129,189,230,270
Ernest 230,270
Ernest Steven 190
Ethel 79,118,158,190,230,270
Fred.. 55
Fred M 31
Frell 79,92,129,189,230,270
George 16,55,79,92,129,189,230,270
George A 31
Grady 129,189
Hah-le-nih 95
Henry 55,79,92,129,189,230,270
Henry M 31
Ida.. 17,31
James . 4,31,54,107,145,190,230,270
Jane 3,31,54,79

Jarrette 230,270
Jim 79
John
 4,16,31,55,79,92,100,129,189,190,23
 0,270
Johnson 16,31,55,80,95,189,230,270
Jonaeh... 230
Jonah 16,31,79,92,129,189,270
Joseph 270
Julia 129,189,230,270
Julia Sanders................................. 92
Lawney... 31
Lewis 16,31,129,189,230,270
Lloyd 55,129,145,190,230,270
Lloyd L 158,190
Lloyd S 230,270
Lois.. 92
Loyd 16,31,54,79,92
Loyd Solomon 118
Lucy Ann...................................... 55
Lula.............. 79,92,129,189,230,270
Lula 189
Lula L 16,31
Mabel............................... 92,129,189
Mandy............ 55,79,92,129,189,230
Margaret . 55,79,92,129,189,230,270
Mark 3,31,54,79,118,158,191,230,270
Martha
 . 16,31,55,79,100,138,190,230,270
Martha Jane 118,158,190,230,270
Mattie 31
McClain 16
Mose... 79
Moses 4,31,55,100,138,190,248,270
Nettie 16,55
Ollie... 31,95
Owen 16
Philip 189,230,270
Phillip 92,129
Polly 4,31,55
Quate 31
Quaty 4,31
Quincey 92,129,189,230,270
Quincy 79

Index

Ramie 17
Sa-ca-ni-gah 107
Sampson
... 17,31,55,79,93,130,189,230,270
Samuel
... 4,31,55,79,100,138,190,230,270
Silas 129,189,230
Sogini 4
Sokiney 92,129,189,229,270
Sok-i-ney 92
Sokiny 79
Soloman 3
Solomon 31,54,79,230,270
Solomon D 118,158,190
Solomon Darius 118
Stacey 95
Stacy 4,31,54,80,190,230,270
Sta-sih 95
Stephenson 230,270
Suate 16,55,79,92,129,189,230
Suh yeh ta 189
Suh-yeh-ta 92
Suh-ye-ta 129
Susan 17,55
Tah-que-lah-ih 95
Tahquetta 95
Te-tu-te-tah 92
Tetutetah 129
Theodore
... 3,31,54,79,118,158,190,230,270
Thomas
4,31,55,100,129,138,189,190,230,270
Thomas B 78
Ty-yah-nih 92,129,189
W M David 158
Will J 79
William
3,31,55,79,92,129,138,189,190,230,270
William David 118,190,230,270
Winney 20
Winnie 4,31
Youngbird 4

OWL
David 189
Quincey 189
PALMER
Dora Owl 230,270
Haddington Davis 270
Linford 270
Linfred 230
PANTHER
Anna 80,147,191,271
Anna Thompson 230
Annie 115
Betsy 55
Bettie 109,147,191,230,271
Bittie 80
Cah he nih 147
Che yah stah 191
Che yoh stoh 135
Che-yaw-stoh 97
Chi yan sta 32
Coh he nih 191
Coh-he-nih 109
Coo-lah-nih 99
Elsie 16
Gewon 80
Goliath 80,99
Jim 80
Joab 80
Job 32,109,147,191,271
Joe 9,55,230
John 9,32,55,80,97,135,191
Mark 16,32,55,80,109,147,191,230,271
Mary 55
Nancy 9,32,55,80,97,135,191
Oa ga su da na 32
Pheasant 80
Simeon 271
Tak ah sun toh noh 135
Ta-kah-sum-tah-wah 97
Takahsuntahwah 191
Windy Littlejohn 230,271
PARRIS
Catherine C 166,192
Catherine Cole 127,231,271

Index

Laura M 127
Laura May 166,192,231,271
Lola 231,271
Parilee 166,192,231
PARTRIDGE
  Bird.. 32,55,80,105,143,191,231,271
  Bud 1
  Che quah 143
  Che Squah 191
  Chee-squah 105
  David 1,32
  Da-wi-coo-qua 1
  Elsie 143,191,231,271
  J Moses 105
  John 191,231,271
  Jonas 271
  Juanita 105
  Maggie 1,32,55
  Mose 55,80
  Moses 1,32,143,191,231,271
  Neh-lih 105
  Nellie 1,32,55,80,105
  Sallei 231
  Sallie 80,105,143,191,271
  Sarah 143,191,231,271
  Savannah 105,143,191,231,271
  Winnie 1,32,55,80
  Winnie E 105,143,191,231,271
PASSMORE
  Charles A 157,191
  Charles Alonzo 126,231,271
  David 231,271
  Frances 157,191
  Nancy 126
  Nancy J 157,191
  Nancy Jane 231,271
  Nancy Lee 126
  Oscar 126,157,191,231,271
  Rose Cordelia . 126,157,191,231,271
  Thomas M 157,191,231,271
  Thomas Marion 126
PATTEE
  Cora E 120,159,191
  Fred 120

Frederick H 159,176,256
Sophia 120
Sophia F 159,176,256
PATTERSON
  Almer 126,165,192,231,271
  Alonzo 127,166,192,231,271
  Alwain 231,271
  Anvil 127
  Arvil 166,192,231,271
  Beadie 127,166,192,231,271
  Bob 269
  Celia 127,166,192,231,271
  Elizabeth 127,166,192,231,271
  Ella C 166,192
  Ella Cole 127,231,271
  Ethel 127,166,192,231,271
  Eustice J Murphy 125,269
  Hobart 127,166,192,231,271
  Kenneth 166,192,231,271
  Lula W 165,192,231,271
  Lula Webster 126
  Mae 269
  Olden 126
  Oldham 165,192,231,271
  Wayne 165,192
  Zida 231,271
PAYNE
  Albert 80
  Albert F 122,162,192,231,271
  Alfred 80
  Carra 231
  Carrie 162,192
  Cynthia 122,162,192,231,271
  Emma 122
  Erma 162,192,231,271
  Gertrude 162,192,231,271
  Grace 80
  Grace L 162,192
  Grace Lee 122,231,271
  James 80
  James M 122,162,192,231,271
  Lydia 80
  Lydia A 162,192
  Lydia M 231,271

Index

Lydia Maria 122
Margie Eunice 271
Oliver 80
Oliver Clem 162,192,231,271
Oscar C 122
Paley E 162,192,231
Paly E 271
Poley Elwood 122
Poly 80
Rollin 80
Rollin T 122,162,192,231,271
Thomas 80,122,162,192,231,271
W E 80
William A 162,192
William Alfred 122,231,271
William E 122,162,192,231,271
PECKERWOOD
   John 143,191,231,271
   Lucy Ann 106,144,191,231,271
   McKinley 106,144,191,231,272
   Rebecca 143,191,231,271
   Thomas 106,144
   Wa kee 143
   Wa ku 191
PHEASANT 10,32
   Callie 32
   Choo-lo-tah-kih 112
   Clyde 150
   Dora 55,80,112
   Dora Jane 150,191,232,272
   Ga dau gun 32
   Jacob 232,272
   Jane 55
   Jennie 10
   John 14,32,55,80,112,150,191,231,272
   Ka lim da yih 32
   Kate 14
   Maeggie 272
   Maggie 112,150,191,231
   Nai-kih 112
   Quattie 55
   Rachel Emma 150,191,232,272
   Rachel Wolfe 112
   Rebecca 14,32,80

We-loo-stih 112
Will 80,112
Will F 32
Will Thomas 14
Willie 55,150,191,232,272
PIGEON
   Di-sey-ski 12
   Jim 12
   John 32
   Ollie 12,32
PORTER
   De Witt 161,192
   DeWit 121
   DeWitt 232
   Dewitt 272
   Florence 32,160,191,232,272
   Florence S 121
   Iris 121,161,192,232,272
POWELL
   Anna 80
   Anna E 13
   Annie 32
   Annie E 55
   Dogar 55
   Dooga 150,191,232,272
   Doogah 112
   Dooka 13
   Duke 80
   Elkinny 191
   Elkiny 150,232,272
   Holmes 80,112,150,191,232,272
   Holmns 55
   J A 32
   John 13,32,55
   John A 142,191
   John Alvin 103,232,272
   Lookie 32
   Mose 55,80
   Moses ... 13,32,112,150,191,232,272
   Noah 112,150,191,232,272
   Sarah 32,55,80,112,150,191,232,272
   Stacy 150,191,232,272
   Stancel 112
   Stancil 80

Index

Stansil 32,55
Stansill 13,150,191,232,272
Too cah 150,191
Too-cah 112
Winnie 80,112,150,191,232,272
POWELL, "Ose" 103
QUAIN
   Rachel 1
   Sallie 4,32
   Susie 3
   Tah ya ha 32
   Tyhaw 1
   Watsutta 4
   Wodasutta 32
QUEEN
   [Blank] 33
   Abraham 55,80,115,154,192,232,272
   Addie 154,192,232,272
   Ahlini 55
   Albany 33
   Alkinney 115
   Bessie 80,115,154,192,232,272
   Dinah 154,192,232,272
   Eddie 115
   Edna Jane 33
   Eltie 80
   Etta 55
   Goodayih 33
   Jasper
     . 10,33,55,80,115,154,192,232,272
   John 115,154,192,232,272
   Kiney 80
   Levi 10,33,55,80,115,154,192,232,272
   Lillie 232,272
   Lottie 154,192,232,272
   Lucy 232,272
   Ma-lih 115
   Malinda 55,80,115,154,192,232
   Mandy 33
   Mary 10,33,55,80,115,154,192,232,272
   Media 3,33
   Melinda 272
   Minda 55,80,154,192,232,272
   Mindy 10,115

Nolan 80,115,154,192,232,272
Noland 55
Ollie 33
Olliney 115,154,192,232,272
Olney 80
Rachel 33,154,192,232,272
Sah le ah nih 192
Sah le ah-nih 154
Sah-le-ah-nih 115
Sallamn 10
Sallie 33,55,80,115,154,192,232,272
Sampson 33
Sim 80
Simpson 55,115,154,192,232,272
Simson 10
Wadasutty 80
Watty 80
RACKLEY, Lucy 95
RACKLEY
   Raso Elmiro 118
   William 104
RAMSEY, Roxie 284
RAPER
   Alexander 121,161,194,232,272
   Arria Clifften 194
   Augustus 121,161,194,232,272
   Bertha M 161,194
   Bertha May 232,272
   Bonnie B 161,194
   Bonnie Bell 232,272
   Bonnie Belle 122
   Bright 81
   Charley B 161,194
   Charlie Breckenridge 122,233,273
   Clarence A 161,194
   Clarence Alvin 122,232
   Clarence Alwin 272
   Claude E 161,194
   Claude Emery 121,232,272
   Clifton 81,123,163,195,233,273
   Clinton 122,161,194,232,272
   Cly Victor 121,161,194,232,272
   Curley Clinton 232
   Daffney 232,272

Index

Dafney 121,161,194
Dela Clifford...............................233
Delia 122,161,194,233,273
Delta C.................................161,194
Delta Clifford 122,273
Denver L...............................161,194
Denver Lee 122,233,273
Edgar 121,161,194,232,272
Edna..................... 163,195,233,273
Effi Leona...................................122
Emery Lawrence.........................122
Erastus 163,195
Erastus M....................................123
Eva................. 122,161,194,232,272
Gana 123
Gano 81,163,195,233,273
Gurley...121
Gurley C 161,194
Gurley Clinton.....................121,272
Henry J 161,194
Henry John 122,233,273
Homer W.............................233,273
Homer William..........................194
Inez...121
Iril..233,273
Ivan...................... 122,161,233,273
James 81,123,163,195,233,273
James G 161,194
James Gurley 232,272
James Lafayette 232
Jesse L 161,194
Jesse Lafayette....................121,272
Jessie Leora 121
Joan..194
Julia 81,163,195,233,273
Lillie 123
Lizzie 81,123,163,195,233,273
Lon 81,163,195,233,273
Lou 123
Lula..................... 163,195,233,273
Marshall........... 121,161,194,232,272
Martie A 161,194
Martie Alexander.......................273
Martin Alexander.......................232

Martin F................................123,163
Martin T.......................195,233,273
Marty Alexander........................121
Mastian..81
Minnie C...............................161,194
Minnie Corinne...................232,272
Minnie Corrinne 121
Pearl....................... 161,194,233,273
Pearl Lueva.................................122
Rosa Ella 272
Rose Ella 232
Thomas..81
Thomas M............................163,195
Thomas Martin 123,233,273
Verdie.................... 161,194,232,272
Viola..122
Viola E.................................161,194
Viola Ellen...........................233,273
Virdie...121
Whoola B........ 123,163,195,233,273
Whoreley.....................................81
Williaem A 194
William................................233,273
William A..................................161
William Arthur 121,232,272
William B 123,163,195,233,273
William Cecil 272
William T 161,194
William Taft 194,232,272
William Thomas 121,232,272
Windel Efton 232
Windell Efton 272
WM Taft.....................................161
RATLER
   Ammons 233,273
   Annie Lee 33
   Bessie 140,193,233,273
   Ducy...18
   Elizaq...20
   Elsie...33
   Emaline....................................103
   Emeline.....................141,193,273
   Emelinee..................................233
   Geo W 33,140,193

Index

George 18
George Washington 233,273
Henson 140,193,233,273
John 20,33,103,141,193,233,273
John West 103,141,193,233,273
Jonah 33,103,141,193,233,273
Jones 20
Lizzie 33
Lucy 33,141,193,233,273
Mindah 140,193,233,273
Morgan 140,193,233,273
Nan-chih 103
Nancy ... 20,33,103,141,193,233,273
Polly 18,33,140,193,233,273
Rachel 18,33,140,193,233,273
Robert 103,141,193,233,273
Tsah tsih wah sih tonih 193
Wah lih 140,193
Walter 103,141,193,233,273
Wash 33
Washington 20
Willei 273
Willia 233
RATLEY
   Emma 81
   Etta 1
   Jacob 81
   James 1,56
   Jim 80
   John 81
   Jonah 81
   Lawyer 81
   Lizzie 81
   Loy 1
   Lucy 133,192,233,273
   Mary 56
   Nancy 81
   Robert 81
   Rosey 1
   Walter 81
   Wash 81
   Will 81
   William 17
RATLIFF

Elizabeth 104,142,193,233,273
Ella 104,142,193,233,273
Emma 56,104,142,193,233,273
Jacob 56,104,142,193,233,273
James 116,155,194,233
Jonah 193,233,273
Lawyer 104,142,193,233,273
Lizzie 56
Lower 56
Myrtle Magdalene 273
William 56,104,142,193,233,273
RATTLER
   Alsie 56
   George 56
   Henson 56
   Lucinda 56
   Morgan 56
   Rachel 56
   Walley 56
RATTLEY
   [Illegible] 32
   Ella 32
   Johnnie 32
   Lawer 32
   Rose 32
   Willie 32
RAVE
   Martha C Cornsilk 195
   Martha Cornsilk 257
   Morris Washington 257
REAGAN
   Charles 118
   Earnest 233
   Emmet 118,126
   Ernest 157,194,273
   Fitzsimmons 118
   Flora 118
   Fred 118
   Hester L 157,194
   Hester Lambert 118,126,233,273
   Jesse 118
   Polena 157,194,233,273
   Pollard 233,273
REED

Index

Ach il la 135,192
Ach-il-la 97
Adam 33,81,109,147,193,234,274
Addie H Lee 234,274
Agnes 125,149,193,234,274
Ah tah nih 147,193
Ah-lah-nih 109
Andy 109
Cinda 81
Cindy 33,147,193,234,274
Cornelia 234,274
Dave 20
Davi8d 193
David 42,103,109,141,234,274
Deweese 33,109,148,193,234,274
Fiddell 97,135,192,234,273
Fidel 81
Fidell 9,33
Irene 80
Jackson 109,147,193,234,274
James 17,18,95,111,132,192,233,273
James W 33,149,193,234,274
Jennie 6,80,95,132,192,233,273
Jen-nih 95
Jennih 132,192
Jesse 11,32,81,96,133,192
Jim 81
Jimmie 33,81,109,234,274
Jimmy 147,193
Jimson 109
John 33
Johnson 81,147,193,234,274
Kate K 147,193,234,274
Lizene 33
Lizzie 33,81,109,147
Lloyd 147,193,234,274
Louisa 33
Loyd 33,65,81,109
Lucy 56
Lucy Ann 9
Luzene 97,205,245,284
Maggie
  10,11,32,33,65,81,96,133,192,234,274

Maggie G 149,193
Maggie Goleach 234
Maggie Goleech 111
Mary 18
Meekerson 193,234,274
Minda 81,98,135,192,234,273
Na-kih 96
Nannie 109,148,193,234,274
Ollie 33
Peter 81,109,147,193,274
Peter] 234
Quah te lish 135,192
Quah-te-lish 97
Que tah 147,193
Que-tah 109
Rachel
  9,33,81,97,109,135,147,192,193,233,234,273,274
Samuel 193,234,274
Sarah 274
Susan 148,193
Susanne 109,234,274
Tse-wih 111
Will 33,80
William 109,147,193,274
Willie Elmer 149,193,234,274
Willim 234
Winnie 80
REID
  Adam 9,56
  Cinda 9
  Cindy 56
  Deweese 9,56
  James 9,56
  James Hunter 32
  Jesse 56
  Lawyer 56
  Lizzie 9,56
  Loyd 9
  Lucine 9
  Luisa 9
  Maggie 56
  Mary 32
  Nannie 56

Index

Ollie 9
Peter 9,32,56
Rachel 56
Susan 9
Will 56
Willie 9
RICHARDS
  Grace Lara 274
  Mamie 81
  Mamie P 162,194
  Mamie Payne 122,234,274
  Ruby K 162,194
  Ruby Kate 122,234,274
  Willard F 162,194
  Willard Frances 234,274
  William F 122
RILEY, James 110,167,195,234,274
ROBERSON
  Alvin W 234,274
  Boy 81
  Charlie H 162,194
  Charlie Hobart 234,274
  Edward 81
  Edward E 162,194,234
  Edwrd E 274
  Eliza 81
  Ellen 81
  Etta 161,194,234,274
  Gita 81
  Harley T 162,195,234,274
  Henry H 234,274
  Henry Homer 162,194
  Howard 194
  Howard G 162
  Howard Geoffrey 234,274
  Iowa 161
  Iowa Isabella 122,234,274
  Iowa J 194
  A J 234,274
  Martha 81
  Mary 81
  Osco 81
  Sarah 81
  Sarah Edith 234,274

Thomas 81
Thomas L 162,195,234,274
William R 234,274
Willie O 162,194
Willie R 162,195
Willis O 274
Willis Q 234
ROBERTS
  Callie 160,194,234,274
  Edna 234,274
  Ellen Raper 234
  Emeline 234
  Fred 120,160,194,234,274
  Hadley 234
  Lottie L 160
  Lottie S 194
  Lottie Smith 120,234,274
  Lula 120,160,194,234,274
  Walter 120,160,194,234,274
ROBINSON
  Charles Hobart 123
  Edward E 123
  Ellen Raper 121,161,194,274
  Emeline 121,161,194,274
  Fannie 121,161,194
  Gita Isabella 123
  Hadley 121,161,194,274
  Harley Thomas 123
  Howrd Golfrey 123
  Thomas Leonidas 123
  William Robert 123
  Willis Osco 123
RODGERS
  [Illegible] 81
  Irvin 81
  Martha 81
ROGERS
  Aston 127
  Astor 167,195,235,275
  Bessie 277
  Bonney 127
  Flourney 127
  Floyd 167,195,235,275
  Floyd O 127

Inez 127,167,195,235,275
Jeanette 162,194
Jeanette E Payne 235
Jeanette Elizabeth Payne 122
Jeanette R Payne 274
Maggie 3,81,125,159,200,238,277
Martha C 124,164,195
Martha Caroline 274
Oscar 127,166,195,235,275
Villa 127,166,195,235,275
Wesley Crow .. 125,159,200,238,277
William 127,166,195,235,275
ROPE TWISTER
   Ah-go-ga 24
   Di-ga-metoy-ohi 24
   Manly 24
   Roxie 24
ROPETWISTER 81
   Ann 56
   Annie 19,81,102
   Ike 81
   Jesse 19
   Joe 81
   John 19,56,80,102
   Kun-oo-to-yo-ih 102
   Manley 102,140,193,235,275
   Ne sha te hih 140,193
   Ned 81
   No-sha-te-hih 102
   Sallie 81
   Tah-ya-los-lah 102
   Tom 56
ROSE
   Aggie 33
   All 65
   Benjamin 103,141,193,235,275
   Bill 19,33,65,81
   Bonney 65
   Bonnie 19,33,81,103,141,193
   Cora 81,103,141,193,235,275
   Florence
     . 19,33,65,81,103,141,193,235,275
   Grace 103,141,193,235,275
   Gracie 65

Gracie B 33
Gracy 81
Jacob 65
Jake .. 19,33,81,103,141,193,235,275
Jonah 33
Nasa 65
Nora 81,103,141,193,235,275
Thurman 141,193,235,275
Wayne 275
William 103,141,193,235,275
ROSS
   McKinley 145,193,227,267
   McKinley Tetegeeskih 107
ROSS, Sampson 105
RUNNERWAY, Esaw 65
RUNNING WOLFE 235,275
   Ammons 112,235,275
   Callie 235,275
   Laura 112
   Lloyd 235,275
   Loyd 112
   Ma-lih 112
   Mollie 112,235,275
   Sallie 112,235,275
   Thomas 112
   Tom 235,275
   Wah-yah-cle 112
   Wm McKinley 275
SA LAH, John 131
SA LAH, John 196
SADDLE, Sallie 10
SAGY
   Gewaney 85
   Nellie 85
SAH WHO CHI 183
SAH-DA-YIH, *Sah-da-yih* 12
SAH-WAH-CHI 105
SAKA
   Alsie 19
   Annie 19
   Darcus 19
   Malindy 19
   Nellie 19
SAKE

Index

Alsie 36
Jewana 36
Nellie 36
SAKEY
   Nel lih 139,197
   Nellie 56,101,139,197,235
   Nel-lih 101
   Tatiwanna 56
SALOLANEETA
   Annie 239,278
   Bird 16,33,239,278
   Chee squah 33
   John Lossie 239,278
   Leander 239,278
   Linda 239,278
   Lucy 16,33,239
SALOLE
   Awee 56
   Bettie 56
   David 56
   Emma 56
   George 56
   Kimsey 56
   Mary 56
   Nancy 56
   Nora 56
   Sarah 56
   Sequitch 56
   Simon 56
SALOLI
   Awee 35
   Bettie 35
   Dabney 35
   Davis 35
   George 35
   Nancy 35
   Nola 35
   Nora 35
   Sara 35
   Timson 35
SA-LUH, John 94
SAMPSON
   Ah-cle-ah-te-skih 111
   De-gee-gee-skih 111
   Di-ki-gis-kee 35
   James 35,57,111,149,199,235,275
   Jim 83
   Lillie 57
   Sallie 35,57,83,111,149,199,235,275
SANDERS
   C E 56,82
   Caidjo 6
   Cudge E 159,200
   Cudge Ellis 235,275
   Julia 6,56
   Julie 82
   Listy 56
   Mose 82
   Moses 6,56,159,200,235,275
   Pollie 82
   Polly 6,56,159,200,235,275
SATUWAGG
   [No Name Given] 82
   Elijah 82
   Esther 82
SAUNDERS
   Cudge Ellis 119
   J Cudge 119
   Mose 119
   Wah-lih 119
SAUNOKE
   Adam 93
   Ah tah-nih 93
   Corinthia 93
   Golinda 93
   Kane 93
   Sally 93
SAUNOOKE
   [Illegible] 34
   Adam 34,57,130,196
   Ah tah nih 130,196
   Ah-too-yah-skih 111
   Ammenita 56
   Anderson 83,94,131,196,235,275
   Annie 34,56,111
   Cah-win-ih 94
   Cha ga di hi 34
   Choo so hih 132,196

Index

Choo-saw-hi 34
Choo-so-hih 95
Cinda 82
Cindy 34,56,95,132,196,235,275
Cowaenah 196
Cowanah 131,235,275
Dinah 111
Dobson 56
Dora 34
Ed 83
Edward 94,131,196,235,275
Emeneeta 95,132,196,235,275
Emma 196,235
Emmaneeta 34
Emmma 275
Essick 235,275
Estalla 56
Freeman 196
Friedman 235,275
Gah-wa-noo-les-ke 100
George Harvey 131
Isabel 66
Jackson 57,107,145,198,236,275
James 34,83,93
Jane 57
Jennie 57,92,129,195,216,257
Jenny 83
Jim 57,130,195,235,275
Joe 83
John 34,56,57,82,83,92,100,129,195
Joseph 34,94,131,196,235,275
Joseph A 57
Josephine 34
Josie 57,83,93
Ka na noolus kib 34
Kane 130,196,235,275
Kate 34
Katie 130,196,235
Lillian 95
Lillie 132,196,235,275
Lucinda 57
Maggie 34
Malinda 34,56,132,196,236,275
Malindy 95

Margaret . 83,92,94,131,196,235,275
Marguette 57
Martha 57
Mattie 34
Mike 57
Nan 82,95,132,196,236,275
Nancy34,57,82,83,93,130,195,235,275
Nannie34,56,66,111,155,176,243,282
Nettie 275
Nicodemus Boyd 235,275
Nola 34
Olla 34
Ollie 34,57,134,216,258
Osler 94,131,196,235,275
Parker 34
Polk 34,56
Polly 111,155,176,243,282
Rachel 34,57,82,100,137,197,236
Sallie 34,57
Sallie A 34
Sally 130,196,235,275
Sam 34,82
Sam mih 137,197
Sam-nih 100
Samuel 57,100,137,197,236,275
Sarah 34,56
Soggie 57
Soggy 34
Stacy 34,56
Stephen 57
Steve 34,93,130,169,210,251
Stillwell
  56,82,95,100,132,137,196,197,235,2
  36,275
Stilwell 34,57
Timpson 34,83
Timson 57
Tzo wah 131,196
Tzo-wah 94
We lih 131,196
We-lih 94
Will 34,83
William 94,131,196,235,275
Windy 56

Yet-sih 93
Yetsih 195
SAUVE
  Joseph Peter 236,276
  Josephine E 163,236,276
  Marie M 163
  Marie Mabel 236,276
  Minnie E N 163
  Minnie E Nick 236,276
SAW WAH, *Saw wah* 36
SAWYER
  Alkinney 101
  Al-kin-nih 101
  Allen 9,35,57,82,121,160,200,236,276
  Awee 101
  Charlotte 7,35
  Gah-no-hi-la-kih 101
  Hunter 101
  Kimsey 83
  Kiner 57
  Kiney 92,129,195,236,276
  Lizzie 101
  Lucy 101
  Mary 57
  Moses 101
  Thomas 83,92,129,195,236,276
  Will 101
SAWYER, Alih-nih 121
SCREAMER
  Cain 6,33,57,82
  Cinda 82
  Cindy 6,33,57,148,198,236,276
  David 13,33,57,109,147,198,236
  Dvid 276
  Enos 151,199,276
  Enox 236
  Irene 13,33
  James 6,33,57,82,148,198,236,276
  Kane 148,198,236,276
  Manue 82
  Manus 16,33,57,148,198,236,276
  Nannie 198,236,276
  SNannie 148
  Soggie 33

  Soggy 6,57,82,148,198,236,276
SEAY
  Fred 65
  Jesse 65
  John 65
  Lillie 65
  Maggie 65
  Taylor 65
  Vinnie 65
SE-QUAH-YEH, *Sic-quo-ih* 113
SEQUAHYEH
  Alice 108
  Ammons 108
  Lizzie 108
  Loo-wih-sah 108
  Louisa 108
  Mandy 108
  Noah 108
  Richard 108
  Sah-kee-lah-yah 108
  Susann 108
  Tahquette 108
  Zachariah 108
SEQUOH YEH 151,199
SEQUOHYEH 236,276
  Alice 236,276
  Ammons 147,181,248,261
  Liaaie 276
  Lizzie 146,198
  Lizzie E 236
  Loo-nih-sah 146
  Louisa Hill 146,198,236,276
  Noah 146,198
  Noah J 236,276
  Sah kee lah yoh 198
  Susan 236,276
  Tah-kee-lah-yah 146
  Too nih sah 198
  Zachariah 146,198,236,276
SEQUOIAH 84
  Ammons 84
  Jackaly 84
  Lauzene 84
  Lizzie 84

Louisa 84
Nellie 84
Noah 84
Richard 84
Tahquette 84
SEQUOYA 13
Bird 12
Jake 12
Lizzie 12
Luzene 12
Nellie 13
Noah 12
Richard 12
Tahquitte 12
SEQUOYAH 33
Bird 33
Ellis 57
Jackalye 57
Jake 33
John 57
Lizzie 33,57
Luizer 57
Luzene 33
Mandy 57
Nellie 33,57
Noah 33,57
Richard 33,57
Susan 57
Tahquette 57
Tahquitto 33
SHAK-EAR
Fidella 236
Lizzie 236
SHAKEAR
Can-hi-neh-ih 152
Caw he neh ih 199
Fidell 12
Fidella 152,199
Lizzie 12,152,199
Quah te lih 152,199
SHAKE-EAR
Caw-he-neh-ih 113
Fidella 113,276
Lizzie 113,276

Quah-te-lih 113
SHAKEEAR, Fidell 36
SHELL
Alice 83
Amy 17,57
Bessie 57,83
Boyd 196,236,276
Joe 57,94
John ... 16,36,57,94,131,196,236,276
Joseph 196,236,276
Joshua 94,196,236,276
Jow 83
Katy 57
Lindy 57
Martha 57
Mattie 16,83,94,196,236,276
Sallie.. 16,36,57,94,131,196,236,276
Ute 16,36,57,83,94,196,236,276
Ut-eh 94
Uteh 196
SHERRELL
Andy 4,36
Ella 199
Gah sah lah we 149
John 4,36,149,198
Julia 149,198
Ma lih 149,198
Mary 4,36
MOllie 149
Mollie 198
Ollie 4
Oo-ha-si 4
Oo-li-skos-ti 4
Samuel 149,199
Solomon 149,198
Will 36
William 145,198
SHERRILL
Andy 57,276
Andy U 83
Goh-sah-lah-we 110
John 57,83,110,236,276
Julia 83,110,237,276
Ma-lih 110

    Mary 57,83
    Mollie 83,110,236,276
    Molly 57
    Rita Irene 236
    Sallie..57
    Samuel 237,276
    Selma 57
    Solem..83
    Solemn 110,276
    Solemon 237
    Wille 8
    William 107,236
SHULER
    Georgia C 145,198
    Georgia Craig 107,237,276
SI-LO-LI
    Awee... 2
    George 2
    Nora 2
    Quaty 2
    Sarah 2
SIMPSON
    Jim 10
    Martha Owl........94,131,196,237,276
    Sallie..10
SIN-NIH, John 110
SKITTY
    Ah-mu-yo-ah 35
    Fidel 57
    Fidell 84
    Lizzie 57,84
    See qui yah 195
    See-qui-yah 92
    Sevier. 16,35,83,92,129,195,237,276
    Winnie 4,35
SLOCUST
    Gun weh stih 183
    John 183
    Polly Ann 183
SMATHERS
    Delpha 166,201
    Dora Cole 166,201
SMITH
    Angeline 3,34,58

    Annie 237,277
    Belva 3,34,58,117,156,199
    Bessie 84,127,167,201,238,277
    Bettie W 133,197
    Bettie Welch 237,277
    Blain 34
    Blaine 3,83
    Blair 58
    Budge 84
    Buford Roy 159,200,238,277
    Callie 120
    Charity 4,34,58,84,96,133,197
    Charles H 195
    Charles Henry 237,276
    Cintha 84
    Cinthy 20
    Clifford 277
    Cosie 35
    Cynthia 34,103,142,198,237,277
    David 34,58,83
    David McK 117,156,199
    David McKinley 237,277
    Delila 84
    Delilah Warlick 123
    Duffy
    4,34,58,84,96,133,157,196,199,237,2
76,277
    Earl E 133,197,237
    Earl Elwood 96
    Earl H 277
    Edgar A 277
    Elizabeth 118,157,199,237,277
    Elizebeth 58
    Ella A 133,197,237,277
    Ella Elvisa 96
    Elwood 4,34,58,84
    Emma 84,123,162,200
    Francis Elwood.96,133,197,237,277
    George L 159,200
    George Lewis 120,237,277
    Gerald 58,82,118
    Gibbald 33
    Goldman
    ... 3,34,58,83,117,156,199,237,277

Grace	118,157,199,237,277
Grace Rose	237,277
Gracy	82
Hartman	
	16,33,58,82,118,157,199,237,277
Helen	277
Henry	6,34,58,83,159,200,238,277
Henry, Jr	120
Hettie	159,200,238,277
Hosea Gilbert	277
Jackson	6,34
Jacob	58,93
Jacob L	130,195,237
Jaecob L	276
Jake	6,34
James	65,84
James D	4,34,58
James David	96,133,196,237,276
James G	35
James G W	167,201,238
Jarrett Jackson	277
Jerrold	157,199
Jesse	58,83
Jesse H	117,156,199,237,277
Jim	127
Joe	83
John	3,34,58
John A	20
John C W	277
John D	118,157,199,237,277
John G A	277
John Q	84
John Q A	35,201,238
John QA	167
John Z Q	127
Joseph	3,16,34,58
Joseph M	117,156,199,277
Joseph N	237
Josephine	167,201,238,277
Josie	84,127
Judge H A	34
Judge Ha	20
L H	20,34
Laura	58
Lawrence	93,130,195,237,276
Leaina	238,277
Leona	200
Lewis H	58,100,138,197,237,277
Lizzie	84,123,162,172
Llo9yd H	157
Lloyd	58,118,199
Lloyd H	237,277
A loh tih	199
A-loh-tih	118,157
Lorena M	117,237,277
Lorena N	156,199
Lottie	18
Louis H	85
Loyd	9,34,82
Lucy	58
Lucy A D	156,199
Lucy Ann Davis	237,277
M T	4,33,84
Margaret	237,277
Mark T	58
Mark Tiger	96,133,196,237
Marshall	84,123,162,172
Martha	58,82
Martha Ann	237,277
Martha Ann Bigmeat	100,138,197
Mary	4,6,33,34,58,66,82,84,118,157,199,237,277
Mary Melvina	96,133,196,237
Maud	58
Maude	82
May Malvina	276
Mildred	157,199,237,277
Morton	277
Myrtle	120,159,200,238,277
Nan sih	138
Nancy	20,34,58,85,100,138,197,237,277
Nan-sih	100
Nansih	197
Noah	4,34,58,82,84,96,118,133,157,197,199,237,277

Index

Olive 93,130,195,237,276
Oliver 34,84,96,133,196,237,276
Olivwe 58
Olliver... 4
R B 20
Rainey...58
Raney..83
Reney... 4
Roberson......... 118,157,199,237,277
Robert 84,128,167,201,238,277
Robertson......................................58
Rosa..33,84
Rosana 34
Rose...17
Rose A 35
Rose Anna 167,201,238
Rosena 277
Rosie......................................82,127
Ross B
 34,84,103,128,142,167,197,201,237, 238,277
Roxanna..66
Roxie 6,34,120,159,200,238,277
Russel 159,277
Russell 83,120,200,238
Salina...123
Samuel 65
Samuel A 117,156,199,237,277
Selena 84
Selina 162,172
Sibald..82
Sibbald 16,58
Smith 82
Stella 118
Susan 3,34,83
Susie 117
Tennie 118,237,277
Thaddeus Sibbald118,157,199,237,277
Thomas ... 6,66,120,159,200,238,277
Tiney................................... 157,199
Tom 34
Velvy 83
Victor C 237,277
Victor Clinton 197

William B 156,199
William Blain 117,237,277
SMITH
  Charlotte Caroline.....................120
  Miriam Lydia..............................98
  Zachariah T 93
SMOKE.......................................258
  Bettie 114
  Betty 153
  Dahnenolih 216
  Demenoly 82
  Donehola 10
  Loyd 5
  Nancy 5
  Rebecca 10,82
  Tinola 58
SMOKER
  Aggie 20,36,58,101,139,197,238,278
  Aggy 85
  Ai kih 139,197
  Ai-kih 101
  Alkinia..58
  Alkinney 139,197,238,278
  Allen 20,36
  Annie 35
  Awee........... 36,84,139,197,238,278
  Awie 58
  Bascom 103,141,197,238,278
  Bascum 84
  Bettie 35,141,197,238,278
  Caroline 238,278
  Charles 101,139,197,238,278
  Charley 58,85
  Cinda 85
  Cindy 20,36,58,101,139,197
  Cornelia 103,141,197,238,278
  Davison 238,278
  Heskam.......................................58
  Hunter 85,139,197,238,278
  Hute 278
  James 20,36,58,101,139,197,238,278
  Jim 85
  John 20,36,58,85,101,139,197
  Lizzie 58,85,139,197,238,278

Index

Lloyd 58,146,198,238,278
Loyd 35,82,108
Lucy 139,197,238,278
Luzene 139,197
Luzene Washington 238,278
Mancy 198
Margaret 84,103,138,202
Martha 139,197,238,278
Massie 19
Moris 36
Mose 84
Moses 58,139,197,238,278
Nancy 35,58,82,108,146,238,278
Nute 238
Olkiney 84
Olkinny 36
Ollie 19,84,103,141,197,238,278
Peter 58,85,101,139,197,238,278
Robert 35
Sam 19,36,58,84
Sam mih 141,197
Samuel 103,141,197,238,278
Stacey 103,141,197
Stacy 58,84,238,278
Tah-nih 103
Tah-se-ke-yah-kih 108
Unalaka 58
Will 19,36,85
Will Sawyer . 36,84,139,197,238,278
William 58
Willie 101,139,197,238,278
A-yos-tah 108
SNEED
   Alma 199,238,278
   Anie L 118
   Anna L 58
   Annie 35
   Annie L 19,85,157,199,238,278
   Bill 20
   Blakeley 118
   Blakely 81,200,239,278
   Blakley 157
   Cam 82
   Campbell35,58,118,157,200,238,278

Carrie 157,200,238,278
Cora May 118
Ernest 157,200,238,278
James E 238,278
John 35,58,82
John H 118,157,199,238,278
Lillian K 157,200,239,278
Manco35,58,82,118,157,199,238,278
Mary C19,58,85,118,157,199,238,278
Mary K 35
Maud E 118,238,278
Maude E 85,157,199
Mindy 118,157,200,238,278
Modie L 58
Osco. 35,58,82,118,157,199,238,278
Peco18,35,58,81,118,157,200,238,278
Pocahontas 238,278
Sam 19,35,58,85
Samuel 118,157,199,238,278
Sarah 58,81,118,157,200,239,278
Sherman 278
Stella 200
Stella L 157,239,278
Stella Lee 118
Thomas M 157,199
Thomas Mack 238,278
Thomas McK 118
W M Harley 157
W S 84
William 35,118
William Harley 199,238,278
William Sherman104,142,198,238,278
Woodrow 278
SNEED, Stacy Jane 118
SOLOLANEETA
   Annie 129,195
   Bird 58,129,195
   John Lossie 129,195
   Leander 129,195
   Lin sih 129,195
   Linda 129,195
   Lucey 129,195
   Lucy 58,129,195
   Tacayah 129,195

SOLOLANETTA
  Bird...................................92
  Lu-cey..............................92
  Lucy..................................92
  Ta-ca-yah.........................92
SOLOLANETTE
  Bird...................................83
  Lucy..................................83
SOLOLY
  Awee.................................83
  Daniel................................83
  Dave..................................83
  Dinah.................................83
  George..............................83
  Kimsey..............................83
  Mary..................................83
  Nancy................................83
  Nola...................................83
  Nora..................................83
  Ollie..................................83
  Sarah.................................83
  Sequitch............................83
SOLONHASKI, Abrah...............65
SON-WUT-CHEE........................105
SORTI
  Lewie................................12
  Tom..................................12
SOUNOOKE
  Adam.................................17
  Amaneita............................7
  Annie..................................6
  Dahgy.................................7
  Dora..................................16
  Jackson..............................4
  James...........................15,17
  John................................6,15
  Joseph............................16,17
  Kate...................................7
  Lucindy..............................6
  Maggie...............................8
  Malinda..............................6
  Mary.................................15
  Mattie...............................18
  Nancy.............................6,17

  Nannie.............................6,7
  Nanny................................6
  Nora..................................6
  Ola.....................................8
  Ollie.................................16
  Polk...................................6
  Rachel................................6
  Sallie............................17,18
  Samuel................................6
  Sarah..................................6
  Soggy................................18
  Stacy..................................6
  Steve................................18
  Stilwell...............................6
  Timpson............................17
  Will...................................16
SOUTHER
  Delpha.............................239
  Delphe.............................127
  Dolpha.............................278
  Dora Cole............127,239,278
  Harford.....................239,278
SPRAY
  Gertrude H L...................159
  Gertrude H S...................200
  Gertrude Henrianna......239,278
  Gertrude Smith.................120
SQUIRREL
  Abel.........................239,279
  Ah ne cha chih........142,198
  Ah-ne-cha-chih.............104
  Awee................................104
  Daniel........104,143,198,239,279
  Dave sih....................142,198
  Dave-sih........................104
  David..........104,142,198,239
  Davis..................................3
  Dinah.........104,143,198,239,279
  Donny.................................4
  Dora................................279
  Fox.................17,94,131,196
  George.......104,142,198,239,279
  Hola................................279
  Jesse..................................3

Kimsey 3,142,198,239,279
Kinsey..104
Lillie 239,279
Mary 104,142,198,239,279
Nan sih.......................................142
Nan sih...198
Nancy 3,104,142,198,239,279
Nan-sih......................................104
Nola....................... 104,142,198,239
Nora....................... 104,143,198,239
Ollie 104,143,198,239,279
Olsie 239
Olsie May 279
Paul..142,198
Rebecca 104,142,198,239,279
Sa lo la a antih............................131
Sa lo lo a antih............................196
Sa-lo-la-a-antih 94
Sequechee................... 142,239,279
Sequeechee 198
Se-quie-chee 104
Shepherd......... 104,143,198,239,279
Thomas 104
ST JERMAIN
   Nicey I 240,279
   Nicey Isabella 120
   Nicey S 159
ST. JERMAIN, Nicey J 182
STALCUP, Rachel 103
STAMPER
   Caroline42,58,82,110,148,198,239,279
   Eddie...42
   Emma 110,148,198,239,279
   Ettie 11
   Hattie 58,82
   Hettie 148,198
   Hetty 110,239
   Lizzie 58,82,110,148,198,239,279
   Ned11,42,58,82,110,148,198,239,279
   Ned da wah hoo hoo 148,198
   Ned-da-wah-hoo-hoo..................110
   Netty 279
   Robertson....................................279
   Sah lih ah nih......................148,198

Sah-lih-ah-nih..............................110
Sallie.....................................11,58,82
Sallie Ann .. 42,110,148,198,239,279
Sarah............... 110,148,198,239,279
William. 58,82,110,148,198,239,279
STANDING DEER
   Andy.. 8
   Caroline...18
   Coluska... 7
   Junaluska 7
   Lowen...16
   Margarette 8
   Nancy 7,16
   Simon 7
   Sparrow 8
   Stacy... 7
   Wesley 7
STANDING IN WATER
   Abe 35
   Alsiny 35
   Mandy...35
   Pollie...35
   Sallie...35
STANDING TURKEY....................104
STANDING TURKEY 142,205
STANDINGDEER
   Ah noo yah hih............................131
   Ah noo yah kih 196
   Ah-woo-yah-hih 94
   Alsena...59
   Andy .. 35,59,82,97,135,197,239,279
   Angel 133
   Cal cah lau skih 133
   Carl 82,96,133,196,239,279
   Caroline 35,59,99,137,197
   Cecelia 133,196,239,279
   Celia 96
   Cul-cah-lau-skih 96
   Culga 66
   Got Go Ca hoskib 35
   Harley 35
   John 59
   Juna...59
   Junaluska R.......................... 239,279

Index

Juna-lus-kie 96
Junaluskie 196
Junaluskil..................................133
June..82
Junulaluska 35
  Lowen.....36,83,94,131,196,239,279
  Luska 59
  Mandy......................................59
  Margaret35,59,82,97,135,197,239,279
  Mary 82,133,196,279
  Mary S 96
  Mary Smith.....................239,279
  Nan sih...................................196
  Nancy
    35,36,59,82,83,94,96,131,133,196,239,279
  Nansih..............................96,133
  Ou-weh-ca-ta-gih 96
  Roxanna............................239,279
  Sah Cah nih 133
  Sah le ah nih 196
  Sah-le-ah-nih 96
  Sallie Ann......................225,265
  Stacy...35
  Sullivan............................137,197
  Tsu nu luh hus kih...........133,196
  Tsu-nu-luh-hus-kih 96
  Virginia............96,133,196,239,279
  Walena......................................59
  Wes..82
  Wesley 59,96,133,196,239,279
STANDINGWATER
  Alex 149
  Alexander 111,199,239,279
  Eleck..11
  Elic...82
  El-li-ke 111
  Elsie.......................11,82,111,149
  Mandy.....................................11
  Polly Ann................................11
  Walney 11
STEWARD
  Cynthia Minerva.....................125
  Edgar 125

Flore Bell Murphy 125
Henry L 125
Maud......................................125
Rayburn 125
STILES
  Alma..84
  Clem 84,122,162,200,240,279
  Cora A 162,200
  Cora Alma 122,240,279
  Ella 122,162,200,240,279
  Em 84
  Emma 122,162,200
  Floyd............................200,240,279
  Gilbert.........84,122,162,200,240,279
  Hal 84,122,162,200,240,279
  Hallie L 164,200,240,279
  Lloyd 162,200,240,279
  Loyd 122
  Luster.......................................84
  Mabel.....................................122
  Mary E 84
  Mary E Payne 122,240,279
  Mary Payne........................162,200
  Minnie 84,122
  Oliver.........84,122,162,200,240,279
  Rufus V 162,200
  Rufus Virgil..................122,240,279
  Sadie Lee 279
  Theodocia A Payne.................279
  Theodocia E P 162
  Theodocia E Payne 122,240
  Theodosia 84
  Theodosia E P........................200
  Thomas L...............................162
  Thomas Luster 240,279
  Thomas Luther.......................122
  Thos L 200
  Virgil.......................................84
  Wilfred 84,162,200,240,279
STILLWELL
  Amenetta 82
  Cinda 82
  Dobson 82
  Malinda....................................82

Nan	82
Polk	82
Savannah	82
Stacy	82

STONE
- Abraham ... 2
- Celie ... 2
- Ciny ... 2
- Cowanny ... 2
- Eliza ... 2
- Jacob ... 2
- Joe ... 2
- Lindy ... 2
- Lizzie ... 2

STROUD
- Dessie ... 269
- Ethel ... 269
- Flora B M Murphy ... 269
- SU TA GIH ... 197
  - Mary ... 197
- SU TA GIH ... 136
  - Mary ... 136

SUAGIH ... 279
- *Ai-ye-nih* ... 112
- Anna ... 151,199,279
- Annie ... 112
- Mary ... 279
- *Wa tah-suh-tih* ... 112
- Waidsutte ... 112,151

SUAVE
- Josephine E ... 200
- Mabel Maggie ... 123
- Marie M ... 200
- Minnie E N ... 200
- Minnie E Nick ... 123

SUDAKE
- Angeline ... 59
- John ... 59
- Luke ... 59
- Mary ... 59
- Sallie Ann ... 59
- Will Ste ... 59

SUGEEDA, Clay ... 59
SUTAGA ... 16,83
- Angeline ... 83
- Anna ... 83
- Annie ... 105
- Luke ... 16,83
- Mary ... 16,83
- Sallie ... 143,198,279
- Will ... 83

SU-TA-GIH
- *Ma-lih* ... 98
- Mary ... 98
- *Ut-sut-ta-kih* ... 98

SUTAGIH ... 240
- Anna ... 240
- Mary ... 240
- Sallie ... 240

SUTAKE
- Angeline ... 35
- Luke ... 35
- Mary ... 35

SWANEY
- Amanda ... 163
- Arizona ... 83
- Calcina ... 163
- Callie ... 84
- Eunice ... 84
- Frank ... 84,163
- Grace ... 163
- James ... 84
- Jess ... 83
- Jesse W ... 163
- John ... 83
- Laura ... 83
- Laura J ... 163
- Lorenzo Dow ... 163
- Lula ... 84
- Luzene ... 163
- Mandy ... 84
- Rans ... 84
- Thurman A ... 163

SWAYNEY
- Alvin Walker ... 201,240,280
- Amanda ... 123,200,240,280
- Arizona ... 65
- Arizonia ... 12

Index

Calcina 123,200,240,280
Callie 12,65
Dora E 240
Dora N 280
Frank 200
Frank B 123
Frank D 240,280
Grace 200,240,280
James 65
Jesse 12,65
Jesse W 123,200,240
Jesse Wm 280
John 12,65
John W 165,201
John Wesley 125,240,280
Laura 12,65
Laura J 123,200,240,280
Laura Josephine 280
Lorango 12
Loranze 65
Lorenzo Dow 123,200,240,280
Lula 65
Lurra 12
Luzena 280
Luzene 200,240
Luzene C 123
Luzenie 12
Mindy 65
Robert 65
Shurmn A 280
Thurman A 123,200,240
Unis 65

SWIMMER
Ah la te skih 199
Ah-la-te-skih 111,150
Ann 84
Annie 14,59,150,199,240,280
Annie Tahquette 112
Aryana 59
Chu gay je 136
Chu gay yeh 197
Chu-gay-yu 98
Eliza J 14
Gah daw hun nals 35

George 240,280
Gertie 35
Grace 136,197,240,280
Grae 98
Iannia 111
Irene 84
John 59,98,135,197,240,280
Lucy 98
Lucy Ann 135,197,240,280
Luke 98,136,197,240,280
Maggie 35
Mary 14,84,98,135,197,240,280
Oa-squin-nih 98
Obediah 98,135,197,240,280
Oo chan stan sih 150
Oo Chaw staw sih 199
Oo cho sto sib 35
Oo squin nie 35
Oo squin nih 197
Oo wa tih 35
Oo watih 197
Oo-chow-staw-sih 112
Oo-squin nih 135
Oosquinne 59
Oo-wa-lih 135
Oo-wa-tih 98
Runawah 35
Runaway
...... 14,59,84,111,150,199,240,280
Tah hi co 111
Tah-he-coo 111
Thomas. 14,59,112,150,199,240,280
Tom 35,84

TADIGESKY
Nancy 1
Oo-ha-de-gis-ki 1
Sarah 1

TAHHEESKEE
Rebecca 86
Sealy 86
Tahheeskee 86

TAHHESKEE
Ann 86
Bettie 86

Index

Bird 86
Elie 86
TAHLEESKIH 42
TAHLESKI
   Elsie 11
   Ezekiel 11
TAHQUETTE
   Ah-ne-le-sih 119
   Alfred 280
   Amy Elizabeth 203,241,280
   Anna E 85,159,203
   Anna Elizabeth 240,280
   Annie 119
   Dora 36
   Emily 85,119,159,203,240,280
   Frank G 159,203
   Frank Glenn 119,240,280
   Howard W 159,203
   Howard Wayne 241,280
   John 59,121,160,204,240,280
   John A 36,85,159,203
   John Alfred 119,240,280
   Mah tih 138,202
   Mandy 36
   Marian 203
   Marion 241,280
   Martha 36,59,86,138,202,240,280
   Viola Twin 203
TAHQUITTE
   Mah-tih 100
   Mandy L 14
   Martha 20,100
   Susan 20
TAIL
   Jim 93,130,201,241,280
   Oo lah ne tah tih 130
   Ootahnetahtih 201
   Oo-toh-ne-toh-tih 93
TAILOR
   David 280
   Eliza 280
   Jack 280
   Julius 280
   Timpson 280

William 280
TALALA
   Becca 59
   Jackson 5,36,59,86
   John 3,36,59,86
   Lucy 5,59
   Lucy Ann 36
   Lucyann 86
   Martha 3,36,59
   McKinley 59,86
   Quattie 59
   Rebecca 3,36,86
   Sallie 5,36,59
   Thomas 5,59
   Thos R 36
   Tom 86
   Will 5,36,59,86
TA-LA-LA, John 143
TALALA, John 191
TALUSKI
   Elsie 37
   Lake 37
TAWHEESKIH, Mary 112
TAYLOR
   Ah-li-kinney 99
   Alkin 60
   Alkini 59
   Alkinney 136,201,241,280
   Becca 38
   Bessie 59,86,107,145,202
   David 3,37,86,107,145,202,241
   Eliza 3,37,59,85,107,145,202,241
   Eva 241,280
   George 136,201,241,280
   Georgia 99
   Jack 59,85,107,145,202,241
   James 136
   James De legeeskih 177
   James Delegeskih 218,259
   Jesse5,37,59,85,100,138,202,241,280
   Jim 60,99
   John
      2,10,37,59,60,85,100,107,136,138,14
      5,201,202,218,241,259,280

John O 3
John, Jr 38
Ju das eh 136,201
Judas 85
Ju-das-eh 99
Julie 59
Julius
   10,37,59,99,107,136,145,201,202,24
   1,280
Kawawa 37
La Ha 3
La-how-wee 107
Largie 280
Lauzen 86
Leander 136,201,218,259
Lehart 85
Liza 107
Lizzie 2,37
Lucinda 10,37,59,85
Lucindy 60
Lula Meroney 228,268
Luzene 107
Lydia 10,37,60
Maggie 59,85,99,136,201,241,280
Mayford 86
Nannie Welch 241,280
Nellie 108
Oleyac 85
Olkaney 37
Olkanie 10
Olkiney 85
Ollie 108
Oo lay ga-ah 38
Oo sta no kos 138,201
Oo sten aka 37
Oolagasab 38
Oo-lai-way 107
Oo-sti-na-kos 100
Rachel 2,59
Rebecca 3
Richard 108
Sah who nih 136
Sah-wah-nih 99
Sal-kin-nih 100

Sallie. 2,3,37,59,85,138,201,241,280
Sally 100
Sas who nih 201
Seymore 280
Sherman .. 59,85,99,136,201,241,280
Simeon 10
Simon 37
Sta sih 136,201
Stacey 85,100
Stacy
   5,37,59,85,136,138,201,202,241,280
Sta-sih 100
Thomas 86
Thompson 3,38
Timpsey 86
Timpson 107,145,202,241
Timsey 59
William 107,145,202,241
TEAGIE, Jessie May Garland 220
TEAGUE, Jessie May Garland 260
TEESALEKIE, Sampson 139
TEESALESKIE
   Jennie 138
   John 138
   Lloyd 138
   Oowawah ih 138
   Welch 138
TEESATESKEE
   Arch 101
   Awee 101
   Ene 103
   Illinois 103
   Jennie 202,241,281
   Jesse 101,139,202
   John 202,241,281
   Jonah 101
   Josey 103
   Lloyd 202,241,281
   Oowawah ih 202
   Sallie 101
   Sampson 202
   Steve 103
   Weelch 241
   Welch 202,281

TEESATESKI
- Adam 241
- Annie George 241,281
- Arch 139,174,215
- Awee 139,174,215
- Ella 241
- George 241
- Jesse 241,281
- Jonah 139,174,215
- Nessih 241,281
- Noah 241
- Polly Bird 241,281
- Sallie 281
- Sampson 241,281
- Sarah 241,281
- Will 241,281
- Willie 241

TEESATESKIE
- Amanda 141,202
- Cindy Smoker 241,281
- *Coo coo te gee shih* 141
- *Coo coo te gee skih* 202
- Ella 202
- Ilenvis 141
- Illinois 202,241,281
- John 103,202
- Josie 141,202,241,281
- Manay 103
- Nessie 103
- Nessih 141,202
- Noah 202
- Steve 141,202,241,281
- Will 141,202
- Willie 202

TEESATISKEE
- Ella 108
- John 108
- Noah 108
- Will 108

TEESATISKIE
- John 101
- Loyd 101
- *Oo-wa-wah-ih* 101
- Sampson 101

- Welch 101

TEESOTESKIE
- Ella 146
- John 146
- Noah 146
- Willie 146

TEESTESKI
- Arch 255
- Awee 256
- Ella 281
- George 281
- Jonah 256
- Noah 281
- Willie 281

TEK NU NIH
- Watson 150
- *Watson nih* 150

TEKINNEH
- Watson 111
- *Watson nih* 111

TEKINNIH
- Watson 203
- *Watson nih* 203

TELESKI
- Ezekiel 201
- Jesse 201
- *Se kih lih* 201

TELESKIE
- Ezekiel 135,241,281
- Jesse 135,241,281
- Sallie Littlejohn 281
- *Se kih lih* 135

TELIAKIE
- Jesse 97
- *Jesse Skee-kie* 97

TELL
- Jim 37,85
- *Oo da nee da di* 37
- William 16

TEOTALE
- Nancy 103,141,202,241
- *Oo cah yos tah* 141
- *Oocah yos toh* 202
- *Oo-cah-yos-tah* 103

Index

TEOTLA, Nancy 20
TEOTLEY, Nancy 86
TESATASKI
   Arch 37
   Jessee 37
   Mandy 37
   Mollie 37
   Noah 37
   Nursu 37
   Sallie 37
   Stacy 37
   Timpson 37
   Will 37
TESATESKA
   Allinose 60
   Arch 60
   Eva 60
   Jesse 60
   John 60
   Jones 60
   Loyd 60
   Mandy 60
   Nancy 60
   Noah 60
   Robert 60
   Sallie 60
   Sampson 60
   Welch 60
   Will 60
TESATESKEE
   Arch 86
   Awee 86
   Elnoah 86
   Eve 86
   Jeso 86
   John 86
   Jonah 86
   Loyd 86
   Noah 85
   Sallie 86
   Sampson 86
   Wlch 86
TESATESKI
   Arch 19

   Eve 19
   Illnois 19
   Jesse 19
   John 19
   Mandy 19
   Mollie 19
   Nancy 19
   Noah 19
   Sallie 19
   Sampson 19
   Stacy 19
   Timpson 19
   Will 19
TE-TAH-TEE-TIH, Ain nih 115
TETEGEESKIH, Iyostih 107,145
TEWATLEY
   Adam 60,112,151,203,242,281
   Ah-too-nih 112
   Amanda 151,203,242
   Cain 60
   Cosih-chu-lan-ka-lah 149
   Desdemonia Crow 242,281
   Jim 60,85,111,149,203,241
   Kane 111,149,203,241,281
   Losih Shu lau kah lah 203
   Mandy 60,112
   Rachel 60
   Rosa 85
   Rose 111,149,203,241,281
   Tsih mih 203
   Tsih-nih 149
   Tsih-wih 111
   William 60,111,281
   Willie 149,203,242
TEWATLY
   Adam 86
   Mandy 86
   Rachel 86
TEYOTTLE, Nancy 38
THOMAS
   Andrew Roosevelt 282
   Ella H. 166,204
   Ella Henrietta 127,242,282
   James Henry 242,282

Index

Lula C E 166,204,242,282
Lula Carrie Emeline.................... 127
Rhoda C..204
Rhoda R C 166,242,282
Rhoda R E Coleman 127
William H 166,204
William Harrison 127,242,282
THOMPSON
   [Illegible] 36
   Ahseen 15
   Ahsien 36
   Ah-sin nih 113
   Ahsinnih 152,203,242,281
   Amanda 9,85
   Ammon 113,152,203,248
   Annie37,60,86,114,152,203,242,281
   Anseen 86
   Arseeny 60
   Atha 126
   Atha U 165
   Atha W 204,242,282
   Braska 165,204,282
   Braska L 242
   Brasky 126
   Ca-tah-ge-skih 113
   David . 15,36,60,86,113,203,242,281
   Davis 152
   Elbert 126,242,282
   Elbert G 165,204
   Elizabeth 282
   Elsie 11
   Enoh-sih 111
   Enos 9,36,60,85,111,203,242,281
   Enox 149
   George 15
   Golarch 60
   Goliah 111,149,203,242,281
   Golige 85
   Greeley 126,165,204
   Greely 242,281
   Iowa 126,165,204,242,281
   Iris 126,165,204,242,281
   Jackson . 60,86,113,152,203,242,281
   James 113,152,203

   James W 60,86,242,281
   Jewel 126,282
   Jewel W 165,204
   Jmarvin 242
   Johnson
     . 15,36,60,86,113,152,203,242,281
   Jona 60
   Jonahny 86
   Jonam 152
   Jonani 203
   Jonanni 242,281
   Jonnani 113
   Lawrence 126,165,204,242,281
   Lillian 60
   Lydia 36,85,111,149,203
   Lydia Ann 9
   Mandy 36,60
   Marion 126
   Martha W 165,204,242,282
   Martha Webster 126
   Marvin 165,204,282
   Mary W 165,204,242,281
   Mary Webster 126
   Mata 126,165,204,242,282
   Minnie 126,165,204,242,282
   Nance 86
   Nancy ... 15,36,113,152,203,242,281
   Nannie 15
   Nan-sih 113
   Newel 242
   Noah 152,203
   Olen 126
   Olin 165,204,242,281
   Peter 36,60,111,149,203,242,281
   Rachel 142,149,202,203
   Rebecca 152,203,242,282
   Sallie Welch 242,281
   Simeon 15
   Simon 36,60,86,281
   Tahquette 282
   Tahquette Noah 242
   Verdie 165,204,242,281
   Virdes 126
   Walker 114,152,203,242

Index

Walter 165,204,282
Walter G 126
Welch 36
Wesley 111,149
Will 15
Willard 242,281
William H 165,204,242,282
William Howard 126
Wilson
   9,36,60,85,86,111,113,149,152,203,2
   42,281,282
TIMPSON
   Callie M 86,203,242
   Coleman H 86
   Columbus H 242,282
   Columbus S 203
   Humphrey P 86,204,242,282
   Humphrey Posey 120
   James 86,203,242,282
   James A 120,204,242,282
   Jas A 86
   John S 86,203,242,282
   Lawrence A 204
   Lawrence Arthur 242,282
   Lexie May 242,282
   Vestry 282
TIMPSON, Harriet 120
TIMSON
   Callie M 160
   Columbus S 160
   Humphrey P 160
   James 160
   James A 160
   John S 160
   Lawrence a 160
TOE
   Betty 7
   Cah nih lih 150
   Cah-min-lih 111
   Cam mih lih 203
   Campbell ... 60,111,150,203,243,282
   Johnsih-nih 149
   Johnsin nih 202
   Johnson12,37,60,110,149,202,243,282

Lucy 12
Lucy Ann 37
Nancy 12,110,149
Nancy W 202
Nancy Welch 243
TOHEESKI 14
   Ceily 14
   Elsie 14
   Nancy 14
   Olley Ann 14
   Rebecca 14
TOINEETA 37
   Arneach .. 8,37,115,154,203,243,282
   Arneech 60
   Bettie 8,115,154,203,243,282
   Betty 37,60
   Caroline 16,93,130,201,243,282
   Carooline 37
   Charlotte 16,37
   Cho co hih 130,201
   Cho-co-hih 93
   Cho-gan-luh 37
   Edwin T 130,201,243,282
   Eliza 8
   F Geneva 243,282
   Geneva 130
   George 16,37,93,130,201,243,282
   Gunlake 37
   Gunluka 37
   ick 154
   Iuagih 115
   Janet 282
   Loney 16,37,130,201,243,282
   Lo-nih 93
   Lonih 130,201
   Looney 93
   Martha 16,93,130
   Mary E 130,201
   Mary E Welch 98,243,282
   Mattie 37
   Nick 8,37,60,115,203,243,282
   Nick eh 203
   Nick-eh 154
   Nick-ih 115

Index

QAuai tah yih 203
Quai tah yih 154
Quai-tah-yi 115
S 8
Sallie 16,37,130,201,243,282
Sally 93
Sewaga 37
Solomon 130
Sowak 60
Suagih 243,282
West 16,37,93,130,201,243,282
Wes-tih 93
Westih 130,201
TOINETTE
   Arneach 85
   Bettie 85
   Caroline 85
   George 85
   Lon 85
   Martha 85
   Nick 85
   Sallie 85
   Swagg 85
   West 85
TOKISKIE 60
   Bird 60
   Celie 60
   Eli 60
   Quatie 60
   Wallie 60
TOLLIE, Lizzie 158,203,243,282
TOLLY, Lizzie Bradley 119
TOO NA NIH, Jim 38
TOONI
   Aggie 7
   Ah ca ti gih 37
   Ah ya nih 136
   Ah yah nih 201
   Ah-ya-nih 98
   Andy 13,37,109,147,202,243,283
   Angeline 13,37,109,147,202
   Anna 136,201,243,283
   Annie 7,37,98
   Callie 7,37

Car wee-lee 111
Chan so ih 147
Chas so ih 202
Choo qui as kih 202
Choo qui oski 147
Choo-aw-as-kih 109
Coh-te-saw-eh 111
Diana 37
Elijah 98,136,201,243,283
Galelohih 37
Garfield 111,150,203,212,253
Ge-oah-wi-say 37
Goo larch 37
Isaac 111,150,203,243,283
Jake 109,202
Jennie 37
Joe 13
Joseph 37,109,147,202,243,283
Juke 13,147
Jukins 37,243
Julius 283
Lachilli 109
Larch 37
Lazarus 202
Lizzie 147,201,202,243,283
Lizzie Davis 109
Lossel 243,283
Lydia 7,37,136,201,243,283
Martha 13
Mary 150,203,243,283
Mattie 37
Mi yeh kih 136,201
Mike 7,37,136,201,243,283
Moses 7,37,136,201,243,283
Nancy
  .. 98,111,136,150,201,203,243,283
Nannie 111,150,203,243,283
Nellie 98,136,201
Nic keh 111
Nicey 109,147,202,243,283
Nicie 37
Nick 14,111
Nicy 13
Ollie 283

368

Index

Oocaw weeaiyaich 202
Oo-caw-wee-ai-yai-eh 109
Peter 13,37
Polly 7
Rachel
   98,136,147,184,202,225,243,265,283
Spencer 7,37
Squiencey 98,136,201,243,283
Squiensih 98
Suagih 154
Wah ye sah 147,202
Wah-se-sah 109
Wannie 150,203,243,283
Will 7,37
TOONIGH
   Andy 61,86
   Angeline 61,86
   Annie 61,85
   Gegoowi 61
   Gelawera 61
   Isaac 86
   Jenkins 86
   Joe 86
   Joseph 61
   Juleyaske 61
   Larch 61
   Lige 85
   Litiana 60
   Mike 61,85
   Moses 60
   Nance 85
   Nancy 61,86
   Nannie 61
   Nanny 86
   Nicer 61
   Nick 61,86
   Nicy 86
   Rachel 60,61,85
   Spencer 60
   Will 60
TOOTALE, Nancy 281
TOYARNEEDA
   Caroline 61
   George 61

John 61
Lawn 61
Martha 61
Mary 61
Sallie 61
Wesley 61
TRAMPER
   Amaneeta 85
   Amineeta 149,202,243,283
   Amineta 110
   Aminetta 9
   Ammons 36
   Amoneeta 61
   Charlotte 9
   Che lah taw skih 149,202
   Che-lah-taw-skih 110
   Chilloski 36
   Chiltoske 9
   Chiltoski 61
   Chiltoskie 110,149,202,243,283
   Chiltosky 85
   Cornelia 61
   Kiney 85,110,149,199,237,276
   Lottie 61,85,110,149,202,243,283
   Mary 37
   Mollie 9,36
   Olney 9
   Robert 9,36
   Sallie 37
   Samuel 110
   Sotta 37
   Winnei 36
   Winnie 9
TUDDAGEESKI
   Nancy 38
   Sarah 38
TURN-IT-OVER
   Ollie Ann 8
   Si-ca-loo-qua-de-gi 8
TURNOVER
   Dekaklugudai 85
   F38
   Ollie 38
TUSEELASKIH

    Alanwal 38
    Eve R 38
    John 38
    Mindy 38
    Sampson 38
    Welch 38
TWIN
    Lystia W 159
    Viola 159,235,275
TWISTER
    Ahyawgah 87
    Ann 86
    John 86
    Manly 87
    Tom 87
UTE
    Andy 100,138
    Mary 100,138,204,243,283
    Oo scoo tee 138,204
    Oo-ha-sih 100,138
    Oo-scoo-tee 100
WA CHA CHA
    Charley 38
    Jack C 38
    James 38
    Jarret 38
    Johnson 38
    Nancy 38
    Nessie 38
    Roxie 38
    Sarah 38
    Susie 38
    Willie 38
WACHACHA
    (No Name) 283
    Amanda Teesateskie 244,283
    Casey 61
    Charles 102,205,244,283
    Charlie 61
    Garrett 140,205,244
    Jack 61
    Jake C 102,140,205,244
    James 61,102,140,205,244,283
    Jarrett 61,102,283

    Jesse 61,102,140,205,243,283
    Joe 61
    John 140,205
    John C 283
    John W 102
    John Wane 61
    John Wayne 243,283
    Nancy 61,102,140,205,244,283
    Nasey 61
    Nessih 140,205,244,283
    Nessih 102
    Oney 102,140,205,243,283
    Ouee le kih 140
    Phillip 102,140
    Posey 102,140,205,244,283
    Quee-le-kih 102
    Rosie 61
    Roxie 102,140,205,243,283
    Sarah 61,102,140,205,244,283
    Susie 61,102,140,205,243,283
    Will 61
    Winnie 61,102,140,205,243,283
    Ya que sih 140,205
    Ya-que-sih 102
WA-CHA-CHA
    Charley 18
    Jack 18
    James 18
    Jarrett 18
    John 18
    Nacy 18
    Nancy 18
    Posey 18
    Rosy 18
    Sarah 18
    Susie 18
    Will 18
WACHACHAM, Charlie 140
WADAHSUTE
    Bird 89
    Dave 89
    Nancy 89
WADASUTIE 87
    Annie 87

WADASUTTA ... 39
Annie ... 39
WADISUTTA
Awnee ... 61
Bird ... 61
David ... 61
John ... 61
Lee ... 61
Mary ... 61
Queen ... 61
WAH HA HOO
Julia ... 42
Lista ... 42
Moses ... 42
Polly ... 42
WAHCHACKA
Charley ... 89
Jack C ... 89
Jarrett ... 89
Jess ... 89
Jim ... 89
John W ... 89
Nancy ... 89
Nessie ... 89
Owney ... 89
Posey ... 89
Sarah ... 89
Susie ... 89
Willic ... 89
Winnie ... 89
Yoksha ... 89
WAHHANEETA
Allen ... 39,61
Caroline ... 39,61
John ... 39,61
Kamie ... 61
Karrie C ... 39
Maggie ... 61
Sampson ... 39,61
Samuel ... 61
Stacy ... 17,39,61
Susie ... 39,61
Will ... 39,61
William ... 17

WAHHANETTE
Allen ... 89
John ... 89
Kamy ... 89
Maggie ... 89
Posey ... 89
Sallie ... 89
Sampson ... 89
Samuel ... 89
Sealy ... 89
Will ... 89
WAHOO
Lista ... 6
Lysta ... 66
Lystie ... 88
WA-HOO-HOO, Lystie ... 119
WAHSIHTONEH, Tsoh tseh ... 140
WAH-SIH-TO-NIH, Tsah-tsih ... 102
WAHYAHNETAH
Ai-wee ... 107
Allen ... 107,145,206,244,283
Awee ... 107,145,206,244,283
Bertha ... 145,206,244,283
Bertha M ... 107
Eh-la-nih ... 107
Ethel ... 244,283
Ethel Susan ... 206
John ... 107,145,206,244,283
John nih ... 107
Kamie ... 107,206,244,283
Kannie ... 145
Le Ray ... 145
Le Roy ... 206
LeRoy ... 244,283
Maggie ... 107,145,206,244,283
Posey ... 145,206,244,283
Posy ... 107
Robert Austin ... 283
Roy ... 107
Sallie ... 107,145,206,244,283
Sampson ... 107,145,206,244,283
Samuel ... 107,145,206,244,283
We-lih Eh-le-nih ... 107
Will ... 107

William 145,206,244,283
Yah es tah 107
WAIDSUTTE
   Addison 205,244,284
   Ben 143,205,244,284
   Bird 108,146,205,206,223,244,263,283
   Boid 100
   Dafias 100
   Dah wih sih 205
   Davis 205,244,283
   Da-wih-sih 100
   Kiney 143,206,244,284
   Lee 108,146,206,244,283
   Margaret 244,284
   Mary 108,146,206,244,283
   Nancy 100,205,244,283
   Sah kin nih 205
   Sah-kin-nih 100
   Too wa yah law 146
   Too wah yah law 206
   Too-wa-yah-law 108
   Tosey 108
   Woo wa sutte 143,205
WAI-NEH, John 105
WALKINGSNAKE
   Maggie 89
   Nancy 89
   Sam 89
   Stevens 89
WALKINGSTICK
   [Illegible] 38
   Adam 139,205,244,284
   Ah li ga 38
   Ah wa neeta 38
   Ah-howe-ne-tuh 105
   Ah-le-kih 105
   Ah-ya-nih 101
   Ahyanih 205
   Annie 61,88,101,139,205,244,284
   Arlikee 5
   Bascom 38,95,245,284
   Bascomb 62
   Bascon 5
   Boscom 166,209

Ca too weh stih 204
Cah too nce stih 132
Cah-too-wce-stih 95
Caroline
   5,38,62,89,95,132,204,244,284
Ceily 38
Celie 1,62
Cinda 142,205,245,284
Collie Maud 245,284
Enoch 142,205,244,284
James 5,38,62,95,105,132,204,244,284
Jasper ... 5,38,61,88,139,205,244,284
Jim 5,38,87,89
John 1,38,62,89,104,142,205,244,284
Jzsper 101
Lasareth 1
Linda 142,205,245,284
Lindy George 104
Lizzie 245,284
Lucy Ann ... 95,108,132,204,244,284
Maggie
   38,62,88,89,101,104,139,142,205,244,284
Martha 1
Mason 101,139,205,244,284
Matilda 62,105,143
Mi keh 132
Mike
   5,38,61,62,89,95,104,132,142,204,205,244,284
Mi-keh 95
Mikeh 204
Mose 62,89
Moses 104,142,205,244,284
Na.son 88
Nations 61
Nicy 38
Olsa 89
Owen 1,38,62,89,104,142,205,245,284
Rascurn 89
Sallie 89
Sealy 89
Susie 5,38,62
Tilda 87

372

Tildy 38
Tom 62,89,144,206,227,267
Walker 1,38
Walsa 142,205,244,284
Walsah 104
Walser...................................62
Walsie...................................38
Willie............. 101,139,205,244,284
Wolsy 1
WALLACE
  James 2,40,116,155,208,245,284
  Jim mih 116
  Jim nih 208
  Jim-nih.......................................155
  Jimsey...62
  Mary 2,40
  Ollie..................................155,208
  Tahquette Owl 155,208,245,284
WALLANEEGA, Rachel 42
WALLIS...38
  Che coo wi 38
  Goolarch 38
  John D 38
  Nessie 38
  Qu na gih 38
  Rachel..38
  Sevier...38
  Ute...38
WARDE
  Priscilla......................................275
  Rachel Saunooke 275
WARDSUTTE
  Addison 138
  Bird...138
  Da wih sih................................138
  Davis...138
  Nancy 138
  Sah kin nih 138
WARLICK
  Edna M 162,208
  Edna May 88,123,245,284
  Irene...88
  Irene Rudde 122
  Irene Ruddler 162

Irene Ruddles.............................208
Mary 88
Mary Jane 123
Roxie 162,208,245
WASASUITTE
  Bird...68
  Mary 68
WASHINGTON
  Agini..62
  Ah-le-ah-nih............................97
  Ahliyeh 62
  Amy 89,135,205,245,284
  Annie..97
  Bessie 102
  Bettie 6
  Can-dih....................................97
  Cheh sih tih...................... 135,204
  Cheh-sih-tih.............................97
  Elizabeth........... 97,135,204,245,284
  George 6,40,97,102,135,205,245,284
  Henson.......................................102
  Jess 89
  Jesse... 10,41,62,97,135,204,245,284
  Jonas 135,205,245,284
  Joseph 41,62,135,204,245,284
  Joseph C 10,97
  Josephine 284
  Key . 8,41,62,88,96,133,204,245,284
  Lauzene 89
  Le-sih.......................................97
  Lizzie................... 10,41,62,89
  Lucindy...62
  Luzene 102
  Luzene Reed 135
  Mindy 102
  Morgan 102
  Nancy 88,96
  Olliann..89
  Ollie................... 97,135,204,245,284
  Oo da jih..................................40
  Oodayi..62
  Oo-ta-wih-noo-kih 96
  Polly 102
  Rachel....... 10,41,89,97,102,135,204

Index

Richard 204
Richard B 245,284
Stella B 135,204,245,284
Stu-was-tih 96
Wah-lih 102
WATSON, James 62
WATSUTTA 14
   Annie 14
   Bird 7,41
   Davis 2,41
   Nuicy 2
WATTEY
   Chic-kuh-wah 114
   Coh-yah-wah-stick 114
   Coo-lar-che 113
   Coo-lark-sih 113
   John 114
   Kinsey 113
   Lizzie 113
   Mary 114
   Neh-sih 113
   Nessih 113
   Olsie 113
   Polly 113
   Solee-solee-see 113
   Stephen 113
   Uh nanyih 113
   Ute 114
WATTIE 15
   Annie 15
   Che-coowi 14
   Chegowee 62
   Coolige 14
   Golarch 62
   John 62
   John D 14
   Joseph 62
   Kiner 62
   Lizzie 62
   Nessie 14,62
   Onaryee 62
   Rachel 14
   Stephen 62
   Steve 14

Ute 14,62
WATTY 245,284
   Cah wah wah stih 208
   Cah-nah-nah-stih 153
   Chic kuh wah 208
   Chic-kuk-nah 153
   Coo lar che 151
   Coolarche 207,245,284
   Goolige 87
   John 87,153,208
   Kimsey 151,207
   Kiney 87,284
   Lizzie 87,151,207,245,284
   Mary 87,153,208,245,284
   Nessie 87
   Nessih 151,207,245,284
   Nina 245
   Olsie 151,207,245,284
   Polly 87,151,207,245,284
   Stephen 151,207,245,284
   Steve 87
   Uhnaehyih 284
   Uhnahyih 151
   Uhnahyih 245
   Uhyahnih 207
   Ute 87,153,208,245,284
   Watty 151,207
WATTY 87
   Enniye 87
WAYNE
   Caroline 106,144,177,218,258
   Chi-ne-lak-kih 105
   Cornelia 40
   Genelugay 88
   Gin-ni-lun-ka 40
   Jenne 40
   Jennie 105,143,206,245,284
   John 40,88,105,143,206,245,284
   Nye 40
   Sallie 40
   Sarah 116,155,208,245,285
   We-lih 116
   Will John 116,155,208,245,285
   Yahkinnie 285

Index

Yeh-kin-nie.................................245
Yona skih 40
WEBSTER
  Carrie............... 126,165,209,245,285
  Jetter C.................................165,209
  Jetter Columbus............126,245,285
  Norm...165
  Norma................... 126,209,245,285
  Rachel A......... 126,165,209,245,285
  William L 165,209
  William Lawrence 126,245,285
  William Lewis 285
  William Robert 126,209,245,285
  WM Robert...................................165
WEEAIYAIEH, *Oocan* 147
WEEL (WIEL)
  James 87
  Jane...87
  John 87
  Mooney...87
  Oliveann 87
WELCH
  [Illegible] 39
  Adam
    . 15,39,62,88,112,150,207,246,285
  Addison 62
  Ah le kih............................143,206
  Ah ne new sih.............................206
  Ah queh sih 206
  Ah-le-kih.....................................105
  Ah-ne-nes-sih.....................109,147
  Ai nih 149
  Ai wih...206
  Ann E..15,39
  Ann Eliza...............150,207,246,285
  Anna E...88
  Annie 38,62,111,112
  Annie E..62
  Aquch sih 143
  Ayinny.. 1
  Bessie 87
  Bettie 42,88
  Betty 18,66
  Calinah 285

Callie 62
Charles Davis 285
Charlotte 285
Cinda 66,87
Cindy....................................13,39,109
Clarence.. 63,88,98,130,201,243,282
Corneeta 246,285
Corneita 114,153,208
Cornetta 66
Cun nah ne tah...........................208
Cun-nah-ne-tah..........................153
Cun-wah-ne-tah.........................114
David 246
Davis
  . 12,38,62,88,111,149,206,246,285
Ed 39,87
Edd R..88
Edward 1,107,144,206,246
Edward R............... 138,205,231,285
Edwrd 285
Elijah 15,39,62,149,206,246,285
Elizabeth Regina.........................285
Ellie 42
Emeline................. 142,169,210,251
Epheseus......................................206
Ephesus....................... 143,246,285
Ephisus 105
Epps..1,39,87
Eva..8,39
Eve..... 12,38,62,88,149,206,246,285
Frank C....................................150,207
Frank Churchill............ 112,246,285
Geneva..201
Hannie 38
Hansley 62
Irene..39
Jackson 3,39,62,88,100,138,205,245
James 12,15,62,88,149,206,285
James B 39,138,205,246,285
James D 38
James E...39
James Elijah.... 111,150,207,246,285
Jane...39
Janet..39

Jannie 143,206
Jas B, Jr 39
Jayanny 1
Jena 143
Jenne 246
Jennie 149,206,285
Jeso 88
Jesse 12,38,149,206,246,285
Jim 62,88
Jimmie 39,95,132,204
Jimmy 245,285
Joe 12,88
Joe, Jr. 38
Joe, Sr 38
John
  3,12,38,39,62,88,95,138,149,205,206,246,285
John A 39
John C 204,285
John G 132,245
John Goin 95
Joseph 62,149,206,246
Juna 105,206,246,285
Larche 206
Lige 88
Lindy 62
Lizzie87,88,105,143,149,206,246,285
Lloyd 130,201,243,282
Lotta 39
Lottie 95,132,204,285
Lotty 285
Loyd 39,63,88,98
Lucinda95,132,147,204,206,246,285
Lucinda C 285
Lucinda G 245
Lydia Thompson 246,285
Maggie 15,39,88,104
Mark62,63,88,95,111,150,207,246,285
Mark G 132,204,245,285
Martha 201,246,285
Martha Wolfe 285
Mary 3,62,88,138,205,246,285
Mary E 39
Mary J 39

Mollie 95
Molly 63
Mose 87
Moses13,39,62,109,147,206,246,285
Nancy 13,38,62,87,109
Nancy H 38
Nancy Hill 246,285
Nannie1,39,105,143,147,206,246,285
Nannie H 231,285
Nannie R 88,138,205
Nanny 87
Ned 88,149,206,246,285
Ollie
  1,15,39,62,88,111,150,207,246,285
Polly 100
A-queh-sih 105
Richard 63,243
Richard R 130,201,282
Richard Robbin 98
Robin 88
Russel 246,285
Sal 138
Sallie 15,39,62,88,205
Sampson39,87,105,143,206,246,285
Sarche 149
Silecia 87
Simpson 1
Sin-dih 109
Stacey 105
Stacy 143,206,246,285
Susie 87
Theodore A 130,201,243,282
Theodore R 98
Toney 88
Tony 63
Toskigee 62
Wendy 39
Wiggins 150,207
Willie 39,95,132,204,245,285
Wilson 89
Young Turkey 13
WENN
  Caroline 2,63
  Cordelia 1

Index

Golindy 63
Jennie 1,63
John 1,63
Mary 1
Nye 2
Richard 63
Sallie 1,63
Will 16
Yonagusky 2
WERLEY, Judas 42
WES TE, Wee le 204
WESLEY
   Chin ni ih 206
   Chin-ni-in 143
   Jennie 63,105,143,206,246,285
   Judas 63,105,143,206,246,285
   Judus 5
   Peter 5
WEST
   Buck 89,93,130,204,210
   Elkinny 2
   James 89,93,130,204,210
   Mary 89
   Migillie 2
   Mike 63,89
   Nellie 93,130,204,210
   Wee Lee Wes Tee 130
   Wee-lee-Wes-tee 93
   Will 89,93,130,204
WHIPPERWILL
   Allen 40
   Manly 40
WHIPPOORWILL
   Allen 11
   Manley 11,113,152,207,246,286
   Welch 113
WILD CAT 40
   Ail-sih 99
   Asline 40
   Dah-noli 2
   Dalneola 40
   Daniel 99,137
   Elsie 99,137
   Kuh hih 137

Kuh-heh 99
Kun-he 2
Ollie 2
Quaty 2
Rebecca 40
Stetsey 40
Tah no lih 137
Tah-no-lih 99
Testie 2
WILDCAT 87,246,286
   Alsie 63
   Daniel 205,246,286
   Dinola 63
   Elsie 88,205,246,286
   Peter 63
   Rebecca 63,87
   Tah no lih 205
   Tanola 88
   Testie 87
   Testy 63
WILL
   Ah ye da 40
   Ahyeda 63
   Alice 144,206,246,286
   Allie 63
   David 106,144,206,246,286
   Ella 106
   James 106,144,206,246,286
   Jane 4,40,63,106,144,206,246,286
   Jim 63
   John ... 4,40,63,106,144,206,246,286
   Luzene 106,144,206,246,286
   Marony 40
   Mooney 4,63
   Nancy 4
   Nellie 286
   Netonas 63
   Notony 40
   Thomas 4,40,63
   Wah la ne tah 144,206
   Wah-la-ne-tah 106
   Walkinny 40
WILLNOTE
   Annie 9

Index

Joe 9
Ned 4,9
Sega 4
WILLNOTY
   Annie 40
   Eve 40
   Joe 40
   Landih 40
   Lanty 40
   Mose 40
   Ned 40
   Nicie 40
   Sig ar wee 40
   Simon 40
WILNOTIE
   Aggi 63
   Joe 63
   Lody 63
   Moses 63
   Nancy 63
   Ned 63
   Simon 63
WILNOTIH
   Aggie 220
   Amanda Tewatley 246,286
   Joseph 149,185
   Lot 247,286
   Nancy 220
   Ned 149,185
   Simon 246,286
WILNOTTY
   Aggie 89
   Loythy 89
   Mose 89
   Nicie 89
   Simon 89
WILNOTY
   Aggie 115,154,208
   Elizabeth 286
   Eve 9
   Joe 110
   Joseph 226,266
   Julius 154,208,247,286
   Loh-tih 115
   Lot 9,115,154,208
   Mink 112,150,207,247,286
   Moses 9,115,154,208,247,286
   Nancy 115,154,208
   Ned
      88,104,110,142,205,226,247,266,286
   Nicey 115,154,208
   Nicy 9
   Sallie 88,104,142,205,247,286
   Sico wih 142,205
   Si-co-wish 104
   Simeon 9
   Simon 115,154,208
   Suh kih 150,207
   Suh-kih 112
WILNOTY, Eve 116
WILSON
   Josiah 11
   Sallie 11
   Sarah 11
   Walkini 11
WINKLER, Selina Smith Bates 252
WINTERFORD
   Verdia 153
   Verdie 172
WOLF
   Abel 13
   Ammons 207
   Annie 14
   Carrie 13
   Charley 15
   Colleily 2
   Comeback 13,15
   Eliza Jane 14
   Elkana 1
   Enoch 13
   Enos 13
   Ga-ni-ju-wa-yi 13
   Jacob 14
   James T 15
   Jennie 13
   Joe 2,13
   Joe J 14
   John 2,13

Johnson	13
Jowany	13
Junaluska	14
Kate	15
Ku-na-go-to-ka	2
Linda	13
Lizzie	15
Lloyd	207
Mandy W	15
Mollie	207
Nancy	14
Ned	15
Owen	14
Pearly	15
Polly	15
Rachel	14
Running	207
Sallie	13,207
Sam	13
Susan	13
Tahquitte	14
Thomas	13
Tom	207
Wah yah de	207
Ward	13

WOLFE

Abel	39,114,152,207,247,286
Able	88
Addison	87,112,151,207,247,286
Ah boo yah hih	208
Ah-noo-yah-hih	153
Ah-noo-yow heh	114
Ail-kin-nih	109
Alice	114,152,207,247,286,287
Amanda	123,248
Amanda J	163,209
Amanda Jane	248,287
Amanda W	153,208
Amanda Wakie	287
Ammineeta	63
Ammons	88,151
Annie	39,64
Annie Joe	39
Ato-ah	114

Atoah	87
Bettie Smoke	208
Betty Smoke	248,287
Bird	63
Cah le lo hih	142
Cah le loh hih	205
Cah-le-lo-hih	104
Callie	39,63,104,114,142,153,205,208,247, 286,287
Callola	88
Cally	88
Catherine	130,204
Charles Ray	248,287
Charles Roy	208
Charley	40,64,88,115
Charlie Hicks	248,287
Cho we nih	151,207
Cho-we-nih	112
Cindy N	42
Come Back	40
Cuh-nah-cah-tah-gah	104
Dave	63
David	3,40,158,248,287
Davison	152
Dawson	39,113,207,286
Delia Ann	123
Dessie Cleo	287
Diannah	286
Dobson	64
Dobson [Dawson]	247
Dvid	208
Edward	93,130,204,247,286
Eli	247,286
Eliza	123
Eliza G	209
Eliza J	39
Eliza P	163
Eliza Pauline	248,287
Elizabeth	88,115
Elkenny	40
Elkiny	109
Enis	63
Enos	40,87,112

Index

E-nos-sih 112
Frederick R 163,209
Frederick Sanford 248,287
Ga di lo eh 39
George 64,87
George A 3
George L 40,158,208
George Lloyd 119,248,287
Helen Mildred 248
Henry 40
Isabella 123,163,287
Isabelle 209
Jacob 39,64,87,114,152,207,247
Jacob Jake 286
Jaecob 286
James 64,88,123
James L 40,115
James T 153,208,248,287
James W 163,209
James William 248,287
Jane 64,114,153,208,247,287
Jawaney 88
Jennie 13,39,63,114,153,208,247,287
Jenny 88
Jesse 64,88,114,152,207,247,286
Jessie M 158,208
Jessie May 248,287
Jimpsey 88
Jin nih 114
Jne 87
Job 63
Joe ... 63,87,88,112,151,207,247,286
Joe Jackson 40
Joe T 39
Joe W 39
Jogohe 286
John
 63,87,104,114,142,152,205,207,247
John [Standing Turkey] 247
John C 40
John Lossie 152,207,247,286
John Lossih 113
John R 87,119,158,208
John Russel 248,287

John Russell 64
John W 286
Johnson 39,63,87
Jona 64
Jonah 13,39,87,114,153,208,247,287
Joseph 64,114,152,207,247,286
Joseph H 114,153,208,247,287
Jowan 112,151,207,287
Jowanney 63
Jowany 39
Judson 64
Junalisky 64
Junaluska 247,286
Junaluskie 114,152,207
Junuluskih 39
Katherine Macon 247
Katie 93
Katy 40
Kimsey 13,39,64,87
Kinsey 114,153
Lansa Jane 152
Laura 64,88,114
Laura J 40
Laura Jane 207
Lawyer 113
Le-sih 115
Lewis Henry 123
Lilly 112,151,207,247,286
Linda 40,87,114,152,207,247,286
Lin-dih 114
Lindy 63
Lizzie 40,64,89
Lloyd 151
Lloyd F 207
Lloyd L 152
Lloyd Lossie 247,286
Louis 42
Louis D 162,209
Louis David 123,248,287
Louis H 162,208
Louis Henry 248,287
Lowen 248
Loyd 63,88
Lucinda 152,207,247,286

Manda 115
Mandy 64,88
Mandy W 40
Margaret 40
Mark K 40
Mark R 3
Martha
 13,63,64,87,112,114,151,153,207,208,247,286
Mary 39,40,64
Mary E 3,153,208
Mary Elizabeth 247,287
Mattie 39
Minnie 114
Mollie 40,63,88,151
Morgan 13,39
Mose 64,87
Moses ... 13,39,114,153,208,247,287
N T 42
Naency Lossie 286
Nancy 14,39,113,152,207
Nancy Lossie 247
Nannie 63
Nan-sih 113
Ned 40,64,89
Nelcina 64,87,152,207,247,286
Nelson 114
Owen 39,64,87,114,153,208,247,286
Pearl 115
Pearl M 208
Pearl Margaret 248
Pearle M 153
Pearle Margaet 287
Pearly 40,64,88
Pollie 63
Polly 40,114,153,208,247,287
Qualla 114
Rachel 64,88
Rachel E 40
Rebecca 63
Richard 87
Richard C 119,158,208
Richard Collins 248,287
Runaway 88

Running 40,63,151
S Isabella 248
Sah lih 151,207
Sah-lih 112
Salkinih 207
Salkiny 247,286
Sallie 40,63,88,112,151,207,248,287
Sally 87
Saphronia C 42
Standing Turkey 286
Standingturkey 88
Stephen 63
Susan 39,63,87,151,207,247,286
Susann 112
Susie Armachain 247,286
Tahquette 39,88,114
Taqua 152,208,247,287
Thomas 39,63
Tica loo qua day 39
Tom 88,151
Tsah wah 114
Wah yah de 151
Walker 114,152,207,247,286
Ward 39,63,87,112,151,207,247,286
William 87
William H 119,158,208
William Harley 248,287
William Johnson 112,151,207,247,286
William Johnson 112
William W 248,287
Wo sih 208
Wo-sih 114,153
WOLFE
 Nicey Isabella 120
 Sophronia Croline 120
WOODPECKER
 John 105
 Rebecca 105
 Ta-la-la 105
 Wa-kee 105
WOOLFE
 Elkany 66
 Katy 66
YONAH, *Yonah* 89

YONCE
- Callie 90
- D M 41
- Daisy 4,90,107
- Geo 41
- George 4
- M K 41
- N E 41
- N S 4,41
- Nancy 248
- Nancy S 107,287
- Nannie 4,90
- R A 41
- Roxie 4
- Seymore 4

YOUNCE
- Daisy 64
- Hugh 64
- Nancy S 145
- U S 64

YOUNG BIRD
- Chu li yo hih dah 41
- Jackson 41
- John 41
- Ollie 41
- Rufus H 41
- Soggie 41
- Wesley 41
- Yohn 41

YOUNG DEER, Jacob 41

YOUNG WOLF
- Allen 3
- Caroline 3
- John 3
- Nancy 3
- Samson 3
- Wah-ha-nu-ta 3

YOUNGBIRD
- Abstain 64
- Ah lie slah nih 133,209
- Ah-lie-stah-nih 96
- Dahiny 10
- Dahney 90
- Jackson 10
- James 64,90,96,133,209,216,258
- John 10,64,90
- Ollie 96,133,209
- Reuben 90
- Ruben 10
- Rufus 64,96,133,209,248,287
- Soggie 96,133,209,248,287
- Soggy 10,64,90
- *Wah-kin-nih* 96
- Walkin 90
- Walkin nih 133
- Walkinnih 209,216,258
- Wesley 10,64,90,96,133,209,216,287
- *Yah-nih* 96
- Yanne 64
- Yohney 10
- Yohnih 134,209,248,287
- Yonn 90

YOUNGDEER
- Ah wih nih tah 134,209
- Ahwee nula 41
- Ah-wih-nih-tah 96
- Ammons 287
- Amons 248
- Betsey 41,96
- Betsie 90
- Betsy 134,209,248,287
- Bettie 10
- Betty 64
- Eli 64,90,96,134,209,248,287
- *Eli sh* 209
- Elias 10,41
- *Eli-sh* 96,134
- *Ja co bin* 209
- Jacob 10,64,90,109,147,209,248,287
- *Ja-co-bih* 109
- *Jar co bin* 147
- Jesse 10,41,64,90,97,134,209,248,287
- *Jo wah nih* 134,209
- John 10,41,64,90,96,134,209,248,287
- Jona 64
- Jonah.. 10,41,90,96,134,209,248,287
- *Jo-wah-nih* 96
- Linsey 64

Luggy 90
Luncha 10
Lunsih 147,209,248,287
Lun-sih 109
Margaret 18
Martha 10,64,90,97,134,209,248,287
Mattie 41
Moody
    ... 10,41,64,90,97,134,209,248,287
Ohnie 64
Oney 90
Onie 97,134
Onnie 41
Owen 10
Quail sih 134
Quait-sih 96
Quaitsih 209
Stephen 90,97,134,209,248,287
Steve 10,64
Stevern 41

www.ingramcontent.com/pod-product-compliance
Lightning Source LLC
Chambersburg PA
CBHW020239030426
42336CB00010B/539